KB265314

순암 안정복의 학문과 사상 연구

순암 안정복의 학문과 사상 연구

강 세 구 지음

도서출판 혜안

책머리에

필자는 順菴 安鼎福에 대한 연구를 시작한 이후, 이따금 필자 자신이 당시의 안정복의 입장이 되어 생각에 잠기는 때가 있다. 이를테면 현재 廣州 읍내에서도 십 리나 떨어진 산골짜기 德谷에서 청년 시절의 그가 홀로 독서하다가 깊은 시름에 젖어 있는 모습을 그려보기도 하고, 서른다섯 살 되던 해 가을 성호 이익을 만나기 위해 덕곡을 떠나 安山을 향하여 가다가 고개 위에서 피로한 다리를 쉬면서 무엇을 생각하고 있었을까, 그리고 이익과 만나 첫날 밤을 꼬박 새워 가면서 經典을 논의한 뒤, 이른 아침 다시 집으로 돌아올 때까지도 문하생으로 받아들인다는 확답도 듣지 못한 채 발걸음을 돌려야 했던 그의 마음이 어떠하였을까 등을 상상해 보기도 한다. 이렇게 필자는 가능하면 당시 그의 생활 속으로 파고들어 나름대로 관찰하고 분석해 보지만, 필자의 능력이 미치지 못함을 절감한다. 솔직하게 말하여 학문이 얕은 필자가 안정복의 저서나 행적을 더듬어 가면서 그의 모든 것을 논한다는 자체가 부끄러울 따름이라고 생각하던 때가 한두 번이 아니었다.

그럼에도 불구하고 지금 새삼스럽게 그의 학문과 사상을 정리해 본다고 감히 손을 대는 까닭은 무엇일까. 필자는 얼마 전에 『東史綱目硏究』를 출간한 뒤 곰곰이 생각에 잠기던 가운데 적이 마음에 걸리는 것이 있었다.

그 동안 안정복의 역사학에 관한 자료를 뒤적거리면서 정리하던 사이에 안정복의 학문이나 사상을 알 수 있는 자료들이 적지 않게 눈에 띄었다.『동사강목』에만 매달린 나머지 제대로 정돈을 하지 못하고 그때 그때 보아 넘기면서 메모만 남기는 정도에 그쳤다. 그 결과 이도 저도 미흡한 상태에 머물게 되었다는 생각이 문득 들게 되었던 것이다. 사실 안정복의 학문과 사상을 제대로 소화하고 정리하지 못한 상태에서『동사강목』을 연구하다 보니 큰 걸림돌이 되지 않을 수 없었다. 한편으로 안정복의 학문과 사상에 대한 이해방법을 달리할 필요가 있다는 생각도 들었다.

 그러나 인물을 대상으로 한 연구에서 그 사람의 학문과 사상을 정확하게 집어내기란 그리 용이하지 않을 것이다. 어느 한 시점의 견해를 그가 일생 동안 지닌 사상이라고 단정하기 어려울 경우가 있고, 또한 짧은 생애라 할지라도 사회적 환경의 변화나 조류에 따라 그 양상이 달리 나타날 수도 있기 때문이다. 따라서 가능하면 전 생애를 흐름의 과정에서 검토해 보는 것도 하나의 방법일 것이라는 생각이 들었다.

 이에 필자는 안정복의 학문과 사상을 이해함에 있어 지금까지의 동시적이고 수평적인 고찰을 가급적 피하고, 그의 생애에 나타나는 행적을 따라 흐름의 과정에서 고찰해 보기로 하였다. 그렇게 함으로써 그의 학문과 사상이 어떻게 형성·발전되어 갔으며 어떤 양상으로 나타났는가, 여건의 변화에 어떻게 작용되어 나타나고 대처해 나갔는가를 어느 정도 입체적으로 들여다볼 수 있으리라 생각하기 때문이다. 더 나아가 안정복이 실학자로서 지닌 학문과 사상의 기본적인 틀이나 성격의 이해에 보다 가까이 접근할 수 있을 것이다.『동사강목』을 성호학파의 역사인식을 대변하는 역사서이고 안정복의 학문과 사상이 집적된 결정체라고 본다면, 특히『동사강목』에 간략하게 언급되어 있거나 보이지 않는 부분에 대한 정확한 이해를 위해서라도 안정복 전 생애의 흐름을 통한 고찰은 더욱 필요하다고 생각한다.

 이와 같은 관점에서 필자는 안정복의 저서는 물론, 행적을 관찰하면서 학문과 사상에 변화를 줄 수 있었던 특기할 만한 계기나 그에 따른 그의 반응과 학문적 활동, 그리고 다른 학자들과의 교류 등에 주목해 보기로 하였다. 지금까지 알려진 안정복의 학문과 사상을 넘어 또 다른 면모를 찾아볼 수 있기를 바랄 뿐이다.

본 연구에는 여러 분의 도움이 있었다. 특히 본인이 속해 있는 母岳實學會의 지원을 비롯하여, 오래 전부터 연구자료나 새로운 정보를 제공하여 주는 등 물심양면으로 도움을 준 徐鍾泰·崔起榮 선생께 늦게나마 고마움의 인사를 드린다. 끝으로 전혀 수익성이 없는 본 졸작의 출판에 서슴지 않고 응해 주신 도서출판 혜안의 오일주 사장님과 직원들께 감사드린다.

1996년 3월
필자

차 례

서 론

  順菴 安鼎福(1712~1791)은 조선 후기의 대표적인 실학자이면서 역사학자로 널리 알려져 있다. 특히 그가 편찬한『東史綱目』은 후대 많은 학자들의 주목을 받으면서 연구대상이 되었다. 그만큼『동사강목』은 안정복의 학문과 사상을 이해하거나, 나아가 18세기 실학자의 역사인식을 이해하는 데에 사료적 가치가 큰 문헌이다. 따라서 지금까지 안정복에 관한 선학의 연구는 대부분『동사강목』과 그의 문집『順菴集』을 통하여 이루어졌다고 할 수 있다. 그 동안의 연구 성과에 힘입어 안정복의 역사학을 포함한 학문과 사상의 윤곽이 대체로 드러났다고 판단된다.[1] 필자 역시『동사강목』

---

1) 지금까지 안정복의 역사인식을 포함하여 학문과 사상을 대상으로 연구된 선학의 주요 논문 혹은 저술은 다음과 같다. 김사억,「동사강목에 대한 해제」,『력사과학』4호, 1965 ; 李求鎔,「순암 안정복의 역사관」, 연세대학교 교육대학원 석사학위논문, 1970 ; 卞媛琳,「안정복의 역사인식」,『史叢』17・18 합집, 1973 ; 심우준・정필모,「순암 안정복 연구서설」,『인문학연구』1, 중앙대 인문학연구소, 1974 ; 심우준,「순암 안정복」,『실학논총』, 전남대 호남문화연구소, 1975 ; ____,「순암의 井田制와 貢田制」,『韓國學』25, 永信아카데미 한국학연구소, 1978 ; ____ ,「순암 안정복의 사관」,『중앙대논문집』25, 1981 ; ____,「순암의 四書三經에 대한 釋疑」,『인문학연구』10, 1982 ; ____,「순암이 본 중국사의 敍述」,『한국학 문헌연구의 현황과 전망』, 아세아

의 사학사적 중요성을 인식하여『동사강목』에 대한 분석을 나름대로 시도
해 보았고,[2] 더불어『순암집』을 비롯하여 그 밖의 여러 관련 사료도 검토
·분석해 보았다.[3] 이와 같은 검토과정에서 필자는 안정복의 학문과 사상
에 대한 지금까지의 연구 성과를 넘어 좀더 이해의 폭을 넓혀야 할 필요성
을 느끼고 달리 연구방법을 찾게 되었다. 즉 그의 학문과 사상을 시간적·
공간적 흐름에서 입체적으로 파악해야 할 것이라는 생각이 들었다.[4]

문화사, 1983 ; ＿＿＿,『순암 안정복연구』, 一志社, 1985 ; 崔東熙,「안정복의
西學 비판에 관한 연구」,『亞細亞硏究』19-2(56호), 1976 ; 琴章泰,「안정
복의 서학비판론」,『한국학』19, 1978 ; 李佑成,「안정복과 동사강목」,『한
국의 역사사상』, 1981 ; 潘允洪,「순암 안정복의 鄕村自衛論 연구」,『軍史』
5, 1982 ; 趙珖,「조선왕조 시대의 신라인식 - 동사강목을 중심으로 - 」,『民
族文化硏究』16, 1982 ; 姜秉樹,「안정복의 사상 연구」, 동국대학교대학원
석사학위논문, 1986 ; 金世潤,「순암 안정복의 조선시대 인식-列朝通紀의
史論을 중심으로-」,『釜山女大史學』4, 1986 ; 李元淳,「안정복의 天學 論
攷」,『조선 西學史 연구』, 1986 ; 鄭求福,「안정복의 사학사상 - 동사강목을
중심으로 - 」,『제2차 한일합동학술회의 韓日 근세사회의 정치와 문화』,
1987 ; 韓相權,「순암 안정복의 사회사상」,『한국사론』17, 1987 ; 金壽泰,
「안정복의 大麓誌」,『百濟硏究』18, 1987 ; 韓永愚,「안정복의 사상과 동사
강목」,『韓國學報』53, 1988 ; 河宇鳳,「순암 안정복의 일본 인식」,『全羅文
化論叢』2, 1988 ; 李采求,「안정복의 下學指南」,『敎育硏究』9, 원광대학
교 교육문제연구소, 1990 ; 강광원,「동사강목 연구」,『력사과학논문집』16,
1991 ; 車長燮,「안정복의 역사관과 동사강목」,『조선사연구』1, 1992.

2) 강세구,「順菴 安鼎福의 東史綱目 地理考에 관한 一考察」,『歷史學報』
112, 1986 ; ＿＿＿,「東史綱目의 著述 背景」,『東亞硏究』17, 1989 ; ＿＿＿,
「安鼎福의 歷史 考證 方法」,『實學思想硏究』창간호, 1990 ; ＿＿＿,「안정
복의 國防論」,『實學思想硏究』2, 1991 ; ＿＿＿,「順菴 安鼎福의 忠節論에
관한 一考察」,『國史館論叢』34, 1992 ; ＿＿＿,「東史綱目의 國史 體系와
馬韓 正統論에 관한 考察」,『實學思想硏究』4, 1993 ; ＿＿＿,『東史綱目硏
究』, 民族文化社, 1994.

3) 강세구,「下學指南을 통해 본 안정복 학문의 성격」,『진단학보』78, 1994 ;
강세구,「柳馨遠·李瀷과 안정복의 학문적 전승관계」,『실학사상연구』5·
6 합집, 1995.

　물론 필자도 안정복의 학문과 사상을 이해하는 데『동사강목』이 결정적으로 중요하다는 사실을 인정하지만,『동사강목』은 한 시점에 나타난 결정체이다. 때문에 그의 전 생애를 통한 학문과 사상이 모두 제시되었다거나 대변된다고 보기에는 미흡하다 할 것이다. 따라서 한 걸음 더 나아가 안정복의 학문과 사상이 어떤 내용으로 어떤 변화를 겪으면서 발전해 갔는가를 파악하고, 그러한 흐름 속에서 다시『동사강목』을 들여다보는 것도 그의 학문과 사상을 이해함에 좀더 가까이 접근하는 한 방법일 것으로 믿는다.

　필자가 이와 같은 확신을 갖기까지에는 다음과 같은 안정복의 저술이나 행적이 중요한 시사를 해 주었다. 첫째로 그의 나이 27세와 29세에 각각『臨官政要』와『下學指南』의 초고를 저술하였다는 점이다. 두 저술이 그의 청년 시절 학문과 사상에 대한 실마리를 제공해 줄 수 있다는 생각이 든다. 두 저술의 내용을 언급하지 않더라도 이 시기가 유형원이나 이익의 영향을 받기 이전이라는 사실에 주목할 필요가 있다. 즉 청년 시절 안정복의 학문과 사상이 어떻게 형성되었던가를 엿볼 수 있을 것이다. 둘째로 독학으로 일관한 안정복이 33살에 柳馨遠의 저서를 접하고, 2년 뒤에 安山 星村의 李瀷을 방문한 것을 계기로 성호문인이 되었다는 점이다. 안정복이 유형원의 저서를 접하고 이익을 방문하여 성호문인이 된 것은 그 동안 스스로 쌓은 학문이 정착될 수 있는 계기가 되었다는 사실을 충분히 짐작할 수 있다. 또한 그의『동사강목』편찬도 성호문인의 한 사람으로서 이루어졌다는 사실은 이미 잘 알려져 있다. 셋째로 그가 노년기에 접어든 이후 서학이나 양명학 등 이른바 이단사상을 철저하게 배척하고, 조선 후기에 만연했던 理氣論爭을 배격하면서 청년 시절부터 다져진 下學을 장려하기에 노력하였다는 점이다. 이와 같은 사실들은 안정복의 학문과 사상이 18

---

4) 필자가 그렇게 생각을 하게 된 것은 안정복의 생애가 18세기 전반으로부터 후반에 이르는 기간으로서 시대적 조류가 매우 빨리 변화되던 시기였다는 점, 그리고 안정복 개인적으로는 학문한 과정이 순탄하지 않았다는 점을 들 수 있다. 특히 뒤늦게 35세에 성호를 방문하여 성호문인이 되고, 아울러 학문적·사상적 변화를 가져올 수 있게 된 것은 주목해야 할 부분이다.

세기 실학사상의 흐름에서 어떻게 변화를 가져오고, 어떤 위치에 있었던가를 파악하는 데에도 어느 정도 실마리를 제공해 줄 수 있다고 생각된다.

필자는 이와 같은 사실들에 주목하여 다음과 같은 방법으로 그의 학문과 사상을 이해하는 데 접근해 보려 한다. 우선 시기적으로 3단계로 나누어 고찰하는 것이 바람직하지 않을까 한다. 즉 그가 성호 이익의 지도를 받으면서 학문활동을 한 기간을 끼고 그 전후로 나누어 볼 수 있다. 35세(1746)로부터 52세(1763)까지 18년 동안이 이익과 활동한 기간이다.5) 따라서 그 이전은 성호학파와는 관계 없이 독자적으로 학문을 연마하던 시기이고, 그 이후는 이익이 타계하고 성호문인의 원로로서 활동하던 시기라 할 수 있다. 이는 곧 안정복의 청년 시절, 성호학파로서의 중·장년 시절, 그 이후 성호학파를 이끌 입장에 선 노년기의 학문과 사상을 나타낸다고도 할 수 있을 것 같다.

먼저 청년기 학문이 어떠하였던가를 알아보기 위하여『하학지남』과『임관정요』에 주목하여 이를 구체적으로 분석해 보겠다. 저술 시기로 보아『임관정요』가『하학지남』보다 2년 앞서나, 필자의 관점으로는『하학지남』이『임관정요』저술의 학문적 바탕이 되었다고 보기 때문에『하학지남』을 먼저 고찰대상으로 삼는다. 이 시기의 고찰에서는 유형원이나 이익의 학문을 접하기 이전에 안정복의 학문과 사상이 어떻게 형성되고 어떤 성격을 지니고 있었던가를 특히 눈여겨보기로 한다.

다음으로 그가 성호학파의 일원으로 이익과 학문적 교류를 한 시기에서는 이익을 처음으로 방문하여 나눈 대화내용, 그 후 이익과 교류한 학문토론을 중심으로 두 사람 사이에 있었던 학문적 전승관계 등을 분석해 본다. 아울러 이익을 만나기 2년 전에 접한 유형원의 저술 열람과 활용에 관한 것도 고찰할 것이다. 그리고 그가 성호문인이 되어 다른 학자들과 어떻게 교류를 하면서 학문적 폭을 넓혀 갔는가도 살펴보겠다. 이어 그가 성호문인의 한 사람으로서 이익과 그 밖의 문인들의 협조로 이루어 놓은『동사강

---

5) 성호 이익은 1763년에 타계하였다.

목』가운데 按說 부분에 대해 주목하고자 한다. 안설의 체재와 대체적인 구성내용을 분석해 보고, 안정복의 역사학과 현실개혁사상을 간략하게 정리하면서 유형원과 이익의 실학사상이 어떻게 적용되어 나타나는가를 검토해 볼까 한다.

노년기의 학문과 사상에 대한 고찰에서는 먼저 불교와 西學, 양명학에 대하여 그가 어떻게 인식하고 있었으며, 어떤 내용으로 비판을 하였는가를 고찰해 보겠다. 특히 18세기 후반 천주교의 전파에 대한 대응책에 주목해 보겠다. 그리고 그가 노년기에 접어들어 잦은 논의대상으로 삼은 성리학과 하학에 대한 견해를 살펴볼까 한다. 구체적으로 그의 성리학이 어떤 성격의 것이었나를 정리해 보고, 이기논쟁에 대한 그의 견해에 주목하면서 적극적으로 하학을 장려한 배경을 분석해 보겠다. 그의 성리학에 대한 분석은 본 연구의 첫머리에서 고찰해야 옳을 것으로 생각되나, 性理에 대한 그의 논의가 하학과 더불어 노년기에 크게 이루어지기 때문에 뒷부분으로 돌려 고찰대상으로 삼았다.

따라서 본 연구는 크게 3편으로 나누어 전개될 것이다. 제1편에 두 개의 장을 두어, 제1장에서는 『하학지남』을 통해 본 초기 안정복의 학문적 성격을, 그리고 제2장에서는 청년기 안정복의 실학사상과 『임관정요』 저술관계를 고찰할 것이다. 제2편에는 3개의 장을 두는데, 제1장에서는 유형원·이익의 학문과 사상의 전승관계, 제2장에서는 안정복이 성호문인이 되어 이루어진 다른 성호문인과의 학문적 교류, 제3장에서는 『동사강목』 안설에 제시된 안정복의 역사학과 현실개혁사상을 고찰할 것이다. 끝으로 제3편에는 2개의 장을 두는데, 제1장에서는 안정복의 闢衛論에 관하여, 제2장에서는 안정복의 성리학과 하학장려에 대한 것을 다룰 것이다. 이 고찰로 18세기 실학사상의 흐름에서 안정복의 학문과 사상을 이해하는 데 보다 더 가까이 접근할 수 있지 않을까 기대해 본다.

그러나 본 연구는 그의 생애와 행적을 크게 참고하고 시간적 흐름을 중시하여 이루어지기 때문에 다소 산만한 느낌을 주게 되지 않을까 우려되기도 한다. 그리고 다루지 못할 부분도 있다. 이를테면『동사강목』을 크게 다루지 않는다는 점을 들 수 있는데, 본 연구의 성격상 안설의 구성·내용만을 간략하게 소개하거나 유형원과 이익의 영향을 들여다보면서 역사학이나 현실개혁에 관한 부분만을 선택하여 다룬다. 그리고 그가 평소 중요하게 여긴 禮論이나 그의 학문이 黃德吉과 같은 문인들에게 어떻게 이어지고 있었던가도 고찰해야 하겠지만, 아직은 필자의 능력이 미치지 못하여 뒤로 미루기로 한다. 이러한 점들은 본 연구의 적지 않은 한계점이라 하겠다.

마지막으로 본 연구의 뒷부분에『天學考』·『天學問答』·『擬問』의 번역문과 원문을 부록이라는 이름으로 게재한다.『천학고』와『천학문답』은 안정복의 서학사상을 이해하는 데에,『의문』은 그의 성리학을 이해하는 데에 반드시 참고해야 할 사료라고 생각되어 별도로 첨가하였다.

제1편 청년기 학문과 사상의 형성

본 편은 안정복의 학문과 사상이 처음에 어떻게 형성되었으며, 어떤 성격을 지니고 있었던가를 알아보려는 데 주된 목적을 두고 있다. 따라서 대체로 20대 청년기에 속하는 시기를 대상으로 하였다. 안정복은 15세가 되던 해 울산부사를 물러난 조부 安瑞羽가 蔚山에서 茂朱로 옮겨 칩거함에 따라, 그도 여기에서 10년 동안 살았다. 그 후 24세에 조부와 사별하고 부친 安極과 함께 京畿道 廣州郡 慶安面 德谷의 先塋으로 이사하여 이후 타계할 때까지 이 곳에서 살게 되었다. 결국 안정복은 20대 전반기를 무주에서, 후반기를 덕곡에서 보낸 셈이다. 특히 무주에서 이사온 이후 덕곡에서 살았던 4~5년은 그의 학문과 사상을 이해하는 데 중요한 시기이다. 『臨官政要』와 『下學指南』이 이 기간에 저술되었기 때문이다. 사실 이 때까지만 해도 그는 실학자로 잘 알려진 柳馨遠의 학문을 접해 보지도 못했을 뿐 아니라, 李瀷과의 접촉도 없던 때였다. 덕곡에서 농사일을 도우면서 공부하던 일개 서생에 불과하였던 것이다.

이에 필자는 거의 독학으로 일관해 온 20대 청년 안정복이 『하학지남』과 『임관정요』를 저술한 사실에 대해 주목해 보기로 하였다. 그것은 이 두 저서에 당시 그의 학문과 사상이 어느 정도 결집되어 나타나지 않았을까 여겨지기 때문이다.『하학지남』을 통하여 주로 그의 학문적 성격을 알아보고,『임관정요』를 통하여 그의 사상적 성격을 찾아보려 한다. 이로써 그가 훗날 유형원의 저서를 접하거나 이익을 만나 성호문인으로서 활동하기 전, 그의 학문과 사상이 어떤 것이었나를 어렴풋이나마 알 수 있을 것이다.

제1장 『하학지남』을 통해 본 초기 안정복의 학문 성격

1. 머리말

　『下學指南』은 『臨官政要』와 함께 안정복이 20대의 청년 시절에 쓴 대표적인 저술이다.[1] 『임관정요』 초고보다 2년 후에 쓰여졌다고는 하지만, 안정복이 25세에 전라도 무주에서 廣州 덕곡으로 이사온 지 2~4년 사이에 두 저서가 거의 같은 시기에 이루어졌다. 그러한 점에서 필자는 두 저술이 기본적으로 같은 정신에서 만들어졌을 것이라는 생각을 갖게 되었다. 실제로 두 책의 목차만 비교해 보아도 『임관정요』의 저술이 『하학지남』의 기본정신에 바탕을 두고 있는 것이 아닌가 하는 느낌이 들게 한다.

　그렇다면 『하학지남』은 어떤 성격의 저술일까. 이 『하학지남』도 선학의 주목을 받아 고찰대상이 되어 왔다.[2] 단순히 초학자의 입문용이나 '선비

---

1) 『하학지남』은 정확히 안정복의 나이 29세(영조 16년, 1740) 때 저술되었다.
2) 전적으로 『하학지남』을 다룬 논문은 다음과 같다. 심우준, 「下學指南에 나타난 순암의 독서관」, 『한국학』 19, 영신아카데미 한국학연구소, 1978 ; 李采求, 「안정복의 하학지남」, 『교육연구』 9, 원광대학교 교육문제연구소, 1990. 위 두 논문은 안정복의 교육사상과 독서관을 알아보는 데 주된 목적을 두고 연구되었다.

교육의 지침서'3) 또는 '학자들의 행동 지침서'로 이해하는 데 그치기에는 아쉬운 점을 떨쳐 버릴 수가 없다.4) 필자는 다음과 같은 관점에서 『하학지남』을 주목해 본다. 첫째로, 『하학지남』이 안정복의 학문적 성격이나 초기 실학사상을 알려줄 수 있는 중요한 단서를 제공하리라는 생각이 들기 때문이다. 그것은 안정복의 『하학지남』 저술이 柳馨遠이나 李瀷의 학문과 사상을 알기 전에 이루어졌으면서도, 이 책의 내용 가운데 여러 부문에 걸쳐 실학사상의 면모를 찾아볼 수 있기 때문이다. 둘째로, 청년 시절에 익혀진 안정복의 학문과 사상이 유형원과 이익의 영향을 받은 이후 어떻게 변모해 갔는가를 들여다볼 수 있지 않을까 하는 점이다. 사실 48세에 쓰여진 『동사강목』에는 유형원과 이익의 개혁사상이 크게 깃들여 있다.5) 끝으로, 『하학지남』을 통하여 안정복의 학문과 사상이 과연 보수적이며 성리학을 고수하려 했는가 하는 의아심을 어느 정도 해소해 줄 수 있다고 생각되기 때문이다.

본고에서는 이상과 같은 의문점을 풀어 보기 위하여 다음과 같은 순서로 고찰해 보려 한다. 안정복이 『하학지남』을 저술한 배경과 동기가 무엇인가. 어떤 체재와 내용을 담고 있는가. 『하학지남』을 통하여 나타나는 하학의 실학적 성격, 그리고 다른 저술과의 관계 등을 정리해 본다. 물론 실학사상과도 관련하여 생각해 볼 것이다. 이 고찰로 청년 시절 안정복의 학문과 사상이 어떻게 형성되었는가에 대한 실마리를 제공해 주리라 기대해 본다.

2. 『하학지남』 저술의 배경과 동기

---

3) 李采求, 앞의 논문, 163쪽.

4) 鄭求福은 『하학지남』이 학자들의 행동 지침서로 만들어진 것이라고 하였다 (鄭求福, 「안정복의 사학사상 - 동사강목을 중심으로 - 」, 7쪽).

5) 졸저, 『동사강목 연구』, 민족문화사, 1994, 325~326쪽.

안정복이 『하학지남』을 저술한 배경과 동기는 무엇일까. 우선, 1740년 (庚申) 『하학지남』 본문을 쓰고 44년 뒤인 1784년(甲辰)에 붙인 다음의 「題下學指南書面」[6]을 참고하여 보자.[7]

① 學이란 知行의 총체적인 이름인데 거기에서 공부할 것은 聖人을 배우는 것이다. 聖人은 나면서부터 모르는 것이 없이 총명하여 편안한 마음으로 道를 행하는데 人倫으로 하여금 聖人의 道를 지성으로 배우게 한다. 道란 聖人의 知와 行을 얻는 것에서 벗어나지 않는 것으로서, 일상 쓰고 있는 인간의 도리(彛倫)의 밖에서 나오는 것이 아니다. 孟子가 舜을 贊하여 이르되 '庶物에 밝고 人倫에 察하시니……'라 하였으니 그것은 만물의 이치를 밝게 알고 또한 인류에 그 이치를 자세히 함에 극진하게 한다는 것을 말한다. 『大學』에서 格致之義를 논하여 또한 이르기를 '먼저 하는 것과 나중에 하는 것을 알면 道에 가깝다'고 하였다. 앎이 비록 많더라도 마땅히 먼저 할 것은 진실로 일상 쓰고 있는 사람으로서 지켜야 할 도리의 밖에서 나오는 것이 아니다. 孟子가 또한 이르기를 '堯舜이 총명하여 두루 하지 않고 헤아려 급선무로 삼았다' 하였다. 그것은 정한 어떤 일에 먼저 힘쓰는 것을 말한다.

② 孔子가 이르되 '下學하고 上達한다' 하였으니, 下란 우리 주위에서 흔히 볼 수 있고 가까운 것(卑近)을 말한다. 卑近하여 쉽게 알 수 있다는 것은 항상 쓰이는 도리가 아니고 무엇이랴. 이를 쌓기에 부지런히 함을 그치지 않을 뿐임으로, 갖추어 다하기를 많이 하여 갖은 어려움을 겪은 후에는 몸과 마음이 하나가 되어 고난과 이르지 못하리라는 걱정이 없이 가까이서 즐겁고 산뜻한 지경을 보게 된다. 上達이 즉 여기에 있는 것이다. 聖人의 언행은 『論語』에 갖추어져 있다. 거기에서는 모든 下學이 가까운 곳에 있고 매우 높아서 행하기 곤란한 일이 없음을 말하였다.

③ 후세에는 학문을 논하되 반드시 心學이니 理學이니 하는데 '心·理' 두 글자는 형체가 없는 그림자로서 더듬어 찾지 않고는 도대체 먼 허

---

6) 이하 題文으로 약칭하기로 한다.
7) 고찰의 편의상 단락을 나누어 숫자를 붙여 제시하였다.

공의 설화이다. 孔子가 이르기를 '거처함에 공순하며 일을 잡음에 공경하며 다른 이와 더불어 충성하다' 하고, 또 이르기를 '말이 충신(忠信)하며 행동이 돈독하고 공경스럽다' 하였으니, 과연 이를 착실하게 하여 下學의 공부가 쌓여 익히는 일을 오래 하면 몸에는 청명함이 있고 神心과 같은 志氣를 기다려 잡지 않고, 존재와 이치를 기다려 궁구하지 않아도 밝고 능함이 上達의 경지에 이르게 되는 것이다. 후세 학자들은 下學이 비천하다 하여 물리치고, 항상 天人·性命·理氣·四七說에 뜻을 두고 부지런함을 떠는데, 그 행함은 많으나 칭할 만한 것이 없다. 上達을 이루지 못함을 수치스럽게 여기고 한탄하며 종신토록 배워도, 德性을 마침내 세우지 못하고 才器도 마침내 이루지 못함이 여전하다. 이는 일찍이 학자로서의 모습이 아니었는데, 이것은 下學에 대한 공부를 모르기 때문이다.

④ 나는 어려서 배움을 얻지 못하고 성인이 되어서도 스승과 벗의 도움이나 천부적인 재주가 없어, 날로 정신을 차리지 못하고 금제할 줄을 몰랐으니, 이에 유유히 떠나가는 배처럼 뜻없이 한평생을 보낸다면 금수와 무엇이 다른가. 이러한 두려움 때문에 古今의 嘉言과 善行을 모아 대략 題目을 나누고,『小學』의 의례를 본떠 이 책을 만들었다. 모두 스스로 경계하고 주의하는 첫째 근본으로 삼았다. 바로 庚申년(1740, 29세) 여름이었다. 올해로 거의 50년이 되어 面目은 다만 있으되, 先人들이 옛적에 어루만지며 익히듯 오래 하였어도 깨닫지 못하니 슬프도다. 그러나 이 책을 써서 또한 스스로 경계하여 죽기 전에 혹 조금의 유익함이라도 있기를 바라지만, 전날에 이로써 自警해 온 것을 벗지 못하고 말만 앞세운 결과가 된즉, 지금 이 自警은 능히 갈고 닦은 자취가 되지 못한 것일까. 武侯(諸葛亮)가 허술하게 만들어진 집을 비탄해 했던 말을 되풀이하면서 다만 한숨만 쉴 뿐이다.8)

---

8) 諸葛亮의 비탄에 빠진 모습으로 안정복 자신의 심경을 대신한 또 다른 표현을 찾아볼 수 있다. '孔明悲歎窮廬悔 將何及之說 常須著念也'(『順菴集』9, 書, 答舍弟家兒書, 壬申[1752]). 안정복은 스스로 밝힌 것처럼, 평소 제갈량과 陶淵明의 사람됨을 사모하였다고 한다(『순암집』19, 傳, 靈長山客傳, 甲戌[1754]). 제갈량과 도연명은『希賢綠』에 二賢傳이라는 전기로 저술해 넣을 정도로 숭배했던 인물이었다.

甲辰년 10월 18일, 橡軒의 남쪽 창가에서 73세의 늙은이가 쓰다
庚申년 여름, 廣州 靈長山 德谷里 精舍에서 編緝하였다

위에 제시한 題文은 『하학지남』 본문을 쓴 44년 후 안정복이 당시를 회고하면서 비교적 착잡한 마음으로 쓴 것이다. 이 내용은 대체로 크게 네 부분으로 나누어 볼 수 있다.

첫째로 위 제문의 ①에 해당되는 내용으로 학자가 학문을 하는 순서를 제시하였는데, 『孟子』 離婁章句와 『大學』 格物致知의 기록을 빌려 설명하였다. 둘째로 제문의 ②에 해당되는 내용으로 『論語』 憲問篇, 제37장의 '下學而上達'[9]을 골자로 하여 下學의 의미와 하학을 먼저 익혀야 할 근거에 대해 설명하였다. 셋째는 제문의 ③에 해당되는 내용으로 종래 학자들이 하학을 무시하고 공허한 性理學에만 매달리는 폐단을 『論語』 子路篇과 衛靈公篇에 있는 기록을 빌려 지적하였다. 넷째로는 제문의 ④에 해당되는 내용으로 『하학지남』을 저술할 당시 안정복 자신의 처지와 현재 제문을 쓰는 공허한 심정을 토로하였다.

제문을 통하여 안정복이 『하학지남』을 쓴 동기를 어느 정도 짐작할 수 있을 것 같다. 간추려 보면 하나는 학문적으로 하학을 먼저 하고 상달해야 한다는 점이고, 다른 하나는 일상생활에서 실제 소용되는 것은 어려운 성리학보다는 하학이라는 점이다.[10]

그렇다면 안정복이 말하는 하학이란 무엇인가. 먼저 '下'의 의미에 대해 위 제문에 나타나 있는 것을 요약해 본다면, '하'란 우리 주위에서 쉽게 접

---

9) 『論語』, 憲問篇.
　　……子曰 不怨天 不尤人 下學而上達 知我者 其天乎
10) 제문을 통하여 하학하여 상달한다는 것, 가까운 것으로부터 먼저 익혀야 한다는 童蒙 교육의 대원칙을 朱子 역시 『小學』에서 『二程遺書』의 기록을 빌어 제시하였지만, 아마도 안정복은 『二程全書』에 전해지는 程明道의 글에서 직접 영향을 받지 않았을까 생각된다. 그도 『이정전서』를 지니고 있었다(『古文書集成』 8, 順菴藏書目錄 참조).

할 수 있고 가까운 것으로서 일상생활에서 인간이 지켜야 할 도리(彛倫)라
할 수 있다. 그는 彛倫을 닦는 데에도 先後가 있다고 하였다.[11] 그 가운데
에서도 하학을 부지런히 익혀 몸에 배도록 하는 것이 먼저 할 일로서,
하학을 통하여 오랫동안 덕성을 함양하면 心氣가 靈明하여 상달한다는 주
장이다.[12] 그럼에도 불구하고 후세 사람들은 이해하기 어려운 성리학에만
집념하고 실제 생활에 유용한 하학은 소홀히 한다는 것이다. 따라서 많은
사람들이 성리학을 종신토록 공부하여도 깨닫지 못할 뿐만 아니라 덕성이
나 才器를 이루지 못하여 좌절하고 만다고 하였다. 심지어 그는 性命理氣
四七論에 빠져 몰두하는 학자들의 모습을 들어 娼技가 '禮'를 외우는 것과
다름이 없다 하면서, 이것이 과연 어떤 유익함이 있는가 하고 반문할 정도
로 비판적인 입장을 보였다. 안정복의 판단으로는 당초에 李滉이나 曹植
이 이에 대해 논의한 것은 이 학문이 근원이 불명하여 관심을 두었던 것인
데 후학들이 그 본 뜻을 모르고 여기에 매진한다고 하였다. 자신도 여기에
적지 않은 세월을 보냈지만 끝내 얻은 것이 없는데, 이와 같은 사람이 많
다는 것이다.[13]

결국 안정복은 하학을 먼저 익히고 그 다음으로 철학적인 성리학을 공
부해야 한다는 뜻을 나타낸 것이라 할 수 있다. 물론 그가 비판대상으로
삼은 것은 주로 양반 사대부의 학문 성향이라 하겠지만, 하학을 먼저 해야

---

11) 『순암집』 8, 書, 答韓士凝書, 庚寅(1770).
　　……日用彛倫間 似有先後……
12) 『순암집』 8, 書, 答南宗伯(漢朝)書, 丙午(1786).
　　……下學之涵養德性 心氣靈明上達……
13) 同上.
　　……今之學者 大抵不屑於下學 而徒役心於性命理氣四七之辨 今日爲學
　　明日便說 此道理 雖自謂學貫天人 夷考其歸 與娼家之誦禮無異 此果何益
　　哉 退溪之時 此道之原 本不明 故必以濂溪圖說爲先 時義然矣 當時南冥
　　有手 不知灑掃應對之節 而口談天理之譏 此則不知老先生之意而然也 當
　　今之世 義理之說 己爛漫矣 學者所行 實不出於南冥之語 僕亦閱歷多少歲
　　月 見如此人多矣 欺天欺人欺心 而能有爲學乎……

한다는 주장은 비단 사대부에만 해당되는 것이 아니고 학문을 하는 자라면 누구나 거쳐야 할 첫 단계로 말했다고 보아야 할 것이다.

안정복이 하학을 절실하게 여긴 때는 바로 20대의 청년 시절이었다. 무엇 때문에 이처럼 하학에 매진할 것을 강조하였을까. 제문에도 있는 것처럼, 성리학이 난해하여 달성하기 어렵다는 이유도 수긍은 가지만, 꼭 이러한 이유만으로 하학을 강조하였다고 보기에는 다소 석연치 않은 느낌을 갖게 한다. 여기에는 그의 가정적·경험적 환경이 적지 않게 작용하였으리라 짐작된다.

그러면 잠시 청년 시절 안정복의 주변 환경을 검토해 보자. 그 자신도 제문을 통해 회고하였듯이, 안정복은 어려서부터 한 곳에 오래 머물러 학문이나 할 처지가 못되었다.14) 外家와 親家를 왕래하면서 유·소년기를 보내고, 할아버지 安瑞羽(1664~1735, 호는 兩棄齋)가 문과에 오른 뒤 벼슬을 하면서 외지로 나가 있을 때에는 안정복도 그의 임지를 따라다녀야 했다. 따라서 10세에 비로소 『소학』을 접했을 정도로 공부를 늦게 시작하였다. 또한 정해진 스승도 없었지만, 經史를 비롯하여 음양·천문·의약·점(卜筮)·병법·불교와 노장사상·야사·소설 등 가리지 않고 두루 책읽기를 좋아하여 15~16세에 이르러서는 통하지 않는 것이 없을 정도였으며, 스스로 書契를 만들어 책을 수집하였다고 전한다.15) 비록 그가 노년기에 들어서 불교나 서학을 이단이라 하여 배척하는 태도를 보였을지라도, 이처럼 청소년 시절에는 많은 서적을 섭렵하여 지식을 쌓았던 것이다.

그는 15세에 조부가 울산부사에서 파직되어 전라도 무주에 들어가 칩거함에 따라, 이후 10년이라는 세월을 이 곳에서 지내지 않으면 안 되었다. 그러나 무주에서의 10년은 안정복에게 매우 중요한 시기였던 것으로 보인다. 그 동안 다방면의 독서로 이루어진 그의 지식이 이 곳에서 어느 정도 체계가 잡힌 학문으로 정립될 수 있는 계기가 되었기 때문이다. 조부 안서

---

14) 안정복의 가정 환경에 대해서는 졸저, 『동사강목 연구』, 제1장 참조.
15) 「順菴先生年譜」, 영조 13년 참조.

우가 관직을 그만두고 이 곳에서 한가한 생활을 하였기 때문에 안정복에게
는 조부로부터 경전이나 역사에 관한 교육을 받을 수 있는 기회가 주어졌
던 것이다.16) 초보적인 단계에 머물렀지만, 특히 이때 역사학에 관한 그의
학문 체계가 정리되어 갈 수 있었고 경전의 이해도 상당한 경지에 이르렀
던 것으로 보인다.

　무주의 생활은 그의 나이 24세에 조부가 타계함에 따라 끝나게 되었다.
그리하여 이듬해 가문의 종손이었던 부친 安極이 가사를 정리하여 경기도
광주 덕곡의 선영 곁으로 이사함에 따라 안정복도 함께 올라오게 되었던
것이다. 덕곡으로 이사온 그는 일생을 處士로 보낸 아버지의 농사일을 돌
보는 한편, 독학을 통한 학문의 길을 걸어야 했다. 남인계 후손으로 경제적
으로는 그렇게 넉넉하지 않았던 것으로 전해진다. 더욱이 아버지는 병약하
여 가정을 크게 일으키지 못했을 뿐 아니라, 안정복의 학문 발전에 크게
관심을 둘 형편도 못 되었던 것으로 보인다. 따라서 안정복은 한편으로 가
사를 돌보며 자신이 스스로 학문 계발을 하지 않으면 안 되었다. 실제 그
는 35세에 안산에 살고 있던 성호 이익을 방문하여 성호문인이 될 때까지
어느 누구의 문하라는 학문적 계보가 정해지지 못하였다.

　그러나 안정복의 이러한 환경이 오히려 그로 하여금 비판적이고 실천적
인 성격을 길러 주지 않았을까 생각된다. 더구나 당시는 대외적으로 서양
의 새로운 문물이 속속 들어오고 국내적으로 사회 계층의 상하가 혼들리는
상황에서 농촌은 관리의 불법 비리가 자행되어 극도로 피폐하고 있었던 때
였다. 이러한 주변 환경을 목격하면서 학문하는 그에게 점차 개혁정신이
싹트게 되고, 나아가 자신의 학문에 대한 성찰의 계기를 만들어 주었던 것
이 아닐까 한다.

　이즈음 26세에 비로소 안정복은 『性理大全』을 읽기 시작하였다. 이 사
실은 그 동안 그의 학문이 주로 四書 중심의 학문이었다는 것을 말해 준다
하겠다. 청년 시절에도 병약했던 안정복은 3년 동안 『성리대전』을 익히려

---

16) 그 밖에 안서우의 학문과 성격에 대해서 姜秉樹, 앞의 논문, 10~14쪽 참조.

고 노력하였지만 오히려 하학에 대한 공부가 부족함을 절실하게 느끼고 상
념에 쌓여 있었다.17) 아직은 심오하고 철학적인 성리학의 깊은 경지에 들
지 못한 상태이기는 하지만, 안정복의 판단으로는 하학도 제대로 닦여지지
않은 상태에서 이해하기 어렵고 실제 생활과 거리가 먼 성리학에 깊이 빠
져드는 것을 매우 안타깝게 여겼던 것으로 판단된다. 위 제문의 기록을 그
대로 따른다면, 안정복은 일상생활과 관계 깊은 孔·孟의 윤리도덕만 철저
히 익혀도 상달의 경지에 이를 수 있다고 생각하였다 하겠다.18)

그러면 안정복이 강조한 하학은 어떤 성격을 지닌다고 말할 수 있을까.
물론 그도 말하였듯이, 하학의 궁극적인 목표를 사람이 지켜야 할 도리에
두고, 그 내용이 『논어』나 『孝經』에 갖추어져 있다고 한 것으로 보아 그의
하학 공부 주장이 인륜에 필요한 도덕생활에서 벗어나지 않는다고 볼 수
있다.19) 이같은 안정복의 주장에서 주목해야 할 것은 일상생활에 필요한
하학을 익혀야 한다는 것을 강조하였다는 점과 당시 유행하고 있던 理氣
論이나 四七論에 대한 논쟁을 기피하고 이에 대한 연구를 불필요한 것으
로 평가하였다는 점이다. 이는 곧 종래 성리학에 빠져 공리공담을 일삼는
학자들에 대한 비판이기도 하고, 어쩌면 성리학에 대한 간접적인 도전이라
고 말할 수도 있을 것이다. 『하학지남』 본문에 구체적으로 나타나 있는 것
처럼, 하학을 통해 익힐 대상은 대부분 신분의 고하를 막론하고 실생활에
서 필요한 것들이다. 이와 같은 내용을 담은 『하학지남』이 17~18세기에
확대되어 나갔던 실학사상의 흐름 속에서 청년 시절 안정복의 손에 의해

---

17) 『순암집』 8, 書, 答南宗伯(漢朝)書, 丙午.
　　……年二十五 始得性理大典 讀過三冬 遂知吾儒門路 而疾病纏身 惟常撫
　　卷 興喟而已 不曾施實下之工 常常歎恨……
18) 그렇다고 안정복이 성리학을 배척했다고 볼 수는 없다. 다만 하학을 익힌 다
　　음에 성리학을 공부하여 더 높은 학문적 경지에 오르는 순서를 밟아야 한다
　　는 뜻으로 받아 들여야 할 것이다(후술).
19) 『순암집』 8, 書, 答南宗伯(漢朝)書, 丙午.
　　……常謂孔門教人 不過孝經論語 此二書 皆於下學有依據處言之……

저술되어 문인들에게 읽혀지게 되었다. 이는 곧 안정복의 經世致用的 실학사상이 학문적으로 하학에 바탕을 두고 있음을 말해 준다고 할 것이다.

요컨대 안정복이 『하학지남』을 저술한 동기는 조선 후기에 들어 젊은이들이 性命論과 理氣四七論 같은 철학적 성리학에 매진하는 것을 배격하고 일상생활과 직접 관계가 깊은 하학을 먼저 익혀야 한다는 생각에서 주로 초학자를 대상으로 활용하려는 데에 있었다고 하겠다. 그가 하학 교육을 다지기 위해 『소학』의 의례를 본떠서 만든다고 한 뜻도 여기에 있었다고 할 것이다.

3. 『하학지남』의 체재와 주요내용

1) 체재의 특징

『하학지남』은 <표 1-1-1>에 나타나듯이, 3권(首卷, 上卷, 下卷)·9편(日用編, 讀書編, 爲學編, 心術編, 威儀編, 正家編, 處己編, 接人編, 出處編)·70장으로 이루어졌는데, 안정복은 『소학』의 의례를 본떠 저술하였다고 밝혔다. 首卷은 일용편, 上卷은 독서편·위학편·심술편, 그리고 下卷은 위의편·정가편·처기편·접인편·출처편으로 구성되어 있다.[20]

『하학지남』의 체재에서 드러나는 몇 가지 특징을 정리해 보면, 첫째로 『소학』이나 『대학』의 편차를 우리나라 실정에 맞게 조절하였다는 것을 들 수 있다. 그러나 그가 의례를 본떴다고 하는 『소학』의 체재[21]와 비교해 보

---

20) 『하학지남』 목록에는 수권의 일용편을 제외하고 나머지는 '讀書第一, 爲學第二……' 등으로 표기되어 있다. 본고에서는 편의상 編으로 통일하여 쓰기로 한다.

21) 『소학』의 체재는 크게 內篇과 外篇으로 나뉘어지고, 다시 내편은 立教篇, 明倫篇, 敬身篇, 稽古篇 등 4편으로, 그리고 외편은 嘉言篇, 善行篇 등 2편으로 나뉘었다. 즉 『소학』은 모두 6편으로 엮어졌다.

<표 1-1-1> 『하학지남』의 체재

卷	編	章
首卷	日用編	夙興章, 日間章, 夜寢章
上卷	讀書編	讀書之義章, 讀書之序章, 讀書之法章, 讀小學四書章, 讀諸經章, 讀性理諸書章, 讀史章, 尙論章, (附 寫字章, 作文章)
	爲學編	總論章, 立志章, 變化氣質章, 窮理章, 力行章, 存養章, 省察章, 克治章, 敦篤章, 論敬章, 論誠章, 異端章
	心術編	誠意章, 正心章, 養氣章, 操存章, 喜怒章, 逸慾章, 器量章, 誠實章
下卷	威儀編	總論章, 敬身章, 正容章, 謹言章, 衣服章, 飮食章
	正家編	總論章, 孝敬章, 居喪章, 祭祀章, 友愛章, 夫婦章, 敎養章, 冠禮章, 婚禮章, 敦睦章, 禦下章, 治産章, 儉約章
	處己編	持身章, 處事章, 操守章, 義命章, 改過章, 辭受取與章, 出入往來章
	接人編	長幼章, 師友章, 接賓章, 待人章, 篤義章, 處世章, 居鄕章
	出世編	總論章, 事君章, 治道章, 居官章

면 사뭇 다른 면을 찾아볼 수 있다. 우선 전체 편수도 다를 뿐 아니라 編次에서도 차이가 난다. 오히려 체재상으로나 내용상으로 '修己治人'의 기본정신 아래 『大學』을 기본구도로 하여 이루어진 듯한 느낌을 준다. 책 이름에서도 알 수 있듯이, 『하학지남』은 초학을 대상으로 쓰였기 때문에 孝道를 기본사상으로 하는 『소학』의 내용 수준에 머무르는 부분도 적지 않지만, 다루어진 내용을 검토해 보면 성인을 대상으로 하는 내용도 많고 또한 治人에 관한 내용을 가볍게 다루지 않은 것을 찾아볼 수 있다.22) 즉 『하학지남』의 위학편·심술편은 『대학』의 格物致知와 誠意正心, 위의편·정가편·처기편은 修身齊家, 그리고 출처편은 治國과 통한다고 볼 수 있다. 오히려 李珥의 『擊蒙要訣』의 영향을 많이 받지 않았나 하는 느낌을 준다.23) 『격몽요결』의 목차에 보이는 내용은 모두 『하학지남』의 독서편·위학편·정가편·처기편·접인편에 포함되었다. 따라서 우리나라 문헌으로는 『격몽요결』을 많이 참고하였다고 하겠다.

　둘째로 독자로 하여금 명료하게 이용하도록 세분하여 편차하였다. 그는

---

22) 특히 出處編에서 두드러지게 나타난다.

23) 『擊蒙要訣』의 편차는 序, 立志章, 革舊習章, 持身章, 讀書章, 事親章, 喪制章, 祭禮章, 居家章, 接人章, 處世章 등 10개 장으로 되어 있다.

70개의 장에 다시 221개의 項을 두었다. 이와 같은 편차는 『대학』이나 『소학』은 말할 것도 없고, 『격몽요결』과도 크게 다르다. 이는 유사한 내용을 묶고 다시 세분함으로써 피교육자에게 혼란을 주지 않고 배우기 편리하도록 배려한 것이 아닐까 한다. 특히 수권의 일용편에서 매일 습관적으로 할 일을 새벽, 낮, 밤으로 나누고 다시 시간별로 자세한 설명을 붙인 것 또한 주목되는 부분이라 하겠다.

셋째로 자신의 견해는 가능하면 細注하여 나타냈다. 『하학지남』에는 많은 脚注가 있는데, 그 가운데 按說로 나타낸 것이 78개나 된다. 따라서 본문은 대체로 참고문헌을 그대로 수록하여 자신의 견해와 구별하였다. 물론 본문에 인용한 글은 소개에 그친 것도 있고, 안정복 자신이 동조하는 것도 있다.

끝으로 『하학지남』은 수권과 상·하권이 서로 유기적인 체재를 이루고 있다. 즉 수권의 일용편이 일상생활에서 의당 해야 할 일(當行)을 갖추고 있는 반면에, 상권에서는 하권의 본체로서 공부(存養)를 다루었고, 하권에서는 상권에서 공부한 것을 밖에 나타내는 것, 즉 쓰임(用功)에 관한 내용으로 이루어졌다.24) 더불어 매 편이 시작될 때마다 안설을 붙여 왜 이 편을 두게 되었는가를 일일이 설명해 두었다. 대체로 상·하권의 편차는 이 책을 익혀야 할 순서대로 짜여져 있다. 요컨대 일용편을 총론이라 한다면, 상·하권은 각론으로서, 상권은 공부편 혹은 내편이라 할 수 있고 하권은 활용편 혹은 외편이라 볼 수 있다.25)

2) 주요내용

그러면 『하학지남』은 어떤 내용으로 이루어졌을까. 여기에서는 편의상

---

24) 이와 같은 체재로 쓴다는 사실을 안정복은 수권·상권·하권의 바로 아래에 쓴 按說을 통하여 밝혔다.
25) 이와 같은 체제의 기본골격으로서 본다면 『하학지남』의 상·하권은 『소학』의 내·외편과 비교될 수도 있다.

『하학지남』 각 편의 순서에 따라 안설을 중심으로 간략하게 살펴보기로 한다. 그것은 본문의 내용이 대부분 참고문헌에 있는 글을 인용하고 자신의 생각은 주로 안설에 나타냈기 때문이다. 단 인용문 가운데에도 안정복이 동조하였다고 생각되는 부분이 있으면 대상으로 삼을 것이다.

① 수권의 일용편

수권의 유일한 편이다. 일용편은 상·하권의 총론격이라 할 수 있다. 대체로 處己, 事親, 處事, 接物 등 일상생활에서 마땅히 해야 할 일을 대략 열거하였다.[26] 동틀 무렵(昧爽寅)부터 새벽닭이 울 때(鷄鳴丑)까지의 일과를 寅時로부터 丑時까지 12干支의 순서대로 과거 先賢들이 실천한 행실을 소개하면서 해야 할 일을 제시하였다. 즉 昧爽寅 → 日出卯 → 食時辰 → 禺中巳 → 日中午 → 日昳未 → 日晡申 → 日入酉 → 黃昏戌 → 人定亥 → 夜半子 → 鷄鳴丑의 순서로 짜여져 있다. 일용편에는 과거 우리나라 사람들의 모범된 행실을 소개하였는데, 吉再, 李滉, 金宏弼, 趙光祖, 徐敬德, 李永膺, 李偶(이황의 숙부), 李浚慶, 李珥, 成渾, 韓忠, 趙憲, 李之樑(이황의 벗), 曹植, 趙昱 등이 그 대표적인 인물이다.

② 상권의 내용

『하학지남』의 상권은 독서편, 위학편, 심술편 등 3편으로 구성되었고 工夫에 대한 내용으로 이루어져 있다.

* 讀書編

궁리의 요체는 반드시 독서에 있다는 주자의 말을 안설에 게재하고, 10개의 장으로 나누어 서술하였다. 독서의 뜻, 독서의 순서, 독서하는 법을 먼저 설명한 다음 소학과 사서를 읽는 법, 그 밖에 제 경서를 읽는 법, 성

---

26) 일용편, 按. 안정복은 구체적인 것은 상·하권에 열거하였다고 말하고 있다.

리에 관한 서적을 읽는 법, 그리고 역사서를 읽는 순서와 방법, 선현의 언행을 논하는 방법 등을 설명하였다. 부록으로 習字와 作文法도 뒤에 붙였다. 여기에서는 안정복이 제시한 독서의 순서만 소개하고자 한다.

'讀書之序章'을 통해 안정복은 이이의 『격몽요결』과 程瑞禮의 讀書分年法, 그리고 歐陽修의 讀書法을 소개하였다. 안정복은 어느 방법이 좋다고 확실한 언급을 하지는 않았으나, 일찍이 鄭赫東에게 보낸 편지에서 다음과 같은 '讀書次第'를 볼 수 있다.[27]

> 讀書次第
> * 大學 → 論語 → 孟子 → 中庸 → 心經 → 近思錄 → 性理諸書(겸하여 익힘)
>   → 詩·書·春秋·綱目(여러 역사와 經論, 그리고 諸說도 겸하여 공부함)
> * 易과 禮는 별도로 공부함
> *『小學』과『家禮』는 매일 외우고 익힘

안정복은 『소학』을 이 독서차제에 넣지 않고 『대학』에 앞서 매일 익히도록 하였다. 그만큼 『소학』과 『가례』를 통하여 효도와 예절 교육을 중시하였다고 볼 수 있다. 물론 이이의『격몽요결』이나 정서례의 독서분년법에서는『소학』을 맨 먼저 읽도록 하였다. 대체로『격몽요결』에 있는 독서 순서와 유사하다고 할 수 있다.[28] 四書와 三經을 독서의 주된 서목으로 하여 먼저 읽게 하고, 다음으로 史書를 읽게 한 것은 이이나 안정복이 같은 생각을 하였지만 안정복은 특히『心經』의 독서를 중시하였다.[29]

한편 안정복은 작문에 힘쓰는 것과 과거를 위한 독서를 바람직하게 여기지 않았다.[30]

---

27)『순암집』 6, 書, 與鄭君顯書, 讀書次第.

28)『격몽요결』독서장에 있는 독서 순서를 보면 小學·大學·論語·孟子·中庸·詩經·禮經·書經·易經·春秋 등 五書五經을 기본으로 하고, 近思錄·家禮·二程全書·朱子大全 등은 틈틈이 익히도록 하였다.

29) 안정복이『心經』을 중요시한 예는『臨官政要』서문에도 잘 나타나 있다.

* 爲學編

안정복은 학문을 함에 오로지 두 가지 길이 있다고 하였다. 즉 하나는 알아서(知) 善을 밝히는 일이고, 다른 하나는 행하되 정성으로 하는 것이다.[31] 위학편의 12개 장은 학문을 하는 순서로 이루어져 있다. 총론장에서는 위학을 하는 까닭과 범위를 설명한 다음, 옛날의 학문과 오늘의 학문이 그 목적하는 바가 다름을 나타내고, 타인을 위한 오늘의 학문 경향을 바람직하게 보았다. 위학장에 제시된 학문을 하는 순서를 정리해 보면 다음과 같다.

1) 먼저 立志가 서야 한다. 비록 힘써 하려 해도 뜻이 서 있지 않으면 시작하자마자 그만두게 되어 入道를 할 수 없기 때문에 반드시 입지를 귀하게 여겨야 한다는 것이다.[32]

2) 氣質을 변화해야 한다. 학문을 함에 있어 방해가 되는 나쁜 습관을 제거해야 한다는 것이다. 게으름, 주위 산만, 나쁜 무리에 섞이는 일 등을 말한다. 그는 학문을 귀하게 여기고 뜻이 서 있어도 나쁜 기질이 바뀌지 않으면 뜻이 지향하는 바가 올바르지 않게 된다는 것이다.[33] 『격몽요결』 ‘革舊習章’에 있는 대표적인 8개 舊習을 그대로 제시하였다.

3) 窮理를 하여 致知를 이룬다. 치지를 이루지 못하고 다만 실행에 힘쓰는 것은 마치 맹인이 애꾸눈 말을 타고 밤중에 깊은 연못으로 들어가는

---

30) 『하학지남』, 附作文章, 作文之害 및 科業之害 참조. 여기에서는 朴嘯皐와 退溪 李滉의 말을 소개하는 정도로 그쳤으나 그는 본시 작문 중심의 공부나 과거시험 준비의 공부를 매우 바람직하지 못한 것으로 평가하고 있었다(졸저, 『동사강목 연구』, 258~264쪽 참조). 따라서 그가 작문이나 習字에 대한 공부를 부록에 넣어 다룬 것도 이와 같은 의식에서 비롯된 것이 아닐까 생각된다.

31) 爲學第二, 按.

32) 위학편, 立志章, 按.

33) 위학편, 變化氣質章, 按. 안정복의 기질의 性에 대한 논의는 『擬問』에 잘 나타나 있다. 그의 성리학에 관한 고찰에서 다시 언급하겠지만, 그는 『의문』을 통하여 기질의 성에 대한 억제를 크게 강조하였다.

섯과 같다는 것이다.34)

4) 힘써 실행한다. 치지에 이르고도 역행하지 않으면 마치 자기 집에 쌓아 둔 무진장한 양식을 버리고 밥그릇을 들고 다니는 거지를 본받는 것과 같다고 하였다.35)

5) 存養을 굳게 한다.

6) 省察한다. 성찰을 한다면 앎이 더 밝아진다는 것이다.36)

7) 사욕과 잡념을 물리친다.

8) 敦篤해야 한다. 오직 克己로서 돈독해야 한다고 하였다.37)

9) 知行이 貫通하도록 노력한다.38)

10) 성취를 이루도록 성실하게 한다.39)

11) 이상과 같이 공부하지 않으면 학문의 진전이 없어 異端의 해를 입는다는 것이다.40) 불교, 도교, 양명학 등을 대표적인 이단이라 하였다.41)

* 心術編

심술편은 앞의 위학편에서 공부한 것을 심술로써 더욱 바르게(正) 하는 데 목적을 두고 있다.42) 심술편의 8개 장 가운데 誠意章·正心章·養氣章은 각각 위학편의 존양장·성찰장·논경장과 부합된다. 그리고 다시 심술편의 操存章·喜怒章·逸慾章·器量章은 같은 편의 정심장에 해당되는 장으로서, 이들 각 장에서는 正心의 방법이 구체적으로 제시되었다. 특

---

34) 위학편, 窮理章, 按.

35) 위학편, 力行章, 按.

36) 위학편, 省察章, 按.

37) 위학편, 敦篤章, 按.

38) 위학편, 論敬章, 按.

39) 위학편, 論誠章, 按.

40) 위학편, 異端章, 按.

41) 안정복의 이단사상에 대한 고찰은 다른 장에서 구체적으로 언급할 것이다.

42) 心術編, 按.

히 기량장에서는 배우는 자가 뜻이 성실하지 못한 것은 마음이 不正하기 때문인데, 이는 견식과 도량(識量)이 편협하거나 좋아하고 미워함(好惡)이 중도를 잃어서 그렇다고 하였다.43) 마지막 장인 誠實章은 심술편의 결론에 속한다. 그는 이 성실장을 통하여 '誠'이야말로 知行을 총괄하는 것으로서, 배우는 자는 지금까지의 공부를 성실하게 하여 덕을 닦아야 한다고 하였다.44) 심술편을 맺으면서 그는 모든 공부는 몸과 마음으로 하고 행동으로 옮겨 성실하게 할 뿐이라고 결론지었다.45)

요컨대 심술편은 위학편에서 배운 것을 올바른 방향으로 나아가도록 길을 제시한 부분이라 할 수 있다.

③ 하권의 내용

『하학지남』의 하권에서는 상권에서 공부한 것을 밖으로 나타내는 것, 즉 상권의 쓰임(用)에 속하는 것을 다루었다고 할 수 있다. 그 쓰임의 요체는 성찰로서 道를 찾는 데 두어야 한다고 하였다.46) 威儀·正家·處己·接人·出處編이 이에 속하는데, 오히려 상권에서 다루어진 공부보다도 많은 분량을 다룸으로써 이 부분에 더욱 심혈을 기울인 것으로 보인다.

＊威儀編

위의편은 총론장을 포함하여 자신의 몸을 바르게 갖추어야 한다는 敬身章, 용모를 단정하게 해야 한다는 正容章, 대인관계에서 말을 삼갈 것을 강조한 謹言章, 항상 의관을 정제하고 검소해야 한다는 衣服章, 음식을 절제하고 술을 삼가야 한다는 飮食章으로 엮어졌다. 그는 비록 心術을 바르게 하여 안(內)을 잘 다스려도 품위 있는 모습을 길러 밖(外)을 정제하지

---

43) 심술편, 器量章, 按.

44) 심술편, 誠實章, 按.

45) 同上.

46) 『하학지남』, 卷下, 按.

못하면 내부에 존재해 있는 것도 다져지지 못할 수 있다고 하였다.[47]

* 正家編

정가편에서는 冠婚喪祭를 비롯하여 가정에서 지켜야 할 도리를 선현의 모범을 들어 설명하였다. <표 1-1-1>에 나타냈듯이, 모두 13개의 장을 두었다. 안정복은 마음이 바르게 되고 몸이 이미 닦여졌다면 가정에 베풀어 가정을 바르게 할 수 있다고 하였다. 그리하여 정가편을 심술편과 위의편 다음으로 편제했다는 것이다.[48] 여기에서는 孝와 禮, 그리고 검소한 생활이 특히 강조되었다.

* 處己編

處己는 자신을 다스리는 것으로서 자신을 지키는 것뿐 아니라, 일을 처리하고 대인관계나 출입시의 행동도 포함된다. 안정복은 선비로 태어나서 자신을 다스리는 방도를 알아야 하기 때문에 정가편 다음에 처기편을 두었다고 밝히고, 이치가 밝지 못하고 의로움이 정밀하지 못하면 마땅하게 일을 처리할 수 없다고 하였다.[49] 처기편에서는 恭謙으로 자신을 지키는 법, 서두르지 않고 번거롭지 않게 일을 처리하는 법, 지조를 지키는 일, 의롭게 생명을 보존하는 일, 과오를 고치는 일, 받는 것을 사양하고 주는 것을 받아들이는 일, 출입할 때 지켜야 할 예절 등이 다루어졌다.

* 接人編

접인편은 대인관계에서 지켜야 할 방법과 도리를 다룬 부분이다. 그는 상도에서 벗어나는 방법을 쓰고 정성스럽지 못하면 사물을 움직일 수 없다는 명분을 들어 접인편을 둔다고 하였다.[50] 이 편에서는 어른과 어린이, 스

---

47) 威儀編, 按.
48) 正家編, 按.
49) 處己編, 按.

승과 벗·손님을 대하는 방법, 인간관계를 원만히 하는 방법, 義를 돈독하게 하는 방법, 처세에 있어 삼가야 할 방법, 향리에서 지녀야 할 몸가짐 등을 다루었다.

＊ 出處編

안정복은 이상에서 언급한 處己와 接人의 방법을 알았으면 벼슬을 할 수 있다고 하였다. 본 편에서는 임금을 섬기는 방법, 목민관으로서 民政에 임하는 방법, 관리로서 지녀야 할 태도 등이 다루어졌다. 특히 처기편·접인편·출처편은 『하학지남』보다 2년 앞서 저술된 『임관정요』와 기본정신에서 통하고 있다는 점이 주목된다.

지금까지 『하학지남』의 체재와 주요내용에 대해 간략하게 살펴보았다. 내용의 구성 면에서 몇 가지 주목되는 점을 찾아볼 수 있었다. 첫째로 종래의 다른 저서와는 달리 우리나라 선현들이 쓴 저서나 언행을 크게 참고하였다는 점을 들 수 있다. 명기한 인명을 다음과 같이 정리해 보았다.

(고려시대) 吉再, 鄭夢周 (2명)
(조선시대) 柳寬, 黃喜, 鄭麟趾, 金宗直, 金宏弼, 鄭汝昌, 柳藕, 鄭鵬, 趙元紀,
　　趙光祖, 李滉, 鄭道可, 成渾, 徐敬德, 李彦迪, 曹好益, 趙穆, 李至南, 李浚慶,
　　李珥, 韓忠, 趙憲, 李之樑, 曹植, 成運, 柳成龍, 趙昱, 朴承任, 尙震, 洪仁佑,
　　金謹恭, 金誠一, 李之菡, 崔永慶, 權撥, 鄭逑, 李一齋, 李晬光, 成守琛, 安玹,
　　鄭經世, 趙公遜, 權公碩, 鄭光弼, 李延慶, 郭永華, 張顯光, 任叔英, 李銘來,
　　鄭公浣, 李永膺, 安處誠, 李恒福, 金沖庵 (54명)

언행의 모범으로 삼은 인물로는 김종직과 그 문인을 비롯하여 16세기 전후의 인물이 많다. 대체로 李滉과 그의 문인이 다수 소개되었고, 그리고 이이의 언행 기록도 적지 않게 수록하였다. 그 이전의 인물로는 고려시대

---

50) 接人編, 按.

의 길재와 정몽주, 조선 초기의 유관, 황희, 정인지를 들 수 있다. 초학자들을 위한 입문서로서 이처럼 본국 선현들의 언행을 기록하여 나타낸 안정복의 뜻이 어디에 있을까. 아마도 종래 초학을 위한 문헌이 대부분 중국 선현의 기록으로 되었다는 점을 의식한 것은 아닐까. 여기에서 안정복이 『하학지남』을 본국 실정에 맞게 쓰려 하였다는 점을 찾아볼 수 있을 것 같다.

둘째로 治人에 관련된 내용이 중시되었다는 점을 들 수 있다. 處己·接人·出處編이 이에 해당된다. 더욱이 비슷한 시기에 저술되고 개혁적인 내용을 많이 담고 있는 『임관정요』에서 다루어진 내용이 여기에 바탕을 두고 있다는 점은 주목되는 부분이라 하겠다.[51] 특히 그는 『임관정요』를 통하여 조선 후기 농촌의 경제적인 어려움을 官弊와 관련지어 비판하면서 목민관의 목민 방법과 자세를 크게 다루었다.

셋째로 『하학지남』 내용 전반에 걸쳐 實行이 강조되고 있다는 점이다. 이는 일용편을 비롯하여 하권의 활용편에서 잘 드러난다. 물론 『하학지남』 제문에도 잘 나타나 있듯이, 당초 안정복이 『하학지남』을 쓸 때 대부분 일상생활에서 쉽게 실천되어야 할 것을 기대하고 썼던 것이다. 學行一致가 경전이나 실학자들 사이에서 크게 강조되고 있음은 재론의 여지가 없겠으나, 앞서도 언급되었지만 안정복은 조선 후기 만연된 이기논쟁이나 혹은 과거시험을 위한 시부 중심 공부의 폐단을 의식하여 더욱 이를 강조하였던 것으로 생각된다.

4. 하학과 안정복의 학문 성격

이상과 같이 안정복은 하학의 공부를 학문의 출발이며 기본으로 삼았다. 이러한 학문적 성향이 유형원이나 이익의 영향을 받기 전부터 형성되었다는 점에 주목할 필요가 있을 것 같다. 다시 말하면 17~18세기 실학사상의

---

51) 『하학지남』과 『임관정요』의 관계는 다음 장에서 별도로 고찰한다.

흐름을 타고 안정복이 스스로 학문을 익히는 과정에서 자연스럽게 터득하였다는 점이다. 따라서 안정복의 나이 33세(1744)에 유형원의 『磻溪隨錄』을 접하고, 2년 뒤 성호 이익을 방문하여 성호문인이 된 이후 이들의 학문 혹은 사상으로부터 영향을 받기 이전에 안정복의 실학사상은 이미 그 스스로 연마한 학문과정을 통하여 나타나기 시작했다고 보아야 할 것이다. 그가 1746년 10월 17일 이익을 처음 방문하여 『대학』을 비롯해 주로 사서삼경을 밤늦게까지 토론을 벌인 것을 보아도,[52] 그의 학문적 관심이 어디에 있었던가를 알게 한다. 성호문인이 된 이후 하학에 바탕을 둔 그의 실천적 학문관은 더욱 확고해지고, 이어 그는 말년에 접어들어 門人을 대상으로 하학 공부에 대한 중요성을 크게 역설하기도 하였다.[53]

이처럼 그가 노년기에 하학의 중요성을 역설하면서 이에 대한 보급운동을 펴기 전, 성호문인이 되어 학문활동이 활발하던 때에도 스승 이익은 물론 邵南 尹東奎에게 자신의 학문관을 밝히고 하학의 중요성을 주장하는가 하면, 그 밖에 주변 인물들에게도 이에 힘쓸 것을 강조하였다. 그는 이익에게 학문을 함에 있어 상달을 귀하게 여기지만 하학보다 더 긴요한 것은 없다 하고,[54] 윤동규에게도 程朱學이 나온 이후에 많은 辭說이 있으되 그 이전보다 도리어 괴이함이 있고, 지금은 더욱 심하여 왕왕 작은 이해관계에 얽매이기도 한다고 비판을 가하기도 하였던 것이다.[55] 이는 다시 말하면, 하학이 이루어지지 못한 상태에서 고차원의 성리학에 매진하는 것은 오히려 학문적으로 낭비나 폐단만 초래한다는 생각이라 하겠다.

---

52) 『순암집』 16, 雜著, 函丈錄 참조.
53) 안정복이 문인들에게 하학 공부의 중요성과 실천을 강조한 내용에 대해서는 뒤에서 다시 언급할 것이다.
54) 『순암집』 2, 書, 上星湖先生書, 戊寅(1758).
　　……學貴上達 莫要於下學
55) 『순암집』 3, 書, 答邵南尹丈書, 乙亥(1755).
　　……程朱以後 諸儒之辭說甚多 而論其篤行 則反有愧於漢唐之君子 至于今而益甚 往往臨小利害便失常道……

그렇디고 안정복이 주정하는 학문의 목표가 하학으로 그치는 것은 아니다. 그가 힘써 공부할 것을 주장한 하학은 상달을 위한 전단계일 뿐이다. 1756년 친구 李輝遠이 저술한 『童子儀』跋文을 쓰면서,

> ……하학하여 상달의 효험이 있으니, 이른바 '갈 길이 멀어도 가까이로부터, 높은 곳에 오르되 낮은 곳으로부터(行遠自近升高自卑)'라는 말이 즉 여기에 있는 것이다.……(『順菴集』18, 跋, 童子儀跋, 丙子[1756])

라 하였듯이, 학문을 연마하여 진보하고 경지에 이르는 상달도 결국 하학으로부터 시작해야 한다고 하였다. 그런데 앞서 언급하였던 것처럼, 안정복이 보기에 현재 이루어지고 있는 학문 연마는 이와 같은 단계를 무시하고 어려운 理氣四七論에 몰두한 나머지 일생을 공부하여도 얻는 것이 없고 도리어 이들의 행동에는 본받을 만한 것을 찾아보기 힘들다는 것이다.56)

여기에서 그가 『擬問』을 저술하여 '四七理氣'와 '人物之性'을 분석·설명한 의도를 알 수 있다. 그 가운데 '사칠이기'의 마지막에서는 후학들에게 이기론이나 사칠론에 심취하지 말 것을 강조하면서, 『하학지남』을 공부하여 학문과 지식의 진전이 있기를 기대한다는 바램을 나타내기도 하였다.57) 이는 그가 『하학지남』題文에서 밝힌 견해와 다를 바 없는 견해로서 사칠이기론과 하학을 분명하게 구별해 둘 필요성에서 나온 것이라 하겠다.

이와 같은 그의 학문관에서 실학적 학문성을 찾아볼 수 있지 않을까 한다. 그렇다면 안정복은 실학의 의미를 어떻게 정의하고 있었던가. 다음 서한문을 참고하여 보자.

> ……存省에 소홀하면 편협하고 메마른 학문이 되어 明德의 본체를 스

---

56) 『하학지남』, 題文 참조.
57) 『의문』, 四七理氣의 말미에 있는 글 참조.

스로 보존할 수 없게 된다. 이는 知行이 상호 필수적이기 때문으로 분리될 수 없는 것이다. 고로 이 句(『대학』의 首句 : 필자 주)를 다만 한 번 읊고 말 것이 아니라 반드시 實心으로 구하고 實心으로 행동해야 한다. 뭇 책의 읽는 방법을 모두 이와 같이 한 뒤에는 내가 소유하게 되는 데에 가까워지니 진실로 '實學'이라 일컬을 만하다.……(『順菴集』 8, 書, 與柳敬之諴書, 乙未)

여기에서 안정복은 『대학』을 예로 들어 말하였으나, 다른 책을 읽을 때에도 實心으로 탐구하고 그것을 토대로 실심으로 행동하여 나의 것을 만들어야 한다는 것을 강조하면서 이것이 곧 실학이라 하였다. 그의 판단으로는 하학도 제대로 안 된 상태에서 이기사칠론과 같이 이해하기 어려운 것을 먼저 공부하면 터득하기도 어려울 뿐 아니라 실제로 실천할 수도 없다는 견해라 하겠다. 그의 학문 목표가 궁극적으로는 실천에 있다는 것을 알 수 있다. 비록 사서를 중심으로 한 전통 유교적 학문에 근거하고 있지만 일상생활에서 반드시 행동으로 실천되어야 함을 강조하였다.

어쩌면 안정복의 이와 같은 주장은 조선 사회에서 유학을 공부하는 사람이라면 누구나 통상 강조하던 것으로 이해될 수도 있을 것이다. 그렇다면 안정복이 하학을 강조하였다고 해서 눈여겨볼 만한 일고의 가치가 없을 수도 있다. 또한 타락한 도덕적 생활을 강조하여 유교적 생활 양식을 고수하려 한 것이 아니었을까 하고 의심할 수도 있을 것이다. 그러나 16세기 이후 논쟁이 되어 오던 성명론이나 이기론, 그리고 사칠론의 유행을 병폐로 단정하고, '務遠忽近'하다고 지적하면서[58] '務實'을 강조한[59] 데에는 어쩌면 당시 사대부 사회의 고루한 학문에 대한 일종의 반동적 성격도 내재해 있었다고 보여진다.

그가 이처럼 하학을 강조하기까지에는 유형원이나 이익의 영향을 무시할 수 없다. 즉 『반계수록』을 통해 유형원의 개혁사상을 수용하고, 성호문

---

58) 『순암집』 12, 雜著, 橡軒隨筆 上, 性情.
59) 『순암집』 8, 書, 與柳敬之(警)書, 乙未.

인으로서 이익의 학문을 전수하면서 하학의 중요성에 대한 신념이 더욱 굳어졌다고 볼 수 있다. 그가 성호문인이 된 후『임관정요』의 서문을 쓰고, 노년에 들어『하학지남』의 제문을 쓴 것도 실상 청년 시절에 다져진 개혁 의지나 실천적 학문의 중요성이 유형원이나 이익의 영향을 받아 확고하게 될 수 있었던 것이다. 더 나아가 그는 노년기에 들어 자신이 몸소 체득한 학문의 방법과 실천을 바탕으로 젊은 문인들에게 하학의 중요성을 말하면서 '務實'한 학문에 힘쓰도록 거듭 강조하였다.

안정복의 수제자 黃德吉이『하학지남』에 대해 '평생을 두고 활용할 규범'이라고 평한 것도[60] 비록 안정복은『소학』의 義例에 맞추어『하학지남』을 썼다고 하지만, 초학자뿐만 아니라 기성 학자들도 유념해야 한다는 것을 말해 준다 하겠다.

요컨대 안정복의 학문은 일상생활에 유용한 실천을 중시한 학문이라 할 수 있다. 철학적인 성리학은 이 하학이 이루어진 뒤의 공부로서, 사실상 하학이 완전하게 이루어지기 곤란하다고 본 안정복의 입장으로 볼 때, 결국 그의 학문은 하학을 넘지 않는 범위에 있었다고 보아야 할 것이다. 즉 하학에 의한 실천적 학문이라 하겠다.

그러나 그가 한정운이나 이기양과 같이 양명학에 관심을 두었거나 權哲身처럼 천주교에 심취된 문인들에게 하학의 중요성만을 고집하고[61] 이들이 탐닉한 새로운 사상에는 귀를 기울이려 하지 않은 점은 아직도 그의 학문성이 전통적 틀에서 크게 벗어나지 못하고 있음을 말해 준다. 사실상 생존시 그의 주변에는 그가 이단으로 몰아붙인 서학이나 양명학에 관심을 둔 사람이 많았다. 오히려 이러한 주변적 배경이 그로 하여금 기존 학문에 바탕을 둔 개혁의 필요성을 더하게 하였을지도 모른다. 어떻든 그는 기존의 잘못된 학문적 습성을 개혁하려는 데 머무르고, 좀더 새로운 사상을 대폭

---

60)『下廬先生文集』卷16, 順菴先生行狀.
　　……下學指南 平生用功門路也……
61)『순암집』6, 書, 與權旣明書, 甲辰(1784)에 잘 나타나 있다.

수용하는 데는 인색하였다고 할 수 있다. 이 점 안정복의 실학적 학문성을 평가하는 데 중요한 한계로 작용될 수 있을 것이다.

5. 안정복의 저술과 하학정신

안정복이 『하학지남』을 통하여 드러낸 실천적인 학풍은 그의 다른 저술에도 그대로 반영되어 나타났다. 이는 하학을 통한 그의 실천적인 학문관이 초지일관 변함이 없었다는 것을 말해 준다 하겠다. 『임관정요』·『內範』·『동사강목』·『의문』 등 그의 대표적인 저술에서 찾아볼 수 있다.

먼저 『하학지남』과 비슷한 시기에 저술된 『임관정요』는 그 체재에서도 잘 드러나듯이, 『하학지남』의 처기편·접인편·출처편과 기본정신 면에서 서로 통하는 내용을 포함하고 있다. 목민관 자신의 몸가짐으로부터 대민행정에 이르기까지 『하학지남』에서 논의된 기본정신이 거듭 강조되어 나타나 있다. 이를테면 청렴을 강조하고 독서를 즐기며 술을 삼가고 私情을 버리는 일을 비롯하여, 의리로써 업무를 처리하고 중도를 취하며 급히 서두르지 말고 인재를 기르는 일, 관청의 재산을 아끼고 교화정치를 하며 흉년에 세금을 탕감하는 일, 기강을 세우고 백성을 편안하게 하는 정치를 펼 것 등 『하학지남』에서 언급한 내용들이 『임관정요』에서는 현장에서 이루어지는 업무인 관계로 보다 구체적으로 제시되었다. 따라서 『하학지남』에서 사용된 문헌들이 『임관정요』의 「政語」에서 대부분 인용되었을 뿐 아니라, 그 가운데에서도 그가 하학 공부의 교과서처럼 여긴 四書의 내용이 주종을 이룬다. 특히 『임관정요』 「時措」는 『하학지남』 처기편·접인편·출처편을 실제 응용한 내용으로 보아도 과언이 아닐 것이다.

한편 『內範』은 기본적으로 『하학지남』에서 다루어져야 할 성질의 것이었으나, 아녀자의 생활규범을 대상으로 하였기 때문에 별도로 저술한 것 같다. 이는 원래 주자가 『소학』과 함께 달리 여자용으로 쓰려 하였지만, 이루지 못한 것을 안정복이『하학지남』을 쓴 다음 주자의 유지를 받들어『소학』체재에 맞추어 6편으로 만든 것으로 전해 온다.[62]『禮記』의 內則編이 많이 활용되었을 것으로 보이지만, 안정복의 문인 鄭時復이

> ……선생의 말씀이 저술에 나타나 있으니 안으로는『내범』이요 밖으로는『하학지남』이라……(安鼎福祭文, 鄭時復)

라고 한 데에서 그 내용의 성격이 짐작된다. 아마도 아녀자의 일상생활에 나타나는 행동 규범을 주된 내용으로 하였을 것으로 추측되며, 따라서 여기에서도『하학지남』을 통해 그가 강조한 실천적 성격이 강하게 나타나지 않았을까 싶다.

하학을 근본으로 하는 안정복의 학문관은 역사서인『동사강목』에도 예외 없이 적용되어 나타난다. 안설을 통하여 현실개혁을 주장하는 내용에서 적지 않게 찾아볼 수 있다. 이를테면,

> 천지의 道는 오르지 誠일 뿐이다. 誠이란 實인지라 物에 붙으면 實理가 되고 用에 간직되면 實事가 된다. 그 實理를 밝혀서 다른 갈래의 의혹을 없애며 實事를 행하여 거짓된 습성을 없애는 이것이 군자의 도리로서 格物・致知・誠意・正心을 귀하게 여기는 所以이다.(『동사강목』第4下, 壬午, 神文王 2年, 夏5月, 按)

라 하여, 實理와 實事를 행할 것을 말하고, 더불어『하학지남』에서 하학을 익히는 기본수단인 格物・致知・誠意・正心의 중요성을 주장하였다. 특히 그가『동사강목』사론에서 주장하는 개혁안은『하학지남』의 기본정신을 그대로 적용한『임관정요』의 내용을 다수 포함하고 있다.[63] 이렇게 볼 때,『동사강목』저술 배경에는 역시『하학지남』을 통해 나타낸 그의 학문

---

62)「順菴先生年譜」, 영조 17년, 辛酉 참조.
63) 本書 제2편 제3장 참조.

관과 실천적 정신이 크게 작용되었다고 볼 수 있다. 그가 按說을 통하여 詩賦 중심의 과거시험을 반대하였다거나,[64] 문장 중심의 교육으로 말미암아 童蒙의 교양이 이루어지지 못하고 행실이 바르지 못하게 되었다[65]고 비판한 것도 좋은 예라 하겠다.

『疑問』은 그가 성리학에 대해 어떻게 생각하고 있었던가를 가장 분명하게 나타낸 저술이라 하겠다. 이 글은 대체로 50대 후반 이후에 저술되지 않았을까 생각된다.[66] 『하학지남』 제문에서 비판했던 이기사칠론, 그리고 人性論을 구체적으로 다룬 글이다. 이 글의 체재는 理氣의 구성과 운행을 설명한 총론 부분, 이기사칠론을 문답식으로 분석 정리한 '四七理氣'와 '人物之性'으로 짜여져 있다. 그는 이 글을 통하여 四端七情이 理發인가 氣發인가를 주된 문제로 삼아 客이 묻고 자신이 주인이 되어 答을 하는 방식으로 이기론을 매우 구체적이고 정연하게 설명하였다. 그런데 그는 '사칠이기'의 말미에서 갑자기 하학에 매진할 것을 강조하였던 것이다.[67] 어쩌면 『의문』을 통해 드러낸 性理 공부에 대한 안정복의 이와 같은 부정적인 결론은 성리학과 하학에 대한 자신의 견해를 분명히 해 둠으로써 후학

---

64) 『동사강목』第6上, 癸未, 成宗 2年, 冬10月, 按.

65) 『동사강목』第7上, 辛未, 顯宗 22年, 閏10月, 按.

66) 그렇게 생각한 이유는 안정복이 이기론에 대해 尹東奎와 李秉休로부터 구체적인 자문을 구하여 알았다고 말한 해가 1766년이기 때문이다. 1770년 안정복이 李基讓에게 보낸 편지에 '龍湖丈與長川'이라는 호칭이 나오는데(『순암집』8, 書, 與李士興書, 庚寅[1770]), 필자가 처음에는 長川을 李瀷의 종손 이길환으로 착각하였었다(강세구, 「下學指南을 통해 본 安鼎福 學問의 性格」, 『진단학보』 78, 140쪽, 주) 65). 이길환의 호가 長川이었기 때문이다. 그러나 뒤에 생각해 보니 여기의 長川은 李秉休를 말한다. 본고를 통하여 수정한다.

67) 『의문』, 四七理氣.
……古人曰 下學而上達 下學不已 則淸明在躬 志氣如神 自然及上達之境矣 然後可以辨義於毫縷判 心迹於天壤者也 然則 今日之務 當在乎下學工夫而已 吾欲於下學指南二卷 心抄之口讀之 以待後日學進而識進也

들이 성리에 지나치게 몰두하는 것을 막자는 뜻에서 나온 것으로 판단된다. 어떻든 『의문』은 『하학지남』의 기본정신을 확고하게 해 준 저술이라 할 수 있다.

6. 맺음말

지금까지 안정복의 초기 저술인 『하학지남』에 대하여 저술 동기와 배경, 주요내용, 하학의 실학적 성격, 그리고 안정복의 다른 저술과 하학정신 등에 대해 고찰하였다. 이제 고찰된 내용을 토대로 『하학지남』 저술의 의의를 생각해 보면서 맺음말로 갈음하고자 한다.

안정복의 학문은 『논어』 憲問篇에 있는 '下學而上達'에 바탕을 두고 있었다. 따라서 어려서부터 性理에 대한 연구에 몰두하는 것을 바람직하게 생각하지 않고, 하학에 충실하여 자연스럽게 상달하기를 권장하였다. 그는 청년 시절에 스스로 이의 중요성을 터득하여 일개 서생의 입장에서 『하학지남』을 저술하였던 것이다. 하학을 연마하고 일상생활에서 행동으로 옮겨지는 것을 중시하여, '務遠忽近' 혹은 '務實'이라는 용어를 자주 사용하면서 주변 인물들에게 하학에 매진할 것을 강조하였다. 비록 그의 주장이 어쩔 수 없이 유교적인 학문적 바탕을 떠날 수 없었다 하더라도, 성리학에 밝았던 그의 학문적 수준에서 볼 때 조선 후기에 끊임없이 이어 온 성리의 연구와 논쟁을 배격하고, 실생활에서 필요한 학문에 힘쓸 것을 『하학지남』을 통하여 주장한 사실은 안정복의 실학사상을 이해하는 데 있어 매우 주목되는 부분이라 할 수 있다.

우선 안정복의 실학사상이 유형원이나 이익의 영향을 받아 비로소 형성된 것이 아니라는 점이다. 즉 『하학지남』을 통하여 알 수 있듯이, 이미 청소년 시절부터 형성되어 있었다고 말 할 수 있다. 이는 선대로부터 이어온 남인계통 가계의 영향을 받은데다가 조부 안서우의 가르침, 그리고 광주

지방에서 접촉한 주변 인물들과의 교유 등 안정복 자신의 성장과정에서 얻은 견문과 경험이 작용되었을 것으로 추측된다.

그 후 30대 초반 안정복은 그 동안 염원하던 유형원의 저술을 접하고, 다시 뒤에 이익을 방문하여 성호문인이 되면서 이들의 학문과 사상이 접목될 수 있었다. 지방행정 개혁에 관한 내용을 담은『임관정요』에 이들의 의견을 참고하고 내용을 보완하여 1757년 서문을 써서 내놓고, 역시 잘 알려져 있듯이 현실개혁에 관한 史論을 적지 않게 제시한『동사강목』도 유형원이나 이익의 저서 혹은 학문적 교류를 통해 이루어졌다고 보아야 할 것이다.68)

결론적으로 하학의 공부와 실천에 바탕을 둔 학문관에다가 유형원이나 이익과 같은 실학자의 학문이 접목되면서 안정복의 학문은 더욱 확고하게 실학적 성격을 띠면서 발전하게 되었다고 볼 수 있다.『동사강목』이 이들의 실학적 학풍과 역사인식이 잘 조화된 대표적인 작품이라고 한다면,『하학지남』은 안정복 초기의 독자적인 실학적 학문을 바탕으로 하여 이루어졌다고 할 수 있다. 그리고『하학지남』과 거의 같은 시기에 쓰여진 초고『임관정요』는 하학에 바탕을 둔 안정복의 경세적 실학사상의 대표적인 저술이었다고 보아 좋을 것이다.

---

68) 유형원과 이익이『동사강목』편찬에 어떻게 영향을 주었는가에 대한 자세한 내용은 졸저,『동사강목 연구』, 제1장 동사강목의 편찬을 참조.

제2장 안정복의 실학사상 형성과 『임관정요』 저술

1. 머리말

『臨官政要』는 안정복의 많은 저술 가운데 가장 먼저 쓰여진 저작이라 할 수 있다. 그의 나이 27세(영조 14년, 1738)에 초고를 냈고, 19년 뒤인 46세(영조 33년, 1757)에 自序를 붙여 완성한 저술로 전해 온다.[1] 그렇다면 『임관정요』의 초고는 그가 전라도 무주에서 경기도 광주로 이사온 지 2년 만에 이루어진 것으로, 『下學指南』보다는 2년 앞서, 그리고 48세(영조 35년, 1759)에 편찬한 『동사강목』보다 사실상 21년이나 앞서 씌어졌다.

그런데 지금까지 후인들은 안정복의 사상을 이해함에 있어 『동사강목』은 귀중한 사료로 이용하고 있지만, 이 『임관정요』에 대해서는 다소 소홀하게 다루고 있다는 느낌을 갖게 한다. 아마도 이는 그 동안 『동사강목』이나 『順菴集』 등을 통한 그의 역사인식 이해에 주로 관심을 가짐에 따라 그 그늘에 가려 잠시 관심 밖으로 밀려난 것이 아닐까 생각되기도 한다. 물론 번역서에 해제를 붙이거나,[2] 안정복의 地方行政觀이 어떤 것인가를

---

1) 「順菴先生年譜」, 英祖 33年 7月條.
　　自戊午歲始草 初名治縣譜 至是更加增刪 改名政要

알아보기 위하여 내용 분석이 이루어지기도 하고,[3] 그 밖에 관련 논문에서 부분적으로 다루어지기는 하였다. 그러나 『임관정요』가 차지하는 위치나 가치를 보다 정확하게 이해하기에는 미흡하다고 여겨진다.

더불어 『동사강목』을 이해함에 있어서도 『임관정요』에 대한 좀더 깊은 이해가 필요하다고 생각된다. 다시 말하면 『동사강목』과 『임관정요』는 밀접한 관계를 지니고 있다는 사실이다. 이미 잘 알려져 있는 바와 같이 안정복은 『동사강목』史論을 통하여 자신의 견해를 많이 보여주었다. 거기에는 현실개혁에 관한 의견도 적지 않게 포함되어 있다. 주로 안정복의 견해로 이루어진 『임관정요』「時措」를 분석하여 보면, 『동사강목』에서 언급된 현실개혁에 관한 내용이 상당히 언급되어 있다. 『동사강목』의 초고가 1756년으로부터 1759년까지 진행되던 중에 1757년 그 동안 수정·보완을 해 오던 『임관정요』의 초고에 自序를 붙여 내놓았다는 점을 감안해 볼 때, 『동사강목』의 편찬과 『임관정요』의 저술은 서술내용 면에서 밀접한 관련이 있음에 틀림없다고 생각된다.

필자는 이미 안정복이 『동사강목』 사론을 통하여 역사적 사실을 면밀하게 분석하고 그 분석 결과를 토대로 현실문제를 해결해 보려는 논리적 실마리를 찾아보려 하였다는 점을 지적한 바 있다.[4] 그러한 점에서도 역사서인 『동사강목』과 목민관의 민정 지침서라 할 수 있는 『임관정요』는 서로 무관하지 않다는 점을 알 수 있다.

이에 필자는 『임관정요』의 중요성을 새삼 인식하고 다음과 같은 문제를 중심으로 분석·정리해 보고자 한다. 첫째로 『임관정요』 저술의 배경 및 동기를 살펴보고, 거의 같은 시기에 저술된 『하학지남』과는 어떤 관계를 지니며 그리고 『동사강목』 편찬과 어떤 연관이 있었던가를 좀더 상세하게

---

2) 번역서에 해제를 붙인 것으로 金東柱 譯, 『臨官政要』, 乙酉文化社, 1974를 들 수 있다.

3) 심우준, 『順菴 安鼎福 研究』, 第4編 地方行政觀과 洞約·井田·貢田制, 8. 地方行政觀, 230~276쪽 참조.

4) 졸저, 『동사강목 연구』, 257쪽.

고찰할 것이다. 둘째로 『임관정요』의 체재와 주요내용을 분석하여 안정복이 이 저술을 통하여 나타내고자 한 의도가 무엇인가를 밝혀 본다. 셋째로 『임관정요』에 나타난 안정복의 개혁사상을 정리해 볼 것이다. 넷째로 『임관정요』가 후대에 어떻게 영향을 주었을까에 대해 정약용의 『牧民心書』를 중심으로 고찰해 보고, 마지막으로 『임관정요』 저술의 의의를 생각해 볼까 한다.

2. 『임관정요』의 저술

앞서 본 바와 같이 『임관정요』의 초고는 안정복의 나이 27세에 광주 덕곡에서 이루어졌다.5) 즉 이 해에 『임관정요』의 초고를 『治縣譜』라는 이름으로 쓰고,6) 29세에는 사대부의 행동 지침서라 할 수 있는 『하학지남』을 저술하였던 것이다.

그러면 우선 안정복이 『임관정요』를 저술하게 된 주목되는 몇 가지 배

---

5) 심우준은 안정복이 『임관정요』를 27세(1738)에 쓰기 시작하여 46세(1757)에 완성한 것으로 보고, 『임관정요』 가운데 「시조」 부분은 안정복이 38세(1749)에 萬寧殿參奉으로 나아간 이후 43세(1754)에 司憲府監察을 그만둘 때까지 관직 경험과 사회 사정을 감안하여 쓴 일종의 경험서라고 하였다(심우준, 앞의 책, 230~231쪽). 그러나 안정복은 1757년 자신이 쓴 서문에서 '余少時 爲是書 雖有出位之嫌 而亦有爲爲之者也 在亂藁中 未嘗出而示人'라 하였고, 「순암선생연보」에 '自戊午歲始草 初名治縣譜 至是更加增刪 改名政要'라는 기록이 있는 것으로 보아 안정복이 「시조」를 포함하여 27세에 초고를 쓴 뒤에 수정·보완한 것으로 보는 편이 보다 정확할 것이다. 즉 관직을 경험한 뒤에 「시조」를 따로 쓴 것으로는 생각되지 않는다.

6) 「順菴藏書目錄」에 『政要』 2卷과 『治縣譜』 1卷이 수록되어 있다(『古文書集成』 8, 韓國精神文化院). 이 『치현보』가 안정복이 쓴 『임관정요』의 초고인 듯하다. 당시 중국의 傅琰이 쓴 『치현보』는 전해 오지 않았던 것으로 생각되기 때문이다.

경을 들여다보기로 하자. 앞서 보았듯이 역시 그의 청소년기 생활을 통하여 어느 정도 짐작할 수 있지 않을까 한다. 첫째로 목민관을 지낸 조부의 영향을 적지 않게 받았을 것으로 여겨진다. 조부 안서우는 남인계 학자인 霞溪 權愈의 문인으로서 肅宗 17년(1691) 30세에 문과 급제하여 禮曹正郎, 庇仁縣監, 泰安郡守, 蔚山府使 등을 역임하였다. 詩書에 밝고 經史에도 매우 능하였으며, 관직에 몸담고 있었을 때에는 매우 청렴 강직하고 업무의 추진력도 강하였던 것으로 전한다.7) 또한 병법이나 지리에도 매우 관심이 컸던 것으로 알려져 있다. 태안군수로 재직하였을 때에는 태안의 군사 지리적인 중요성을 들어 정부에 時弊疏를 올린 적도 있었다.8) 그만큼 그는 관직에 몸담고 있으면서 소신에 따라 정사를 돌보았고, 개혁 의지도 강하였던 것 같다.

안서우의 가문은 조상 대대로 광주에 뿌리하고 있었다. 그러나 그는 울산부사를 그만둔 이후에 어떤 이유인지는 확실히 알 수 없지만 선영이 있는 광주로 낙향하지 않고 무주에 칩거하여 그 곳에서 여생을 마쳤다. 무주에서 10년 동안 조부의 교육을 받은 안정복이 조부의 학문이나 목민관 시절에 지녔던 개혁정신을 본받았을 것은 의심의 여지가 없다. 柳馨遠의 『磻溪隨錄』이나 『東國輿地志』에 대한 정보도 사실은 무주에서 조부와 그 주변 인물들을 통하여 접할 수 있었다.9) 조부가 별세한 지 3년 뒤에 『임관정요』를 저술한 것도 그의 견문과 조부의 가르침, 그리고 학문적 연구 결과가 뒷받침되었다고 보아야 할 것이다.

둘째로, 안정복의 성장 환경이 주로 지방의 농촌이었다는 점도 간과할 수 없다. 안정복이 서울에서 거처한 기간은 네 살 때 출생지인 충청도 堤川에서 어머니를 따라 상경하여 乾川洞에서 2년 살았고, 그 후 여섯 살 때

---

7) 『星湖集』 45, 墓地銘, 蔚山府使安公墓地銘 참조.

8) 『安鼎福叢書』 卷25, 復藁, 時弊疏 ; 『肅宗實錄』 卷62, 44年 9月 己卯條 참조.

9) 『순암집』 18, 跋, 磻溪年譜跋, 乙未(1775).

외가의 농장이 있었던 전라도 영광으로 내려갔다가 아홉 살 때 다시 상경하여 남대문 밖 藍井洞에서 5년 동안 생활한 것이 전부이다. 그러다가 14세에 조부가 울산부사로 전임되자 온 가족이 울산으로 이사를 하게 되었던 것이다. 이후 그는 무주에서 약 10년 동안 살다가 광주로 이사한 뒤 관직 생활을 위하여 나간 때를 제외하고는 그 곳에서 여생을 마쳤다. 따라서 농촌의 현실을 누구보다도 잘 알 수 있었고, 특히 당시 三政의 문란으로 어려움을 겪는 농민의 경제적 어려움을 직접 체험할 수 있었다고 하겠다. 뒤에 구체적으로 언급되겠지만,『임관정요』에서 다루고 있는 내용이 대부분 농민의 고충을 대상으로 하고 정부의 失政을 비롯하여 지방관리의 부정 부패에 대한 비판과 그 대안으로 제시한 개선책으로 이루어졌다는 점이 이를 증거한다 하겠다. 27세의 젊은 나이에 당시 농민의 어려운 실정을 면밀하게 분석하여 서술한 것을 보면, 청년 시절 안정복은 농촌의 어려움을 타개하기 위한 개혁의 필요성을 매우 절감하고 있었던 것이 아닌가 한다.

셋째로 청소년 시절부터 실천적 학문정신을 지니고 있었다는 점을 들 수 있다. 이는『임관정요』보다 2년 뒤에 저술한『하학지남』에 잘 드러난다.『하학지남』은 학자들이 일상생활에서 지켜야 할 실천 사항을 조목별로 정리한 일종의 행동 지침서의 성격을 지니고 있는 책이다. 특히 안정복은 종래 학자들이 '務遠忽近' 즉 먼 것에 힘쓰고 가까운 것을 소홀히 한다는 점을 걱정하여『하학지남』을 저술하였다고 한다.10) 현실개혁에 관한 내용을 많이 담은『임관정요』와 실학적 성격이 짙은『하학지남』이 2년이라는 시차를 두고 거의 같은 시기에 저술되었다는 사실 또한 간과할 수 없는 점이라 하겠다.11)

그러면 안정복이『임관정요』를 저술한 목적 내지 동기는 무엇일까. 다음에 제시한『임관정요』의 서문을 분석하여 보자.

---

10) 「順菴先生年譜」, 영조 16년조 참조.
11) 『하학지남』과『임관정요』의 연관성은 다음 절에서 다시 구체적으로 언급할 것이다.

天德과 王道는 본래 일체요, 修己治人도 둘이 아니다. 배움이 넉넉하면 벼슬을 할 수 있고 벼슬을 함에 여유가 있으면 배울 수 있다. 出處는 같지 않아도 그 道는 같은 것이다. 그리하여 孔子는 子路의 재주를 미워하였고 漆雕開의 자신 없는 말을 기뻐하였다. 이는 까닭이 있는 것이다. 그런즉 사람이 정치를 함에 배우지 아니하고 능란할 수 있는가.

일찍이 보건대 先儒가 나아가 백성에 임함에 있어 政敎의 設施와 規模의 詳密함이 世人과 비교될 바가 아니었다. 또한 역대 『循吏傳』을 보면 비록 전적으로 儒家 事業으로 하지는 않았으나 經史에 博通하였다거나 어느 경전을 익혔다고 하지 않은 것이 없다. 일찍이 배우지 않고 정치를 할 수 있는 자는 없었던 것이다. 후세에는 학문과 정치를 달리 보아 儒吏와 俗吏로 구별하고 법률을 배우는 것을 중하게 여기니 슬픈 일이다. 眞西山이 일찍이 경전의 論政에 관한 것을 모아 『政經』이라는 한 책을 만들었지만, 학문의 밖에 정치가 있다는 것은 아니다. 그 體는 비록 같으나 일을 조치함에 있어서는 施用하는 간격에 차이가 있기 때문에 어쩔 수 없이 달리하여 구별하였던 것이다. 이것은 『心經』과 서로 表裏가 되는 것이다.

나는 어릴 적에 이 책을 썼다. 비록 지위에서 벗어난 혐의는 있으나, 역시 쓸모가 있어 썼던 것이다. 亂藁중에 있었기 때문에 일찍이 다른 사람들에게 내보이지는 못하였다. 그러나 서로 아는 사이에 혹 정치를 하는 데 가르침을 청하는 자가 있으면 역시 반드시 이것을 주었다. 대개 古人이 贈言한 뜻에 따르는 것일 뿐, 내가 시험해 본 것도 아니다. 자물쇠를 어루만지며 쓰일 날을 의심하여도(撫鑰疑日) 그 쓰임에 혹 착오가 있는 것이고, 문을 닫고 신을 삼는다 하여도(閉戶爲屨) 大體는 여기에 있는 것이다.

옛날 傅琰이 『治縣譜』를 써서 자손들에게만 서로 전하고 다른 사람에게는 보이지 않았는데, 대대로 관리가 되어 공적이 현저하였다고 『南史』에 전한다. 그러나 내 마음은 그것을 인색하게 여기는 바, 이는 能吏라는 이름을 독차지하려 하였기 때문이다. 실로 世人으로 하여금 내가 하고자 하는 것을 배우게 한다면 다른 사람의 정치도 나의 정치인 것이다. 楚弓의 得失을 어찌 반드시 그 사이에서 마음을 쓰겠는가.

이 책은 크게 세 편으로 되어 있는데, 「政語」는 성현의 가르침이요, 「政蹟」은 옛적에 행해진 본보기요, 「時措」는 이치에 맞지도 않는 어리석은 이론으로서 시세를 참작하여 중얼거린 것이다. 풍속에 피차간에 구별이 있고, 인심에 고금의 다름이 있으며, 世道에 汚隆의 차이가 있고, 法制에 治亂의 분별이 있으니, 變通이 의당 그 사람에게 있는 것이다.

위의 自序는 1738년 안정복이 『임관정요』 초고를 마친 뒤, 19년 만인 1757년에 쓴 것이다. 자서의 내용을 검토하여 보면 크게 세 가지 내용으로 이루어져 있음을 알 수 있다. 앞부분은 안정복의 정치에 대한 기본인식을 나타낸 것이고("天德과 王道는……표리가 되는 것이다"), 중간 부분은 안정복이 『임관정요』를 쓴 목적과 활용에 대한 견해라 할 수 있다("나는 어릴 적에 이책을 썼다……마음을 쓰겠는가"). 마지막 부분에서는 『임관정요』의 체재를 소개하였다("이 책은……그 사람에게 있는 것이다"). 당시 그의 정치의식이 잘 반영된 글이라 할 수 있다.

물론 자서에 나타낸 견해는 백성을 직접 접하는 목민관을 대상으로 한 것이라 하겠다. 그는 정치와 학문이 기본적으로 하나라는 인식에서 일체라고 하였다. 정치와 학문의 일체란 다른 말로 표현한다면 정치가 학문을 바탕으로 이루어져야 한다는 의미로 해석된다. 즉 학문을 익힌 뒤에 정치에 임해야 한다는 것으로서 정치를 하는 사람은 정치의 직접 수단이 되는 법률만 공부해서는 안 되고, 학문을 익혀 이를 토대로 정치를 펴야 한다는 뜻으로 풀이된다.

그렇다면 여기에서 그가 말하는 학문이란 무엇일까. 自序에 보이듯이, 한 마디로 옛 성현의 가르침과 聖君의 治績을 익히는 것이라고 하겠다. 『임관정요』 상편의 「政語」와 하편의 「政蹟」에 잘 나타나 있다. 결국 그의 정치 인식은 '修己治人'의 유교 정치이념에 뿌리하고 있다 하겠다.

이와 같은 생각에서 안정복은 직접 민정을 맡은 목민관의 정치에 조언을 하기 위해 『임관정요』를 썼다는 사실을 밝혔다. 아마도 『임관정요』를 저술할 당시 농촌에 살면서 직접 보고 들은 경험에 따라 이 문제가 절실하게 요구되었던 것이 아니었을까 여겨진다. 어떻든 초고를 쓸 당시에는 자신이 관직에 있었던 것도 아니고 또한 자신이 제시한 견해를 시험해 본 경험도 없었기 때문에 다른 사람에게 보일 입장이 못 된다는 것을 솔직하게 밝혔다. 따라서 1757년 자서를 붙여 내기까지는 잘 아는 사이이거나 안정복에게 가르침을 청하는 경우가 아니면『임관정요』를 밖으로 드러내지 않았던 것으로 보인다. 그가 1757년 자서를 써서 낸 것도 비록 목민관으로서의 경험은 아니지만 1749년 미관 말직이나마 관직에 몸담은 이후 1754년 사헌부 감찰을 그만둘 때까지의 관직에 대한 경험도 있고, 성호문인으로서 어느 정도의 정치적 혹은 학문적 입지가 다져졌던 배경이 작용하지 않았을까 여겨진다. 물론 뒤에 언급되겠지만『임관정요』의 내용과『동사강목』의 연계문제도 의식하였을 것이다.

어떻든 '실로 世人으로 하여금 내가 하고자 하는 것을 배우게 한다면 다른 사람의 정치도 나의 정치이다'라고 하였듯이, 그는 비록 자기가 목민관이 되어 시행할 수 없는 경우가 있더라도 다른 사람이 배워 대민정치에 도움이 된다면 그것으로 만족하겠다는 뜻을 나타냈다. 결국 65세(1776)에 충청도 木川縣監을 제수받아 3년 남짓 수령으로 있는 동안, 27세의 젊은 나이에『임관정요』를 통하여 보여준 생각을 실제 목민관이 되어 몸소 체험하면서 여러 선정을 베풀었다.[12] 요컨대 안정복이『임관정요』를 저술한 동기는 민정을 직접 담당한 목민관으로 하여금 읽게 하여 민생의 어려움을 개선해 나가는 데에 지침을 주기 위한 것이었다고 하겠다.

3.『임관정요』와『하학지남』·『동사강목』의 관련

1)『임관정요』와『하학지남』

---

12) 안정복이 목천현감으로서 어떤 정치를 하였는가는『木州政事』에 잘 나타나 있다.

    그러면『임관정요』보다 2년 뒤에 저술된『하학지남』과『임관정요』가 어떤 관계에 놓여 있는지 잠시 살펴보자. 안정복은『하학지남』본문을 써 놓은 뒤 44년 만에(73세, 1784)「題下學指南書面」이라는 서문적 성격을 지닌 제문을 붙였다. 필자는『하학지남』이 비록『임관정요』보다 늦게 저술되기는 하였지만, 오히려『임관정요』의 저술이『하학지남』의 기본정신에 근거하였을 것이라는 점에 주목해 보았다. 그것은『하학지남』의 체재와 내용을 보면 쉽게 알 수 있다.

    『하학지남』은 3권(首卷, 上卷, 下卷)·9편(日用編, 讀書第一, 爲學第二, 心術第三, 威儀第四, 正家第五, 處己第六, 接人第七, 出處第八)·70장으로 이루어졌다. 이 체재는『소학』의 의례에 따라 이루어졌다. 이러한 체재를 갖춘『하학지남』에서『임관정요』와 관련을 맺는 부분은 제6편 處己로부터 제8편 出處까지이다. 다음 <표 1-2-1>을 참고하여 보자.

    <표 1-2-1>은『임관정요』에 있는 각 장의 내용이『하학지남』의 어느 장과 연계되어 있는가를 나타낸 것이다. 대부분『하학지남』하권의 第六 處己, 第七 接人, 第八 出處에 들어 있는 내용에 해당된다.『하학지남』의 處己, 接人, 出處編에 있는 내용을 검토하여 보면 많은 부분이『임관정요』에서 언급되는 목민관 자신과 대민업무와 관련된 것들이다. 이 부분이 목민관의 修己治人에 해당되는 부분으로서『임관정요』에서 다루어진 내용이라 하겠다. 그렇다면『임관정요』와『하학지남』은 안정복이 두 책을 저술하면서 의도적으로 일정한 연계를 맺어 놓은 것은 아닐까. 두 저술은 안정복이 광주 덕곡에 살면서 2년 사이를 두고 거의 같은 시기에 이루어져 오랫동안 보관되어 오다가 수십 년 뒤에 서문이 붙여졌다는 공통점을 갖고 있다. 앞서 보았듯이, 두 저서는 안정복이 20대의 청년 시절에 어려운 농촌을 직접 체험하면서 정해진 스승도 없이 독학에 의존한 학문적 역경을 걷고 있던 때에 저술되었다. 이와 같은 환경에서 두 저술이 비록 저술 목적은 서로 다르지만 거의 같은 시기에 같은 인식에서 쓰여졌을 것으로 생각된다.

<표 1-2-1> 『임관정요』의 체재와 『하학지남』

『임관정요』의 체재	『하학지남』에 있는 내용
1. 爲政章	下卷, 出處 8, 治道章
2. 持身章	下卷, 處己 6, 持身章
3. 處事章	同上 處事章
4. 風俗章	
5. 臨民章	下卷, 出處 8, 居官章, 臨民
6. 任人章	下卷, 出處 8, 治道章 居官章, 擇人
7. 接物章	下卷, 接人 7, 出處 8, 居官章
8. 御吏章	
9. 用財章	下卷, 出處 8, 治道章, 理財
10. 農桑章	
11. 戶口章	
12. 敎化章	下卷, 出處 8, 治道章, 明敎化
13. 軍政章	
14. 賦役章	下卷, 出處 8, 治道章, 輕搖役
15. 田政章	同上 薄稅斂
16. 糶糴章	
17. 賑恤章	下卷, 出處 8, 治道章, 理財
18. 刑法章	下卷, 出處 8, 治道章, 刑法
19. 詞訟章	同上
20. 去奸章	同上 綱紀
21. 治盜章	同上

실제 내용을 보면 『임관정요』와 『하학지남』에 나타나는 저술의 기본정신에서도 서로 통하고 있음을 찾아볼 수 있다. 「順菴先生年譜」에 따르면,

先生(안정복 : 필자 주)은 예로부터 학자들의 병이 먼 것에 힘쓰고 가까운 것을 소홀히 함(務遠忽近)에 많이 있다고 여기시어, 이에 심신으로 일상생활에 마땅히 행할 도리를 十二時로 나누고, 또한 條目을 列定하여 옛 성현의 嘉言과 善行을 붙여 下學에 넣어 이름하되 『下學指南』이라 하고 평생 취하여 쓸 자료로 삼았다.(「順菴先生年譜」, 英祖 16年, 撰下學指南)

고 하였듯이 안정복이 예로부터 학자들이 먼 것에 힘쓰고 가까운 것을 소

홀히 함을 우려하여 『하학지남』을 썼다는 배경을 밝혀 놓았다. 가까운 것이란 바꾸어 말하면 우리 일상생활과 직접적으로 관계 있는 것을 말하는데, 바로 이와 같은 것을 익히는 것을 안정복은 '下學'이라 하였다. 이에 대해서는 『하학지남』 서문에 좀더 구체적으로 나타나 있다. 즉, '下'란 '卑近' 즉 우리 주변에서 흔히 접할 수 있는 것이라 하였다. 이처럼 하학은 가까운 곳에 있고 실행하기 어려운 것도 아닌데 많은 사람들이 이는 멀리하고 종신토록 어려운 성리학의 이해에만 매달림으로써 실상 추구하던 학문도 성취하지 못하고 일상생활에서 갖추어야 할 덕성이나 才器도 이루지 못한다는 것이다.13) 안정복이 당시 사대부들의 학문 태도에 얼마만큼 개탄스러워하였던가를 엿볼 수 있다. 더불어 성리학이 일상생활과는 거리가 먼 공리공담에 흐르는 것을 우려하고 있었다는 사실도14) 이미 앞서 본 바와 같다.15) 여기에서 안정복의 실천적 학문정신 혹은 실학정신이 일찍이 청년시절에 다져지고 있었음을 들여다볼 수 있다. 이 점에 있어 유형원이나 이익의 실학사상으로부터 영향을 받기 전에 이미 스스로 실학사상이 싹트고 있었다는 사실을 알 수 있다.

이처럼 『하학지남』에 나타나는 그의 학문정신은 『임관정요』를 통하여 그가 주장한 견해의 바탕을 이루고 있다고 보여진다. 일상생활과 직결되는 학문의 중요성을 생각하여 쓴 『하학지남』과 백성들의 실생활을 보다 낫게 할 목적으로 목민관에게 治民 方法을 가르쳐 주기 위해 쓴 『임관정요』는 모두 그의 실천적 실학정신에 뿌리를 둔 것이라고 보아도 좋을 것이다.

『하학지남』은 『임관정요』와 함께 안정복이 생존시에도 門人들 사이에 등사하여 많이 읽혀지고 있었다.16) 또한 안정복의 많은 저술 가운데 안으

---

13) 『하학지남』, 題下學指南書面 참조.
14) 이상과 같은 비판과 함께 하학에 힘써야 한다는 내용은 『순암집』 8, 書, 答南宗伯(漢朝)書, 丙午(1786)에도 잘 나타나 있다.
15) 『하학지남』에 대한 구체적인 것은 본편 제1장을 참고.
16) 丁志永이 쓴 안정복 「祭文」 참조.

로는『內範』이요 밖으로는『하학지남』이고, 가까이는『동사강목』이요 멀리는『史鑑』으로 불릴 정도로『하학지남』은 중요한 위치를 차지하고 있었다.[17] 안정복의 수제자였던 黃德吉은『하학지남』을 평생을 두고 소용될 규범이라고 평하기도 하였다.[18]『하학지남』이 초학자를 위한 입문서라고 볼 때, 안정복은 자신의 문인들에게 初學 시절부터 공리 공담적인 학문을 지양하고 보다 현실적이고 실천적인 학문을 교육하려 하였다고 볼 수 있다.『임관정요』는 바로 이와 같은 성격으로 쓰여진『하학지남』의 학문정신에 근거하고 있었던 것이다.

2)『임관정요』와『동사강목』

『임관정요』와『동사강목』또한 깊은 관계를 지니고 있다. 두 저서를 관계지어 보려는 것은 안정복이『임관정요』초고를 쓴 후 19년 만에 하필『동사강목』의 초고 저술이 진행되던 중에 서문을 붙여 내놓았기 때문이다. 그렇다면 당시『동사강목』의 집필이 매우 힘든 과정이었는데도 불구하고 안정복이 어떤 생각에서『임관정요』에 서문을 붙여 내놓게 되었을까.

『동사강목』에는 630여 개의 按說이 수록되어 있다.[19] 그 안설에는 안정복이『임관정요』를 통해 언급한 내용이 적지 않게 수록되어 있다는 사실을 찾아볼 수 있다. 무엇보다도『동사강목』의 저술이 진행되던 과정에서『임관정요』가 완성되었다는 점으로 보아, 필시 이는『임관정요』의 내용이『동사강목』의 사론에 활용되었다는 사실을 나타낸다고 볼 수 있다.『동사강목』안설에 나타낸 견해 가운데『임관정요』에서 찾아볼 수 있는 것을 대강 제시해 보면 다음 <표 1-2-2>와 같다. 편의상『임관정요』의 내용은 생략

---

17) 鄭時復이 쓴 안정복「祭文」.
　　……先生之言 著在編秩 則內以內範 外以指南 近以東史 遠以史鑑……
18) 黃德吉,「順菴先生行狀」,『下廬先生文集』卷16.
　　……下學指南 平生用功門路也……
19)『동사강목』안설의 구성에 대한 구체적인 내용은 제2편 제3장을 참고.

하고 목차만 밝혀 둔다.[20]

<표 1-2-2> 『동사강목』 안설과 『임관정요』

『동사강목』 안설	『임관정요』
1. 軍의 기강, 병기 확보, 변방의 경계 강화, 주변국에 관한 정보 수집 등 국방에 관한 것	軍政章
2. 소송 및 죄수 관리 등 형법제도에 관한 것	詞訟章, 刑法章
3. 還穀 및 救恤 제도에 관한 것	賑恤章, 糶糴章
4. 노비의 대우에 관한 것	御吏章
5. 인재 등용과 관련된 것	任人章
6. 관리의 근검, 청렴과 관련된 것	爲政章, 用財章, 去奸章
7. 인륜, 예절, 풍속 등에 관한 것	處事章, 風俗章, 敎化章

위 <표 1-2-2>에 보이듯이, 『동사강목』 안설에는 『임관정요』에 있는 내용이 다수 나타난다. 물론 『임관정요』 저술이 목민관을 대상으로 하였기 때문에 『동사강목』에서처럼 국정에 필요한 전반적인 내용이 다루어질 수는 없었다고 하겠다. 따라서 『동사강목』 안설의 일부에서 『임관정요』의 내용을 찾아볼 수밖에 없다. 그리고 서술된 내용도 『임관정요』의 내용이 그대로 인용된 것은 아니고, 많은 경우 일반적인 내용으로 다루어지고 있기 때문에 『임관정요』의 내용보다는 구체성이 결여되어 있다. 그러나 지방에서 이루어지는 대민업무와 관련된 현실문제에 대한 비판, 아울러 제시된 개선안은 적지 않게 다루어지고 있다. 이 모두가 목민관의 업무 수행과 직접 관련된 내용임은 말할 것도 없다. 그렇다면 안정복은 그 자신이 『임관정요』에 이미 제시한 견해를 『동사강목』이라는 역사서에 다시 한 번 반영하였다는 결론을 얻을 수 있다. 즉 청년 시절에 다져진 안정복의 개혁정신이 그의 역사인식과 함께 『동사강목』에 옮겨졌다고 보아 좋을 것이다.

안정복이 『동사강목』을 편찬하던 과정에서 『임관정요』에 자서를 붙이게 된 의도도 짐작할 수 있을 것 같다. 얼핏 보면 안정복이 『임관정요』를 통하여 나타낸 견해가 별다른 의도 없이 평소의 생각대로 『동사강목』 사론에

---

20) 『임관정요』의 구체적인 내용 분석은 본 장 4절에서 이루어진다.

쓰였을 것으로 생각할 수 도 있을 것이다. 즉『동사강목』사론에 제시된 견해가『임관정요』의 그것과 유사하게 게재된 것은 우연일 수도 있다는 점이다. 그러나 몇 가지 점에서 그렇게 넘기기에는 아쉬운 점이 있다. 하나는 『동사강목』사론을 쓰는 과정에서『임관정요』를 활용하지 않을 수 없었다는 점을 들 수 있다. 역사학자로서 안정복의 현실개혁 의식이 강하였다는 사실은 잘 알려져 있다.21) 그는『동사강목』사론을 통하여 역사적인 사건을 분석하고 더불어 현실문제와 관련지어 많은 언급을 하였다. 대체로 역사적인 사건을 분석·비판하면서 교훈적인 자료로 대두시켜 당대 제반 문제 해결의 거울로 삼는 한편, 자신의 개선안도 함께 제시하였다. 따라서 이미『임관정요』에 제시한 안정복의 견해가『동사강목』사론을 쓰는 과정에서 자연스럽게 활용되었던 것이 아닐까 한다. 특히 조선 후기 수령의 학정과 비리로 삼정의 문란이 계속되었다는 사실을 상기한다면,『임관정요』에 나타낸 民政에 대한 그의 개혁 의지가 사론을 통하여 다시 부각되지 않을 수 없었을 것으로 생각된다. 그가『동사강목』사론에서 군왕을 보필하는 신하의 청렴과 정직 여부를 크게 문제 삼은 것도 같은 맥락에서 설명될 수 있을 것이다. 요컨대『임관정요』는『동사강목』의 사론을 쓰는 데 중요한 자료가 되었을 것으로 생각된다.

이렇게 볼 때, 그가 오랫동안 간직해 오던『임관정요』의 초고를 다시 손질하여 자서를 붙여 내놓은 것은,『동사강목』편찬에 앞서 일단 이를 마무리해 놓을 필요성 때문이었던 것으로 추측된다. 다시 말하면『임관정요』와 『동사강목』사론의 연계를 의식하였다고 하겠다.

다른 하나는『임관정요』에 제시한 자기의 견해에 어느 정도 자신감을 가지게 되었다는 점을 생각해 볼 수 있다. 그가『임관정요』자서에서 솔직

---

21) 이미 다음 논문에서 안정복의 현실개혁 의식이 비교적 소상하게 소개된 바 있다. 黃元九,「실학파의 사학이론」,『연세논총』7, 1970 ; 鄭求福,「안정복의 사학사상 - 동사강목을 중심으로 - 」,『제2차 한일합동학술회의 한일 근세 사회의 정치와 문화』, 1987.

한 심정을 나타냈듯이, 언젠가 쓰일 바가 있어 저술해야만 했다고 하면서도 자신의 위치에서 벗어난 내용을 썼기 때문에 드러내기를 꺼려한 점에서 짐작할 수 있을 것 같다. 사실『임관정요』초고를 쓸 때의 안정복은 광주에서 농사일과 함께 經史를 연마하던 27세의 일개 젊은 서생에 불과하였다. 그렇지만 그 자신이 직접 농촌의 사회적·경제적 어려움을 체험하면서 비록 몸은 아직 관직에 나아가지 못하였지만, 목민관의 대민업무와 제도개혁의 필요성을 절박하게 느끼고 있었다고 할 수 있다. 즉, 당시『임관정요』에 제시한 견해가 자신의 처지에서 벗어나 있다는 점을 그 스스로 잘 알고 있었다고 하겠다.

그러다가 안정복의 나이 35세(영조 22년, 1746)에 성호 이익을 방문하여 성호문인이 된 후 학문에 대한 자신도 생기고,[22] 이익을 비롯하여 그 밖의 성호문인으로부터 학문적 인정을 받아 드디어 성호학파의 역사를 대표할 수 있는『동사강목』편찬의 책임을 맡게 되었다. 그리고 말직이나마 천거를 통하여 관직의 길도 트이게 되어 38세에 뒤늦게 萬零殿 參奉에 나아가서 43세에 司憲府 監察을 끝으로 4년 남짓 관직생활을 경험하였다. 성호학파를 대변할 만큼 높은 학문 수준에 이른 것, 그리고 관직생활의 경험은『임관정요』를 세상에 드러낼 수 있을 정도로 그에게 일종의 자신감을 갖게 하지 않았을까 생각된다.

요컨대 안정복이 오랫동안 소장해 온『임관정요』를 하필『동사강목』을 편찬하던 과정에서 자서를 붙여 정리해 놓은 것은『동사강목』사론과의 연계를 염두에 둔 한편, 이제는 자신의 입장으로 보아 세상에 내놓아도 꺼릴 것 없다는 어느 정도의 심적인 여유가 작용하였던 것으로 볼 수 있다.

---

22)『순암집』8, 書, 答南宗伯(漢朝)書, 丙午(1786).
　　……三十五歲 始謁星湖頗蒙印 可因亦自信……

4.『임관정요』의 체재와 내용

1)『임관정요』의 체재

　『임관정요』의 체재는 크게「政語」·「政蹟」·「時措」와「附錄」으로 구성되어 있다.「정어」는 목민관이 지방통치를 하는 데 도움이 될 만한 옛 성현의 교훈을 모아 놓은 부분이고,「정적」은 옛 사람들의 지방통치에 나타난 치적을 소개한 부분이며,「시조」는 목민관의 지방통치에 관한 안정복 자신의 견해를 밝힌 부분으로서 많은 비판과 개선안이 제시되어 있다.「부록」은 ‘鄕社法’이나 ‘朱子社倉節目’ 등 지방통치에 참고가 될 만한 자료를 소개해 놓은 부분이다. 물론 자료의 소개를 벗어나지 못하지만 경우에 따라서는 자신의 按說을 붙이기도 하였다.[23)

　「임관정요」에서 주목해야 할 부분은「정어」나「정적」보다는 안정복 자신의 견해로 이루어져 있는「시조」라 하겠다.「시조」는 다음 <표 1-2-3>과 같이 대체로「정어」의 체재를 따르고 있다.

　<표 1-2-3>에 나타나 있듯이,「정어」는 16개의 장, 그리고「시조」는 21개 장의 체재를 갖추고 있다. 체재상에 나타나는 몇 가지 특징을 열거하여 보면, 첫째로「정어」의 체재가 어디에 근거하였는지는 알 수 없지만 안정복은 이「정어」의 체재를 세분하고 서술 순서를 조절하거나 명칭을 바꾸어「시조」의 체재로 삼았다. 먼저 세분된 장을 보면 勸農章(목차에는 ‘農桑’으로 기록됨)이 農桑章과 田政章으로, 賦役章이 軍政章과 賦役章으로, 賑濟章(목차에는 ‘賑饑’로 기록됨)이 糴糶章과 賑恤章으로, 刑獄章이 刑法章과 詞訟章으로, 그리고 禁奸章이 去奸章과 治盜章으로 나뉘어지거나 추가되었다. 명칭이 바뀐 대표적인 예를 들면 論政章을 爲政章으로, 正己章을 持身章으로, 御下章을 御吏章으로, 理財章을 用財章 등으로 바꿨다.

---

23) 이를테면 ‘朱子社倉節目’ 말미에 있는 按을 들 수 있다.

<표 1-2-3> 『임관정요』「정어」와 「시조」의 체재

「정어」	「시조」
1. 論政章	1. 爲政章
2. 正己章(總論正己, 附誠信, 公正, 廉潔, 學問)	2. 持身章
3. 處事章	3. 處事章
4. 接物章(待上官, 待下官, 待同僚, 待小人)	7. 接物章
5. 御下章	8. 御吏章
6. 知人章(知人, 任人)	6. 臨人章
7. 臨民章	5. 臨民章
8. 風俗章	4. 風俗章
9. 明敎章(附學校)	12. 敎化章(七事三學校興)
10. 勸農章	10. 農桑章(七事一農桑成)
	15. 田政章
11. 戶口章	11. 戶口章(七事二戶口增)
12. 賦役章	13. 軍政章(七事四軍政修)
	14. 賦役章(七事五賦役均)
13. 理財章	9. 用財章
14. 賑済章	16. 糶糴章
	17. 賑恤章
15. 刑獄章	18. 刑法章
	19. 詞訟章(七事六詞訟簡)
16. 禁奸章	20. 去奸章(七事七奸猾息)
	21. 治盜章

이렇게 「정어」의 체재를 재조절하여 쓴 것은 아마도 「정어」의 체재를 따르는 것을 원칙으로 하되, 당시 지방행정의 실정을 감안하여 안정복 자신의 견해를 좀더 구체적으로 세분하여 제시하거나 새롭게 강조해야 할 필요성을 느꼈기 때문이 아니었을까 생각된다. 이를테면 軍政章이나 糶糴章에서 볼 수 있듯이, 국방과 관련된 문제나 농민의 경제 사정과 직결되어 있는 환곡제도 등이 조선 후기에 들어 매우 문란하였다는 점은 새삼 논의의 여지가 없을 것이다.

둘째로 대부분 백성들의 일상생활과 직결된 내용으로 짜여져 있다. 이는 바꿔 말하면 목민관이 의당 처리해야 할 대민업무로서 여기에는 적지 않은 경우에 종래 수령들의 잘못이나 태만으로 민원의 대상이 되었던 내용이 포함되어 있다. 목민관의 기본업무로서 考課대상이 되었던 수령 '七事'가 포함됨은 물론이다. '七事'라 함은 <표 1-2-3>에 나타나 있듯이, ①農桑成 ②戶口增 ③學校興 ④軍政修 ⑤賦役均 ⑥詞訟簡 ⑦奸猾息을 말한다. 이 '七事'는 모두「정어」에 포함되어 있지만, 안정복은 그 가운데 農桑과 田政을, 詞訟과 刑法을, 去奸과 治盜를 분리하여 다루었다. 그만큼 안정복이 田政, 刑法, 治盜 문제를 개선이 긴급한 사안으로 다루었다고 볼 수 있다.

2)『임관정요』「시조」의 주요내용

21개 장으로 구성되어 있는『임관정요』「時措」를 분석해 보면 크게 여섯 가지 내용으로 나눌 수 있다. 즉 목민관이 지녀야 할 기본정신, 목민관의 몸가짐, 목민관이 백성을 대하는 태도, 목민관의 업무처리 자세, 하급관리의 업무에 대한 관리, 그리고 대민업무의 주요 개선책 등이다. 이 가운데 대민문제가 주된 부분을 이루고 있다. 중요하게 다루어진 내용을 정리해 보기로 한다.

① 목민관의 기본정신

안정복은『임관정요』「시조」의 첫 장 '爲政章'을 통하여 목민관이 지녀야 할 기본정신을 제시하였다. 즉,

> ……忠·公·廉·勤·謹 이 다섯 가지야말로 관직에 있는 자의 지극한 요소이다. 충성스러우면 나라를 등지는 일이 없고, 공변하면 私情에 따르지 않으며, 청렴하면 마음이 편안하고, 부지런하면 일을 분별할 수 있으며, 근신하면 몸가짐과 일을 처리하는 데에 있어 조금도 망령되지 않는다.(『임관정요』,「시조」, 위정장)

라고 했듯이 충성·공변·청렴·근면·근신을 관직에 있는 자가 지녀야 할 주요한 요소라고 하였다. 그런데 세속에는 勢吏·能吏·貪吏라는 세 종류의 俗吏가 있다 하면서 세리는 하지 못할 것이고(不能爲), 능리는 할

수 없는 것이며(不可爲), 탐리는 차마 못할 것(不忍爲)이라는 것이다. 더불어 세리는 근신하지 못하고 법을 어기며 능리는 자기 분수를 지키지 못하고 탐리는 청렴하지 못하다 하면서, 謹·拙·廉이야말로 관리가 지녀야 할 本色이라 하였다.24) 특히 관리의 몸가짐과 청렴, 그리고 맡겨진 본분을 충실히 지키는 것을 중요시하였다고 하겠다. 그 가운데에서도 관리의 청렴과 근면을 으뜸으로 여겼다.

안정복이 이처럼 목민관의 본분에 관심이 컸던 것은

> ……국가의 흥망은 生民의 休戚에 있고 生民의 休戚은 수령의 어진가 그렇지 않은가에 달려 있다.……(동상)

라 하였듯이, 국가의 흥망과 민생이 수령의 賢否에 달려 있다고 보았기 때문이다.

② 목민관의 몸가짐

안정복은 관리의 업무처리에 앞서 관리 자신의 몸가짐을 바르게 해야 한다는 것을 강조하였다. 그것은 관리가 修身이 되어야 紀綱이 바로잡힐 뿐 아니라, 또한 愛民이 이루어진다고 보았기 때문이다. 수신을 하려면 먼저 嗜慾을 버리고 愛民을 하려면 弊政 改革을 으뜸으로 삼아야 한다는 것이다. 관직에 있는 자가 기욕을 버린다는 것은 '마음을 깨끗이 하고 일을 처리하는 것(淸心省事)'을 뜻한다 하겠다.25) 그의 주장이 修己治人 정신에 바탕을 두고 있음을 알 수 있다.

그가 '持身章'을 통하여 제시한 관리의 몸가짐에 대해 다음과 같이 간략하게 정리해 보았다.

1. 여가 시간에는 독서를 하거나 업무와 관련된 일을 연구하고 놀이로

---

24) 『임관정요』, 「시조」, 위정장.
25) 『임관정요』, 「시조」, 처사장.

소일하지 말 것

　2. 詩文에 빠지지 말 것[26]

　3. 청렴한 생활을 할 것

　4. 女色을 멀리하고 말을 조심할 것

　5. 술을 삼갈 것

　6. 많은 가족을 거느리고 부임하지 말 것

　7. 관청 안에서 私情을 버리고 품위를 지킬 것

　안정복이 위와 같이 제시한 내용은 당시 지방관의 근무 실태를 거의 그대로 반영한 것으로 볼 수 있다.[27] ‘지신장’을 통해 개선의 필요성을 나타낸 것은 평소 그 자신이 수령의 목민정치에 불만을 품고 있던 것을 드러낸 것으로 볼 수 있다.

　③ 백성을 대하는 태도

　수령이 지방통치를 함에 있어서 백성을 어떻게 대할 것인가는 중요한 문제가 아닐 수 없다. ‘임민장’에,

　　위정자는 마땅히 백성을 사랑(不忍)하는 마음으로 백성을 사랑하는 정치를 하되 어린이를 보살피듯 하면 비록 마음에 들지는 않더라도 멀리하지는 않을 것이다.……백성을 사랑(愛民)하는 데에는 많은 방법이 있다. 目前의 폐해도 불가불 구해야 하지만 마땅히 영원한 대책을 강구해야 한다. 소소한 인자함은 은혜로울 수 없으며, 또한 사랑이 지나쳐서 오만하게 되어 명령을 따르지 않게 되면 역시 사랑이 아닌 것이다.……

---

26) 본시 안정복은 詩賦를 末技라 하고, 나라를 다스리는 데에 별로 유익하지 못하다 하여 과거시험 과목으로 부적절하다는 입장을 보인 바 있다(『동사강목』9上, 丁卯, 毅宗 元年, 8月, 更按 ;『순암집』7, 書, 與李廷藻[家煥]書, 乙酉[1765] 참조).

27) 안정복이 나타낸 글을 통하여 당시의 실정을 반영한 것으로 미루어 볼 수 있지만, ‘今世’(持身章), ‘今人’(處事章) 등과 같은 표현을 쓰기도 하였다.

라고 있듯이, 무엇보다도 정치를 하는 자는 백성을 사랑하는 마음으로 임해야 한다는 것이 안정복의 기본입장이었다. 그렇지만 위 사료에서도 나타나 있듯이 그 사랑이란 어디까지나 정치기강이 흐트러지지 않는 범위의 것이었다. 그런데 현재 우리나라에서는 백성을 사랑하기는커녕 백성을 도탄에 빠뜨리는 일이 하나둘이 아니라는 것이다.

다음으로 그는 民心을 잃지 말 것을 강조하였다. 백성을 다스리는 자는 民情을 살펴 따르되, 민심에서 싫어하는 것이 무엇인가를 먼저 관찰해야 하고 민심이 좋지 못한 원인이 어디에 있는가를 찾아서 해결해야 할 방도를 찾아야 한다고 하였다. 그러나 실정을 보면 그 반대로 백성을 감언으로 유도한다던가 형벌을 가한다는 것이다.

안정복은 민심을 얻으려면 오직 수령 자신이 정성을 다하는 것뿐이라고 하고, 그 방법으로 사랑과 공평무사를 꼽았다. 그렇지만 현실적으로 적지 않은 수의 수령은 도탄에 빠진 백성을 사랑으로 구하려 하지는 않고 다만 구구한 언어와 문자로써 백성을 얽어매어 현상 유지를 하려 한다는 것이다. '便民·愛民'의 정치를 강조한 안정복이 당시 목민관의 민정에 얼마만큼 불만이 많았던가를 알게 한다.

④ 업무처리의 기본자세

안정복은 '處事章'을 통해 목민관이 어떻게 업무를 처리할 것인가에 대해 몇 가지 유의할 점을 제시하였다.

첫째, 정책을 자주 바꿔 백성들에게 병폐를 끼치지 말 것. 요즈음 수령들은 능력도 없으면서 무능하다는 평가를 받지 않을까 염려하여 일을 만들어 추진하다가 결국에는 폐단만 일으키고 만다는 것이다. 차라리 그럴 바에야 하지 않는 것만 못하다고 하였다.

둘째, 일을 급하게 서두르지 말 것. 급하게 서두르는 것은 평소 함양의 공부(涵養之工)가 되어 있지 않기 때문이라는 것이다. 큰 일이 닥쳤을 때는 마음에 먼저 主宰를 세운다면 흔들리지 않는다고 하였다. 그런데 우리나라 사람들의 기질은 가볍고 의지가 약하여 오히려 무슨 일이든지 급하게 서두르지 않으면 해이해진다는 것이 현 실정이라고 지적하기도 하였다.

셋째, 너무 기쁘거나 노여운 마음, 혹은 취중에 일을 처리하지 말 것. 너무 기쁠 때 일을 처리하게 되면 방종하기 쉽고, 노여울 때에 일을 처리하면 잔혹할 우려가 있어 중도를 벗어나기 쉽다는 것이다.

넷째, 난해한 사안에 대해서는 義理로써 하고 절대로 경술하게 처리하지 말 것. 혹 목전의 해결이 비록 관에서는 일시적으로 능란한 처리가 될 수 있지만 백성에게는 오래도록 원한이 될 수 있기 때문에 신중하지 않을 수 없다는 것이다.

다섯째, 일의 처리에는 脊粱이 있을 것. 이는 업무처리를 할 때 일정한 기준이 있어야 한다는 의미로 풀이된다. 척량이 없으면 일을 당했을 때 자칫하면 현혹되거나 중도를 잃게 된다는 것이다.

여섯째, 하나의 일에는 반드시 하나의 綱을 세울 것. 이를테면 업무처리에는 公, 백성에 임할 때에는 愛, 아랫사람을 다스릴 때에는 信, 사람을 임용할 때에는 明, 재물을 쓸 때에는 節, 賦役에는 均, 獄訟에는 愼이 綱이 된다는 것이다.

일곱째, 뜻하지 않은 일을 당하여 두려운 나머지 결코 회피하지 말 것.

아홉째, 번거로운 일을 참을 수 있을 것. 그런 가운데 식견과 도량이 생기게 되는데 근래에는 번잡스런 일이 많다고 하였다. 더불어 實心工夫가 필요하다고 말하였다.

마지막으로, 반드시 점검을 할 것.

이상과 같은 안정복의 제안을 요약해 보면, 목민관은 안으로는 기강을 바로잡고 중도를 지키며, 대민관계에 있어서는 백성의 원성을 사지 않으면서도 적극적으로 임하는 자세를 견지해야 한다는 것이라 하겠다. 『대학』의 治人정신이 철저하게 제시되어 나타났다고 할 수 있는 부분이다.

⑤ 하급관리에 대한 관리

향리나 하급관료의 업무와 관련된 비리대책이 주된 논의대상이 되었다. 더불어 이들의 생계문제도 다루어졌다. 「時措」의 여러 장을 통하여 두루 언급되었는데, 그 가운데에서도 '어리장'을 비롯하여 '조적장' 등 농민의 경제문제가 다루어진 경우에 자주 논의되었다.

우선 안정복은 특히 향리의 신분에 대해 다음과 같이 적지 않은 관심을 표명하였다.

> ……吏 역시 백성이다. 그들로 하여금 처소를 잃게 할 수는 없는 것이다.……우리나라의 법제에 吏奴는 보수가 없이 스스로 衣食을 해결하면서 날로 官役을 하게 하니 법이 잘못된 것 같다. 官屬의 생계를 곤란케 하는 폐단은 반드시 變通되어야 할 것이다. 그 과오 역시 용서하고 오직 官을 기만하고 백성들을 병들게 하는 것만 일체 중하게 논죄해야 한다. ……郡邑의 吏率은 대개 백성 가운데에서 뛰어난 자들이다. 한결같이 法으로만 억누를 수 없고, 또한 마땅히 교화로써 인도해야 한다.……정치를 하는 방법에 있어 백성을 어루만지되 너그러움으로 하고, 아전을 단속하되 엄하게 한다. 이는 그 大體로서 바꿀 수 없는 것이지만, 아전 역시 나의 동포인 것이다. 만약 엄히 단속만 하고 그 사생활을 구해 주지 않아 그들로 하여금 처소를 잃어 원망하게 한다면 어찌 이른바 '한결같이 보고 다 같이 사랑한다'는 것이겠는가.(『임관정요』, 「시조」, 어리장)

대개 아전은 일반 백성들 가운데 뛰어난 자들인데도 보수 없이 官役에 종사함으로써 생계가 곤란하다는 실정을 말하고, 이 법은 잘못되었다는 것이다. 따라서 법에만 의존하여 이들을 억압할 것이 아니라 교화로써 다스리고, 더불어 생계대책을 세워 도와야 된다는 입장을 나타냈다.

그는 수령이 부임하면 곧 아전들에게 國事에 진력할 것, 民事를 염려할 것, 뇌물을 받지 말 것, 문서의 기록을 정확히 할 것 등을 義理로써 깨우쳐 약속해야 한다고 하였다. 그 밖에 아전을 효과적으로 다스리기 위해 몇 가지 방법을 제시하였다.

첫째, 잦은 훈계나 대화를 삼가서 기강을 문란하게 해서는 안 된다. 가능한 한 말수가 적은 것(簡默)이 좋다.

둘째, 수령 자신이 정성과 믿음을 가지고 대한다.

셋째, 너그럽게 대하되 위엄을 잃지 말아야 한다. 될 수 있으면 스스로 깨우치도록 하고 교훈으로 인도해야 한다.

넷째, 아전이 민간과 자주 접촉하는 것을 삼가도록 한다. 이는 뇌물수수의 폐단을 방지하기 위함이다.

다섯째, 아전을 통한 무역을 하여 이익을 챙기지 않는다.

여섯째, 아전의 奸計를 경계해야 한다. 官牌나 官印을 함부로 맡겨서는 안 된다. 특히 稅收나 官穀을 다루는 하급관리의 횡포 혹은 私利를 채우는 비리 방지에 노력할 것을 강조하였다.[28]

일곱째, 연소하고 재질 있는 아전에게 독서를 하게 하여 성과에 따라 직책을 부여한다.

⑥ 대민업무의 개선책

가장 많은 부분을 차지하는 목민관의 대민업무에 관한 내용을 다음과 같이 간추려 정리해 보았다. 사실상『임관정요』의 요체가 되는 부분이라 할 수 있다.

1. 호적정리에 관한 업무(호구장)

2. 풍속 및 교화에 관한 업무(풍속장, 교화장)

3. 농산장려에 관한 업무(농상장)

4. 재해대책 및 구호에 관한 업무(조적장, 진휼장)

5. 조세 및 노역에 관한 업무(전정장, 부역장)

6. 국방과 관련한 업무(군정장)

7. 治罪와 재판에 관한 업무(형법장, 사송장)

---

28)『임관정요』,「시조」, 조적장.

8. 친안유지에 관한 업무(거간장, 치도장)

각 장에서 비교적 중요하게 다룬 내용을 좀더 구체적으로 알아보기로 하자.

[호구의 정확한 정리]

그는 당시 관청에서 호구를 정확하게 파악하지 못하고 있음을 지적하였다. 統戶의 질서가 문란한데다가 호구를 거짓 늘리거나 누락시킨다는 것이다. 그가 호구를 정확하게 정리해야 할 필요성을 느낀 것은 호구 파악이 정치의 근본일 뿐 아니라, 비상시를 당하여 혹 징발이 필요하게 되면 어떻게 대처할 것인가를 우려했기 때문이다.

우선 수령이 부임을 하면 호구와 산물의 많고 적음을 파악해야 한다고 하였다. 국가에서 호구의 증가 여부로 수령의 능력을 평가한다 해서 거짓 늘리는 것은 범죄이기 때문에 법으로 엄하게 다스리고, 한편 누락된 호구를 철저하게 조사하여 입적시킬 것을 강력히 주장하였다. 그의 판단으로는 당시 누락된 호구가 특히 三南 지방에 많고 특히 토호나 양반, 그리고 鄕所가 거느린 무리들 가운데에는 입적자가 매우 적다는 것이다.

호구를 늘이는 방법으로 수령이 가혹한 정치를 하지 않고, 백성을 위로하여 따르게 하며, 편안하게 모여 살 수 있게 해주면 된다고 하였다. 그런데 요즈음은 상하가 서로 믿지 못하여 백성들은 관청의 명령이 있어도 혹 속임을 당하지 않을까 염려하여 따르지 않는다는 것이다. 그는 인심의 향배는 믿음(信)에 달려 있다고 하였다. 요컨대 수령이 백성들에게 믿음을 주는 정치를 베풀어 백성들이 따르도록 해야 한다는 주장이다.

[미풍양속의 장려와 교화정치]

팔도의 풍속이 각각 다르기 때문에 지방통치도 그에 맞게 행해져야 한다는 의견을 제시하였다. 그러나 수령이 禮讓으로 인도하고 忠信으로 접하며 廉謹으로 처신해야 하는 것은 남북의 차이가 없다고 하였다. 한편 수령은 마땅히 풍속을 관찰하여 민간의 실정이 항상 수령 자신의 눈앞에 나타나도록 해야 한다는 것이다. 따라서 수령이 된 자는 아무리 심산유곡이라 하더라도 몸소 관내를 순시할 것을 강조하였다.

그는 수령의 임무로서 백성에 대한 교화를 매우 중시하였다. 교화를 하려면 수령('교화장'에서는 官長이라 함)이 몸소 실천하여(躬行) 백성들에게 믿음을 심어 줄 것을 첫째 조건으로 들었다. 수령 자신이 바르지 못하면 명령을 하여도 백성들이 따르지 않는다는 것이다. 그리하여 그는 교화에 앞서 법에 의존하는 정치를 반대하는 입장을 보였다. 교화 역시 수령자신이 백성과 가까워지면 더욱 빨라질 수 있다고 하였다.

'교화장'을 통해 안정복이 예시한 교화의 주요내용으로 학교를 진흥하여 인재를 양성하고, 미신을 타파하며, 孝烈을 기리는 일 등을 들었다. 그러나 그가 더욱 중시한 것은 교화가 실효를 거두는 일이었다. 그리하여 수령은 교화의 실행을 직접 점검하고, 마을에서는 洞約을 만들어 실시할 것을 권장하였다.[29]

[농산물의 증산과 산림 훼손 방지]
농사에 힘쓰는 일을 정치의 근본으로 생각한 안정복은 당시의 농정이 잘못되어 있다는 실정을 들어,

> ……요즈음 勸農의 정치는 다만 文具만 갖추어져 있어 실효가 없다. ……(농상장)

라 하였다. 다시 말하면, 농정이 탁상공론에만 흘러 실제 농산물의 증산에

---

29) 실제 안정복은 사헌부 감찰을 그만두고 낙향하여 경기도 광주 덕곡에 거주하는 동안 45세 때인 1756년에 '廣州郡慶安面二里洞約'을 만들었다(자세한 내용은 『순암집』 15, 雜著 참조).

는 효과를 거두지 못하고 있다는 판단이다. 농정의 실패가 수령의 태만에서 비롯되었다고 본 것이다.

그리하여 그는 '농상장'을 통하여 수령이 마땅히 수행해야 할 務農의 방향을 다음과 같이 제시하였다.

첫째, 농민의 농사일을 독려할 勸農官의 책임과 역할을 증대시킨다.

둘째, 소(牛)를 증식하고 철저한 관리와 농번기에 효율적인 활용을 한다.

셋째, 파종과 수확의 시기를 놓치지 않도록 한다. 파종과 수확은 가능하면 빨리 하되 절대로 늦어서는 안 되고, 미리 권농관으로 하여금 10여 일 전부터 알려준다.

넷째, 水車를 보급하여 논에 물을 쉽게 대도록 한다.

다섯째, 양잠을 장려한다.

여섯째, 산에 나무를 많이 심는다.30) 물론 땔감과 水源 확보가 주된 원인이겠으나 유실수 등을 심어 소득을 증대할 목적도 포함되어 있다. 그는 당시 火田이 너무 많다고 하였다.31)

일곱째, 목축을 장려하고 노는 땅(밭두덕 등)에 채소를 많이 심는다.

여덟째, 저수지와 수로를 확보하고 개간에 힘쓴다.

그 밖에도 새로운 식물의 재배방법을 기후와 풍토를 고려하여 개발하거나, 길가에 일정한 간격으로 나무를 심어 휴게소로 이용할 것을 권장하기도 하였다.

목민관이 務農정치를 잘하느냐 못하느냐에 따라 백성이 잘 살고 못 사는 것이 결정된다고 보았기 때문에 그가 목민관에 거는 기대는 그만큼 컸던 것이다.

[빈민과 이재민 구호]

---

30) 이에 대해서는 안정복이 쓴 「禁松作契節目」과 관련하여 다시 구체적으로 논의되어야 할 것으로 생각된다.

31) 「시조」, 전정장.

조선 후기 삼정의 문란 가운데 환곡제도의 폐해가 농민의 경제적 어려움을 가중시켰다는 사실은 새삼 논의의 여지가 없을 것이다. 안정복도,

> 우리나라의 還上法(봄에 米穀을 내어 백성에게 대여하고 가을에 官에 다시 바치기 때문에 還上라 부른다)이 언제 생겼는지는 알 수 없으나 (經國大典에 還上條는 없다), 백성의 근심과 한탄이 대개 여기에서 비롯되었다.……(「시조」, 조적장)

라 하였듯이, 백성들의 근심과 한탄이 還上에서 비롯되었다고 하였다. 여기에서 말하는 환자란 환곡제도를 뜻한다. 환곡은 대부분 경제적으로 어려운 빈민들이 이용하였기 때문에 이 제도가 자칫 잘못 운영되면 당초 賑貸의 뜻을 벗어나 오히려 백성들의 경제적 어려움을 더할 소지가 많았다. 사실 안정복도 '조적장'에서 지적하였듯이, 당시 관리의 착복과 농간은 혹심하였다. 이를테면, 법으로 정한 이자보다 많이 거두어 유용하는 외에 비축곡을 몰래 방출하여 부당한 이식을 착복하는 행위, 창고 담당자가 겨를 섞거나 좋지 않은 곡식을 채우고 나머지를 챙기는 행위, 정해진 곡식을 제때에 대출하지 않고 가난한 사람 약간에게만 준 다음 나머지는 사사로이 돈으로 바꾸었다가 가을에 곡식 값이 쌀 때 다시 사서 본곡을 채우고 차익을 착복하는 행위 등이 그것이다.[32] 안정복은 본래 가난한 백성을 구제하려는 목적으로 만들어진 진휼의 참뜻이 이미 사라졌다고 보았다.

그리하여 그는 관리의 농간이 심한 환곡제도를 근본적으로 폐지하고, 그 대신 기존의 常平倉을 모체로 하여 社倉의 적극적인 실시를 주장하였다.[33]

---

32) 그 밖에도 大同米를 값이 비싼 춘궁기에 돈을 받고 팔거나, 추곡이 익을 무렵 米價가 매우 높을 때 또 팔아 가을에 본곡을 채운 뒤 나머지를 착복한다는 것이다('부역장').

33) 안정복의 사창제 실시에 대한 구체적인 내용은 졸저,『동사강목 연구』, 279 ~282 ; 吳煥一,「안정복의 社倉에 대한 연구」,『國史館論叢』46, 국사편찬

한편 재해로 피해를 입은 백성에 대한 진휼정책 또한 중시하였다. 물론 재해의 예방이 우선되어야 한다는 것을 전제로 하였으나, 재해가 발생하기 전이나 발생한 뒤 처리 방안에 대해 '진휼장'을 통하여 제시하였다. 주목되는 부분을 다음과 같이 간단히 정리해 보기로 한다.

첫째, 비축곡을 점검하여 부족분을 채워 대비한다. 이 경우 수령이 官穀이나 백성들로부터 받은 곡식을 교묘하게 착복하는 예가 있다는 것이다.

둘째, 진휼대상은 신분을 가리지 않고 기아가 심한 자를 우선으로 하여 숙식을 제공한다. 그러나 제공만 하지 말고 그들에게 맞는 일을 시켜 게으른 습성이 들지 않도록 한다.

셋째, 질병을 구호한다. 의원과 의논하여 약재를 구입하고 치료까지 겸한다.

넷째, 조세를 경감해 주고 기타 부역을 늦추어 준다. 그는 곡식을 직접 제공하는 것보다 조세를 경감해 주는 것이 바람직하다고 생각하였다.

다섯째, 각종 법의 시행을 완화해 주어 백성들이 자유롭게 생활하도록 한다.

여섯째, 飢民을 모집하여 공공사업에 참여하도록 한다. 이는 오늘날 정부에서 시행하는 취로사업과 같은 것이 아닐까 생각된다.

일곱째, 고을 富民의 협조를 구하여 주린 백성을 돕도록 한다. 그런데 당시에는 수령들이 흉년이 들 때를 이용하여 빈민구호라는 명목을 내걸고 부호들로부터 곡식을 거두어 착복하는 일이 많다고 지적하였다.

더불어 수령도 관청의 음식을 줄이고, 백성의 굶주림이 자신의 굶주림이라는 정신으로 구호할 것을 강조하였다.

[경작지의 정확한 파악과 부역의 균등한 부과]

'전정장'에서 논의된 것은 조세의 수입원인 실제 경작지의 실태를 정확하게 파악하는 제반 업무이다. 즉 量案에 있는 토지와 실제 경작지의 비교,

---

위원회, 1993 참조.

그리고 재해로 인하여 못 쓰게 된 땅이나 묵힌 땅과 당년의 재해로 감수되는 수확량 등을 조사하는 일이다. 그 과정에서 관리와 백성 사이에서 적지 않은 농간이 발생한다는 것이다. 이에 그는 몇 가지 유념해야 할 사항을 제시하였다.

먼저 6월에 田結文書를 정비하여 面의 風憲에게 하달하고, 풍헌은 8월 10일 이후 9월에 걸쳐 현지답사를 한 뒤 10월까지 최종 結案을 작성한다. 이 경우에 실제 현지답사를 나가는 자(書員)와 백성들 사이에 농간이 있을 수 있기 때문에 수령이 양안의 實數를 정확하게 파악하고 수령 자신이 현지를 답사하여 기록과 실제를 대조해야 한다는 것이다. 이를테면 묘지의 증가, 묵는 땅의 발생, 하천의 건설 등으로 말미암아 토지의 실제 형질이 현재 문서의 기록과는 전혀 다른 경우가 적지 않다고 하였다. 따라서 백성들은 사실상 세금을 더 내는 결과를 빚게 되기도 하고, 貪吏의 경우에는 이미 정해진 양안에 해당되는 수만 보고하고 나머지는 사욕을 채우는 경우가 있다는 것이다.

그는 백성들이 직접 자기의 경작상황을 기록하여 제출함으로써 중간의 농간을 방지하는 것도 바람직하다고 하였다. 더불어 농한기에는 도로나 교량을 수리하여 통행이나 농사일에 차질이 없어야 한다고 하였다. 끝으로 우리나라에서 현재 쓰이고 있는 結負法보다는 중국에서 쓰고 있는 頃畝法이 좋을 것이라는 견해도 비쳤다.

한편 각종 賦稅나 雜役도 균등하게 부과할 것을 주장하였다. 주목되는 내용을 약간만 소개하기로 한다. 우선 각종 잡역 대신에 땔나무나 닭 등으로 변통해 쓸 때에 戶數를 기준으로 할 것이 아니라, 토지의 다과를 기준으로 부과해야 한다는 것이다. 그것도 민간에게 便否의 의사를 물어 시행해야 된다고 하였다. 그리고 항상 백성들의 근심거리가 되고 있는 身役도 공평하게 시행되어야 한다고 하였다.

大同法의 시행에 따라 대부분의 각종 특산물 징수가 쌀로 대치되었지만 아직도 얼음이나 땔감 등은 일률적으로 현물로 징수되고 있는 실정이기 때문에 백성들에게 불편을 준다고 하였다. 따라서 원근에 따라 조정을 하되 먼 곳은 쌀로 대치를 해야 한다는 견해를 나타냈다. 防納의 폐해를 철저하게 경계하고, 대동미 또한 환자의 폐단 못지않게 관리의 사리사욕을 채우는 근원이므로 엄중한 처벌이 요구된다고 하였다.

[군정의 비리척결과 양병]

당시 軍政에서 가장 어려웠던 것은 軍에 입대할 사람의 확보였다. 안정복은 그 원인이 각종 불법 혹은 탈법으로 누락된 자가 많기 때문으로 보았다. 예컨대, 土豪나 留鄕이 조세를 대납해 주고 자기 집에서 하인으로 부리는 養孝, 향교나 서원의 정원 외의 학생, 避役하는 승려나 居士, 관청에 노비로 들어간 자, 그 밖에 뇌물을 써서 면역된 자 등을 대표적으로 들었다. 이와 같은 사태가 대부분 관리와 백성 사이의 불법행위에 의해 생겼다는 것은 말할 것도 없다. 수령은 이를 모두 조사해 밝혀야 한다는 것이다.

한편 그는 郡邑에서도 軍을 양성해야 한다는 주장을 하였다. '군정장'에 있는 다음 글을 참조해 보자.

……국가의 제도에 郡邑에는 군사가 없으니 이 법은 좋지 않은 것이다. 이리하여 匹夫가 날뛰게 되면 여러 郡이 무너지고 국가의 권위를 손상시키며 도둑의 세력을 강하게 하여 고을을 전적으로 책임지고 있는 수령은 패배한 장수가 되어야 했으니, 천하에 어찌 이와 같은 이치가 있을까. 지금 각 읍에는 오직 吏奴로 대오를 만들었으니 이들은 이른바 市井 모리배의 무리이다. 평상시에 조련하는 방법이 없으면 난을 당하여 어떻게 적을 제압하겠는가. 이외에 또 官軍과 官屬이 있지만 本官은 布를 거두어 개인적으로 쓰니 처음부터 軍制가 되지 못하였다. 이러한 무리들이 이미 本官에 소속되었다면 마땅히 대오를 만들어 병기와 군복을 미리 준비하고 部伍를 단단히 하여 변란에 대응하는 쓰임이 될 수 있으니 해볼 만한 일이다. 그러나 이는 黨論이 엇갈려 서로 털을 헤치고 흉터를 찾아 내려는 이 때에 사사로이 兵卒을 조련하면 죄가 되니 두려운 일이다. 마

땅히 형세를 헤아려 처리할 일이니 그 적절함을 얻어야 할 것이다.……
(군정장)

위의 사료에 나타나 있듯이, 지방 관아에서도 軍을 양성하여 치안과 적군의 내습에 대비하자는 제안을 하였다. 그의 판단으로는 조직과 훈련이 제대로 되지 않은 '吏奴作隊' 정도로는 유사시에 소요의 진압이나 적군의 침범을 막아낼 수 없기 때문에, 수령은 마치 전쟁에 패한 장수 같은 꼴이 될 수밖에 없다는 것이다. 그리하여 그는 나름대로의 방안을 생각하여 구체적인 규정을 마련하였다. 그것이『임관정요』부록에 있는「鄕社法」인데, 그 안에는 편제와 운영 방법 등이 잘 나타나 있다.[34] 오늘날의 향토 방위와 유사한 성격을 지닌 것이 아닐까 생각된다. 그러나 당시로서는 법으로 지방에서의 군인양성을 막고 있었기 때문에 실현될 수 없음을 아쉽게 여기고, 적절한 방안을 강구하지 않으면 안 된다는 견해를 밝혔다.

한편 변방의 수령이 된 자는 경계를 강화하고 요새지의 경비를 철저히 하며, 주변국의 동향에 대한 감시도 소홀히 해서는 안 된다고 하였다. 더불어 평시에 병기를 갖추고 화약을 제조하여 충분히 비축해 두어야 한다는 견해를 나타냈다.[35]

[치죄의 개선과 재판의 공정성]
범죄의 슬기로운 다스림과 재판의 공정성에 대한 안정복의 관심 또한 매우 컸다.『동사강목』사론을 통해서도 많은 의견을 제시한 바 있다.[36] 그러나 목민관이 刑政을 어떻게 할 것인가는『임관정요』'형법장'과 '사송장'

---

34) 안정복의「향사법」을 중심으로 연구한 논문으로는 潘允洪,「순암 안정복의 향촌자위론 연구」,『軍史』5, 국방부전사편찬위원회, 1982가 있다.
35) 그 밖에 안정복의 국방에 관한 견해는 강세구,「안정복의 국방론」,『실학사상연구』2집, 무악실학회, 1991 참조.
36) 이에 대해서는 졸저,『동사강목 연구』제5장 제4절에 구체적으로 설명한 바 있다.

에 좀더 구체적으로 서술되어 있다.

'刑이란 정치를 돕는 도구이다'[37]라는 인식을 지닌 안정복은 형법이 정치의 기강을 잡는 데 없어서는 안 될 것으로 생각하였다. 그러나 현재의 형정에는 적지 않은 문제점이 있다고 보았다. 그가 『임관정요』를 통해 제시한 문제점과 바로잡아야 할 방향에 대해 간추려 보기로 한다. 첫째, 형벌만 가지고 인심을 복종시킬 수 없다는 견해이다. 정상에 따라 형법을 엄하게 혹은 신중하게 적용하여 중도를 취해야 하는데, 요즈음은 형벌에 지나치게 의존하기 때문에 자칫 잘못 판단하면 인명을 손상시킬 우려가 있고, 설사 엄한 형벌 때문에 백성이 따른다 하여도 그것은 겉모양일 뿐 진심으로 따르지 않는다는 것이다.[38] 그리하여 수령은 위민정신을 갖고 죄를 다스려야 한다고 하였다. 국가에서 수령 자신을 선택하여 백성을 다스리게 한 것은 백성을 위한 것이지 자신을 위한 것이 아니기 때문이라는 것이다. 그는 이러한 생각을 그의 門人이나 관직에 있는 사람에게 유념하도록 당부하기도 하였다.[39]

둘째, 빠른 시일 내에 처리해야 한다는 것이다. 당시 각 고을에는 많은 죄수가 있는데 이는 수령이 처리를 미루어 왔기 때문이라는 지적이다. 그렇다고 경솔하게 잘못 처리하여 백성의 원성을 사서도 안 된다고 하였다. 이는 재판에 있어서도 마찬가지이다.

셋째, 죄수의 인권을 보호해야 한다는 입장을 보였다. 갇혀 있는 죄수들 가운데 병자가 있으면 치료해 주고, 배고픈 자는 먹여 주며 혹서나 혹한기에 유념하고, 명절에는 酒食을 주어 구호해 주어야 한다는 것이다.

넷째, 禁法이 있다는 사실을 예고하여 백성들이 미리 알도록 한다. 혹 갑자기 금법을 선포하면 백성들이 당황하게 되는데 결국 백성을 속이는 결과를 빚게 되어 본의 아니게 범죄자가 되면 부자는 뇌물로 풀려 나오지만

---

37) 『동사강목』第9下, 庚戌, 明宗 20년, 秋8월, 按
38) 「시조」, 교화장.
39) 『순암집』5, 書, 與韓戚之書, 甲申(1764).

가난한 자는 죄를 덮어쓰게 된다는 것이다. 이 경우 뇌물수수가 크게 이루어진다고 하였다.

다섯째, 절대로 고문을 해서는 안 된다는 것이다. 고문은 신체에 고통을 주어 억지로 자백을 받는 방법으로 그 자백은 신체적 고통에서 나왔기 때문에 진실 여부가 의심스럽다는 의견이다.[40] 결국 고문에 의한 자백은 입증하기가 곤란하다는 견해라 하겠다.[41] 실정을 잘 살펴 입증자료를 찾아야 한다고 하였다.

여섯째, 죄를 가볍게 할 수 있는 방도를 찾아야 한다는 것이다. 이는 까닭 없이 죄를 가볍게 해야 된다는 의미가 아니고, 혹 가혹한 죄의 다스림으로 무죄한 사람이 중형을 받을 가능성을 막기 위해 신중한 치죄가 이루어져야 한다는 뜻에서 나온 것이다.

일곱째, 지나치게 법에만 의존하지 말고 미풍양속을 고려하여 재판해야 한다는 것이다. 친고죄를 다루는 경우에서 찾아볼 수 있다.

그렇지만 범죄가 발생한 뒤 법으로 다스리는 것보다는 미리 백성들을 교화하여 범죄를 예방하는 것이 가장 바람직하다고 보았다.

[치안의 유지]

수령은 부임하면 고을의 간사한 무리와 교활한 아전을 제거해야 한다고 하였다. 이들을 제거하기 위해서는 明斷, 즉 밝음과 결단이 있어야 하는데 밝으면 능히 물정을 살필 수 있고, 결단력이 있다면 무작정 너그럽게 용서해 주지 않는다는 것이다. 요컨대 지혜롭게 살펴 엄히 다스려야 한다는 뜻으로 풀이된다.

한편 수령은 백성들이 생업에 안정할 수 있도록 도둑의 횡행을 엄하게 다스려야 한다고 하였다. 당시에는 소도둑이 많았다고 한다. 그런데 관리

---

40) 『동사강목』第9上, 丁亥, 毅宗 21년, 春正月, 按 참조.
41) 그 대신 그는 사건의 진상을 鞫問하는 방법으로 오직 유도하고 위협을 주는 것뿐이라 하였다('사송장' 참조).

들은 그 도둑을 알면서도 그들로부터 소를 싼값에 사는 이점을 이용하여 오히려 방관하는 실정이라고 지적하였다. 수시로 순찰을 해도 도둑이 성행하는 것은 법만 갖추어져 있지 시행에 있어 태만하기 때문이라 하였다. 이를테면 법으로 오늘날의 경계초소 같은 것(警盜幕)을 만들어 사용하게 되었지만 그저 앉아서 입으로 주의만 한다는 것이다. 그는 도둑을 근절하기 위해서 洞約을 활용하는 것이 좋다고 하였다.[42]

또한 수령은 폭력배를 근절해야 하는데 사전에 고을의 유지를 통해 정보를 얻은 다음, 호적을 조사하여 상세한 신변사항을 기록해 두었다가 이들을 교화하고 경계해야 한다고 하였다.

그 밖에도 맹수를 잡는 자에게는 후한 상을 주고 격려하여 백성들의 협조를 구해야 한다는 의견도 내었다.

지금까지 안정복이『임관정요』「시조」에 제시한 주요내용을 대강 살펴보았다. 이를 다시 정리해 본다면, 첫째로 위민·애민에 바탕을 둔 지방행정이 되어야 한다는 점이다. 그 중에도 생산의 주역인 일반 백성의 생활안정과 자립기반에 유념한 민정이 되어야 함을 여러 부문에 걸쳐서 제시하였다. 둘째로 관리의 불법행위 근절에 주안점을 두었다. 수령 자신은 물론이고 하급관리의 불법행위로 인한 폐해가 결국 힘없는 백성에게 돌아간다고 보았기 때문이다. 그가 관리의 청렴을 유달리 강조한 뜻이 어디에 있는가를 이해할 수 있다. 셋째로 행정의 편의와 지방자치 능력의 제고에도 관심을 기울였다. 향청의 자문에 큰 기대를 걸고, 社倉을 확대 실시하며, 향촌 자위의 필요성을 나타낸 견해가 그 대표적인 예라 할 수 있을 것이다. 넷째로 교화와 예방행정을 권장하였다. 법에 의존하는 행정보다는 애정과 설득으로 민정을 이끌어 나아가고, 백성이 법의 위엄을 인식하여 준법하도록 하자는 것이 그의 지론이었던 것이다. 물론 이와 같은 안정복의 견해가 조선의 유교정치 이념 아래 종래에도 흔히 주장되어 오던 민본정치의 범주에서 크게 벗어나지 않는다고 볼 수도 있을 것이다. 그러나 안정복은 구호에

---

42) 동약에 관한 자세한 것은『순암집』15, 雜著, 廣州府慶安面二里洞約 참조.

만 머무르는 종래의 민본정치에 대해 매우 비판적이었다. 따라서 그가 제시한 개선안을 보면 매우 구체적이고 실천성이 강조되어 있다. 실제로 안정복은 노년에 자신이 목천현감이 되어 몸소 본보기를 보였다. 이 점 높이 평가받을 만하다 할 것이다.

이상과 같은 안정복의 견해는 안정복 자신의 독창적인 것도 있지만, 유형원이나 이익과 같은 先學들이 이미 제시한 견해의 영향도 적지 않게 받았다. 「시조」의 내용을 보면 유형원의 『반계수록』과 이익의 『성호사설』을 참조한 자취를 찾아볼 수 있다.43) 아마도 안정복은 『임관정요』를 초고한 뒤, 유형원의 玄孫이었던 柳發로부터 『반계수록』을 입수하고, 다시 성호문인이 되어 『성호사설』을 빌려 본 다음 『임관정요』에 이들의 견해를 증보하였던 것 같다.

이와 같은 사실은 안정복의 행적을 살펴보아도 쉽게 알 수 있다. 즉 『임관정요』의 초고가 1738년에 이루어지고, 안정복이 유발로부터 유형원의 遺稿를 접한 해가 1744년이라는 점44)과 안정복이 성호문인이 된 해가 1746년이라는 점이 이를 증명해 준다. 그렇다면 『임관정요』 초고는 유형원과 이익의 견해를 접하면서 수정·보완되었음에 틀림없다고 할 수 있다.45)

5. 『임관정요』 「시조」를 통해 본 안정복의 개혁사상

앞서 보았듯이, 『임관정요』 「시조」를 통하여 나타낸 안정복의 주장은 대부분 매우 현실적이고 경험적인 것이라 할 수 있다. 따라서 백성의 입장에서 보면 이들의 생존과 관련된 것으로서 대개 실천이 요구되는 것이고, 정

---

43) 「시조」, 농상장에 유형원과 이익의 견해가 들어 있다.

44) 『순암집』 18, 磻溪年譜跋 참조.

45) 유형원이 『반계수록』을 통해 나타낸 개혁내용과 개혁사상에 관한 구체적인 것은 千寬宇, 「磻溪 柳馨遠 硏究」, 『역사학보』 2-3집 ; 鄭求福, 「반계 유형원의 사회개혁사상」, 『역사학보』 45집 참조.

부의 입장에서 보면 安民 對策으로서 수용할 가치가 있었던 것으로 수령의 지방통치에 매우 유익한 방향을 제시한 것으로 평가될 수 있다. 특히 안정복의 관점으로 보면 경제적·사회적 安民이라는 최고의 목표를 실현하기 위해서 수령의 民政 방향과 방법에 절실한 개혁이 필요하다고 느꼈던 것이다. 이제 『임관정요』를 통해 드러나는 지방통치에 대한 안정복의 개혁사상을 정리해 보기로 한다.

1) 실익을 추구한 애민사상

안정복이 주장하는 牧民의 기본정신이 '修己治人'에 뿌리하고 있음은 말할 것도 없다. 주지하다시피 이는 조선 유교정치 시대의 치자로서 갖추어야 할 기본으로서, 조선 후기 개혁의 선각자로 불리는 실학자들도 그들이 지향하는 정치개혁의 바탕은 역시 '수기치인'에 있었다고 할 것이다. 안정복이 『임관정요』를 통해 제시한 여러 견해는 18세기 삼정의 문란이 극심했던 시기를 배경으로 하고 있다. 사실 당시 수령을 둘러싸고 일어나는 각종 비리와 부패는 이미 잘 알려져 있기 때문에 여기에서 새삼 논의할 필요가 없다. 그 원인이 어디에 있으며 누구에게 책임을 물을 것인가의 문제는 「시조」에도 잘 나타나 있는 것처럼, 안정복은 우선 수령의 失政에 눈을 돌렸다. 즉 그는 지방행정의 개선을 직접 대민업무를 맡고 있는 목민관의 역할에서 찾으려 했던 것이다.

백성이 잘 사느냐 못 사느냐가 수령이 어지냐 그렇지 못 하냐에 달렸다고 본[46] 안정복은 무엇보다도 수령이 권위주의를 지양하고 백성을 가까이하여 백성들이 따르는 정치가 이루어져야 함을 누차 강조하였다. 이것이 조선 유교사회에서 습관적으로 불리어 오던 '愛民'정신에서 비롯되었다는 점은 말할 것도 없다. 그렇다고 하여 안정복이 「시조」를 통하여 거듭 강조하는 '애민'도 별로 눈여겨볼 만한 가치가 없을 것인가. 여기에 필자가 주

---

46) 「시조」, 위정장.

목하는 바는 종래 입버릇처럼 습관화된 '애민'이 안정복의 관점으로는 그
릇되었다고 생각하였다는 점이다. 앞서도 본 것처럼, 많은 수령의 정책이
그럴 듯한 말이나 문자만 늘어놓은 것이라고 비판한 것이 그 좋은 예가 된
다. 즉 이들 수령이 정책을 수행함에 있어서 실적의 유무를 떠나 '애민'이
나 '충성'을 앞세운다고 평가하였던 것이다.

그리하여 그는 백성들에게 실질적으로 도움이 될 수 있는 민정이 이루
어질 것을 요구하였다고 할 수 있다. 그가 『임관정요』 「시조」의 각 장을
통하여 당시 수령의 비리와 부패상을 하나하나 지적하고 더불어 그 대안까
지 제시한 것이 이를 잘 말해 준다.

무엇보다도 그는 수령이 私情에 끌리거나 명예를 가지려 하거나 욕심을
부려서는 안 되며 오직 義理로써 업무에 충실할 것을 강조하였다. 수령이
임명장을 받으면 그 날로부터 公家의 소유이기 때문에 오직 國事에만 전
념해야 한다는 것이다.[47] 그리하여 수령은 모름지기 忠·公·廉·勤·謹
을 지켜야 하는데 그 가운데에서도 청렴(廉)을 가장 중요시하였다. 수령의
청렴을 이렇게 강조하였던 것도 당시 수령 가운데 官物이나 백성들의 재
산을 사사로이 착복하는 경우가 비일비재하였기 때문이다. 심지어 수령이
대가족을 동행하는 것까지 財用을 낭비한다 하여 바람직하지 못하다고 하
였다. 그러나 가난한 자의 구호에는 물자를 아끼거나 인색하지 말 것을 강
조하였다.[48]

또한 수령은 정확한 업무처리를 위하여 자주 현지답사를 하고, 백성의
의견을 직접 묻거나 대화를 통해 어떻게 하면 백성들에게 편리하고 유익할
것인가를 급선무로 삼아야 한다고 하였다. 권위를 앞세우고 탁상공론으로
는 도탄에 빠진 백성을 구해 내지 못한다는 것이다. 그는 구호만 요란하고
실익이 없는 便民政治가 특히 農政에 심하다고 보았다.[49]

---

47) 「시조」, 접물장.
48) 「시조」, 용재장.
49) 「시조」, 농상장.

그 밖에도 균등한 軍政이나 稅政, 공정성이 유지되는 刑政, 가난한 자를 위한 還上이나 賑恤정책을 실시하여 백성들에게 실익이 돌아가야 한다는 점을 강변하였다. 이 모두가 안정복의 적극적이고 실천적인 애민사상에서 비롯되었다고 보아 좋을 것이다.

2) 자립지향적 농본사상

실익이 있어야 한다는 안정복의 애민사상에는 백성들이 소득을 증대하여 부를 축적하고 자립기반을 다져야 한다는 인식 또한 깃들여 있다. 각종 재해나 부역으로 경제적 어려움을 겪는 농민들을 환곡제도나 그 밖의 임시적인 진휼책으로 구호하는 데에는 한계가 있다는 사실을 인식하였던 것이다. 그렇다면 그는 어떤 대책을 제시하였던가. 먼저 「시조」에 나타낸 제안을 보자.

첫째로 수리시설을 확충하고 물을 퍼 올릴 수 있는 水車를 이용하자고 하였다. 저수지를 만들고 수로를 확보하며 수차를 보급하여 가뭄을 극복하자는 것이다. 물론 이러한 주장이 통상 논의되는 가뭄대책으로 여겨지기도 하지만, 항구적인 대책을 세워 농산물의 증산을 꾀해 보자는 것이 그의 주장이기도 하다. 호남 지방에는 潮水의 영향을 많이 받아 인공적인 저수지가 많이 필요하되, 그 밖에 산악이 많은 지방에서는 계곡의 물을 막아 이용하면 관개에 큰 어려움이 없다고 하였다. 그렇지 못한 곳에서는 관청이 주도하여 水泉을 찾아 농민들이 물 부족을 느끼지 않도록 해야 한다는 것이다.[50] 수차의 이용은 조선 초기부터 조정에서도 보급 여부를 놓고 논란이 많았으나 사실상 농촌에서 크게 활용되지 못하였다. 그러나 안정복은 이의 적극적인 활용을 주장하였다. 이와 같은 문제가 수령의 勤怠에 달려 있다는 것이 안정복의 생각이었다.

둘째로 목축을 장려하고 소득작물을 많이 심도록 하였다. 소·말·닭·

---

[50] 「시조」, 농상장.

개를 번식시키고, 밭두덕에 생강·토란·파·마늘·오이·가지·무우·배추 등을 많이 심으면 재화를 늘릴 뿐 아니라, 흉년을 구제할 수도 있다는 것이다. 그리고 길에도 백성들의 생활에 필요한 것이라면 어떤 나무라도 심게 하고, 과일나무를 심어 수확을 하여도 관청에서 관여하지 않고 백성들이 자유롭게 이용하게 하자고 하였다. 귤과 같이 기후의 영향을 많이 받는 식물을 심자고 한 것을 보면 농민들의 소득을 올릴 수만 있다면 어떤 것이든 재배해야 된다는 것이 그의 생각이었다고 하겠다. 여기에서 어쩌면 그도 농민의 상업적인 농업을 긍정적으로 보지 않았을까 짐작된다.

셋째로 개간을 많이 하여 농토를 넓혀야 한다고 하였다. 火田이 늘어나는 것을 산림이 황폐된다 하여 바람직하지 못하다고 본 그였지만, 개간을 하고 수리시설을 늘리는 것이 백성을 위해 가장 시급한 것으로 지적하였다. 따라서 수령은 관내를 돌아보아 가능한 곳을 조사하여 미루지 말고 제 때에 시행해야 한다는 뜻을 나타냈다.

이상과 같은 안정복의 주장이 단지 백성들의 기아를 면하게 하거나 조세의 증수를 위한 田結의 확대에 있다고만 볼 수는 없을 것이다. 우선 어려운 농촌경제의 활로를 찾아야 했겠지만, 궁극적으로는 농민의 소득을 증대하여 부를 축적하자는 것이 안정복의 기본적인 뜻이었다고 보여진다. 그의 제안이 결코 농민의 소득을 향상시킬 수 있는 근대적이고 획기적인 방안이라고는 보기 어렵다. 그러나 적어도 국가에서 생산증대의 기반을 확충하여 주고 관리의 수탈만 막는다면 농민 스스로 소득을 늘려 자립기반을 닦을 수 있다는 것이 안정복이 건 최소한의 기대가 아니었을까 한다.

한편 그가 지금까지 정부의 주도 아래 실시되어 오면서 오히려 농민들의 근심만 가중시킨 환곡제도를 폐지하고, 전국적인 실시 여부를 놓고 조선 초기부터 조정의 논란대상이 된 사창제를 확대 실시하자고 한 것[51]도 한편으로는 농민들의 경제적 어려움을 덜어 주고, 또 한편으로는 농촌의 자립기반을 조성해 주자는 목적에서 나온 것이라 할 수 있다.[52]

---

51) 『동사강목』 第6上, 丙戌, 成宗 5年, 秋7月, 按 참조.

3) 여론을 중시한 정치사상

안정복의 애민사상은 한편으로 민심을 중시하는 정치사상이 수반되어 있다. 그는 물을 잘 다스리는 자가 물의 흐름을 따라 유인하듯이, 백성을 잘 다스리는 자는 백성의 실정을 보아 따르는데, 만약 물의 흐름을 어긴다면 반드시 옆으로 흐르게 되고, 민정을 거스른다면 백성은 반드시 원망하게 된다고 하였다. 따라서 백성을 다스리는 자는 먼저 백성이 무엇을 싫어하는가를 관찰해야 하고, 또한 백성들에게 정이 통할 수 있는 일로 급선무를 삼아야 한다고 하였다.[53]

고을의 일을 추진할 때에도 公論을 청취하되, 특히 鄕廳에 의존하는 바가 컸다. 그렇지만 향청의 책임자인 座首가 공정한 사람이어야 한다는 전제를 두고 있다. 그 밖에 부역을 부과할 때 백성들의 便否를 물어 시행해야 한다거나,[54] 田稅의 기초자료를 백성들이 직접 제출케 하여 불만이 없도록 할 뿐 아니라 관리의 농간을 막고,[55] 오늘날의 여론함이나 투서함의 성격을 지닌 缿筒法의 시행을 권유한 것[56] 등을 들 수 있다. 완전하다고는 볼 수 없지만, 여론정치의 중요성을 인식한 안정복의 민본정치 사상을 들여다볼 수 있지 않을까 생각된다.

---

52) 안정복은 『임관정요』 부록에 사창에 관한 내용을 담은 「鄕社法」과 「朱子社倉事目」을 넣었다. 그렇다면 그가 사창제 실시를 강력하게 권장한 사실을 상기해 볼 때, 비록 「시조」에서 사창에 관한 논의는 하지 않았더라도 안정복의 사창제 권유와 「시조」의 내용은 함께 다루어져야 할 것이다.

53) 「시조」, 임민장.

54) 「시조」, 부역장.

55) 「시조」, 전정장.

56) '항통'이란 작은 병이나 혹은 竹筒을 단단하게 밀봉하여 밖에서 겨우 작은 종이가 들어갈 수 있도록 구멍을 뚫고 밖에서 꺼낼 수 없도록 만든 것이다. 각 面의 크기에 따라 1~2개, 혹은 2~3개를 里長을 통해 마을에 매달아 두었다가 1개월 뒤에 수거하여 열어 보게 되어 있었다(『임관정요』, 항통법).

6. 『임관정요』의 영향 - 『목민심서』를 중심으로 -

그러면 『임관정요』는 후대에 어떤 영향을 주었을까. 여기에서는 후대인들에게 비교적 많이 읽혀지고 있는 丁若鏞의 『牧民心書』를 중심으로 『임관정요』와 어떤 관계가 있는지 살펴보기로 한다. 그것은 두 저서가 저술된 시기는 다르지만 대체로 같은 목적으로 쓰여졌기 때문이다.

『목민심서』 역시 목민관을 위해 쓰여진 저술이라는 점은 잘 알려져 있다. 그런데 『임관정요』와 같은 성격을 지닌 저서이지만, 『목민심서』는 일반 독자나 많은 학자에게 큰 관심을 끌면서 비교적 소상하게 연구되고 더불어 좋은 평가를 받고 있다. 그러나 먼저 저술된 『임관정요』에 대해서는 많은 사람들에게 오히려 생소하게 느껴져 왔음을 부인할 수 없을 것이다.

그것은 여러 까닭이 있겠지만, 우선 『임관정요』가 『동사강목』의 그늘에 가려 관심을 끌지 못했다는 점을 들 수 있을 것이다. 사실 『동사강목』은 조선 후기의 대표적인 역사서로서 후인들의 큰 관심을 끌면서 연구대상이 되어 왔다. 그런 가운데 지금까지의 연구를 보면 『동사강목』 연구에만 몰두한 나머지 『임관정요』가 『동사강목』에 어떤 영향을 주고 있는지에 대해서는 별로 관심 밖의 일이 아니었나 하는 느낌도 받는다. 그러나 앞서 언급하였듯이 『동사강목』과 『임관정요』는 불가분의 관계를 지니고 있다.

다른 하나는 『목민심서』가 그 동안 정약용의 명성과 함께 목민정치에 대한 저서로서는 교과서처럼 인식되고 있다는 점이다. 정약용은 안정복보다 50년 뒤에 태어난 사람으로 관직에 발을 들여놓은 뒤 파란 많은 정치생활을 겪었고, 또한 조선 실학의 집대성자로 알려져 있어 많은 연구대상이 되어 왔다. 그렇지만 정약용이 『목민심서』를 저술하기 거의 80년이나 앞서 안정복이 『임관정요』의 초고를 저술하였다는 사실은 『목민심서』가 후세에 더 많이 읽혀지고 있다는 점을 인정한다 하더라도, 『임관정요』가 『목민심서』의 선구가 된다는 점을 간과해서는 안 될 것으로 생각된다.

무엇보다도 정약용이 『목민심서』를 저술하면서 『임관정요』를 참고하였

다는 사실을 들 수 있다.57) 정약용이 『목민심서』에 책 이름을 밝혀 인용한
『임관정요』의 장과 내용을 제시해 보면 다음 <표 1-2-4>와 같다.

<표 1-2-4> 『목민심서』에 인용된 『임관정요』의 내용

『목민심서』	『임관정요』	주요내용
①권 1, 赴任六條, 上官	풍속장	풍속에 따른 민정
②권 4, 吏典六條, 察物	항통법(부록)	항통법 사용은 좋은 법
③권 7, 戶典六條, 勸農	농상장	水車의 이용
④권 9, 刑典六條, 聽訟 下	사송장	暗葬의 방지
⑤권 12,工典六條, 道路	전정장	일정한 간격으로 나무를 심어 이 정표 겸 휴식처로 활용
⑥권 14,賑荒六條, 補力	진휼장	공공사업을 일으킴

　　위 <표 1-2-4>에서 볼 수 있듯이 정약용은 『임관정요』를 활용하면서
『목민심서』를 썼다. 물론 방대한 『목민심서』의 내용에 비하면 양적으로 비
교가 될 수 없다. 체계적으로 많은 내용을 다룬 『목민심서』와 목민서로서
는 비교적 초기적인 저술이라 할 수 있는 『임관정요』를 질적·양적으로 비
교하는 것은 무리라 하겠다. 이런 점에서 아마도 정약용은 『임관정요』의
내용이나 체계가 크게 빈약하다는 사실을 느끼지 않았을까 짐작된다. 그리
하여 정약용은 이를 체계적이고 새로운 내용을 보완하여 다시 써야 할 필
요성을 느꼈을 것이다.

　　이는 두 저서의 내용은 말할 것도 없고, 우선 체재에서도 드러난다. 정약
용은 『목민심서』를 12개 조로 나누어 이·호·예·병·형·공을 근간으로
하여 앞부분에 赴任·律己·奉公·愛民을, 뒷부분에 賑荒·解官을 두었
다. 『임관정요』의 「정어」와 「정적」에 해당되는 부분을 별도로 두지 않고
12개 조에 포함하여 다루었다. 두 저서의 체재가 얼핏 보기에 크게 다른
듯하지만 기본적으로는 유사하다고 볼 수 있다. 다만 정약용은 목민관의

---

57) 정약용이 『임관정요』를 활용한 것은 『목민심서』뿐만이 아니고 『欽欽新書』
　　에서도 찾아볼 수 있다(『欽欽新書』 권 1, 經史要義 3, 鬼哭誑 및 髡儒作
　　僧).

부임으로부터 解官에 이르는 체재를 세워『임관정요』「시조」의 내용을 분산시켰다고 할 수 있다. 아마도 정약용은 『經國大典』을 모방하려 한 것으로 보인다.

　대체로 「시조」의 ‘위정장’·‘지신장’·‘처사장’·‘풍속장’·‘임민장’·‘접물장’은 『목민심서』의 부임·율기·봉공·애민조에 흡수되고, ‘어리장’·‘용재장’·‘농상장’·‘호구장’·‘교화장’·‘군정장’·‘부역장’·‘전정장’·‘조적장’·‘형법장’·‘사송장’·‘거간장’·‘치도장’은 이·호·예·병·형·공 전에 적절히 분산시켜 정리되었으며, ‘진휼장’은 진황조에서 다루어졌다. 그러나 『목민심서』의 해관조는 『임관정요』에는 없다.

　다음으로 두 저서의 서문에 보이는 내용을 비교해 보면서 두 사람의 견해를 검토해 보기로 하자. 첫째로 두 사람 모두 목민관을 대상으로 한다는 점을 명시하고 있다. 다만 저술 시기로 볼 때, 안정복이 수령의 경험을 겪지 못하고 자신이 현재 겪고 있는 농촌 현실에서 『임관정요』를 저술하기 시작한 반면, 정약용은 일찍이 황해도 谷山府使(36세, 1797)를 역임한 뒤 1801년부터 18년 동안의 전라도 康津 유배중에 『목민심서』를 완성하였다. 따라서 안정복은 18세기 전반기 조선 후기 농촌의 농민 입장에서 자신의 견해를 밝혔다고 할 수 있고,58) 정약용은 암행어사와 곡산부사로서 얻은 경험, 그리고 강진 현지의 견문을 토대로 경험한 목민관의 입장에서 18세기 후반으로부터 19세기 초에 걸친 조선 농촌을 배경으로 서술하였다고 하겠다. 다시 말하면 안정복이 피통치자의 입장이었다면 정약용은 통치자인 수령의 입장에서 각각 목민관에 대한 자신들의 견해를 제시하였다고 보아 좋을 것 같다. 물론 안정복도 『임관정요』초고를 작성해 놓은 뒤 수년 간의 관직을 경험하고 서론을 붙였다. 그렇지만 「시조」는 『임관정요』초고를 쓸 때의 내용이 근간을 이루고 있다고 볼 때, 안정복 자신이 일개 서생의

---

58) 물론 안정복도 조부 안서우가 울산부사로 있는 동안 울산에서 생활을 하면서 목민관의 정치에 대한 견문이 있었을 것이나, 당시 그의 나이는 15세도 되지 않았을 때였다.

몸으로 역시 18세기 전반의 상황을 진술하였다고 보아야 할 것이다.

둘째로『임관정요』와『목민심서』의 저술 시기가 차이가 나고 두 사람의 입장이 서로 달랐다고는 하지만, 저술의 기본배경에 있어서 유사한 점을 찾아볼 수 있다. 두 사람은 모두 농촌 출신으로서 목민관을 지낸 조부나 부친을 따라 생활한 경험이 있다. 안정복은 그의 생애에서 볼 수 있듯이 충청도 제천에서 태어나 청소년 시절을 서울과 시골을 오가며 성장하였고, 정약용은 안정복이 여생을 마친 경기도 광주 덕곡에서 얼마 떨어지지 않은 廣州郡 草阜面 馬峴(현 양주군 와부면 능내리)에서 태어나 소년 시절에는 수령을 지낸 부친 丁載遠의 임지를 따라 생활하면서 교육을 받았다. 이른 바 삼정의 문란으로 농촌의 경제적 어려움이 가중되던 조선 후기에, 안정 복에게는 조부 안서우가 그리고 정약용에게는 부친 정재원이 목민관이었 다는 사실은 감수성이 예민한 두 소년에게 목민관의 善政 여하에 백성의 便否가 달려 있다는 사실을 어느 정도 깨닫게 하지 않았을까 한다.59) 그런 데『목민심서』의 서문에 보이듯이 정약용은 안정복이『임관정요』의 서문 을 통하여 나타낸 것보다 더욱 신랄하게 현실 비판을 가한 점을 찾아볼 수 있다. 이는 말할 것도 없이 19세기 초 백성들의 어려움이 18세기보다 더 참담하였음을 나타낸다고도 볼 수 있을 것이다. 그리하여 이미 암행어사와 목민관을 경험한 정약용에게 직접 대민업무를 맡는 목민관의 직분에 대한 개선의 필요성이 더욱 절실하였던 결과가 아니었을까 여겨진다. 이 점에 있어 안정복이 주로 피해자인 농민의 참담한 생활상을 소개하고 농민의 입 장을 크게 부각시키면서 목민관의 민정에 대한 개선점을 제시하려 한 것과 대조를 이룬다 하겠다. 어떻든 두 사람 모두 농촌에 묻혀 농촌의 현실을

---

59)『목민심서』, 自序에 정약용은 "……나의 선친이 聖朝에 두 縣에서 監을, 한 郡에서 守를, 한 府에서 護를, 한 州에서 牧을 맡아 실적을 이루었으니, 비 록 鏞이 불초하나 따라다니면서 배우고 다소 견문하기도 하고 깨달은 바 있 어 물러 나와 이를 시험하니 다소 증험도 있었다……"(『목민심서』, 自序)라 하였듯이, 목민관을 지낸 부친 정재원을 따라다니면서 견문하고 깨달은 바 있었다고 서술하였다.

경험하면서 각각 『임관정요』와 『목민심서』를 저술하였던 것이다.

셋째로 안정복과 정약용은 모두 옛 성현의 가르침과 성군의 치적을 본보기로 쓴다는 점을 밝히고 있다. 더불어 이들이 본보기로 삼은 기존 문헌도 유사하다. 이들은 다음과 같은 문헌을『임관정요』와 『목민심서』의 서문에서 인용하고 있다.

> 『임관정요』: 『政經(眞德秀)』, 『心經』, 『治縣譜(傅琰)』
> 『목민심서』: 『理縣譜(傅琰)』, 『法範(劉彝)』, 『獨斷(王素)』, 『戒民集(張詠)』, 『政經(眞德秀)』, 『緖言(胡大初)』, 『宦澤篇(鄭漢奉)』, 『周易』

위의 참고문헌에서 볼 수 있듯이, 두 사람은 공히 중국 宋人 眞德秀의 『政經』과 南齊人 傅琰의 『治縣譜』를 들고 있다.60) 정약용이 그 밖에 많은 문헌을 제시하고 있으나 자서에서 밝히고 있듯이 『周易』을 제외하고는 모두 전해지지 않는 책이라고 한 사실로 보아 그 자신도 보지 못한 책들이라고 하겠다. 따라서 두 사람으로 하여금 저술을 하는 데 영향을 준 공통적인 문헌은 역시 진덕수의 『정경』과 부염의 『치현보』라 하여 좋을 것 같다.

넷째로 『임관정요』와 『목민심서』의 쓰임에 대한 두 사람의 생각이 유사하다는 점을 들 수 있다. 『임관정요』 자서에서 볼 수 있는 것처럼, 안정복은 부염이 『치현보』를 저술한 뒤 자손들에게만 대대로 전하여 뛰어난 관리가 되게 하였다는 점을 어리석고 고루하다고 비판하고, 비록 자신이 실행하지 못하더라도 다른 사람이 배워 정치에 활용한다면 자신이 한 것과 같다는 의견을 나타냈다. 그런가 하면, 정약용은 『목민심서』의 자서를 통하여 목민관이 수행해야 할 직분이 중요함을 말하면서도 자신이 관직을 떠나 유배중에 있는 것을 의식해서인지는 모르겠으나, 『목민심서』의 쓰임에 대

---

60) 안정복은 『治縣譜』라 하고 정약용은 『理縣譜』라 했으나 모두 傅琰이 쓴 다른 이름의 책으로 생각된다.

해 자서의 말미에 '이 책은 실로 나의 德을 쌓기 위함이지 어찌 꼭 牧民을 위함이겠는가'라고 완곡하게 표현하였다. 한 마디로 '修己治人'의 정신에서 썼다는 의미로 해석되는데, 이와 같은 정신은『임관정요』서문에서도 찾아볼 수 있다. 어떻든 비록 표현의 차이는 있지만 안정복과 정약용은 이미 목민관이 된 자나 될 자가『임관정요』와『목민심서』를 읽어 시행해 볼 것을 권하고 있음을 암시하고 있다.

이상과 같이『임관정요』와『목민심서』의 서문에서 안정복과 정약용의 견해는 여러 부문에 걸쳐 유사한 점을 보이고 있다. 저술 시기의 시차가 있고, 두 사람이 살았던 사회적 배경이 다르다 할지라도, 이들이 각각 당시 목민관의 지방통치에 대해 공통된 비판의식을 지니고 있었음은 틀림없다 할 것이다.

사실 정약용은 일찍이 안정복을 잘 알고 있었고, 또한『임관정요』에 대해 관심을 가졌을 것으로 보인다. 우선 정약용의 부친 정재원과 안정복이 상당한 친분관계가 있었고, 두 사람의 근거지가 모두 경기도 광주군으로서 그리 멀지 않은 거리에서 서신 왕래가 있었으며,[61] 또한 정약용의 형제들은 안정복을 가까이하였다.[62] 따라서 정약용은 부친 정재원이나 형제들을 통하여 안정복의 학문이나 사상에 대해 알고 있지 않았을까 판단된다. 그리고 정약용의 나이 16세(1777)에 성호 이익의 유고를 접하였다는 사실에서도 정약용이 성호의 대표적 문인이었던 안정복의 행적과 학문을 잘 이해하고 있었을 것이라는 점을 짐작할 수 있다. 정약용이 20대의 청년 시절이던 1780년대는 성호문인 가운데 원로였던 尹東奎나 李秉休가 이미 타계하고 안정복이 성호학파를 실질적으로 이끌고 있던 때였다.[63] 그리고 정약용이 강진 유배중에 쓴『我邦疆域考』를 보면 안정복의 저서『동사강목』을

---

61)『순암집』7, 書, 答丁器伯(載遠)別紙, 戊申(1788).

62)『안정복총서』41, 1776년 10월 일기 참조. 이 일기에는 정약용의 형 丁若銓이 안정복을 방문한 기록이 나타난다.

63) 그 후 34세(정조 19년, 1795)에 정약용은 성호의 遺稿를 정리한 바 있다.

적지 않게 활용하였다는 것을 찾아볼 수 있다.[64] 이상과 같은 여러 정황으로 보아 정약용의『목민심서』저술은 어느 정도『임관정요』의 영향을 받았다고 보아 좋을 것이다.

그렇다면 유형원이나 이익의 개혁사상으로부터 영향을 받아 완성된『임관정요』는 다시 정약용에게 직·간접적으로 영향을 주면서 좀더 혁신적인 내용이 담긴『목민심서』를 낳게 하였다고 할 수 있을 것이다.

7. 맺음말

지금까지『임관정요』의 저술 배경과 동기,『하학지남』·『동사강목』과의 연계성, 체재와 주요내용,『임관정요』를 통해 나타난 안정복의 개혁사상, 그리고『임관정요』의 영향을 살펴보았다. 이제『임관정요』저술의 의의를 생각해 보면서 맺음말로 갈음하고자 한다.

안정복의『임관정요』저술은 어떤 역사적 의의를 지닐까. 우선『임관정요』는 안정복이 몸소 터득한 실천적 사상과, 그리고 유형원·이익·안정복으로 이어지는 개혁사상의 산물이라고 할 수 있다. 즉『임관정요』의 완성은 유형원의 현실개혁사상이 직접적으로는『반계수록』을 통하여, 간접적으로는 유형원의 학문과 사상을 사숙한 이익을 통하여 안정복에게 전수됨으로써 이루어지게 되었다는 점이다. 물론 안정복이『임관정요』를 초고할 때에는 유형원이나 이익을 잘 모른 상태였다. 그 후 1757년 서문을 붙여 완성할 때까지 안정복은 두 사람의 저서를 읽고 초고의 내용을 수정·보완하였던 것이다. 이렇게 이루어진『임관정요』는 다시『동사강목』사론에 활용됨으로써 결국 유형원·이익·안정복의 개혁사상이『임관정요』를 통하여『동사강목』에 이르게 되었다고 말할 수 있다.

---

64) 구체적인 것은 강세구,「순암 안정복의『동사강목』지리고에 관한 일고찰」,
  『역사학보』112, 69쪽, 주 44) 참조.

『임관정요』는 다시 정약용이『목민심서』를 저술함으로써 목민정치에 대한 체계적인 정리가 이루어지는 데 선구적 역할을 하였다는 점을 간과할 수 없을 것 같다. 목민정치의 개선에 대한 필요성이 당시에 그치는 현안이 아닐 정도로 종래 많은 사람이 우려를 나타낸 문제이지만, 이를 안정복이 전문적인 식견을 가지고 종래의 고질적인 병폐와 함께 개선안을 문안으로 제시하여 어느 정도 체계화시킴으로써 정약용이『목민심서』를 저술하는 데 중요한 길잡이가 되었을 것이라는 점이다. 앞서 보았듯이 정약용은『임관정요』의 체재나 내용에 만족하지 않았기 때문에 많은 참고문헌을 수집·분석하고 재정리하여 새롭고 방대한 목민 지침서로서『목민심서』를 만들었다고 할 수 있다. 따라서 정약용은 청년 시절의 안정복이 미처 참고하지 못한 많은 문헌을 동원함으로써, 비록 개인적인 저술이라 하더라도 官撰인『경국대전』의 체재를 답습하여 다양한 내용을 담아 저술할 수 있게 되었던 것이다.

어떻든 목민 지침서로서 초기적 저술에 속하는『임관정요』와 이를 바탕으로 거의 완전한 체재와 내용을 갖춘『목민심서』는 18~19세기에 걸쳐 농촌 개혁과 부흥을 추구하는 실학자의 목민의식을 대변한 대표적인 저술이라 할 것이다.

목민관이 민정을 잘 하느냐 못 하느냐에 따라 백성들의 便苦가 달려 있다고 판단하여 쓰여진『임관정요』와『목민심서』는 당대의 어려움만을 치료하기 위해 나온 문헌이라기보다는 후대에도 적지 않게 영향을 줄 만한 가치를 지니고 있다 하겠다. 안정복과 정약용은 조선 후기에 개혁이 요구되는 지속적인 상황을 배경으로 목민의 방향을 제시하였던 것이다. 만약 목민관이 후대 지방자치 단체의 장과 유사한 존재라고 볼 수만 있다면, 시대적 배경이 전혀 다른 오늘에 있어서도 이들 문헌을 다시 한 번 음미해 볼 가치가 있을 것이다. 여기에서『임관정요』저술의 현대적 의의를 찾아 볼 수 있지 않을까 한다.

제2편 성호문인으로서 학문과 사상의 정착

　본 편에서는 청년 시절 독학을 통하여 스스로 터득한 안정복의 학문과 사상이 그 후 어떤 과정을 거쳐 어떻게 정착되었는가를 알아보는 데 주안점을 두었다. 대체로 30대 초반에서 50대 초반에 이르는 시기라 하겠다. 즉 33세(1744)에 유형원의 저서를 접한 때로부터 49세(1759) 전후『동사강목』초고가 이루어지고, 1763년 이익이 타계한 시기까지를 말한다. 이 기간의 주요 행적과 저술을 다음과 같이 간략하게 소개한다.

- ·33세(1744) : 서울에서 유형원의 저술을 처음으로 접함
- ·35세(1746) : 安山 星村의 성호 이익을 처음 방문함
- ·38세(1749)~43세(1754) : 관직생활을 함(萬寧殿參奉 → 從仕郎 → 義盈庫 奉事 → 靖陵直長 → 厚暑別提 → 司憲府監察 역임)
- ·42세(1753) : 尹東奎와 함께『李子粹語』편찬에 참여하여 완성함
- ·42세(1753) :『廣州府志』를 편찬함
- ·45세(1756) :『동사강목』편찬에 착수함
- ·46세(1757) :『임관정요』에 서문을 붙여 완성함
- ·48세(1759) :『동사강목』초고를 끝냄(「順菴先生年譜」에 따름)
- ·51세(1762) :『星湖僿說類選』을 편찬함

안정복이 33세에 유형원의 저술을 접하고, 이어 2년 뒤 이익을 처음 방문한 것을 계기로 성호문인이 되었다는 사실은 그가 실학자로 성장하여 학문적으로 대성할 수 있는 대전기를 마련해 주었다는 점에서 주목되는 부분이다. 즉 안정복의 학문이 정착할 수 있는 발판이 되었다는 점이다. 잘 알려져 있는 것처럼, 『동사강목』이 이익의 지원 아래 이루어질 수 있었고 그 안에 실학사상이 크게 제시되어 나타날 수 있었던 것도 유형원이나 이익과 같은 대실학자의 학문적·사상적 영향이 컸음을 부인할 수 없을 것이다. 더불어 안정복이 성호문인이 된 후 성호학파에 속한 다른 학자들과의 교류 또한 그가 학문적으로 성장하는 데에 크게 기여하였음은 말할 것도 없다.

이에 본 장에서는 먼저 안정복이 유형원의 저술을 어떻게 접하여 그의 학문과 사상을 수용하였던가, 그리고 이익과의 첫 만남으로부터 성호 문하생이 되어 이루어지는 이익과의 학문적 교류과정과 그 내용 등을 살펴보기로 한다. 다음으로 안정복이 어떤 인물들과 교류하였고, 교류의 성격과 특징을 생각해 본다. 끝으로 안정복이 성호문인이 된 이후 학문적으로 성숙된 단계에서 저술된 『동사강목』의 사론을 분석해 볼까 한다. 구체적 내용보다는 사론의 개략적인 구성 분포를 분석해 본 다음, 그의 역사학과 현실개혁 의식에 관한 견해에 주목하고자 한다. 사론을 대상으로 하여 검토해 보는 것은 『동사강목』의 사론에 그의 역사학과 현실의식이 가장 폭넓고 정밀하게 깃들여 있다고 생각되기 때문이다.[1]

---

1) 안정복이 『동사강목』 사론에 제시한 현실의식에 관한 분석은 졸저, 『동사강목 연구』, 제5장 참조.

제1장 유형원·이익의 학문과 사상 전수

1. 머리말

　지금까지 많은 학자들에 의하여 연구된 안정복의 학문과 사상을 검토해 보면 성호 이익의 영향을 가장 많이 받은 것으로 되어 있다고 해도 좋을 것이다. 아마도 그것은 안정복이 이익의 직접 제자로서 이익의 학문과 사상을 전수받았다는 사실 때문이라고 생각된다. 사실 안정복이 35세(1746)에 이익을 만난 이후 1763년 이익이 타계할 때까지 17년 동안 이루어진 안정복의 여러 저술을 보면 이익의 간여와 지도가 적지 않았다.『李子粹語』를 비롯하여『동사강목』의 편찬, 그리고『星湖僿說類選』의 편집을 대표적으로 들 수 있다. 이익을 만나기 이전에 저술된『임관정요』도 이익의 저술을 통해 보완되고 이익의 타계 이후에 저술된 것 가운데에도 이익의 학문이나 사상이 적지 않게 작용되었다는 점으로 볼 때, 이익의 안정복에 대한 학문적·사상적 영향은 실로 크다 할 것이다.

　그러나 안정복의 학문과 사상이 유형원의 영향이 컸다는 사실 또한 간과할 수 없다. 안정복이 이익을 만나기 이전에 그 동안 염원하던 유형원의 저서를 접하여 매우 흡족해하고, 안정복의 저술 여러 부문에 걸쳐 유형원의 글을 인용하고 있는 점은 이를 잘 증명해 준다 할 것이다. 안정복에게 영향을 준 순서로 보면 유형원이 이익보다 먼저였다고 할 수 있다. 그렇게 볼 때, 안정복이 청년 시절에 닦은 독자적인 학문과 사상은 먼저 유형원의 영향을 입은 다음, 이어 이익의 문하에 들어가 새롭게 다져졌다고 보아야 될 것이다. 다시 말하면 안정복의 학문과 사상은 유형원의 저서를 접하고, 다시 이익의 학문에 이어지면서 전환기를 맞게 되었다고 할 수 있다.『동사강목』은 안정복이 이들의 학문을 접한 이후 이루어진 결정체라고 보아 좋을 것이다.

필자는 下學 공부로 닦여진 안정복의 학문과 사상이 유형원과 이익의 그것과 접하여 어떻게 변모해 가면서 정착되고 있었던가, 그리고『동사강목』편찬에 어떻게 작용되어 나타났는가에 관심을 두고자 한다. 이에 본고에서는 먼저 유형원의 학문이 어떤 과정을 통하여 안정복에게 영향을 주게 되었는가에 대해 고찰해 본 다음, 이익과의 처음 접촉과정, 그리고 이어 두 사람 사이에 이루어지는 학문적 교류를 밝혀 보겠다. 더불어『동사강목』에 이들의 학문과 사상이 어떻게 용해되어 갔는가에 대해서도 유념할 것이다. 이로써 유형원과 이익의 학문이 안정복에게 어떻게 전수되었는가에 대한 궁금증을 어느 정도 풀어 줄 수 있지 않을까 기대해 본다.[1]

2. 유형원의 학문 접촉과 수용

1) 유발과의 만남과 유형원의 저술 열람

안정복이 유형원의 인물과 행적에 대해 어렴풋이나마 안 것은 15세 이후 10년 동안 전라도 무주에서 살던 때였다. 즉

---

1) 본 장은 강세구, 「유형원·이익과 안정복의 학문적 전승관계」,『실학사상연구』5·6 합집, 1995에 실린 것이다.

　　鼎福이 어려서 湖南에 살 때, 웃어른들로부터 柳磻溪 先生이 大德君
子라는 것을 익히 들었다. 그런데 그 때에는 아는 게 없어 자세한 것을
得할 수가 없었다. 이미 장성하여 생각해 보니 매양 아주 부끄럽고 한스
러웠다.(「磻溪年譜」跋)

라고 회고하였듯이, 어렸을 때 안정복은 어른들로부터 유형원이 덕이 많은
군자라는 정도의 이야기를 들었으나 구체적인 내용은 알지 못하였던 것 같
다. 당시 안정복은 무주에서 조부 안서우와 부모를 모시고 살고 있었을 때
이므로 아마도 조부나 부모 혹은 집안을 출입하던 어른들로부터 유형원의
학문과 사상에 대한 이야기를 들었을 것으로 추측된다. 안서우는 일찍이
유형원의 저서를 접한 사실이 있었는데,[2] 그의 학문 또한 매우 현실적이었
다. 그는 목민관으로 있었을 때에 조정에 시폐소를 올리는 등 개혁적인 행
정을 펴기도 하였다.[3] 따라서 그의 집안에서는 유형원의 실학적 학문에 대
해 잘 알고 있었던 것으로 짐작된다. 요컨대 어릴 적부터 안정복은 어른들
의 입에 오르내리는 유형원의 학문이 귀에 익었으나 잘 이해할 수 없었을
것으로 여겨지고, 청년이 된 뒤에는 유형원의 학문을 접하고 싶어도 문헌
을 입수할 수가 없었다고 하겠다. 특히 무주에 살고 있었던 동안은 유형원
의 후손이 살고 있던 서울과의 거리가 멀어 유형원의 遺稿를 접하기가 더
욱 어려웠을 것으로 생각된다.

　　안정복이 유형원의 저서를 접한 것은 그가 무주에서 경기도 광주로 이
사온 지 8년째 되는 33살(1744) 때였다. 이 해 정월 광주에서 서울로 나들
이할 기회가 있었는데, 마침 당시 남대문 밖 桃楮洞에 살고 있던 유형원의
증손 柳發(1683~1775)이 둘째 아들(柳光渭) 상을 당하게 되었다. 이 달 8

---

2) 안서우가 유형원의 저서를 접했을 것으로 생각되는 근거는 『안정복총서』25
　　권, 復藁, 送趙台明晦而歸東海洞序에 나타난다. 즉 '……惟東海洞獨漏焉
　　亦不載於東國輿地志'라고 기록된 안서우의 글에서 알 수 있다. 『東國輿地
　　志』는 유형원이 쓴 지리지이다.
3) 同上, 時弊疏.

일 안정복은 조문차 유발의 집을 방문하였다. 그러나 이 날은 상중에 있었기 때문에 유형원의 저서를 볼 수 없었다.[4] 이 첫 방문을 계기로 이후 안정복은 유발을 자주 만나게 되었고 편지 교환을 하면서 가까이하였다. 안정복이 이미 노년기에 들어선 유발과 친교를 맺을 수 있었던 것도 안정복의 집안과 유발의 집안이 선대로부터 가까웠기 때문으로 보인다. 유발은 廣州郡內의 葛山 마을 외가에서 태어났던 것이다.[5]

안정복이 유형원의 저서를 접할 기회를 갖게 된 것은 같은 해 어느 날이었다. 유발의 집을 방문한 안정복은『반계수록』을 비롯하여 유형원의 유고를 보게 되었다.[6] 유형원의 학문을 흠모하고 있던 안정복의 생각을 잘 알고 있는 유발은 안정복에게『반계수록』을 빌려주었고, 안정복은 이 책을 가지고 돌아와 읽어보기 시작하였다.[7] 이리하여 말로만 듣던 유형원의『반계수록』을 처음 접하면서 안정복은 유형원의 학문과 사상을 받아들일 수 있는 계기를 얻게 되었고, 그 후에도 유발과 교류하면서 유형원의 다른 저서도 열람하였다.[8]

2) 유형원의 저술 독서와 초록

우선『반계수록』을 읽은 안정복은,

---

4) 安鼎福,『日省錄』, 甲子年, 正月, 初八日.

5)『순암집』25, 行狀, 崇祿大夫行知中樞府事秀村柳公行狀, 丙申(1776).

6) 안정복이 유발로부터『반계수록』을 비롯하여 기타 유형원의 유고를 어느 달 어느 날에 빌려 왔는지는 확실히 알 수 없다. 아마도 유발을 조문하고 같은 해 얼마간의 기간이 지난 후가 아니었을까 생각된다.

7)「磻溪隨錄跋」.
……甲子歲 謁秀村公於京師之桃楮洞 公卽先生之曾孫也 爲鼎福 道先生事甚悉 至借以先生所著隨錄 歸來讀之……

8) 同上.
……後數從公遊 得覯遺集及諸書……

　　……실로 天理를 運用함에 있어 萬世에 太平을 열어 준 책이다.(「磻溪年譜」跋)

라 회고하였고, 이어 그 밖의 저서를 읽은 소감을,

　　……그 學問의 精密함과 志量의 遠大함이 후세 말하기 좋아하는 선비로써는 미칠 수 없을 것이다.……아, 지금 선생의 저서를 좋아하는 자로 하여금 한갓 눈앞에서 익히는 것으로만 삼지 않고 반드시 몸소 행하여 마음으로 깊이 깨달아 간직하고(躬行心得), 일을 조처함에 즈음하여 오직 실제의 효험을 도모하였으니(實效是圖), 선생은 비록 돌아가셨어도 선생의 道는 행해질 것이다. 이 어찌 다른 말을 할 수 있으리오. 鼎福의 태어남이 늦어서 비록 채찍을 잡고 선생을 모시고자 하는 바램은 있으나 할 수가 없구나.……(同上)

라 하였다. 유형원의 학문이 정밀할 뿐 아니라 뜻과 헤아림이 遠大하였다는 사실을 이해하고, 또한 몸소 실천하여 마음에 굳게 다지고 실제적인 효험을 도모한 유형원의 저서 내용에 적지 않게 탄복하였음을 나타내 준다. 비록 32년이 지난 뒤, 과거를 회상하여 쓴 글이기는 하지만 안정복이 유형원의 저서를 접하고 얼마만큼 감명을 받았는가를 가히 짐작할 수 있다. 일찍부터 유형원의 실학적 학문을 익히 들어온 터에 그 동안 열람을 염원하다가 실제 그의 저서를 접한 안정복의 심정을 헤아릴 수 있을 것 같다. 어쩌면 하학에 학문적 바탕을 둔 안정복이기에 유형원의 躬行과 實效를 중요시한 실학정신에서 일종의 일치감마저 느끼게 되었는지 모르겠다. 위 사료에도 나타나 있듯이 안정복은 자신이 늦게 태어나 유형원으로부터 직접 가르침을 받지 못한 것을 한스럽게 생각할 정도로 유형원의 저서에 매료되었던 것 같다.

　안정복은 유형원의 저서를 분석하고 필요한 것은 抄錄을 하여 두었다. 그가 유형원의 저서를 처음 열람했을 때는 모두 간행되지 못한 상태에 있

었기 때문에 필사 혹은 초록해 써야 했을 것이다.[9] 특히 그가 관심을 둔
것은『반계수록』과『東國輿地志』였다. 그리고 그는 유형원의 저술 가운데
「東史綱目凡例」,「東史怪說辨」, 서간문인 「與朴進士自振論東國地志」
등을『東史例』라는 이름으로 초록하였다. 이들 저서는 모두 뒷날『동사강
목』편찬의 귀중한 참고자료가 되었다.

3) 유형원의 저술 활용

유형원의 저서를 읽고 안정복이 먼저 활용한 곳은 아마도『임관정요』의
보완이 아니었을까 생각된다.『임관정요』의 초고는 안정복이『반계수록』
을 접하기 6년 전에 쓰여졌다.『임관정요』를 분석해 보면 유형원의 글과
이름을 밝혀 인용한 예도 찾아볼 수 있으나,[10] 그 밖의 내용에서도 유형원
이『반계수록』을 통해 주장한 견해가 적지 않게 나타난다. 이를테면 頃畝
法을 써서 田地를 정하자고 하였다던가,[11] 民數를 두루 헤아려 일의 均一
을 이루고 治道를 일으켜야 한다는 견해,[12] 환곡제도를 폐지하고 常平倉
의 기능을 잘 활용하는 동시에 社倉을 실시하자는 견해,[13] 유실수와 뽕나
무 심기를 장려하자는 견해[14] 등을 들 수 있다. 물론 안정복이『임관정요』
에 나타낸 견해가 우연히 유형원의 견해와 일치한 경우도 없지 않았을 것
이다. 그러나 안정복이 유발로부터『반계수록』을 빌려 탐독하였던 것으로
미루어, 유형원의 견해는『임관정요』초고를 보완하는 데 크게 활용되었다
고 보아 좋을 것이다. 즉 1757년 안정복이 서문을 붙여 세상에 내놓은『임

---

9)『반계수록』은 영조 46년(1770) 어명으로 경상도 감영에서 印本하여 五史庫
   와 弘文館에 보관토록 하였다(「磻溪年譜」).
10)『임관정요』, 時措, 農桑章 참조.
11)『임관정요』, 田政章 ;『磻溪隨錄』卷1, 田制 上, 古頃畝式 참조.
12)『임관정요』, 戶口章 ;『磻溪隨錄』卷3, 田制後錄, 大明律戶口籍條 참조.
13)『임관정요』, 조적장 ;『磻溪隨錄』卷3, 田制後錄 上 ; 同 卷7, 田制後錄攷
   說 上 참조.
14)『임관정요』, 農桑章 ;『반계수록』卷3, 田制後錄 上 참조.

관정요』는『반계수록』과 뒤에 접한 이익의『星湖僿說』을 참고하여 보완 과정을 거친 것이라 하겠다.

다음으로『동사강목』사론에도『반계수록』이 크게 활용되었다. 약간의 예만 들어본다면 앞서 제시된 환곡제도를 폐지하고 사창제도를 확대 시행하자는 견해[15] 외에도 奴婢賤籍을 혁파하자는 견해라던가,[16] 水軍을 강화하고,[17] 兵車를 보급하자는 견해[18] 등을 들 수 있다. 이처럼 현실개혁에 관한 의견을 많이 담고 있는『동사강목』按說에는 유형원이『반계수록』에 제시한 견해가 직·간접적으로 작용되었다.[19]

『반계수록』다음으로 안정복에게 큰 영향을 준 것은『東史例』이다.『동사례』는 우리나라 역사서술에 관한 유형원의 저술 가운데서 안정복이 필요하다고 생각되는 부분을 모아 초록한 것이다.[20] 그 가운데「東史綱目凡例」는 안정복이『동사강목』편찬 계획을 세우는 데 중요한 길잡이가 되었다.『동사강목』범례에 있는 내용과 유사한 것을 간추려 정리해 보면 다음과 같다.

---

15)『동사강목』第6上, 丙戌, 成宗 5年, 秋7月, 按.

16)『동사강목』第6上, 丙辰, 光宗 7年, 按 ;『반계수록』卷26, 續篇 下, 奴隷 참조.

17)『동사강목』第7下, 辛未, 宣宗 8年, 春正月, 按 ;『반계수록』卷21, 兵制, 水軍 참조.

18)『동사강목』第7下, 辛未, 宣宗 8年, 春正月, 按 ;『반계수록』卷22, 兵制後錄, 兵車 참조.

19)『동사강목』안설을 통해 제시된 안정복의 현실의식과 개혁에 관한 견해는 졸저,『동사강목 연구』, 제5장에 언급되어 있다.

20)「磻溪年譜」에는「東國史綱目條例」라 기록되었고,『東史例』에는「東史綱目凡例」로 기록되어 있다.「磻溪年譜」는 유발이 초고해 놓은 것을 안정복이 潤修한 것이고,『東史例』또한 안정복이 유형원의 유고에서 필사한 것이기 때문에 어느 것이 원래 유형원이 붙인 이름인지 알 수 없다. 표현상 약간 차이는 있지만 의미상 다를 바 없기 때문에 필자는「東史綱目凡例」로 쓰되,「東國史綱目條例」와 같은 것으로 본다.

① 凡例는 朱子『綱目』에 의거한다.
② 檀君 以後 三國 以前을 별도로 한 編을 둘 수 있다.
③ 東史이기 때문에 春秋例에 따라 本國紀年을 사용한다.
④ 우리나라 역사서에 義例가 없음을 우려하여『綱目』을 본받아 책을 쓰려 한
  다.
⑤ 기타 正統 여부에 따라 名號를 어떻게 쓸 것인가에 대한 문제 등.

유형원의 「동사강목범례」는 내용 면에 있어 매우 소략하기 때문에 안정
복의『동사강목』범례와 비교하기는 곤란하다. 그렇지만 몇 가지 점에 있
어 안정복이『동사강목』을 편찬하는 데 결정적인 방향을 제시해 주었다.
첫째로 '東史綱目'이라는 書名을 제공해 주었을 것이라는 점이다. 그는 우
리나라 역사를『資治通鑑綱目』에 의거하여 쓴다는 사실을 들어『동사강
목』이라는 이름을 붙인다고 하였다.21) 그렇지만 안정복이『동사강목』을
편찬하기 훨씬 전에 유형원의 「동사강목범례」를 보았고, 이를『동사강목』
범례에 크게 활용하였다는 점을 감안해 볼 때 두 사람이 우연하게도 '동사
강목'이라는 이름을 생각했다고 보기에는 좀 어색하게 느껴진다. 「동사강
목범례」에서 빌린 것으로 보는 편이 합당하지 않을까 여겨진다.

둘째로 유형원이 철저하게『자치통감강목』義例에 의거하여 우리나라
역사서를 편찬하려 했다는 점이다.22) 이는『동사강목』편찬의 기본방침으
로서 自序나 凡例에서 안정복이 가장 강조한 부분이기도 하다. 실제로 안
정복의『동사강목』범례는 종래 어느 역사서보다 가장 철저하게『자치통
감강목』의례에 충실하였던 것이다.

셋째로 編年이 불가능한 단군 이후 삼국 이전의 역사를 달리 한 편을
두어 서술할 수 있다는 것이 유형원의 생각이었지만, 안정복은 가능한 편
년을 기록하여 조선·마한 편을 엮어『동사강목』첫 편에 넣었던 것이

---

21)『순암집』10, 書, 東史問答, 上星湖先生書, 甲戌(1754).
22) 「磻溪年譜」, 6年, 乙巳, 註.
  ……每欲略效朱子綱目 編成一書……

다.23) 그리고 유형원이 중국기년을 쓰지 않고 우리나라 기년을 쓴다고 한 사실과 안정복이 본국사 중심으로 『동사강목』을 편찬하여 본국기년을 쓴다고 한 사실도 두 사람의 의견이 일치하였다고 보여지는 매우 주목되는 부분이다.

끝으로 두 사람 모두 정통 여부에 따른 역사서술을 중시하였다는 점이다. 그러나 이를테면 중국 왕조의 정통 여부에 따라 명호를 달리 쓰려 한 점에 있어서 두 사람의 의견은 일치하지만, 유형원이 본국 왕조의 정통문제를 어떻게 다루려 하였는지는 확실하게 제시하지 않았기 때문에 분명하게 말하기는 곤란하다. 아마도 안정복의 한국사 체계에 나타나는 정통론은 비교적 소략한 「동사강목범례」의 내용으로 볼 때, 유형원으로부터 구체적으로 영향받은 것 같지는 않다. 그렇지만 부분적인 것을 제외하고는 대체로 유형원의 「동사강목범례」와 안정복의 『동사강목』 범례는 기본구도에 있어 매우 유사한 점을 보이고 있었던 것이다.

어떻든 유형원은 『동사강목』 저술의 필요성과 기본방향만 제시해 놓고 착수도 못했다. 다만 자신은 이미 나이가 많고 병고로 저술에 착수할 겨를이 없다고 하면서,

　　……뒤에 君子가 홀연히 나타나 혹 이루어 준다면 또한 아주 다행한 일이겠다.(유형원, 「동사강목범례」)

라 하였듯이, 뒷날 누가 이루어 준다면 그것으로 만족하겠다는 기대만 남기고 「동사강목범례」를 끝맺었다. 안정복의 저서 어디에도 유형원의 뜻을 따라 『동사강목』을 편찬한다는 글귀는 찾아볼 수 없다. 그러나 안정복 자신도 당시 『자치통감강목』의 독서에 심취된 상태에서 유형원의 이 글을 읽고 앞으로 『동사강목』을 편찬하겠다는 강한 의욕을 얻지 않았을까 한다.

---

23) 이 문제는 뒤에 안정복과 이익의 논의대상이 되었으나 결국 본편에 넣어 편찬키로 하였다(『星湖集』 25, 書, 答安百順問目 참조).

더욱이 앞서 본 바와 같이, 「동사강목범례」와 『동사강목』 범례의 기본방향이 유사하다는 점은 이를 더욱 뒷받침해 준다 할 것이다.

「東史怪說辨」 또한 안정복의 설화변증에 크게 활용되었다. 『동사강목』 부록에 있는 「怪說辨證」은 각종 설화변증에 관한 내용으로 엮어졌는데 「동사괴설변」의 내용이 크게 활용되었다.24) 특히 안정복은 삼국 시조설화를 비롯하여 『삼국사기』에 나타나는 각종 설화의 허황성을 비판하면서,

> ……이제 이 글에서는 柳氏(유형원 : 필자 주)의 설을 따라 모두 삭제하고 별도로 「考異」를 써서 東人의 괴이함을 좋아하는 습속을 밝힌다. (『동사강목』 第1上, 甲子, 馬韓, 夏4월, 按)

라 하였다. 즉 유형원이 「동사괴설변」에서 제시한 견해에 따라 시조설화의 허황함을 「考異」에 밝혀 둔다고 하였다. 「고이」는 여러 역사 사실 가운데 역사서에 따라 주장하는 설이 다른 것을 선택하여 다시 고증하기 위해 안정복이 『동사강목』 부록에 별도로 편제한 것이다. 「괴설변증」은 「고이」에 해당되는 것 가운데 설화에 관한 것을 다시 별도로 고증한 것으로서, 篇을 달리하였지만 본시 「고이」에 포함된다고 볼 수 있다. 이처럼 설화고증도 유형원의 영향을 크게 받았던 것이다. 그 밖에 『東國輿地志』는 안정복이 지리고증을 하는 데 크게 참고되었다.25)

유형원의 저서 가운데 안정복에게 영향을 준 것은 이상에서 간략하게

---

24) 두 사람의 고증내용에 대한 구체적인 것은 『東史例』의 「동사괴설변」과 『동사강목』의 「괴설변증」에 잘 나타나 있다. 「괴설변증」에는 단군설화를 비롯해서 金蛙, 朴赫居世, 脫解, 閼英, 首路, 金閼智, 許皇后, 迎烏와 細烏, 昭知王 10년의 金匣과 焚修僧, 朱蒙, 類利, 樂浪과 自鳴鼓, 耽羅三神, 王建과 관련한 설화 등이 변증대상이 되었다. 「東史怪說辨」의 내용을 대부분 포함하고 있다.

25) 『동국여지지』에 대한 구체적인 논고로는 朴仁鎬, 「유형원의 동국여지지에 관한 일고찰」, 『淸溪史學』 6, 1989가 있다.

살펴본 바와 같이 주로 『반계수록』과 『동사례』, 그리고 『동국여지지』라 할 수 있다. 『반계수록』은 안정복의 현실개혁사상에, 『동사례』와 『동국여지지』는 『동사강목』의 편찬과 고증에 큰 영향을 주었다고 하겠다. 그런데 이 가운데 『동국여지지』는 『동사강목』 초고가 편찬된 뒤 재고과정에서 주로 활용되었기 때문에 『동사강목』 편찬에 직접적인 자료가 되었다고 보기는 어려울 것 같다.26)

한편 李滉의 理發氣隨·氣發理乘을 따른 안정복은 이이의 氣發理乘 一途說을 따른 유형원의 이기론에 대해서는 언급을 하지 않았던 것으로 보아, 유형원의 성리학에 대해 별로 관심을 두지 않았던 것이 아닌가 한다. 일생을 공부하여도 못다 하리라 하면서 下學 工夫를 중시한 안정복의 학문관으로 보면 이황이나 이이의 이기론은 크게 문제 되지 않았다고 볼 수 있다.27)

결론적으로 유형원의 저서는 안정복의 실학사상과 역사학에 영향을 주면서, 독자적인 학문으로 일관해 온 안정복의 학문이 정착할 수 있는 계기를 만들어 주었다고 하겠다. 그리고 유형원의 학문과 사상은 그의 학문과 개혁사상을 극찬했던 이익을 통해서도 안정복에게 영향주었을 것으로 생각되기 때문에, 유형원의 학문과 사상이 안정복에게 끼친 영향은 문헌기록으로 전해 오는 것 이상이 아니었을까 한다.28)

---

26) 1759년 안정복이 유형원의 증손 유발에게 보낸 편지에 따르면, 안정복은 『동국여지지』를 안정복이 쓴 「地理考」를 상호 비교해 보면서 유형원의 의견을 採入하고 싶으나 아직 간행되지 못해 아쉽다는 의견이 나타나 있다(『覆瓿稿』 7, 與柳令[發]書, 己卯[1759]).

27) 안정복의 이기론에 대한 이해와 평가에 대해서는 그의 저술 『의문』에 잘 나타나 있다.

28) 이익을 통해 유형원의 학문이 안정복에게 전해질 수 있었던 배경에 대해서 필자가 이미 언급한 바 있다(졸저, 『동사강목 연구』, 33~34쪽).

3. 이익의 학문과 사상의 영향

1) 안정복의 이익 방문과 학문토론

안정복이 安山에 살고 있던 이익을 처음 방문한 때는 유형원의 저서를 접하고 2년 뒤인 1746년 10월 17일이었다. 이때 그의 나이 35세였다. 그 후로는 1747년 9월, 1748년 12월, 1751년 7월 등 세 차례 방문하여 만난 것이 전부이고 수시로 편지를 통해 의견을 교환하였다.

안정복이 이익을 처음 방문한 것은 무주에서 광주 덕곡으로 이사온 지 10년 후의 일이었다. 우선 첫 방문을 하여 어떤 의견이 오고 갔는가를 이익이 타계한 뒤 안정복이 쓴 「函丈錄」을 중심으로 살펴보자. 첫 방문을 하였을 당시, 이익은 같은 해 5월 부인 睦氏와 사별하고 아들 孟休는 전라도 萬頃縣令으로 있었기 때문에 손자 李九煥(兒名 : 如達, 號 : 可山)과 함께 살고 있었다. 안정복이 자신의 성명과 집안 사정을 밝히자, 이익은 안정복의 조부 안서우를 이미 잘 알고 있었다고 하였다. 이때 이익이 안정복에게 방문한 이유를 묻자, 안정복은

> ……나이가 거의 40이 되었으나 학문의 방법을 알지 못합니다. 선생께서 道를 가르치는 곳을 듣고 곧 방문한다는 것이 모신다는 마음만 먹은 채 벌써 10년이 지나갔습니다. 이제야 비로소 와서 선생을 뵙니다.……(「函丈錄」)

라 하였다. 즉 무주에서 광주로 이사온 지 10년이 되었으나 곧 찾아오지 못한 것을 사죄하고, 학문의 가르침을 청하기 위해 왔음을 말하였다. 이때 이익은 받아들인다는 뜻을 선뜻 보이지 않았다. 그러나 안정복은 『大學』格治章이 본래 있었는가 朱子가 보충하였는가를 시작으로 經史에 대하여 이익과 문답을 나누기 시작하였다. 『대학』, 『중용』, 『맹자』, 『주역』, 『詩傳』, 『자치통감강목』, 『啓蒙』, 『心經』, 『소학』, 著策法 등에 대해 안정복이

궁금한 점을 묻고 이익이 대답하는 방식으로 문답을 새벽닭이 울 때까지 계속하였다. 經書에 관한 문답 가운데 약간을 소개하면 다음과 같다.

안정복이 근래 학자들이 경전의 訓詁와 小註 사이에 얽혀 있다는 견해를 밝히고 더불어 학문을 하는 요령(爲學之要)을 묻자, 이익은 안정복의 견해에 수긍하고 학문은 오직 교만하지 않고 자신을 낮추어 겸손하게 하는 데(遜志) 둘 뿐이라고 하면서, 이를 오랫동안 배워 익히면 義理가 스스로 익혀지고 마음이 평온하며 기질이 화평해진다고 하였다. 그 요령은 오직 자기 신상에 있지 타인에게서 나오는 것이 아니라고 하였다.[29] 안정복이 이와 같은 질문을 하여 이익의 의견을 들으려 한 것은 그 동안 그의 四書三經을 공부하는 방법이 小註보다는 經을 務本으로 삼았기 때문이라 하겠다. 즉 經을 본원으로 공부하고 후대인들이 經에 붙인 小註는 참고로 하는 것이 그의 학문자세였던 것이다.[30]

특히 이익은 안정복에게 禮를 강조하였다. 즉 일상생활에서 가장 긴절한 것은 예보다 더한 것이 없다 하면서,『소학』에 앞서 익혀 몸으로 행하고 함양하면 원래 덕성은 스스로 다져지므로, 이것이 인재를 만드는 데 가장 바탕이 된다고 하였다. 그는 또『대학』을 읽을 수만 있다면『소학』은 꼭 읽을 필요가 없다고 하였다. 더불어 이익은 당시 禮學이 점차 무너져감을 아쉬워하며, 西人은 金長生에, 그리고 嶺南人은 李滉에 의지함을 비판하고 안정복에게는 먼저 三禮를 읽어 그 근원을 밝힐 것을 권하였다.[31]

또한 선비는 마땅히 致知를 학문으로 삼되 실행을 중요하게 여겨 좇아야 하고, 학문에서 스스로 얻는 것을 귀하게 여기는 것이 필수적이라고 하였다. 학문에 관한 두 사람의 대화에서 이익은 특히 학문을 함에 實行이 이루어져야 한다는 말을 자주 하였다. 이튿날 아침 안정복이 떠나려 할 즈

---

29) 안정복의 사서삼경에 대한 견해와 釋疑는 심우준,『순암 안정복 연구』, 일지사, 1985, 64~92쪽 참조.

30) 심우준, 앞의 책, 67쪽 참조.

31) 三禮는 儀禮, 周禮, 禮記를 말한다.

음, 이익은 마지막으로

> ……君은 나이가 젊고 혈기가 왕성하니 힘써 知識을 쌓으시오. 지식
> 이 밝은 연후에는 행로가 트여 막힘이 없을 것이오.(「函丈錄」 말미)

라 하였듯이, 안정복이 힘써 학문에 매진할 것을 당부하여 보냈다. 이 방문
에서 안정복은 이익으로부터 李孟休·李秉休·尹東奎의 학문이 깊다는
것을 소개받기도 하였다. 이 세 사람은 이후 이익 다음으로 안정복의 학문
에 크게 도움을 주었다.

비록 이익을 처음 방문하여 하룻밤을 같이한 짧은 시간이었지만, 안정복
의 학문에는 또 하나의 새로운 전기를 가져다 주었다. 우선 이익을 스승으
로 하여 그 동안 독자적으로 쌓아 온 학문을 다질 수 있는 계기가 주어졌
다는 점을 들 수 있을 것 같다. 소년 시절 학문에 입문하여 조부 아래에서
공부하다가, 20대에 무주에서 광주로 이사왔지만 역시 토론할 스승 없이
10년 동안을 독학으로 일관해 온 안정복으로서는 학문 정립에 적지 않게
한계를 느꼈던 것이다. 이익을 방문하여 밤새도록 주로 經典에 대한 대화
를 나누었던 것도 그 동안 그가 혼자 학문을 하면서 정해진 스승이 없음을
얼마나 안타깝게 생각했는가를 짐작케 한다. 실제 그는 청소년 시절에 스
승이 없이 혼자 공부한 사실을 노년기에 들어 착잡한 심정으로 회고한 바
있다.32)

더욱이 안정복에게 고무적이었던 것은 이익이 권하는 학문적 성격이 안
정복이 닦아 온 학문 내용이나 방법에서 크게 벗어나지 않았다는 점이다.
일찍부터 하학을 중심으로 학문하여 실천에 힘쓰는 공부를 게을리 하지 않
았던 안정복의 학문관은, 안정복을 만난 첫날부터 日用의 禮를 중시하며

---

32) 안정복이 73세에 쓴 『하학지남』 題文에는 '余少而失學 長無師友之助'라 하
여 그가 젊었던 시절 스승이 없이 어렵게 공부한 것을 회고한 내용이 간략하
게 나타나 있다.

自得과 實行을 강조하는 이익의 학문관과 크게 상통함으로써 안정복에게 자신감을 주었다고 할 수 있다. 안정복이 75세에 南漢朝에게 쓴 편지에,

> ……35세에 비로소 星湖 先生을 뵙고 자못 많은 새김을 입어 이로써 크게 自信하였고……(『순암집』 8, 書, 答南宗伯(漢朝)書, 丙午[1786])

라 하여, 이익을 만난 뒤 자신이 생겼다고 회고한 데서도 잘 나타난다. 이는 곧 그가 이익을 처음 방문하여 밤새도록 경서를 토론한 사실을 두고 말한 것이라 하겠다. 이익과의 첫 토론이 그가 앞으로 학문을 하는 데에 얼마나 힘이 되었는가를 이해할 수 있을 것 같다. 특히 첫 방문시 四七理氣와 같은 철학적인 성리학을 거의 토론대상으로 삼지 않고 주로 경전에 관한 의견 교환이 이루어진 것을 보면, 경전의 經(本文)을 務本으로 하는 안정복이 이익을 대하는 학문적 관심이 어디에 있었는가를 짐작케 한다. 하학을 앞세우며 이기론의 논쟁을 공허한 것으로 평가하여 배격하는 입장에선[33] 안정복에게, 본디 洙泗學的인 修己治人의 학을 기본학문으로 삼았던 이익 또한 예론이나 실용성 있는 공부를 강조하였다는 점은 앞으로 안정복이 학문을 하는 데에 더욱 자신감을 불어넣어 주었을 것이다.

2) 성호문인으로서 이익과 학문교류

이익을 처음 방문한 이후, 안정복은 주로 편지를 통하여 이익에게 학문적 자문을 구하였다. 더불어 이익으로부터 소개받은 윤동규·이병휴·이맹휴도 가까이하면서 역시 편지 교환으로 자주 학문적 토론을 벌였다. 이제부터 안정복은 성호문인으로서 활동하게 되었던 것이다.

그러면 이익과 안정복 사이에 어떤 학문토론이 있었던가. 먼저 1763년 이익이 타계할 때까지 두 사람 사이에 오간 편지의 내용 가운데 주목되는 부분을 다음 <표 2-1-1>과 같이 연대 순서로 나타내 본다.

---

33) 『下學指南』, 題下學指南書面 참조.

<표 2-1-1> 이익과 안정복이 교환한 편지의 주요내용[34]

연대	편 지	주 요 내 용
1747	上星湖李先生書	○ 본인의 학문이 낮고 방황한다는 내용과 함께 다시 가르침을 청함.
1747	答安百順鼎福問目	○ 안정복의 冠禮와 家禮에 대한 물음에 응답함.
1748	上星湖先生書	○ 이익의 '主靜居敬'의 학문을 우러러 봄.
1748	答安百順	○ 안정복의 학문을 칭찬하고 열심히 공부할 것을 말하고 '主靜持敬'의 학문을 강조함. ○ 別紙에 '卦變之義'를 논함.
1748	答安百順	○ 方術에 관한 이익의 의견을 나타내고 卦爻에 관한 것을 別紙에 첨부함.
1749	答上星湖先生書	○ '主靜居敬'은 君子가 귀하게 여겨야 할 것임.
1749	上星湖先生書	○ 厚陵參奉 제수를 불응한 이유를 經學과 門蔭이 낮기 때문이라 함.
1750	答安百順小學問目	○ 안정복의 小學에 대한 질문에 대답함.
1751	答星湖先生書	○ 자신의 성장과정을 설명하고 이익의 나이가 많음을 걱정함. 6년 동안 이익을 가까이하면서 의지가 커졌다고 함.
1751	答安百順	○ 아들 孟休의 병환을 걱정함. 官吏가 되었으니 官務에 힘쓸 것. 別紙에 家禮에 대한 문제를 첨부함.
1752	答安百順	○ 안정복의 학문을 칭찬함. ○ 退溪 학문의 뛰어남과 李子粹語 편찬문제 논의.
1753	上星湖先生書	○ 李子粹語 편찬문제 논의.
1753	答安百順	○ 義盈庫 去思碑를 들어 안정복의 官吏로서의 능력과 학문이 뛰어났음을 칭찬함. ○ 李子粹語 편찬문제 논의.
1753	答安百順	○ 안정복의 벼슬길(仕路)에 대한 조언을 함. ○ 李子粹語 편찬의 의의를 말함. ○ 愼後聃의 학문을 칭찬함.
1753	上星湖先生書	○ 『綱目』 필법에 문제가 많음. ○ 退溪를 李子라 불러 마땅함. ○ 箕子『洪範』에 대한 자신의 견해를 밝힘.

---

34) <표 2-1-1>에서 이익이 안정복에게 보낸 편지는 1922년에 간행된 慕濂堂板, 『星湖集』에 있는 서간문을 주된 자료로 삼았다. 이 판본이 연대가 정확하게 나타나 있고 편지내용도 생략된 부분 없이 비교적 원문을 충실하게 수록하였다고 생각되기 때문이다. 이하 본 논문에서는 慕濂堂 版本을 사용한다.

1754	答安百順	○ 李子粹語 採集문제 토의 : 그 완성은 안정복에게 일임하기로 함. ○ 四七論은 긴요한 것이 아니라고 함.
1754	上星湖先生書	○ 『강목』에 綱目과 凡例가 다른 점이 많음.
1754	答安百順	○ 李子粹語 편찬문제 논의. ○ 四七論과 氣發氣隨의 氣의 의미를 설명함.
1754	答安百順	○ 李子粹語 완성에 대한 고마움 나타냄. ○ 節義 與否에 따른 綱目 기록방법을 설명함.
1754	答安百順	○ 『內範』의 내용이 훌륭함과 보완할 부분 제시함.
1754	上星湖先生別紙	○ 李瀷이 쓴 疾書에 대한 타인의 비평에 대해 불안감을 나타냄.
1754	答安百順	○ 안정복 부친 별세에 대한 애도를 나타내고, 喪禮에 대한 물음에 답함(別紙에 나타냄).
1754	與安百順	○ 이익의 병이 심함을 전달함.
1754	答安百順	○ 『讀史漫錄』을 읽어보기를 권함. ○ 자신의 병이 심함을 말함.
1754	上星湖先生書	○ 東史에 오류가 많다는 것과 『東史綱目』을 저술하겠다는 뜻을 밝힘.
1755	上星湖先生書	○ 근래 이익의 편지를 자주 받아 봄. 史論의 가르침이 많음.
1755	答上星湖先生書	○ 『禮記』를 읽었다는 내용을 전달함.
1755	上星湖先生書	○ 趙位寵의 亂에 대한 평가문제와 약간의 地理 比定에 관한 견해 제시함. ○ 『東國地理疑辨』을 쓰겠다는 뜻을 밝힘.
1755	答安百順	○ 馬韓의 周勤과 高麗의 趙位寵은 절의 인물로서 재평가되어야 함. ○ 別紙에 家禮에 관한 내용을 써서 보냄.
1755	答安百順問目	○ 正統문제, 編年문제, 說話변증문제 등과 관련하여 안정복의 질문에 답함. ○ 특히 요동 지역의 중요성을 크게 다룸.
1756	答安百順	○ 자신의 병을 걱정함. ○ 『李子粹語』 교정문제 의논함. ○ 우리나라 역사 중심의 역사인식을 역설함.
1756	上星湖先生別紙	○ '順菴'의 의미 설명
1756	上星湖先生書	○ 조위총난의 평가문제, 東史의 凡例와 地理志에 문제 많음. 三水의 비정 질문.
1756	答安百順	○ 조위총의 거사 기록문제 설명. 作史의 어려움. ○ 우리나라 산천의 지명 밝히기 어려움. ○ 喪禮 질문에 답함.
1756	上星湖先生書	○ 『동사강목』기록에 관한 많은 질문을 함. ○ 司馬光의 『資治通鑑考異』를 모방하여 활용한다는 뜻을 보임.
1756	答安百順	○ 冠婚喪祭에 관한 질문에 답함. ○ 『동사강목』 편찬 칭찬함. 本朝의 국호문제 설명. 기타 위치 비정에 관한 질문에 답함.

1756	答安百順	○ 조선 초기 국호문제에 관한 질문에 답함. ○ 遼東의 전략적 중요성 강조. ○ 檀君의 유래 설명. ○ 別紙에 많은 東史問答의 내용이 들어 있음.
1756	與安百順	○『동사강목』편찬 進陟度 질문함. 卒記의 방법 설명함.
1756	答安百順	○ 六品 이상의 家禮 설명함.
1756	答安百順	○『三國史記』의 오류 많음 지적함. ○ 別紙에 九夷에 대해 설명하고,『동사강목』考異를 칭찬함. 三水의 구별문제, 箕田說, 成己의 절의문제 등을 다룸.
1757	上星湖先生書	○ 祭禮에 관한 안정복의 의견을 나타냄.
1757	上星湖先生書	○ 國母服禮에 대한 질문을 함.
1757	答安百順	○ 이익 자신의 나이가 많음을 걱정함. ○『동사강목』편찬을 격려함. ○ 祭禮에 대한 안정복의 의견에 답함.
1757	上星湖先生書	○ 箕子冊封 문제, 浿水 비정, 箕田說, 궁예의 죽음, 乙巴素, 辛禑, 공민왕의 자제위 설치 문제 등을 질문함.
1757	上星湖先生書	○『동사강목』범례에 대해 자문을 구함. ○ 지리 비정, 왕건의 出自와 찬역문제, 최치원 기록의 의문점, 金氏설화의 변증문제에 관한 의견을 제시함.
1757	上星湖先生書	○『동사강목』편찬의 고충을 말함. ○ 朱蒙의 행적과 溫祚의 出自, 優台 문제에 대한 下敎를 바란다고 함.
1757	答安百順	○ 이익 자기의 건강과 年老를 걱정함. ○ 別紙에 綱目의 凡例에 要領이 보이지 않음을 지적함. 그 밖에 卒記, 온조와 우태의 出自 문제, 왕건의 성씨 등을 언급.
1757	上星湖先生別紙	○ 천주교를 비판함. 서학 서적의 핵실함을 말함.
1758	上星湖先生書	○『希顔錄』編撰의 뜻을 말하고, 일본 왕실의 역사를 언급하면서 소홀히 할 수 없음을 언급함. ○ 別紙에 우리나라 여자의 족두리·가리마 등 服飾의 역사를 언급함.
1758	答安百順	○ 栖圖說을 설명하고 別紙에 지리문제에 답함.
1758	上星湖先生書	○ 東人은 東事를 알아야 한다고 함. ○ 우리나라 역사서의 문제점 지적함. ○ 下學의 중요성을 말함. ○『동사강목』편찬을 잠시 중지하고 있다고 함. ○ 別紙에서 천주교를 비판함.
1758	與安百順	○ 이익 자신도 전에 東史를 쓰려 하였다고 함. ○ 변방의 방어문제를 언급함. ○ 別紙에 祭禮와 墓地와 관련한 의견을 제시함.
1758	答上星湖先生書	○ 華夷之分은 不通之論이라고 함.
1758	上星湖先生書	○ 對馬島가 우리나라에서 일본으로 넘어간 연혁과 대마도의 지리적 조건을 설명함.

1759	答上星湖先生書	○ 科擧의 弊害 지적함.
1759	答安百順	○ 『동사강목』 편찬 칭찬함. ○ 綱目筆法에 대한 조언을 함.
1759	上星湖先生書	○ 音韻學·曆法 등을 질문. 時憲曆法의 묘함에 관심을 나타냄.
1759	答安百順	○ 안정복의 音韻·曆法에 대한 질문에 답함.
1759	上星湖先生書	○ 주로 지리문제를 대상으로 東史問答을 함. ○ 『동사강목』 중 上古에서 三國까지 쓴 5권을 보낸다 함. ○ 우리나라의 위치가 적의 침입을 받기 쉬운 위치에 있다고 함. 특히 일본에 많은 관심을 나타냄.
1759	上星湖先生書	○ 史家의 直筆을 강조하고 簒弑문제에 자신의 견해를 언급하면서 기록방법에 대한 질문을 함.
1759	答安百順	○ 史家가 역사서술을 할 때 유의할 점을 언급함.
1759	與安百順	○ 『동사강목』 목록을 자세하게 살펴보지 못했다는 말을 함. ○ 權哲身의 총명함을 칭찬함.
1759	上星湖先生書	○ 『동사강목』 집필을 거의 마쳤다고 함. ○ 고려말 기록에 曲筆이 많다고 함.
1761	上星湖先生書	○ 『星湖僿說』의 목록을 類編하여 올린다고 함. ○ 『論語』 正名章에 대한 소견을 말함.
1761	答安百順	○ 안정복의 『星湖僿說』의 類選작업에 대한 이익의 심정과 고마움을 말함. ○ 유선작업을 간편하고 과감하게 할 것을 부탁함. ○ 『동사강목』이 아직 책으로 이루어지지 못한 것에 대한 아쉬움을 나타냄.
1762	上星湖先生書	○ 남녀의 婚姻과 冠禮에 대한 의견을 말함. ○ 『星湖僿說』의 유선작업에서 이익의 의견을 刪削하기가 곤란하다고 함.
1762	上星湖先生書	○ 武王의 生沒壽에 대한 『禮記』의 잘못된 기록을 지적함. ○ 四七論을 이익의 『四七新編』을 보고 이해했다고 함.
1762	答安百順	○ 武王에 관한 안정복의 질문에 답함.
1762	與安百順	○ 『星湖僿說類選』에 대한 고마움을 나타냄.

위 <표 2-1-1>에서 볼 수 있듯이, 이익과 안정복 사이에 이루어진 편지 교환은 안정복이 이익을 첫 방문한 이듬해 1747년부터 이익이 타계하기 1년 전인 1762년까지 16년 동안 매년 이루어졌다. 특히 1754년 이후 편지 왕래가 잦았는데 이즈음 『동사강목』 편찬이 계획되고 이어 1756년부터 본격적으로 쓰여지기 시작하였던 때문이다. '上書'와 '答書'가 맞지 않는 때가 있는 것으로 보아 실제로는 위에 제시한 것 외에도 더 많은 편지가 오

갔을 것으로 생각된다.35)

　대체로 안정복이 먼저 편지를 올리고 이익이 답하는 방식이었다. 편지의 내용을 보면 안정복이 자문을 구하고 이익이 그에 답하는 경우가 주종을 이루는데 禮論과 經學, 그리고 역사학에 관한 내용이 많았다. 성리론과 서학에 관한 안정복의 의견도 눈에 띈다. 위의 편지에도 나타나는 것처럼, 특히 이 16년 동안에 『李子粹語』와 『동사강목』, 그리고 『성호사설유선』 편찬관계로 두 사람은 의견을 자주 교환하였다. 그만큼 이익도 이들 저서에 관심이 많았던 것을 말해 준다 할 것이다.

　안정복과 이익의 학문적 관계가 이처럼 발전하기까지에는 안정복이 이익에게 학문적 가르침을 요구하는 끈질긴 집념과 이익이 시간을 두고 서둘지 않았던 안정복에 대한 관망이었다고 할 수 있다. 사실 안정복이 1746년 10월 이익을 첫 방문하여 밤새도록 많은 학문적 토론을 벌였지만, 이튿날 안정복이 막상 떠나오려 할 때 이익은 안정복에게 학문에 매진하여 지식을 쌓으라는 권고만을 하였을 뿐이다. 이리하여 안정복은 그 이듬해 초 다시 편지를 통하여 가정이 빈곤하고 병약하다는 점, 그리고 자신의 학문에 대해 자신이 없고 방황한다는 내용과 함께 가르침을 청하는 글을 올렸다.36) 이에 성호는 오직 '主靜居敬'의 학문을 강조하여 귀하게 여길 뿐이라 하면서 안정복이 경전 공부에 충실할 것을 거듭 권고하였다.37) 즉 이들의 접촉 초기에는 대체로 안정복이 예론이나 경학 등에 관한 질의를 하고 이익이 답해 주는 관계를 유지하면서, 안정복은 이익의 가르침을 받기 위해 적극적으로 접근하고 이익은 안정복의 학문성을 관망하면서 질의에 답은 하면서도 자신의 비천함과 노약을 이유로 은근하게 사양하는 태도를 보였던 것이다. 그런 가운데 이익은 안정복의 학문이 뛰어남을 흡족해하면서 더욱

---

35) 아마도 후인들이 두 사람의 서한문을 모아 문집으로 만들기 이전에 분실되었던 것이 아닐까 여겨진다.

36) 『순암집』 2, 書, 上星湖李先生書, 丁卯(1747).

37) 同上, 上星湖先生書, 戊辰(1748) ;『성호집』 14, 書, 答安百順, 戊辰 등의 편지 내용에서 짐작할 수 있다.

면학할 것을 독려하기도 하였다.[38] 아마도 1747~1748년에 이르는 1~2년
은 이와 같은 학문적 교류가 계속되었던 것으로 생각된다. 그 동안 이익은
안정복의 학문이 높다는 사실을 확인하게 되었고, 일단 안정복의 학문적
능력과 집념을 확인한 이익은 이후 그를 철저하게 믿고 중대사를 의논하거
나 안정복의 앞날을 걱정해 주게 되었다. 1749년(38세)에 안정복을 童蒙敎
官으로 추천한 것이나, 萬零殿參奉에 나아가도록 권유한 사실, 그리고
1752년『李子粹語』편찬의 주무를 맡겼던 것도 그만큼 이익이 안정복의
능력을 인정하였기 때문으로 풀이된다.[39]

　한편 안정복의 입장을 보면, 이익의 학문을 전수받기에 좋은 여건이 되
지도 못하였다. 우선 안정복이 이미 중년에 접어든데다가 이익의 나이도
이미 70에 가까운 노령이었고, 안정복은 향리에서 농사일을 돌보면서 학문
을 해야 할 처지였다. 또한 星村과 德谷의 거리 관계로 이익과 학문적 토
론을 자주 가질 형편도 못 되었다. 이를 안정복은 아쉬워하면서 매우 초조
해하였던 것으로 보인다.[40] 이러한 여건이 그로 하여금 이익에게 더욱 접
근하도록 한 것이 아니었나 생각된다. 이와 같이 출발한 안정복과 이익의
학문적 교류는 이후 편지를 통하여 더욱 활발하게 이루어졌다.

　두 사람이 17년 동안 주고받은 학문토론은, 앞서 본 바와 같이 두 사람
이 만난 이후 초기 4~5년 동안은 주로 예론이나 경학이 주된 논의대상이
었다고 하겠다. 그 동안 예론에 대해서 잘 모르는 내용을 주로 안정복이
질문을 하고 이익이 답하는 경우가 많았으나, 경학에 대해서는 안정복이
소견을 말하고 자문을 구하면 이익은 자신의 견해를 언급하면서 이에 면학
할 것을 권고하는 예를 찾아볼 수 있다.[41] 경학에 대한 문답이 이루어지는

---

38) 慕濂堂本,『성호집』24, 書, 答安百順, 戊辰.
39)『성호집』24, 書, 答安百順, 壬申.
　　……惟百順能仕學 兼敎進修不己 大爲朋友之望……
40)『순암집』2, 書, 答上星湖先生書, 辛未(1751).
41)『성호집』24, 書, 答安百順, 戊辰 등 서간문 참조.

동안, 두 사람의 학문적 성격이 서로 잘 통하였던 것으로 생각된다.

여기에서 잠시 이익과 안정복의 학문적 성격을 살펴보자. 이익은 철저하게 유교적 기반 위에서 경서에 대한 연구를 학문의 기본으로 삼았고, 따라서 일찍부터 '窮經實學'을 표방하였다고 한다. 그는 孔·孟의 학을 本源의 學으로 여겨 洙泗學적인 修己治人의 학문을 존중하였고, 이 窮經의 실학이 致用에 도움이 되고 실용에 유익한 학문이라고 생각하였다는 것이다. 따라서 이익은 주자와 주자학을 존중하면서도 洙泗學을 배우고 익히는 것을 실학으로 여겨 주자학을 넘어 本源의 학문으로 복귀하는 경향을 보였다고 한다.[42] 이와 같은 이익의 학문적 성격에 대하여 안정복의 그것은 어떠하였던가. 안정복 또한 청년 시절부터 하학 공부를 학문의 기본으로 삼아 일생을 이에 전념한 사람이다. 理氣·四七論爭을 배격하고 窮行實踐의 학문으로써 본래의 경전 공부를 중시하였던 것이다. 29세에 쓴 『하학지남』 저술이 이를 대변한다.[43] 안정복이 이익을 첫 방문하여 대담한 주된 내용이 본원의 경전이었고, 공·맹 이후 붙인 小註에 의심을 두면서 결국 洙泗學을 익혀 自得하고 體行하는 공부의 중요성을 서로 공감한 것도 이들 두 사람의 학문적 성격이 유사하였다는 점에 기인할 것이다. 안정복과 유사한 학문적 성격을 가진 이익은 안정복으로부터 학문적 가르침을 요구받은 이후에도 한결같이 '主靜居敬'하고 실천을 중시하는 공부를 권유하였던 것이다.

특히 안정복이 본시 理氣·四七論爭에 배격적 태도를 보였듯이 이익도 안정복에게,

> ……四七論은 원래 緊要한 것이 아니다. 단지 이는 東邦(우리나라)에서만 張大하게 되어 그 說이 헤아릴 수 없으니, 필경 達理者가 어찌하겠다는 것인가.……(『星湖集』 24, 書, 答安百順, 癸酉[1753])[44]

---

42) 한우근, 『성호 이익 연구』, 서울대학교 출판부, 1987, 28~46 참조.
43) 『下學指南』, 題下學指南書面에 잘 나타나 있다.

라 하여, 조선 후기 학자들이 이기 · 사단칠정론에 열중하는 것을 바람직하지 못한 것으로 말하였다. 그 밖에 두 사람은 공히 文藝에 대해서도 부정적인 입장을 보이면서 경서에 매진할 것을 주장하기도 하였다.[45] 이처럼 안정복과 이익의 학문관은 기본적으로 매우 유사하였다. 어떻든 어린 시절부터 닦아 온 안정복의 하학을 통한 실천적 학문은, 이익을 만난 이후 자신감을 얻으면서 더욱 굳어지게 되었다고 볼 수 있다.

다음으로 이익과 안정복 사이에는 퇴계학에 대한 논의도 활발하게 이루어졌던 것으로 보인다. 두 사람 모두 이황을 학문의 종사로 삼았음은 말할 것도 없다. 이익은 이황을 중국의 공자와 같은 위치로 비견할 정도였고,[46] 안정복 역시 우리나라 선현 가운데 이황의 학문을 가장 존숭하였다.[47] 그가 이기론의 공부를 불요불급한 것으로 주장하였을지라도, 사실은 이익과 마찬가지로 이황의 이기 · 사칠론을 받아들임으로써 이이나 張顯光의 이기론에 동조하지 않았다.[48] 그러나 안정복이 이기론을 이해한 과정에 대해, 스스로

---

44) ……四七之論 元非緊要 只是張大於東邦 其說不億 畢竟達理者以爲如何也……

45) 詩賦 등 文藝에 관한 이익의 의견은『성호집』37, 書, 答秉休, 甲戌(1754) ; 同 44, 貢擧私議 등에 나타나고 안정복의 의견은『동사강목』第9上, 丁卯, 毅宗 元年, 8月, 更按 ;『순암집』7, 書, 與李廷藻家煥書, 乙酉 등에 잘 나타나 있다.

46) 한우근, 앞의 책, 37쪽 참조.

47) 안정복은 그가 쓴『이자수어』서문에, '……不佞嘗聞之 曰孔孟之言 如王朝之法令 程朱之言 如嚴師之勅勵 退溪之言 如慈父之訓戒……'(『李子粹語』序)라 하였듯이, 퇴계의 말씀을 자비로운 아버지의 훈계와 같다고 하였다.

48)『순암집』2, 書, 上星湖先生書, 壬午(1762).
……四七之義 小子蒙不知之 但見李子說而好之 後見栗谷說而疑之(旅軒說亦從栗谷 誠可疑之……
그리고 안정복의 이기 · 사칠론에 관한 주장은『의문』에 구체적으로 서술되어 있다.

> ……급기야 선생의 『四七新編』을 본 후 비로소 釋然하게 되었다.(『順
> 菴集』2, 書, 上星湖先生書, 壬午)

라 하였듯이, 이익의 『사칠신편』을 읽은 뒤였다고 회고한 것으로 미루어
볼 때 안정복은 퇴계학에 뿌리한 이익의 사칠론을 통해 전수하였다고 보아
좋을 것이다.

그리하여 이익이 이황을 李子로 칭하는 데[49) 안정복도 다른 이의를 제
기하지 않았던 것이다. 대체로 1750년대 초반 『李子粹語』 편찬을 계기로
활발한 논의가 이루어졌다. 이익은 『이자수어』 편찬의 실무를 안정복과 윤
동규에게 맡기고 자신은 이들의 자문에 응하면서 자료를 제공하였다. 따라
서 이 편찬사업에 이익은 세심하게 관여하고 안정복도 관직에 봉직하던 몸
이면서도 하나 하나 이익의 의견을 들어 편찬에 심혈을 기울여 1753년에
완성하였던 것이다. 요컨대 안정복의 『이자수어』 편찬 참여는 안정복이 퇴
계학을 숙지하는 데에 직접적인 계기를 만들어 주고, 이익의 『사칠신편』
편찬은 특히 그의 이기론에 대한 이해에 길잡이가 되었다고 할 수 있을 것
같다.

이익이 안정복에게 전수한 학문적 영향 가운데 빼놓을 수 없는 것은 역
시 역사학이라 할 수 있다. 1753년경 『이자수어』 정리가 대체로 끝나고,[50)
1754년대 이후에는 역사와 관련된 편지 왕래가 점차 많아지기 시작하였다.
안정복도 1754년 관직을 물러나 덕곡에서 역사학에 관한 서적을 읽기에 여
념이 없었다. 같은 해, 안정복은 『동사강목』이라는 이름으로 우리나라 역
사서를 쓰겠다는 뜻을 이익에게 밝힌 바 있다.[51) 그래서인지 1756년 『동사
강목』의 초고가 집필되기 이전에는 綱目筆法이나 우리나라 역사서의 전

---

49) 『성호집』 24, 書, 答安百順, 壬申(1752).

50) 『이자수어』 초고의 편찬은 실제 1753년에 끝났으나 이듬해까지도 교정작업
    은 계속되었다. 「순암선생연보」 영조 29년, 10月 ; 『성호집』 24, 書, 答安百
    順, 甲戌(1754) 참조.

51) 『순암집』 10, 書, 東史問答, 上星湖先生書, 甲戌(1754).

반적인 문제점, 그리고 기록의 오류나 역사상의 인물 평가와 관련된 내용 등이 주된 논의대상이었지만, 그 이후로부터 1760년 초고가 완성될 때까지는 실제 집필과정에서 나타나는 문제점이나 의문시되는 내용에 대한 질의 응답이 주종을 이루었다.[52]

두 사람 사이에 오간 역사에 관한 의견은 크게 두 가지로 나누어 볼 수 있다. 하나는 역사인식과 서술방법에 관한 것이고, 다른 하나는 서술내용에 관한 것이라 할 수 있다. 먼저 역사서술에 관하여 두 사람 사이에 교환된 의견을 살펴보자. 우선 강목필법에 관한 것을 들 수 있다. 평소 강목필법에 관심이 많았던 안정복은 朱子의 『자치통감강목』은 물론이고 우리나라의 강목체 역사서를 검토하여 본 결과, 자신이 생각한 것과 다르다 하여 불만을 품고 있었다. 이를테면 1753년 이익에게 보낸 편지에,

> ……侍生이 평일 綱目書를 익혀 다른 책에도 점차 익숙하게 되었는데 筆法에 의심스런 곳이 매우 많습니다.……(『순암집』2, 書, 上星湖先生書, 癸酉[1753])

라 하고, 또한

> ……綱目과 凡例가 서로 틀리는 것이 많은데 唐 이후가 특히 심합니다.……그리하여 侍生이 항상 『綱目』을 독서하려 하였습니다. 마땅히 凡例에 따라야 하는데 凡例와 다른 것은 綱에서 빼어 註로 처리하니 그 本旨를 잃지 않았나 합니다. 尹丈(윤동규 : 필자 주) 역시 같은 말을 하는데 어떻게 할지 모르겠습니다.(『순암집』2, 書, 上星湖先生書, 甲戌)

라고 한 데서 잘 알 수 있다. 우리나라 역사를 강목체 역사서로 쓰려는 생각을 지닌 안정복은 종래 중국 역사서뿐 아니라, 우리나라 강목사서의 필

---

52) 필자는 『동사강목』 초고의 완성을 1759년으로 본 「順菴先生年譜」의 기록과는 달리 1760년으로 본 바 있다(졸저, 『동사강목 연구』, 75쪽).

법에도 잘못된 부분이 적지 않다는 뜻을 나타낸 것이다. 이즈음 안정복은 청년 시절부터 해오던 『자치통감강목』에 대한 끊임없는 공부와 이익이나 윤동규의 자문을 통해 터득함으로써 강목필법에 상당한 소양과 지식을 쌓게 된 것으로 보인다. 어떻든 종래의 강목서에 대한 안정복의 이와 같은 불만에 이익도,

> ……『綱目』凡例가 要領을 잃었다.(『성호집』26, 答安百順別紙, 丁丑 [1757])

라 하였듯이, 역시 『자치통감강목』 범례에 문제가 있음을 지적하였다. 실제 이익과 안정복은 『동사강목』 편찬 초기 범례의 작성문제로 많은 논의를 하게 되었고, 이익은 『동사강목』 편찬의 기본방향을 설정하는 데 가장 많은 관여를 하게 되었던 것이다.

또 하나는 우리나라 중심의 역사를 서술해야 한다는 것을 강조하였다. 물론 이에 대한 안정복과 이익의 기본적인 생각은 같았다고 하겠다. 이를 테면 안정복이 이익에게 보낸 편지에,

> ……東史는 스스로 東國의 일인즉, 마땅히 본국의 紀年으로 하여 『春秋』의 예와 같아야 할 것입니다.……(『성호집』25, 答安百順問目)

라 하여, 우리나라 역사는 우리나라의 일이니 우리나라의 紀年으로 써야 한다는 의견을 제시하였다. 또한,

> ……중국인은 立論을 주로 하였던 고로 歷代 史論에 그 화려함을 헤아릴 수 없으나 우리나라 사람은 이에 뜻을 두지 않았습니다. 비록 혹 있다 하여도 뜻에 크게 차지 않아 올바른 의론을 찾아낼 수도 없습니다. 우리나라 사람은 매양 우리나라의 일을 소홀히 하여 무엇을 수립해야 할지를 모릅니다. 비록 (중국이) 크다 하여도 마침내는 우리나라 사람은 몸이

이 땅에서 살고 있는데 우리나라의 일을 모르니 실로 민망스럽습니다.……
……(『순암집』2, 書, 上星湖先生書, 戊寅)

라 하였듯이 우리나라에서 살고 있는 사람이 우리나라의 일을 모른다는 사
실을 들어 민망스럽다는 견해를 나타낸 점에서 안정복의 자국사 중심의 역
사서술 인식을 짐작할 수 있다. 이에 대하여 이익 역시 안정복에게,

　……요즈음 사람들은 우리나라에서 태어났으면서도 오히려 우리나라
의 일을 전혀 각성하지 못하고 있다. 심지어 이르기를 ‘『東國通鑑』이 있
으나 누가 읽을 것인가’라고 하니, 그 어긋남이 이와 같다. 우리나라는 스
스로 우리 나라이니(東國自東國) 그 規制와 體勢가 스스로 중국 역사와
는 다름이 있어야 하는 것이다.……(『성호집』25, 書, 答安百順, 乙亥
[1755])

라 하였다. 안정복이 우리나라 역사를 자국사 중심으로 써야 한다는 인식
과 같은 견해를 이익도 안정복에게 나타냈던 것이다. 이익 또한 안정복에
게 우리나라 역사 중심의 『동사강목』을 쓰도록 강조하였다고 하겠다.
　한편 이익은 경전에 바탕을 둔 역사서술을 권하였다. 즉

　……역사와 經論을 비교해 본다면 경론이 중요하다.……(『성호집』27,
書, 答安百順, 己卯[1759])

라 하였다. 물론 이와 같은 이익의 의견도 안정복의 생각과 다름없는 것이
다.53)
　그 밖에도 이익은 종래의 史實을 기록함에 있어 모두 채록할 수는 없기
때문에 깎거나 줄이고 윤색을 할 때에는 語勢를 살리고 本意가 무엇인가

---

53) 『순암집』4, 與鄭永年(壽延)書, 丙寅(1746) ; 同 6, 書贈鄭君顯 등의 편지
　에 잘 나타나 있다.

를 파악해야 한다는 주의를 주기도 하였다.54)

1756년경,『동사강목』의 편찬작업이 본격적으로 시작된 이후에는 이익의 간여가 더욱 많아졌다. 따라서 이익의 말년에는 이익 자신이 안정복에게『동사강목』편찬을 권고했을 뿐 아니라,『동사강목』이 성호문인의 역사인식을 대변하는 역사서라는 인식 때문에『동사강목』편찬의 기본방향은 물론, 서술내용에 관하여 집필자인 안정복에게 스스로 권유하기도 하고 안정복의 자문에 적극적으로 응하였다. 특히 범례의 작성에는 이익의 자문이 크게 작용하였다고 할 수 있다.55)

이익이 안정복에게 제공한 여러 부문에 걸친 자문 가운데 가장 주목되는 것은 국사 체계의 수립과 고증에 관한 부분이었다. 그것은『동사강목』이 通史이므로 삼국시대를 포함한 그 이전의 고대사도 서술을 해야 했기 때문이다. 두 사람 사이에 오간 역사에 관한 편지내용이 주로 삼국시대 이전의 것이었다는 점이 이를 말해 준다 할 것이다. 어느 시대로부터 쓸 것인가의 문제도 중요한 논의가 되지 않을 수 없었다. 일찍이『동사강목』저술의 꿈을 가졌고, 결국 그가 이루지 못한 뜻을 안정복에게 이어준 유형원도 본시 삼국 이전의 자료가 없고 편년이 곤란하다 하여 삼국 이후부터 쓰려고 하였던 것이다.56) 그러나 이익과 안정복은 고조선을 포함한 국사 체계로『동사강목』을 편찬하려 하였기 때문에 막상 편찬작업에 착수한 이후 단군조선으로부터 삼국 초기에 이르는 시기의 서술에서 많은 곤란을 겪지 않을 수 없었다.

그 가운데 정통문제와 역사고증이 논의의 핵심이었다. 삼국 이전의 정통

---

54)『성호집』27, 書, 答安百順, 己卯.

55)『동사강목』범례에 이익의 어떤 의견이 구현되었는가는 이미 강세구,「동사강목의 저술 배경」,『七里 李光麟敎授 退職記念 韓國史論文集』, 서강대학교 동아연구소, 1989, 401~407쪽에서 대강 밝힌 바 있다.

56)『東史例』, 東史綱目凡例.
　一. 三國以前 文獻無徵 不可成編年 託始於三國 而其前事實 略爲分載於三國初年下……

성 논의가 많았던 것은 이익과 안정복이 고대사의 체계를 세우는 작업이 중요한 문제였음을 인식하였을 뿐 아니라, 사실상 어려운 문제였다는 점을 말하는 것이다.[57] 그에 따라 이 시대의 역사적 사실에 대한 고증은 물론, 종래 이루어지지 못했던 편년을 붙이는 문제가 크게 논의되게 되었다. 그러나 안정복이 삼국 이전 역사자료의 부족으로 인하여 편찬의 어려움을 호소하는데도 불구하고 이익은 안정복에게 격려와 함께 조사해 보면 나타날 것이라는 독려를 하였다. 홍만종이 『동국역대총목』에서 신라를 정통으로 삼았다고 부당함을 말하기도 하였다.[58] 한편 고증문제로 논의대상이 되었던 것 가운데에서는 설화와 지리 고증이 특히 많은 부분을 차지하였다.[59] 『동사강목』 부록에 있는 「考異」와 「怪說辨證」, 그리고 「地理考」의 고증 내용 가운데에는 안정복과 이익 사이에 편지를 통해 논의를 거친 것이 적지 않다.[60]

이상에서 살펴본 바와 같이, 안정복과 이익의 만남은 결국 『동사강목』을 낳게 하였지만, 이와 같은 결과를 가져오기까지에는 안정복의 집념과 더불어 두 사람의 학문적 성격이 상통하였다는 점을 무시할 수 없다. 즉 두 사람은 스승과 제자의 사이로서, 공히 하학 공부를 바탕으로 하여 실천궁행을 중히 여기고 본국사 중심의 역사인식을 지녔던 것이다.

5. 맺음말

---

57) 안정복의 한국사 체계와 마한정통론에 관하여 필자가 분석해 본 바 있다(졸저, 『동사강목 연구』의 제2장).

58) 『성호집』 25, 書, 答安百順問目 참조.

59) 안정복이 이익에게 질문한 설화나 지리에 관한 내용은 「동사문답」에, 그리고 이익의 답변으로는 『성호집』 25, 書, 答安百順問目 ; 同 26, 書, 答安百順, 丙子, 別紙 등에 특히 자세하게 나타나 있다.

60) 그 밖에 안정복의 역사고증에 관한 구체적인 내용은 졸저, 『동사강목 연구』, 제3장과 제4장 참조.

지금까지 유형원과 이익의 학문이 안정복에게 어떻게 전수되어 갔는가에 주된 관점을 두고 고찰해 보았다. 다루어진 내용을 요약해 보고 유형원·이익에서 안정복으로 이어지는 학문과 사상이 어떤 의의를 지니는가를 검토해 보는 것으로 맺음말을 대신하고자 한다.

안정복이 유형원의 저서를 접한 것은 33살(1744) 때의 일로서, 유형원의 玄孫 柳發의 집을 방문하면서 이루어졌다. 안정복은 말로만 듣던 유형원의 문집과 『반계수록』을 비롯하여 『동국여지지』 등 유형원의 유고를 읽고, 「동사강목범례」와 「동사괴설변」 등을 『동사례』라는 이름으로 초록하는 등 필요한 부분은 필사해 두기도 하였다. 특히 『반계수록』은 안정복의 개혁사상에, 그리고 초록한 『동사례』는 『동사강목』을 편찬하는 데 적지 않은 영향을 주었다. 이리하여 하학으로 닦여진 안정복의 학문과 사상은 유형원의 실학문을 이어받게 되었다.

유형원의 저서를 접하고 바로 2년 뒤, 안정복은 처음으로 이익을 만나게 되었다. 이익과의 만남은 그 동안 독학으로 일관해 온 안정복의 학문과 사상이 정착될 수 있는 계기가 되었고, 유형원의 실학이 다시 이익을 통해 전해짐으로써 안정복의 실학정신은 더욱 다져지게 되었다고 볼 수 있다. 이익은 안정복에게 경전에 바탕한 실천궁행의 학문을 주지하였고, 자국 중심의 역사인식을 심어 주었다. 이와 같은 이익의 학문과 사상은 『동사강목』 편찬에 적지 않게 작용되었고, 이익 자신 역시 크게 간여하였던 것이다.

이처럼 하학을 통하여 스스로 닦은 안정복의 학문은 유형원의 저서를 접하고 이익을 만나면서 17~18세기에 확산되어 갔던 실학의 흐름에 접목될 수 있었고, 자국 의식과 현실개혁 의식이 강하게 나타난 『동사강목』은 그 결정체로서, 유형원 → 이익 → 안정복으로 이어지는 실학문과 역사인식의 바탕에서 이루어졌던 것이다.

결론적으로 안정복으로 이어진 유형원과 이익의 학문적·사상적 전승은 실학적 성격이 강한 『동사강목』을 낳게 함으로써, 조선 후기 대표적인 실학자의 학문을 역사학에서 결산하는 학문적 성과를 가져오게 되었다고 하겠다. 이 점에서 이들의 학문적 전승은 조선 후기 실학의 한 계보를 이루었고, 거기에서 사학사적인 의의를 찾을 수 있을 것이다.

제2장 안정복과 성호문인의 학문교류

1. 머리말

안정복은 성호문인이 됨으로써 이익의 가르침을 받았을 뿐 아니라, 이익의 측근 인물들과 학문적 교류를 자주 갖게 되어 그의 학문적 폭을 넓힐 수 있는 좋은 계기를 마련할 수 있었다. 성호문인이 된 초기에는 대체로 근기 지방에 거주하는 인물 혹은 이익과 가까이 지내던 사람들과 교류하였지만, 문인으로서 활동이 활발해지면서 점차로 영남 지방에 사는 사림들과도 편지를 통한 교류가 이루어졌다.

사실 『동사강목』 편찬도 이익의 참여와 성호문인의 협조가 없었더라면 이루어지기 어려웠을 것이다. 그만큼 이익을 비롯하여 당시 이익의 주변 인물들은 『동사강목』 편찬에 관심이 깊었고 이들 또한 안정복의 학문적 자문에 기꺼이 응하였다. 안정복은 이들의 전문지식을 동원하면서 자문을 구하고 편찬에 충분히 활용하였던 것이다. 그의 성리학과 서학에 대한 지식도 예외는 아니다. 앞에서 언급하였지만, 청년 시절 스스로 닦았던 학문과 사상이 성호문인들과의 교류가 이루어지면서 다듬어지고 깊어질 수 있게 되었다고 볼 수 있다. 그 내용은 『순암집』의 서간문 등에 잘 나타나 있다.

본 장에서는 안정복이 어떤 인물들과 어떤 내용으로 교류를 하였는가, 그리고 교류의 성격을 검토해 보기로 한다. 대체로 성호문인들이 주된 대상이 되겠으나, 성호문인이 아니더라도 학문적 교류가 있으면 고찰대상으로 삼을 것이다.

2. 안정복과 교류한 인물

안정복과 교류한 인물 가운데 그의 학문 발전에 도움이 된 인물을 중심으로 살펴보겠다. 따라서 여기에서는 안정복보다 나이가 위이거나 비슷한 인물들이 많을 것이고, 안정복의 문인들은 대부분 고찰대상에서 제외될 것이다.1)

1) 윤동규

邵南 尹東奎(1695~1773)는 仁川 사람으로 성호문인 가운데 가장 연장자이자, 성호학파의 제2인자적 위치에 있으면서 이익으로부터 학문성을 높이 평가받은 사람이다. 안정복 또한 성호문인이 된 이후, 이익 다음으로 가까이하여 학문적 가르침을 받았다. 따라서 안정복이 학문적으로 성장하는데 이익 다음으로 영향을 준 사람이라 하겠다. 윤동규는 유학과 역사에 해박할 뿐 아니라, 지리나 역법 등에도 밝아 이익도 그에게 자문을 받을 정

---

1) 안정복이 이익의 가르침을 청하여 성호문인이 된 무렵부터 이익이 타계할 때 (1763)까지 성호문인들 가운데에는 안정복보다 나이가 많거나 혹은 비슷한 사람이 많았으나, 20대의 젊은 학자들도 있었다. 이를테면, 이익의 손자 李九煥이나 李寅燮 등은 실제로 안정복의 가르침을 받았던 청년들이지만, 안정복이『동사강목』을 편찬하던 과정에서 이들의 의견을 많이 받아들였다. 따라서 이와 같은 경우에는 학문적 교류가 있던 사실로 다룬다. 그러나 이때 안정복의 가르침을 받던 20대 젊은 학자들은 대부분 안정복이 노년기에 접어들어 학문적 교류가 크게 이루어지게 되었다.

도였다. 『四水辨』을 저술하고 안정복과 함께 『李子粹語』를 편찬하는 데
참여하기도 하였다.[2]

안정복이 윤동규와 교유를 시작한 것은 그가 이익을 처음 방문한 그 이
듬해(1747)였다. 그 후 두 사람은 편지를 통하여 빈번한 접촉을 갖게 되었
는데 윤동규의 나이가 안정복보다 17년이나 많았기 때문에 항상 스승처럼
받들고 그의 학문을 존중하였다. 윤동규 또한 안정복의 학문적 자문에 기
꺼이 응하면서 때로는 안정복에게 모르는 것을 묻기도 하는 등 빈번한 학
문적 토론을 벌였다. 두 사람은 해를 거듭할수록 학문적으로 가까워지게
되었다. 이익도 안정복의 학문성을 인정하여 윤동규로 하여금 도와주도록
권고하기도 하였다.

두 사람이 벌인 학문적 토론은 역사학을 비롯하여, 경전에 대한 해석, 성
리론, 예론, 역학, 지리고증 등 여러 분야에 걸치는데 그 가운데에서도 역
사학과 지리, 그리고 성리론이 주종을 이룬다. 특히 윤동규의 역사학은 안
정복에게 지대한 영향을 주었다. 1747년 윤동규를 처음 알게 되면서 洪範
에 관한 안정복의 질의로부터 시작하여[3] 綱目法 등 역사 문답이 계속되었
다. 1754년 안정복이 사헌부 감찰을 사직하고 덕곡으로 내려와 독서에만
열중할 때까지만 하여도 강목법에 관한 것은 오히려 이익보다 윤동규와 더
많은 논의를 가질 정도였다. 아마도 이익이 윤동규의 역사적 식견을 믿고
안정복에 대한 가르침을 그에게 부탁한 것이 아니었을까 생각된다.[4] 즉 이
익은 안정복이 아직 강목체에 익숙하지 못했던 1750년을 전후하여 윤동규
에게 맡겨 강목법 전반에 관한 것을 익히도록 한 것이 아니었을까 한다.
이즈음 안정복은 강목법에 관심은 많았으나 이에 대한 지식이 얕아 이익이
나 윤동규에게 질의하면서 지식을 쌓고 있는 정도에 불과하였다. 안정복이

---

2)『순암집』26, 行狀, 邵南先生尹公行狀, 乙巳.

3)『순암집』3, 書, 與邵南尹丈東奎書, 丁卯(1747).

4) 필자가 그렇게 생각하는 이유는 강세구, 「동사강목의 저술 배경」, 『東亞硏
   究』17, 주) 50 참조.

강목체 역사서술법에 어느 정도 익숙해지면서, 1754년 이익에게 우리나라 역사를 『동사강목』이라는 이름을 붙여 강목체로 편찬하겠다는 의도를 밝히기까지에는5) 이처럼 윤동규의 가르침이 컸던 것이다.

윤동규는 안정복의 『동사강목』 편찬과정에서도 큰 힘이 되었고, 안정복 또한 그에게 의지하는 바가 컸으며 이익도 윤동규에게 편찬작업을 도울 것을 진심으로 부탁하였다. 특히 이익은 안정복이 『동사강목』을 편찬하면서 서술내용으로 곤란을 겪는다던가, 지병으로 어려움에 직면할 경우에는 윤동규와 상의하여 측면에서 지원을 아끼지 않을 정도로 윤동규에게 의지하는 바가 컸다.6) 당시 윤동규는 인천에 거주하였고 안정복은 廣州에 살았기 때문에 거리상 중간 지점인 안산에 살고 있던 이익의 집을 중심으로 의견 교환을 한다던가 서신 왕래를 가졌다. 따라서 이익이 중재 역할을 많이 하지 않았을까 여겨진다. 이익이 안정복에게 보내는 편지에 윤동규의 거동에 대한 소식을 자주 전하고 있다는 점으로 보아 알 수 있다.

안정복 또한 『동사강목』의 편찬이 자신의 능력만으로는 역부족이라는 것을 밝히고 윤동규에게 협조를 부탁하였다. 더욱이 안정복은 자신의 건강이 좋지 않을 뿐 아니라, 이익 또한 고령인데다가 병약하여 문인들의 협조가 없이는 편찬작업이 어렵다는 뜻을 나타내기도 하였던 사실로 미루어 윤동규에 대한 의존도가 매우 컸던 사실을 알 수 있다.7) 그리하여 안정복은 『동사강목』 초고를 집필하는 동안 의문스런 것이 있으면 윤동규에게 질문

---

5) 『순암집』 10, 書, 東史問答, 上星湖先生書, 甲戌(1754).
6) 『星湖續集』 8, 書, 答尹幼章, 己卯(1759).
7) 『순암집』 3, 書, 答邵南尹丈書, 丙子(1756).
　　東史 雖有數種 而編年全無義例 正史亦甚疏忽 古今來 無一人言及者 若止此而已 則後人亦必曰 其義當然 吾東方數千百年事蹟 只爲後世取笑之資耳 稍有隙見 而亦不敢自是欲求正於先輩 而又無其人竊想 先生春秋旣高 賤疾亦難久 支徒含糊抱疑 不一質於有道 而如有不可知者 則其爲抱恨當如何耶 是以 一二仰禀於丈席 而丈席亦不麾斥之 若使此義得存 則庶乎其可矣 豈敢以著書自任 而不量其力哉 遊藝適情之敎 謹當佩服而不失之矣

을 하여 조언을 들었다. 正統문제, 지리고증 문제 등이 주된 논의대상이
되었다.

특히 안정복의 지리고증은 윤동규의 의견이 크게 작용하였다.[8] 『동사강
목』이 편찬될 무렵에는 이익은 나이가 많아 서술내용에는 크게 간여할 형
편이 못되었고, 실질적으로 성호학파를 이끌어야 할 형편에 있었던 윤동규
와 이병휴는 편찬작업에 협조해 달라는 이익의 부탁도 있었으므로 윤동규
는 이를 방관하거나 협조하지 않을 수 없었다. 1759년 『동사강목』 초고의
일부가 이익에게 보내졌을 때도 이익은 먼저 윤동규와 이에 대한 의견 교
환을 하면서 문제점을 지적하기도 하였다.[9] 1763년 이익이 타계한 뒤에도
윤동규는 이익을 대신하여 안정복의 『동사강목』 재고과정에 참여하였다.
초고의 내용에 문제가 있거나 보충할 것이 있으면 서로 의견 교환을 나누
다가 그마저도 1773년 타계하고 말았다.

그 밖에 이기론에 관해서도 안정복은 이병휴나 이길환의 公喜怒理發을
따르지 않고 윤동규의 氣發論의 편에 서 있었다.[10] 이상에서 보았듯이, 윤
동규는 안정복이 성호문인이 되어 학문을 넓히고 정착하는 데 이익 다음으
로 영향을 크게 준 인물이라 할 수 있다.

2) 이병휴

貞山 李秉休(1710~1776)는 이익의 조카이자 문인으로서 일찍이 이익
의 곁에서 학문에만 전념하였기 때문에 사실상 이익의 학문을 가장 깊게
전수받은 인물이라고 할 수 있다. 이익은 어려서 부모를 여의었기 때문에
그의 仲兄(이병휴의 養父) 潛 아래에서 성장하였다. 1706년 潛이 역적으
로 몰려 죽은 뒤 태어난 이병휴는 이익의 집에서 기거하며 이익으로부터

---

8) 지리고증에 관한 논의는 『순암집』 10, 書, 東史問答에 잘 나타나 있다.
9) 『성호속집』 8, 書, 答幼章, 己卯(1759).
　　……百順東史 略見之 用力可責 但不能喫于聖經……
10) 구체적인 내용은 제3편 제2장 참조.

수업을 받았다.[11] 그는 성리학, 예론, 음양학에 밝고 양명학에도 조예가 깊어 權哲身이나 李基讓 등 후학들에게 큰 영향을 주기도 하였다.[12] 안정복이 이익을 처음 방문하였을 때 이익은 윤동규와 더불어 그의 학문성이 높다는 것을 소개할 정도로 성호문인 가운데에서도 학문적으로 인정을 받았던 사람이다. 안정복 또한 성호문인이 되어 그의 학문이 높다는 것을 알고 여러 분야에 걸친 학문적 자문을 구하면서 교류를 하였다. 안정복이 이병휴가 1776년 죽은 뒤 쓴 글에서,

> ……그 剛毅한 자태, 蔚粟한 글, 精博한 학문, 勤篤한 공부가 세상에 몇이나 있을까. 비록 나이는 나와 비슷하나 사실은 나의 스승이다.(『순암집』19, 題, 題貞山藁後, 丙申[1776])

라 하였듯이, 강직한 성품, 섬세한 글, 박식한 학문, 그리고 부지런한 공부를 칭찬하면서 비록 나이는 비슷하지만 스승과 같다고 회고한 데서 그에 대한 학문적 기대가 얼마나 컸던가를 알 수 있다. 이처럼 안정복은 이익 다음으로 윤동규와 함께 이병휴를 학문적인 스승으로 삼아 교류를 하였던 것이다.

이병휴는 성리학을 비롯하여 여러 경전을 대상으로 안정복과 잦은 토론을 벌였다. 公喜怒氣發의 입장을 고수한 이병휴는 처음에는 안정복의 이기론 이해에 많은 도움이 되었다.[13] 그리고 역사학에도 밝아 안정복이『동사강목』을 편찬하던 동안 정통론이나 절의와 관련한 역사서술 문제 등은 이병휴의 자문을 크게 받았다. 안정복 스스로 이병휴에게

> 東史를 감히 擔當할 수 없는데도 丈席의 가르침이 있었던 고로 자기

---

11) 이병휴의 生父는 이익의 넷째 형 沈이다.
12) 이병휴의 양명학이 권철신이나 이기양에게 준 영향에 대해서는 徐鍾泰,「성호학파의 양명학 수용」,『한국사연구』66 참조.
13) 이병휴의 公喜怒理發論에 관해서는 제3편 제2장 참조.

의 능력을 헤아리지 못하고 경솔하게 만들었습니다.……(『순암집』 10,
書, 東史問答, 與貞山書, 戊寅[1758])

라고 밝혔듯이, 『동사강목』의 편찬이 이병휴의 가르침으로 진행되고 있음
을 말하면서 자신의 힘으로는 역부족이라는 사실을 솔직하게 말한 것으로
보아도 안정복이 그에게 의지한 정도를 짐작할 수 있다. 특히 절의와 관련
된 필법은 누구보다도 이병휴의 의견을 크게 받아들였다.

안정복은 이병휴로부터 학문적 자문을 크게 받았을 뿐 아니라 적지 않
은 문헌의 제공도 받았다. 『동사강목』 편찬에 착수할 무렵 그는 문헌의 수
집에 상당한 애로를 겪었다.

사실 『동사강목』 편찬 직전까지만 해도 안정복은 『삼국사기』를 보지 못
하고 다른 사람이 언급한 것을 통하여 간접적으로 이해하고 있는 형편이었
다.14) 더욱이 이익의 노년기 이후는 이익이 소장한 문헌을 이병휴와 이익
의 손자 이구환이 맡아 관리하였기 때문에 이들의 도움을 받지 않을 수 없
었다고 판단된다.15) 1774년 이병휴는 안정복으로부터 『동사강목』 題文을
부탁받고16) 써 주기도 하였다. 『동사강목』의 '題東史篇面'이 바로 그것이
다.

이처럼 이병휴는 이익의 조카이기도 하였지만 윤동규와 함께 이익을 도
와 성호문인을 이끌면서 특히 성호학파에 속해 있던 젊은 학자들로부터 많
은 추앙을 받았다. 그리하여 안정복도 이병휴와는 학문적 견해 차이로 자
주 논란을 펼치는 경우가 있기도 하였지만, 중요한 문제가 있을 때면 그와
상의하여 일을 추진할 정도로 그에 대한 신뢰도가 높았다.

---

14) 『순암집』 10, 書, 東史問答, 與李貞山書, 丙子(1756).

15) 『순암집』 4, 書, 答李景協書, 癸巳(1773).

16) 『순암집』 4, 書, 與李景協書, 癸巳.
 ……欲編於東史首張 而文非序體 敢請老兄 爲數行 小跋于下 發揮先生本
 意至望

3) 권암

權巖은 천주교 신자로 알려진 權哲身과 權日身 형제의 아버지이다. 권암과 안정복이 서로 알게 된 시기는 1756년경으로서 안정복이 2년 전 사헌부 감찰을 그만두고 광주 덕곡으로 내려와 칩거한 이래 經史의 독서에 열중하면서 『동사강목』 편찬을 착수할 무렵이었다.[17] 1758년에는 안정복이 권일신을 사위로 맞아들임으로써 안정복과 권암은 사돈관계가 되어 더욱 가까운 사이가 되었다. 당시 권암은 광주에서 멀지 않은 楊根(지금의 양평군 강상면)에 살았고, 안정복은 덕곡에 살았기 때문에 두 사람은 잦은 왕래가 있었던 것으로 생각된다.[18] 권암은 안정복이 『동사강목』 편찬을 앞두고 『삼국사기』를 얻지 못하여 어려움을 겪을 때(1756) 이를 빌려주기도 하고,[19] 자주 經史를 토론하는 등 안정복과 학문적인 의견을 나누었다. 그는 또 안정복이 『동사강목』 편찬을 마무리해 놓고 간행하지 못하고 있을 때 함께 고민할 정도로 가까운 사이였다.[20] 이러한 두 사람의 관계로 권암의 아들 권철신과 권일신은 일찍이 안정복을 가까이하게 되었고, 안정복 또한 권철신이 학문적인 재주가 있음을 익히 알고 있었다. 1759년 안정복의 지병으로 『동사강목』 편찬이 중단될 위기에 처했을 무렵, 유언을 통하여 권암의 아들 권철신에게 나머지 편찬을 맡기려 한 것도[21] 이와 같은 두 집안의 잦은 왕래로 서로 잘 알아 믿을 수 있었기 때문이라 할 수 있다.

---

17) 『순암집』 20, 祭文, 祭權尸菴巖文, 庚子(1780).
　　……與兄結交粵在丙子 至于今二十五年之間……
18) 1780년대 무렵에는 권철신 집안과 안정복 집안은 일가처럼 지낼 정도가 되었던 것 같다. 1785년 안정복이 李基讓에게 보낸 편지에, '我家與君及旣明家 便同一家'(李晩采, 『闢衛編』 卷1, 安順菴乙巳日記, 答李士興書, 乙巳春)라고 한 데서 알 수 있다. 旣明은 권철신이다.
19) 『순암집』 10, 書, 東史問答, 上星湖先生書, 丙子(1756).
　　三國史 無從求見 向適權友巖來訪 聞知其由 爲之借示……
20) 『순암집』 5, 書, 與尸菴權孟容巖書, 丙申(1776).
21) 『순암집』 14, 雜著, 示弟鼎祿子景曾遺書, 己卯(1759).

4) 정재원

丁載遠(1730~1792)은 광주군 馬峴 사람으로 茶山 丁若鏞의 아버지이다. 정재원과 안정복의 교류가 얼마나 이루어졌는지 확실하게 알 수는 없으나 서로 서신 왕래가 있었고,[22] 두 사람이 살았던 지역이 매우 가까웠던 것으로 미루어 친분관계이던 학문적이든 간에 잦은 교류가 있었을 것으로 생각된다. 그리고 정재원의 아들 丁若銓·丁若鍾이 안정복의 집안에 출입하였던 것으로 보아도[23] 소원한 사이가 아니었음은 틀림없을 것 같다. 앞서 본 권암의 집과 정재원의 집이 가까운 거리에 있었고, 안정복 또한 이들과 멀지 않은 덕곡에서 살았기 때문에 가문 사이에 서로 잘 아는 사이였을 것으로 보인다. 더욱이 권철신·권일신 형제와 정약전·정약종·정약용 형제들이 18세기 후반 서학에 관심을 두고 서로 밀접한 관계를 맺었던 인물이었음은 잘 알려진 사실이다. 안정복이 1880년대 「천학문답」을 통하여 서학 비판을 하면서, 특히 이들의 신상문제를 염려하여 천주교에서 손을 떼게 하려 한 것도 이들과의 각별한 관계에서 비롯되었다고도 볼 수 있다. 그리고 정약용이 안정복의 저서를 접하고 그의 저술활동에 참고할 수 있었던 것도 아버지 정재원과 형들이 안정복과 교류한 영향이라고 보아야 할 것이다.[24]

5) 유발

柳發(1683~1775)은 유형원의 증손자로서 안정복이 유형원의 실학사상을 이어받는 데 결정적인 역할을 한 사람이다. 안정복이 15세 이후 무주에

---

22) 『순암집』 7, 書, 答丁器伯載遠　別紙, 戊申(1788).

23) 『안정복총서』 41, 1776년 10월 일기.

24) 정약용이 안정복을 찾아와 어떤 학문적인 대화가 있었는지는 알 수 없다. 정약용은 15세(1776) 때 아버지를 따라 서울로 이사하여 그 곳에서 공부하여 벼슬길에 올랐고, 안정복은 대부분 광주에 칩거하였기 때문에 사실상 두 사람이 직접 만나기는 어려웠을 것으로 생각된다.

서 살 때 어른들로부터 유형원의 학문을 익히 들었으나 그의 저술을 접할
기회가 없었는데, 33살(1744)이 되던 해 정월 마침 서울에서 유발을 만날
수 있었다.[25] 이 해에 안정복은 유발로부터 유형원의 저서를 빌려 볼 수
있게 되었고, 유발은 안정복의 학문적 관심을 높이 평가하여 소장한 문헌
을 기꺼이 열람케 하였던 것이다. 『반계수록』을 비롯하여 『동국여지지』·
『동사례』는 안정복이 『동사강목』을 편찬하는 데 중요한 참고서가 되었
다.[26] 안정복은 유발이 죽은 다음 해 그의 行狀을 썼다.[27]

6) 신후담

愼後耼(1702~1761)은 23세(1724) 때에 이익을 방문하여 성호문인이 된
사람이다. 어릴 때부터 經史를 비롯하여 老莊思想에 관한 책을 많이 읽다
가, 16~17세에 『性理大全』을 읽은 이후 성리학에 관심을 두기 시작하고
특히 『대학』 공부에 힘썼다고 한다. 신후담이 이익을 방문하였을 때도 이
익은 안정복이 이익을 처음 방문하였을 때와 마찬가지로 정통유학 공부를
권하였던 것으로 보인다.[28]

신후담과 안정복이 어느 정도로 친분관계를 유지하고 얼마만큼 학문적
인 교류를 하였는가는 확실하게 말할 수는 없다. 안정복이 신후담보다 훨
씬 늦은 1746년에 방문하여 성호문인이 되었다는 점과, 신후담이 병약한데
다가 집이 서울이었고 1761년에 타계하였다는 점으로 미루어 잦은 교류는
하지 못했을 것으로 보인다. 이익이나 성호문인들을 통하여 그의 학문을
이해하고 있었을 것으로 보이나, 안정복은 신후담의 성리학에 대해서는 큰
호감을 보이지 않았던 것 같다.[29] 다만 신후담이 1724년에 쓴 『西學辨』은

---

25) 「磻溪年譜跋」 참조.

26) 그 밖에 자세한 사항은 본편 제1장 참고.

27) 『순암집』 25, 行狀, 崇祿大夫行知中樞府事秀村柳公行狀, 丙申(1776).

28) 崔東熙, 「신후담의 서학변에 관한 연구」, 『실학사상의 탐구』, 현암사, 1974,
125~135쪽 참조.

안정복에게 영향을 주었던 것으로 생각된다. 안정복이 「천학문답」을 통하여 천주교를 비판한 주된 대상이 『天主實義』이고, 신후담 역시 『서학변』에서 『靈言蠡勺』·『職方外記』와 함께 『천주실의』를 비판하였다.30) 신후담은 『천주실의』 8편의 체재를 그대로 따라 쓰고 비판하였던 반면, 안정복은 신후담과는 달리 문제점을 이끌어 내어 자문자답 형식으로 비판하였다. 그러나 두 사람의 비판 대상이나 내용은 크게 다르지 않았다.31) 안정복이 『서학변』을 참고하였다는 사실을 표기하지는 않았으나 참고한 것은 틀림없을 것 같다.

7) 정수연

鄭壽延은 충청도 牙山 사람으로 안정복과는 청년 시절부터 절친한 관계를 유지하면서 누구보다도 서로 잘 알고 지내는 사이였다. 안정복보다 나이가 위였기 때문에 안정복이 의형처럼 존중하였다. 1754년에는 桂坊에 추천되어 書筵에 참여하기도 하였다.32) 안정복이 성호문인이 되기 전 두 사람은 『資治通鑑綱目』을 가까이하면서 서로 부지런히 익히도록 권하고, 토론을 벌일 정도로 학문적으로 매우 가깝게 지냈다.33) 안정복도 『동사강목』의 편찬에 즈음하여 그와 의논하고,34) 반면 정수연은 안정복이 『동사강목』을 편찬하는 과정에서 종이가 없어 어려움을 겪을 때, 종이를 대주기도 하였다.35)

---

29) 『순암집』 3, 書, 與邵南尹丈書, 丁亥(1767) ; 同 4, 書, 答李景協書, 戊子 (1768) 등에 보인다.

30) 신후담의 『서학변』을 통한 서학 비판에 관한 구체적인 내용은 崔東熙, 앞의 논문 참조.

31) 안정복의 서학 비판에 관한 구체적인 것은 제3편 제1장 참조.

32) 『순암집』 4, 書, 與鄭永年書, 乙亥(1755) ; 安鼎福, 『日省錄』, 癸亥, 11월 8일 일기 참조.

33) 『순암집』 4, 書, 與鄭永年(壽延)書, 丙寅(1746).

34) 『복부고』 16, 答鄭永年, 丙子(1756).

8) 이인섭

李寅燮(1734~?)은 1759년 生員試에 장원을 한 사람이다. 안정복보다 나이가 22살이나 아래이지만 그의 祖父代부터 안정복의 祖父 안서우와 교유가 있었기 때문에 안정복과 일찍부터 알고 지냈다.[36) 그는 특히 역사에 조예가 깊었던 것으로 보인다. 따라서 안정복은『동사강목』편찬과정에서 그의 의견을 자주 들었고,[37) 초고를 마친 뒤에는 그에게 전반적인 검토를 부탁할 정도로 역사학에 관한 그의 학문성을 높이 평가하였다.[38)

9) 신경준

申景濬(1712~1781)과 안정복이 교류하였다는 뚜렷한 기록은 찾아보기 힘들다. 다만 안정복이 1789년 李家煥에게 보낸 편지에,

> ……『東國文獻備考』가운데 '地理考'는 죽은 친구(亡友) 申承宣舜民이 편찬한 것인데 역량이 크게 나타나 있는 바 상세하게 고찰하여 받아들이는 것이 역시 어떠한가.……(『순암집』7, 書, 與李廷藻家煥書, 己酉[1789])

라는 구절이 있듯이, 안정복이 순민 신경준을 죽은 친구(亡友)라 한 것으로 보아 신경준이 생존해 있을 때 두 사람은 서로 교류가 있었던 것으로 생각된다.[39) 두 사람은 공히 지리에 관한 저술을 남겼다. 신경준이 1756년

---

35)『복부고』5, 與鄭永年.

36)『순암집』5, 書, 與李士賓書, 戊子(1768).

37) 두 사람 사이에 오간 편지로는『복부고』3, 與李士賓, 辛巳(1761) ; 同, 答李士賓, 辛士 ; 同, 與李士賓, 壬午(1762) 등이 전해지지만 그 이전에도 서로 알고 지내면서 교류가 있었을 것으로 생각된다.

38) 기타 자세한 것은 졸저,『동사강목 연구』, 77쪽 참조.

39) 사료의 '地理考'는『東國文獻備考』輿地考를 말하고, 舜民은 신경준의 字이다.

에 『疆界考』를 썼고, 안정복이 비슷한 시기에 「지리고」를 썼다. 그러나 두 사람 모두 상대방의 저술을 인용하지는 못했다. 다만 안정복이 『동국문헌비고』가 나온 뒤 곧바로 비판적인 견해를 나타낸 것으로 보아[40] 신경준이 쓴 輿地考만 『동사강목』 재고과정에서 참고하였을 것으로 생각된다.

10) 채제공

蔡濟恭(1720~1799)과 안정복이 서로 알게 된 시기는 안정복이 성호문인이 되기 전 덕곡에서 홀로 학문을 연마하고 있던 30세(1741) 무렵이었다.[41] 같은 남인계 사람으로 채제공은 안정복의 학문을 높이 평가하고, 안정복은 채제공의 정치활동에 조언을 하기도 하였다.[42] 안정복은 특히 1780년대 문인들이 천주교에 심취함으로써 정부의 박해가 있을 것이라고 예견한 뒤로는 이들이 천주교에서 손을 떼는 데 채제공의 협조를 구하기도 하였다. 이 무렵 채제공은 안정복에게 '不衰'라는 호를 지어 주기도 하고 '不衰軒記'를 지어 보내려 하였으나, 軒記의 내용 가운데 천주교를 배척하는 글이 있어 당시 천주교에 심취한 문인들의 지목이 두려워 보내지 못했다고 한다.[43] 이러한 사실을 안 안정복은 채제공의 비겁한 행동을 꼬집으면서 과감히 나설 것을 권하기도 하였다.[44] 그만큼 안정복은 높은 관직에 있던

---

40) 『순암집』 5, 書, 與洪判書書, 庚寅(1770) ; 同 9, 書, 與李仲命書, 乙未 (1775).

41) 『순암집』 5, 書, 與樊巖蔡伯規(濟恭)書, 辛丑(1781).
……鄙生之於閤下相聞之 熟逾四十年……

42) 『순암집』 5, 書, 與蔡樊巖書, 壬寅(1782).

43) 『순암집』 5, 書, 與樊巖書, 丙午.
『闢衛編』 卷1, 安順菴乙巳日記, 與蔡台, 丙午.
……蔡上國 始爲順菴 作不衰軒記 遂爲邪徒所慫慂秘 而不出 順菴亦不推覓 至辛酉後 其門下人 始以此記指 爲相國斥邪之證左云

44) 『순암집』 5, 書, 與樊巖書, 丙午.
……向聞吳聖道言 台監以記中有斥天學之語 恐爲少輩之所指目 而不輕出云 果然否 噫 是何言耶 非吾二人斥之 而有誰爲之耶 爲長者 當痛斥而

채제공과 각별한 관계를 유지하였다.

11) 홍명한

洪名漢(1724~?)은 『동국문헌비고』 편찬에 참여한 이후 안정복으로부터 이에 대한 많은 자문을 받았던 것으로 보인다. 조세 및 환곡의 역사적 유래와 문제점, 지리기록의 정확성과 보안 문제 등을 조언해 주고 특히 實錄을 크게 참고할 것을 권고하였다.45) 그러나 안정복은 편찬되어 나온 『동국문헌비고』를 보고 매우 비판적인 견해를 나타냈다.46) 아마도 두 사람은 그 이전에 많은 교류가 있었을 것으로 짐작된다.

12) 이맹휴

李孟休(1713~1751)는 이익의 독자이다. 과거에 급제하여 벼슬길에 올랐으나 병을 얻어 蚤世하였기 때문에 안정복과 교류한 기간은 불과 4~5년에 불과하였다. 그러나 두 사람은 학문적으로 매우 돈독하였다. 역사에 관한 의견도 나누고, 일찍이 안정복이 『海東文獻通考』와 『海東事文類聚』를 편찬하자는 제안을 하여 이맹휴가 기꺼이 생각해 보겠다는 약속도 하였다.47) 혹 『하학지남』 뒷부분의 '順菴著述書目'에 있는 『東國文獻通考』와 『東國事文類聚』가 이때 거론되어 뒤에 안정복이 완성한 것은 아닌지 모르겠다. 이맹휴가 일찍 타계함으로써 안정복은 그와 함께 계획했던 학문적

禁呵之 何必爲顧瞻畏屈之態耶 豈非風霜震剝之餘恐 又生一敵而然歟 大無是也 大無是也……

45) 『순암집』 5, 書, 與洪參判(名漢)書, 庚寅(1770) ; 同, 與洪參判書, 庚寅.

46) 안정복이 『동국문헌비고』를 보고 비판한 내용 가운데는 凡例가 없다는 점, 分撰인 관계로 各考에 편찬자 이름을 썼어야 했다는 점, 採據書目을 범례에 넣어 各冊마다 인용서의 撰者名, 직위, 출신을 기록했어야 했다는 점 등이 나타나 있다(『순암집』 5, 書, 與洪判書書, 庚寅[1770]).

47) 『순암집』 27, 遺事, 李萬頃醇수遺事, 壬申(1752).

기대가 무너져 한동안 실망에 젖기도 하였다.[48]

13) 이구환

元陽 李九煥(1731~1784)은 성호 이익의 손자이다. 조부 이익으로부터 학문을 배우고『星湖僿說』등 이익의 유고를 정리하는 데 힘썼다. 안정복이『동사강목』을 편찬하는 데 자료 제공뿐만 아니라 교정에 큰 도움을 주었다. 1759년 안정복이 지병의 악화로 편찬작업이 중단될 위기에 놓였을 때에는 안정복이 권철신과 이구환에게 나머지 편찬을 맡기려 할 정도로 그의 재주와 학문성을 높이 평가하였다.[49]

14) 박사정

聾窩 朴思正(1713~1787)은 성호문인이다. 광주 경안면에 살았기 때문에 안정복과는 매우 가까운 사이였다. 譜學과 算數에 밝아 안정복이 이에 대하여 그로부터 많은 자문을 받았다.[50] 박사정의 아들 朴處順은 안정복으로부터 학문을 익힌 문인이다.

15) 이민곤

李敏坤(1695~?)은 1740년에 문과 급제를 하고, 뒤에 廣州府 留守로 부임하여 안정복에게『廣州府志』편찬을 부탁하였다. 언제부터 안정복과 교류가 있었는지는 확실하게 알 수 없으나 안정복보다 나이가 17살 위로서 안정복이 府志를 편찬하는 데 자료를 제공하고 상의하는 등 협조하면서

---

48) 同上.
　　……君與余 俱在盛年 每謂必有後日 此意未遂 而君遽大歸 嗚呼痛哉……
49)『순암집』14, 雜著, 示弟鼎祿子景曾遺書, 己卯(1759).
50)『순암집』23, 墓誌, 通德郎聾窩朴公墓地銘 참조. 그의 저서로는『家禮酌通』·『算學指南』·『百氏譜略』등이 있다.

가까이 지냈다.[51]

16) 정지영

丁志永(1731~1794)은 정재원의 堂叔으로 경기도 용인 사람이다. 서로 멀지 않은 거리에 있었으므로 그는 안정복과 성리학 등을 토의하는 등 학문을 배우는 입장에서 따랐다. 안정복은 또한 정지영의 집에 소장하고 있던 책을 열람하기도 하고 스스로 친구라고 할 정도로 가깝게 지냈다.[52]

17) 정술조

鄭述祚(1711~?)와는 안정복이 수차 桂坊에 출입할 때부터 아는 사이였다. 안정복이 한 살 아래였기 때문에 형으로 부를 정도로 가까운 사이였다. 1785년에는 정술조가 당시 東宮을 위해 冊子를 편찬하는 데 자료를 제공하기도 하였다.[53]

18) 서명응

徐命膺(1716~?) 또한 안정복과 잦은 학문적 교류를 한 인물이다. 안정복의 『동사강목』과 木川縣監 재직시 착수한 『大麓誌』 편찬에 많은 관심을 보이면서 협조하였다.[54]

---

51) 『복부고』5, 與李經歷(敏坤)書, 甲戌(1754) ; 同 15, 上城主書(廣州經歷李敏坤, 癸酉[1753] 2月) ; 『순암집』18, 序, 廣州府志序 참조.
52) 『순암집』18, 跋, 丁思仲先代筆蹟帖跋, 丙午(1786) ; 同 7, 書, 與丁思仲(志永) 別紙, 庚戌(1790) 참조.
53) 『순암집』5, 書, 與鄭輔德孝先(述祚)書, 乙巳(1785).
54) 『복부고』6, 答徐台(君受)書 乙未(1775) ; 同 17, 與徐台(命膺)書, 己亥(1779) ; 同, 答守禦使徐台, 己亥 참조.

19) 그 밖의 학문적 교류를 한 인물

위에 제시한 사람들은 대부분 안정복이 『동사강목』을 편찬할 무렵이나 이익이 생존할 때까지 안정복과 학문적으로 비교적 가까이 지낸 사람들이다. 그 밖에도 안정복이 『동사강목』 초고의 편찬을 마칠 무렵인 1760년 전후까지 그와 학문적인 교류를 한 사람은 많다. 철저하게 벽위론을 폈던 李獻慶(1719~1791), 안정복의 수제자 황덕길의 아버지 黃以坤, 桐巢 南夏正의 조카로서 절친한 친구였던 南赫, 『童子儀』를 찬술한 李輝遠, 영남지방을 드나들며 안정복에게 영남 유림의 근황을 전해 준 族姪 安景漸, 이 밖에 韓德一, 洪大容, 丁範祖(1723~1801), 南塏, 南惟老, 尹光毅, 南以恭, 강화유수를 지낸 李箕鎭 등을 들 수 있다. 그리고 그가 노년기에 들었을 때 출입한 성호문인과 성호의 자손들, 權巖과 丁載遠의 후손들, 그리고 이외에도 안정복의 門人들은 헤아릴 수 없이 많으나 본고에서는 생략한다.

3. 학문교류의 성격과 특징

이상에서 안정복이 성호문인이 된 이후부터 1763년 이익이 타계할 무렵까지 안정복과 학문적 교류를 한 인물에 대해 대강 살펴보았다. 그가 교류한 사람들은 관직에 나아간 사람을 제외하면 대체로 서울을 중심으로 경기도에 살고 있던 近畿 南人이라 할 수 있다. 광주를 중심으로 하여 안산, 양평, 용인 부근의 경기남도 사람들이 많았다. 그 가운데에서도 안산의 성호 이익을 비롯한 驪興 李氏, 광주와 용인에 많이 살고 있던 羅州 丁氏와 務安 朴氏, 양근의 權巖, 용인의 宜寧 南氏 집안의 선비들과 출입이 잦았다. 이들은 대부분 지역적으로 서울 동·남쪽의 근기 지역에 자리한 남인 가문의 후예들로서 당시 안산에 살고 있던 성호 이익의 문하를 출입하면서 가까이 지내고 있었다. 특히 이들 집안은 18세기 후반 양명학이나 서학과 같은 새로운 사상에 관심이 많던 학자들을 다수 배출할 정도로 진보적 성향이 강하였다. 안정복이 어려서부터 비록 유교 경전에 철저한 학문을 하였다 하더라도, 이와 같은 지역적 환경은 그로 하여금 서학 등 새로운 문물에 관심을 나타내면서 나름대로 분석·연구할 수 있는 분위기를 자아내게 했다고 보아 좋을 것이다.

더욱이 이들 가문은 학문적으로도 통하였지만, 서로 인접한 지역에 살았기 때문에 자연히 연척관계를 맺고 가까이 지냈다. 이를테면 정재원은 桐巢 南夏正의 사촌 南夏德의 딸과 혼인하였다. 안정복은 권암의 둘째 아들 권일신을 사위로 맞아들였고, 門人 南必復의 아들 南泳을 손녀사위로 삼았으며, 동생 鼎祿은 聾窩 朴思正의 딸과 혼인하였다.55) 권암의 장남 권철신은 南𤱽의 사위였다. 이들 집안은 모두 전통적으로 남인에 속하여56) 퇴계학통을 이어 받았고, 성호와 가까이하면서 성호학파의 주요 구성원이 되기도 하였다.

안정복이 성호문인이 된 지 3년여 만에 1749년 12월 萬寧殿 參奉에 천거되어 1754년 사헌부 감찰을 끝으로 사직할 때까지 관직의 길을 걷게 된 것도 결국 이익을 비롯하여 성호문인들과의 교류로 그의 학문이 뛰어나다는 사실이 알려지면서 인정받았기 때문이 아니었을까 생각된다. 그리고 그가 성호문인이 되어 이익이 타계할 때까지『이자수어』·『廣州府志』·『동사강목』·『성호사설유선』을 편찬하고, 『임관정요』에 서문을 붙여 세상에 내놓은 것도 성호문인으로서 학문적인 활동이 없었다면 가능하였을까 여겨진다. 주로 이 때의 활동을 보면 관직에 나아간 기간을 제외하고 성호학파의 일원으로 이익의 가르침과 윤동규·이병휴 등의 자문을 받으면서 성리학과 역사학 등에 전념하였다. 특히 1754년 사헌부 감찰을 그만둔 뒤로는 덕곡 향리에 칩거하여 오직 학문연구에 심혈을 기울이면서 1756년경에 시작되는『동사강목』편찬의 준비기간을 가졌다.57)

---

55) 그 밖에 안정복의 가문과 연척을 맺은 사람에 대한 구체적인 것은 졸저,『동사강목 연구』, 29~31쪽 참고.

56) 이들은 모두『南譜』에 등재된 사람들이기도 하다.

한편 이 기간에 영남 문인들과는 많은 교류가 이루어지지 않았던 것으로 보인다. 안정복의 명성이 크게 알려지지 않았기 때문이라 추측된다.『동사강목』이 편찬된 이후에 이것이 널리 알려지면서 또한 안정복의 이름도 알려지게 되었던 것으로 생각된다. 대체로 鄭宗魯·南漢朝·安景漸·丁範祖 등 이익의 문하에 드나들면서 영남 지방의 학자들과 학문적 교류를 많이 하고 교분이 두터운 사람들이 1760년대 이후 안정복과 왕래가 잦아졌던 것이다. 이들에 의하여 안정복의 이름과 학문이 영남 지방에까지 알려지면서 안정복과 영남 학자들 사이에 편지에 의한 교류가 많아지게 되었다고 생각된다.58) 따라서 안정복의 학문적 교류는 성호의 문하에 있을 때는 대체로 근기 남인 중심으로 이루어지다가, 그 이후 안정복의 학문이 알려지면서 영남인들과의 교류도 폭넓게 이루어졌다고 하겠다. 참여 인물이라는 점에서 볼 때,『동사강목』은 전적으로 성호학파에 의하여 이루어져 철저하게 그들의 역사인식을 대변한다고 할 수 있다.

안정복의 학문교류 내용은 다방면에 걸치나 성리학과 역사학, 지리학이 주종을 이룬다. 역사학과 지리학의 교류는『동사강목』편찬을 전후하여 크게 이루어졌고, 이익·윤동규·이병휴·이인섭 등의 의견을 많이 들었다. 그 결과『동사강목』의 편찬은 강목체 역사서에 역사지리 학풍이 잘 조화된 결실로 나타났던 것이다. 그의 성리학은 퇴계의 이기론에 근거한 이익의 『四七新編』의 내용을 크게 수용하였다. 그런 가운데 윤동규와 이병휴의 이기논쟁을 관망 혹은 관여하면서 이들과 편지를 통한 토론을 벌이고 한편으로는 조정적 역할을 하기도 하였다.59) 그렇지만 이익이 생존했던 동안에는 그가 말년에 양명학이나 서학과 같은 새로운 사상에 젖은 학자들의 사

---

57)『순암집』19, 傳, 靈長山客傳, 甲戌(1754)에 잘 나타나 있다.

58) 소위 嶺南三老의 한 사람으로 일컬어진 大山 李象靖(1710~1781)과 안정복의 교류도 1760년대에 들어 크게 이루어졌던 것으로 보인다. 그리고 이상정은 1770년 편지를 통하여『동사강목』을 보고 싶다고 하였다(『大山先生文集』卷14, 書, 答安百順[鼎福], 己丑[1769] ; 同, 答安百順, 庚寅[1770]).

59) 이에 대해서는 제3편 제2장에서 후술.

상적 도전에 외롭게 대응하던 때보다는 힘들지는 않았다. 그만큼 이익이
생존할 때만 하여도 안정복은 이익을 비롯한 이익 주변에 있는 원로 성호
문인들의 후광을 받으면서 학문적으로 성장할 수 있었던 것이다.

4. 맺음말

이상과 같이 안정복은 성호문인이 되어 덕곡에서 닦은 학문을 바탕으로
이익으로부터 많은 가르침을 받고, 더불어 다른 성호문인과 교류를 통하여
자신의 학문적 토대를 충실하게 다져 갔다. 이익으로부터 학문적 인정을
받으면서 그 동안 이익과 가까웠던 인물들과의 활발한 교류는 그의 학문을
폭넓게 만들어 주었다고 할 수 있다. 그가 관직에 발을 들여놓을 수 있게
된 것도, 관직에 있던 인물들과 많은 교류를 하게 된 것도 대체로 이익이
생존할 때 성호문인으로서 벌인 학문적 활동에서 비롯되었다고 보아 좋을
것이다.

이리하여 이익의 학문을 철저하게 전수하고 성호문인과 교류를 하면서
정착된 안정복의 학문은 성호학파의 큰 줄기를 이룩하게 되었다. 이로써
안정복은 명실공히 성호 학문의 맥을 이을 수 있는 위치를 확보하게 되었
고, 18세기 후반 새로운 사상에 대처하는 과정에서 성호학문의 대변자 역
할을 하게 되었던 것이다. 그는 또한 성호가 타계한 이후에도 문인들 사이
에 학문적으로나 사상적으로 틈이 보일 때마다 성호학문을 내세우거나 근
거로 하여 조정적 역할을 하였다. 그만큼 그는 동료 학자나 문인들과 학문
적인 교류를 하는 사이에도 이익의 학문에서 떠나지 않고 그의 가르침을
존중하였다.

안정복이 성호문인이 되기 전에 이미 성호문인으로서 활동한 사람들이
많았지만, 후대인들이 이익 → 안정복 → 黃德吉 → 許傳으로 이어지는 학
문적 계보60)를 세워 보는 근거가 여기에 있다. 이러한 계보는 근기 남인

성호학파의 유학적 계보인데, 특히 이익과 안정복이 공히 철저하게 洙泗學
적 유학에 근거하여 '下學而上達'을 학문의 기본으로 삼고 안정복이 이를
문인들에게 주입하려 한 사실을 통해 보건대 이 같은 계보를 세우기에 충
분하다고 할 수 있다.

---

60) 『典故大方』에서는 이익의 계보를 다음과 같이 세웠다.

   李瀷 ― 安鼎福 ┬ 黃德壹
                └ 黃德吉 ┬ 許傳
                          └ 李祥奎

『朝鮮儒賢淵源圖』에서는 이익의 계보를 다음과 같이 세웠다.

   李瀷 ― 安鼎福 ┬ 黃德壹
                ├ 黃德吉 ┬ 許傳
                └ 安東先 ├ 李元協
                          └ 李喜燮

李佑成은 이익의 계보를 右派와 左派로 나누어, 우파는 안정복으로 좌파는
權哲身(1736~1801)으로 계승시켰다. 그러나 권철신은 성호문인이기도 하
지만 안정복의 문인이기도 하다(『順菴全集』 解題 참조).

제3장 안정복의 역사학과 현실개혁사상

1. 머리말

　필자는 지금까지 안정복의 학문과 사상이 어떻게 형성·정착되었는가를 고찰해 보았다. 청년 시절 농촌의 경험과 하학을 통하여 현실개혁 의식이 자연스럽게 형성되었고, 이어 유형원의 저서를 접하고 이익의 학문과 사상을 수용하면서 성호문인들과 폭넓은 학문적 교류과정을 거쳐 실학문으로 정착되어 그 결과가 『동사강목』으로 나타났다는 결론에 이르렀다. 그렇다면 유형원·이익의 학문과 사상을 전수한 안정복은 『동사강목』을 통하여 무엇을 어떻게 제시하였을까. 이미 잘 알려져 있는 것처럼 안정복의 견해는 『동사강목』의 여러 부문에 걸쳐 제시되었다. 그러나 흔히 역사가는 역사서의 사론을 통하여 자신의 견해를 가장 잘 드러낸다고 볼 때, 역시 안정복의 학문과 사상이 『동사강목』에 어떻게 적용되었는가도 사론을 분석해 보면 어느 정도 드러날 것으로 여겨진다.

　지금까지 『東史綱目』史論은 안정복의 역사인식을 알아보기 위하여 빼놓을 수 없는 분석대상이 되어 왔다.[1] 최근에는 비교적 체계적인 분석이

---

1) 1980년대까지의 대표적인 논문은 다음과 같다. 卞媛琳, 「안정복의 역사인

이루어지면서[2] 안정복이 사론을 통하여 나타낸 견해가 더욱 구체적으로 밝혀지게 되었다. 필자 또한 이에 관심을 가지고 나름대로의 기준을 세워 분석한 결과를 토대로 우선 안정복의 현실의식을 살펴 본 바 있다.[3]

본고는 안정복이 사론에 제시한 견해를 통하여 그의 학문과 사상이『동사강목』에 어떻게 적용되었는가를 알아보는 데 목적을 두고 있다.『동사강목』에 수록된 많은 사론 가운데에서도 '按'으로 細注하여 쓴 按說만을 대상으로 삼고자 한다. 그것은,

> 내 의견을 붙인 것은 正文 아래에 '按'이라고 써서 細注하였다.(『동사강목』, 凡例)

라고 했듯이, 안정복이 주로 按說을 사용하여 자신의 견해를 나타냄으로써 '按'으로 표기하지 않은 다른 間註와 성격을 달리하여 다루었다고 생각되기 때문이다.[4]

분석방법으로는 먼저 『동사강목』에 수록된 안설을 검토하여 내용별로

식」,『史叢』17・18 합집, 1973 ; 鄭求福,「안정복의 사학사상 - 동사강목을 중심으로 - 」,『한일 근세사회의 정치와 문화』, 한일문화교류기금, 1987 ; 韓永愚,「안정복의 사상과 동사강목」,『한국학보』53, 1988.

2) 車長燮,「安鼎福의 歷史觀과 東史綱目」,『朝鮮史硏究』1, 伏賢朝鮮史硏究會, 1992를 들 수 있는데, 이 논문은『동사강목』에 실려 있는 사론을 구체적으로 분석하고 있다. 이 논문과 필자의 글에 나타나는 통계는 분석 기준과 관점이 다르기 때문에 숫자상 차이가 난다(강세구, 앞의 책, 192~195쪽).

3) 졸저, 앞의 책, 제5장 참조.

4) 물론 사론이라는 것이 꼭 협주로만 나타나지는 않는다. 경우에 따라서는 註로 쓰지 않고 본문과 함께 쓰여지기도 한다. 그리고『동사강목』의 부록에 있는 것처럼, 어쩌면 고증으로 짜여진 부록 전체가 사론의 성격을 지닌다고도 볼 수 있다. 그러나 이러한 경우를 모두 통계화하기란 어렵기도 하고 이해에 혼란을 가져오기 쉽다고 생각된다. 그래서 본고에서는 안설만 통계의 대상으로 하고 사론의 성격을 지닌 그 밖의 부분에 대해서는 참고자료로 다루기로 한다. 間註에 대해서는 뒤에 별도로 고찰하려 한다.

大分類한다. 다시 그 안설이 쓰인 시대별로 구분하여 안설의 대체적인 구성 분포를 살펴본다. 다음으로 대분류된 안설을 더 세분하여 안정복이 제시하고자 한 주된 관심사가 무엇이었던가를 밝혀 본다. 그리고 이를 토대로 유형원·이익의 학문과 사상이 안정복의 집필을 통해『동사강목』에 어떻게 적용되어 나타나는가에 한정하여 주목해 보고자 한다. 본고에서 분석 대상으로 삼은『동사강목』은 1915년 朝鮮古書刊行會에서 발행한 것이라는 점을 부기해 둔다.

2. 안설의 구성과 주요내용

필자가 헤아려 본 결과,『동사강목』에는 按으로 시작하여 細注한 按說이 633개가 실려 있다.[5] 首卷에 9개, 17권으로 된 본편에 556개, 부록에 68개가 수록되어 있다. 이를 앞으로 분석의 자료로 활용하기 위해『동사강목』編次에 따라 안설이 수록된 면(쪽)을 <별표 1>과 같이 정리하였다.[6]

그러면 <별표 1>에 나타낸 633개의 안설을 분류하여 보기로 하자. 사실상 이들 안설을 명료하게 분류하기란 그리 용이하지 않다. 그것은 하나의

---

5) 韓永愚는『동사강목』에 사론이 870여 칙이 실려 있다 하였고(韓永愚, 앞의 논문, 183쪽), 車長燮은 960칙이라 하였다(車長燮, 앞의 논문, 396쪽).

6) 분석하는 이에 따라 안설을 헤는 방법이 다를 수 있겠으나, 필자는 본래 안정복이 한 번에 두 개 이상의 안설을 썼을 경우나, '更按'과 같은 것은 다른 내용의 안설로 다루었다. 그리고 사론의 개수에 있어서도 발행본에 따라 약간의 증감이 있을 수 있다. 그러나 필자가 검토해 본 바에 따르면 633개에서 그리 많은 차이가 나지 않는다. 다만 부록에 있는「怪說辨證」에는 細注하지 않은 안설 12개를 찾아볼 수 있는데 본고에서는 제외하였다. 이는 안정복이『동사강목』을 편찬할 때 안설로 쓴 것을 뒤에 필사 혹은 편집할 때 잘못으로 細注하지 못한 것인지, 본래 안정복이 그랬던 것인지 알 수 없다. 이와 같은 의문을 남긴 채 본고에서는 일단 안설에서 제외한다. 그렇다 하더라도「괴설변증」의 안설은 필요한 경우 다루어질 것이다.

안설에 여러 내용이 중첩되어 있는 경우가 많아 보는 이에 따라 분류방법이 달라질 수 있기 때문이다. 그러나 이와 같은 어려움에도 불구하고 필자는 633개의 안설을 검토하여 우선 정치·경제·사회·문화 등으로 대분류하여, 이를 다시 내용별로 나누어 본 결과 15종으로 중분류할 수 있었다. 단 중복된 내용으로 쓰여진 안설은 안정복이 어떤 내용에 주된 관심을 두었는가에 따라 분류하였다. 그리고 어느 내용에도 포함하기 어려운 것은 모두 기타 항목에 넣었다. 마지막으로 15종의 안설을 다시 세분하여 그 수를 헤아려 다음과 같이 정리하여 보았다.

　1. 정치 분야
　A. 전쟁·군사·병기·병법·변방의 경계강화·주변국의 군사적 동향·군사적 요충지 확보·對武班정책 등 국방과 관련된 견해를 제시한 안설 (66)
　　① 전쟁 (20)
　　② 軍師 및 兵器 확보(군율 포함) (6)
　　③ 병법 (4)
　　④ 변방의 경계강화(海防 등) (15)
　　⑤ 주변국의 군사적 동향 (13)
　　⑥ 군사적 요충지 확보 (4)
　　⑦ 정부의 무반정책 개선의 촉구 (3)
　　⑧ 기타 (1)
　B. 사신 교환·朝貢·사신과 역관의 역할·사대교린 등 국제관계를 주된 내용으로 하는 외교와 관련된 의견을 제시한 안설 (71)
　　① 修交 및 使臣 교환 (55)
　　② 조공 (3)
　　③ 사신과 역관의 역할 강조 (2)
　　④ 사대교린의 필요성 (6)
　　⑤ 기타 (5)
　C. 君王의 정치득실·왕권의 강약·왕실의 동향 및 변화 등 군왕과

왕실을 겨냥하여 쓴 안설 (93)
　① 군왕의 정치득실 (44)
　② 왕권강화의 주장 (10)
　③ 즉위의 부당성 (6)
　④ 왕실의 문란 (9)
　⑤ 왕실제사 및 왕릉 보수 (13)
　⑥ 왕과 왕족의 계보 (3)
　⑦ 책봉 및 薨葬 (3)
　⑧ 기타 (5)
　D. 신하의 節義와 언행, 거취에 대한 포폄, 그리고 인재등용의 중요성을 포함하여 주로 군왕을 보필하는 신하의 정치도리에 관한 견해를 제시한 안설 (94)
　① 신하의 절의 포폄 (35)
　② 반역 및 찬탈에 협조 또는 방조 비판 (16)
　③ 신하의 직간 또는 청렴 (10)
　④ 奸臣 (10)
　⑤ 인재등용 (12)
　⑥ 신하의 학식과 인품 및 치적 찬양 (6)
　⑦ 기타 (5)
　E. 각종 제도·관직·법령의 개폐 및 개선에 관한 안설 (57)
　① 관직의 연혁 (14)
　② 군현의 개폐 (4)
　③ 과거제도 (13)
　④ 형법제도 (11)
　⑤ 의복(관복 포함)제도 (5)
　⑥ 법령(인사고과 포함) (5)
　⑦ 花郎(2), 12徒(1), 8조의 금법(2) 등 (5)

　2. 경제 분야
　F. 조세·토지·구휼 등에 관한 안설 (10)

① 조세 (2)
② 구휼 (4)
③ 井田制(2), 尺貫法(1), 酒店 설치(1) 등 (4)

3. 사회 분야
G. 지리·강역에 관련된 안설 (90)
① 지리 및 강역 고증 (90)
H. 災祥에 관한 안설(5)
① 日食, 狼星 출현 등 (5)

4. 문화 분야
I. 불교와 관련된 안설(21)
① 불교비판 (15)
② 불교전래, 佛僧의 행적 (5)
③ 불교행사 (1)
J. 삼강오륜·관혼상제와 관련된 안설 (14)
① 삼강오륜 (4)
② 관혼상제 (10)
K. 호칭·어원 및 별명에 관한 안설 (24)
① 호칭 (20)
② 어원 (3)
③ 별명 (1)
L. 서화·음악·시가에 관한 안설 (10)
① 서화 (1)
② 음악 (5)
③ 시가 (4)
M. 역사서술 방법 및 고증에 관한 안설 (41)
① 문헌비판 (7)
② 기록의 탈락의 지적 및 보충 (14)
③ 역사가의 역사서술 태도 및 방법 (12)

④ 잘못된 기록의 수정 (7)
⑤ 기타 (1)
N. 統系(正統)에 관한 안설 (3)
① 단군·기자의 정통성 (2)
② 禑王·昌王의 정통성 (1)

5. 기타
O. 중국 역사서의 조선전·발해전·왜전 등을 전재한 안설 (21)
P. 위의 어느 내용에도 포함시키기 어려운 안설 (13)
총계 (633)

위에 제시하였듯이, 필자는『동사강목』안설의 내용에 따라 국방관계
(A), 외교문제(B), 군왕과 왕실 문제(C), 신하의 정치적 행적과 인재등용
문제(D), 제도 및 법령 문제(E), 조세 및 대민 구휼정책(F), 지리고증(G),
災祥(H), 불교비판(I), 삼강오륜과 관혼상제(J), 어원이나 호칭(K), 기예(L),
역사서술(M), 통계(N), 중국 문헌기록의 전재(O), 기타(P) 등으로 크게 분
류해 보았다.[7] 이렇게 분류된 내용을 <별표 1>에 표기한 해당 쪽의 안설
에 영문 약자로 나타내 찾아보기 쉽도록 하였다.

이상과 같은 내용의 안설을 안정복이 체계화한『동사강목』의 체재에 따
라 다시 시대별로 어떻게 구성되어 있는가를 정리해 보자. 안정복이 세운
한국사의 체계가 옳은가 그른가를 떠나『동사강목』의 시대별 체재에 맞추
어 분석해 보는 것이 그의 의도를 이해하는 데에 도움이 될 것으로 생각되
기 때문이다.[8]

---

7) 필자의 내용별 분류에는 적지 않은 문제점이 있음을 밝혀 둔다. 이를테면 구
   휼에 관한 것은 사회 분야로 넣고, 정통문제는 역사서술에 포함시켜야 할 것
   으로 생각되나 안설의 내용을 분석해 보면 전자는 경제문제와 관련된 것이
   고, 후자의 경우는 별도로 다루는 것이 분석과 이해에 편리할 것 같았기 때
   문이다.
8) 안정복은『동사강목』의 체재를 다음과 같이 갖추었다.

<표 2-3-1> 『동사강목』 안설의 내용별·시대별 분류

내용	수권	본편						부록	총계
		조선	마한	삼국	통일신라	고려	소계		
A. 국방		1	4	13	3	45	66		66
B. 외교		2	1	12	3	53	71		71
C. 군왕		2	11	15	12	52	92	1	93
D. 신하		1	2	15	6	70	94		94
E. 제도	3	1		10	5	37	53	1	57
F. 조세				1	2	7	10		10
G. 지리		2	2	22	5	15	46	44	90
H. 재상				2		3	5		5
I. 불교비판				5		15	20	1	21
J. 삼강오륜				1	1	11	13	1	14
K. 호칭			2	6	2	7	17	7	24
L. 기예				1	1	8	10		10
M. 역사서술	3	1	3	4		21	29	9	41
N. 통계	3								3
O. 중국 기록		1	2	13	1	4	21		21
P. 기타					1	8	9	4	13
총 계	9	11	27	120	42	356	556	68	633

(범례) 1. 「地理考」에 있는 안설은 모두 지리에 관한 내용에 넣어 분류함.

위의 정리에 나타나 있듯이 안설을 통하여 안정복이 관심을 많이 갖고 있던 것이 어떤 것이었는가를 대략 알 수 있다. 단순하게 안설의 숫자만으로 보면, 군신문제를 다룬 안설, 지리고증과 관련된 안설, 외교와 국방에 관한 안설, 제도 및 법령에 관한 안설, 그리고 역사서술에 관한 안설이 단연 큰 비중을 차지한다. 그 밖에 호칭이나 어원에 관한 안설이나 불교비판에 관한 안설도 적지 않게 나타난다. 상위 7분야의 내용(A, B, C, D, E, M, K)이 512개로 전체 안설 633개의 80% 이상을 차지한다.[9] 특히 군신관계

朝鮮(箕子朝鮮 : 檀君朝鮮은 附記)- 제1 상권
馬韓(193 B.C.~9)------------- 제1 상권
三國(10~668)--------------- 제1 하권~제4 상권
(統一)新羅(669~935)----------- 제4 하권~제5 하권
高麗(936~1392)-------------- 제6 상권~제17 하권

를 다룬 안설(C, D)이 29.5%나 된다. 대체로 그의 관심이 정치 분야에 치중된 점을 발견할 수 있다.

그리고 그가 어느 시대에 관심이 컸던가에 대해서도 <표 2-3-1>에 잘 나타나 있다. <표 2-3-1>의 시대별 안설의 구성 분포를 『동사강목』 본편의 배분과 비교하여 다음 <표 2-3-2>와 같이 다시 한 번 정리해 보자.

<표 2-3-2> 안설의 시대별 구성 분포

	조선·마한 (제1상)	삼국 (제1하~제4상)	(통일)신라 (제4하~제5하)	고려 (제6상~제17하)	계
卷數 (%)	0.5권 (2.9%)	3권 (17.6%)	1.5권 (8.8%)	12권 (70.6%)	17권
按數 (%)	38개 (6.8%)	120개 (21.6%)	42개 (7.6%)	356개 (64.0%	556개

위 <표 2-3-2>에 나타나 있듯이, 안정복은 『동사강목』 본편 17권 가운데 고려시대의 서술에 12권을 배분하였다. 즉 70.6%를 차지한다. 그러나 안설은 본편에 제시한 556개 가운데 356개로서 64%에 그쳤다. 통일신라에 배분된 권수와 안설은 각각 1.5권(8.8%)과 42개(7.6%)으로서 역시 상대적으로 안설의 비율이 낮다고 하겠다. 이에 반하여 삼국시대와 그 이전의 시대에 쓰인 안설은 다른 시대에 비하여 안설의 비율이 높다. 그 가운데서도 조선과 마한시대에는 본문의 서술보다도 안설의 비율이 훨씬 높다는 것을 알 수 있다. 이는 안정복이 『동사강목』을 편찬하면서 삼국시대 이전에 더

---

9) 다만 안설의 숫자가 많다고 하여 안설의 숫자가 적은 분야에 소홀하였다고 평가할 수는 없을 것이다. 『동사강목』 사론을 검토하여 보면 어떤 경우에는 하나의 안설에서 많은 견해를 한꺼번에 나타낸 경우가 있는가 하면(이를테면 『동사강목』 第6上, 丙辰, 光宗 7년, 按의 奴婢賤籍에 관한 견해를 들 수 있다), 소소하고 구체적인 사항을 여러 번으로 나누어 제시하는 경우가 많다. 그리고 안설이 아니더라도 사론의 성격을 지닌 것도 적지 않다. 따라서 본고에서 구태여 안설의 숫자를 들어 해석하는 것은 그의 관심도를 헤아려 보는 한 방편일 뿐이다.

많은 관심을 두었음을 말해 준다. 또한 <표 2-3-1>에 드러나듯이, 『동사강목』 본편에 있는 556개의 안설 가운데 삼국시대 이전의 것이 158개이다. 이는 종래 다른 역사서에 수록된 사론과 절대 숫자로만 비교하여도 결코 적은 숫자가 아니다. 더불어 『동사강목』 부록에 있는 「고이」, 「괴설변증」, 「잡설」, 「지리고」의 고증대상이 주로 삼국시대 이전의 고대에 속한다는 사실과 부록에서 다루어진 안설 68개가 거의 삼국시대 이전의 것임도 이를 뒷받침해 준다. 특히 고대의 지리고증이 많다는 점도 주목되는 부분이라 할 것이다. 요컨대 안정복은 『동사강목』을 편찬하면서 한국 고대사의 연구와 고증에 주된 관심을 두었다고 하겠다.

그런가 하면 고려시대에 집중되어 비판적인 내용을 지닌 안설도 있다. 과거제도나, 불교비판과 함께 유교 예식과 관련된 안설을 들 수 있다. 아마도 여기에서 안정복의 고려왕조에 대한 인식을 읽을 수 있을 것 같다. 또한 중국 문헌의 기록을 전재한 안설 가운데 통일신라 이전의 것이 많았던 까닭은,

> 삼국 이전은 東史에 전해지지 않기 때문에 중국 역사를 따다가 보충하였다. 고려 이후는 本史에 이미 갖추어져 있기 때문에 도리어 本史를 위주로 하였다.(『동사강목』, 附錄, 考異, 明濮眞征高麗被執不屈死之, 按)

라고 했듯이, 삼국 이전 역사에 관한 우리나라의 기록이 적기 때문이었다. 아마도 안정복은 중국 기록을 원문 그대로 소개함으로써 우리나라 문헌에 없는 역사적 사실의 근거자료를 제시함과 동시에 독자가 직접 그 사료를 참고하도록 편의를 제공하려는 뜻이 있었던 것이 아니었나 생각된다.

그러면 앞서 내용별로 분류된 안설 가운데 주목되는 부분을 간략하게 고찰해 보자. 편의상 내용별 분류의 순서에 따라 전개한다.

(1) 국방강화와 군사정책의 개선 (A)

국방에 관한 안설에는 전쟁에 관한 기사가 가장 많다. 그 밖의 내용을 종합해 보면 결국 외침을 막기 위한 대비책에 관한 견해로 이루어졌다고 할 수 있다. 그가 안설을 통하여 강조한 변방의 경계를 강화하고 해방대책을 세우는 일, 주변국의 정치적·군사적 동향을 살피는 일, 군사적 요새지를 확보하고 兵車 등 병기를 보급하는 일, 그리고 통일신라 이래 文弱에 빠지게 한 숭문정책을 지양하고 문무 균형적인 정책을 펴자고 주장한 것 등은 조선 정부의 군사적 위약성을 지적한 안정복의 대표적인 현실개혁 의식의 표출이라 보아 좋을 것이다.[10)]

(2) 사대교린을 통한 외교의 강화 (B)

주변국과의 사신 교환 사실을 나타낸 안설이 55개로 77%를 차지한다. 국내 역사서에 없는 기록은 『文獻通考』를 다수 참고하여 보충하였다. 안정복은 주변국과의 외교를 국방의 차원에서 설명하고 그 방법으로 사대교린의 중요성을 거듭 강조하였다.[11)] 따라서 그의 외교에 관한 사론은 국방 문제와 관련하여 설명되어야 할 것으로 생각된다.

(3) 왕권강화를 통한 기강의 확립 (C)

군왕 및 왕실에 관한 안설에서는 군왕의 정치득실에 관한 포폄이 크게 다루어지면서, 더불어 왕권강화를 강조하였다는 점이 주목된다. 이는 특히 일정한 왕조 말기의 군신관계를 다루는 과정에서 자주 찾아볼 수 있다.[12)]

---

10) 필자는 이미 안정복의 국방에 관한 견해에 대해 고찰한 바 있다(강세구, 「안정복의 국방론」, 『실학사상연구』 2, 1991 ; 졸저, 『동사강목 연구』, 282~303 참조).

11) 대표적인 예로 『동사강목』 第1上, 壬申, 馬韓, 按 ; 同 제11상, 元宗 元年, 2月, 按 등을 들 수 있다.

12) 『동사강목』 第4下, 庚午, 文武王 10년, 夏6月, 按 ; 同 제2하, 癸酉, 秋7月, 按 ; 同 제5하, 丁亥, 景哀王 4年, 12月, 按 ; 同 제5하, 乙未, 王金傅 9年, 冬10月, 按 등 참조.

대체로 그는 왕조의 멸망을 왕권의 위약성과 관련지어 설명하고 있다.

(4) 신하의 충절과 인재등용의 중요성 강조 (D)

안정복은 왕권이 강화되어야 한다는 견해를 나타냄과 동시에 신하의 절의를 높이 평가하였다. 따라서 名臣의 여부를 절의의 유무로 결정하는 경우가 많았다. 그리고 반역자나 반역행위에 동조 혹은 협조한 신하에 대해서는 준열한 비판을 가하였다.

이와 관련하여 그는 인재등용 방법의 개선을 중요한 현안으로 삼았다. 왕권 강화와 더불어 신하의 절의를 높이 평가한 안정복의 군신관은 주목되는 대목이라 하겠다.[13]

(5) 현실에 맞는 제도개혁 (E)

『동사강목』 사론에서 실학적 요소가 가장 강하게 나타난 부분이 바로 각종 제도나 법령의 개혁에 관한 견해를 제시한 부분이라 하겠다. 관직이나 군현의 연혁 혹은 개폐에 관한 안설은 대부분 자신의 견해를 생략하고 역사적 사실만을 나타낸 것이 많지만, 그 밖에 형법이나 과거제도와 관련한 안설은 현실 비판이 많이 이루어지고, 더불어 개선안도 적지 않게 포함되어 있다. 종래 다른 역사서와는 달리 『동사강목』 首卷에 「官職沿革圖」를 넣을 정도로 안정복은 이 부분에 큰 관심을 보이기도 하였다. 특히 형법에 대한 견해는 『臨官政要』의 '刑法章'이나 '詞訟章'과, 그리고 과거제도에 대한 견해는 안정복이 제시한 인재등용 방법과 관련하여 검토되어야 할 부분이기도 하다.[14]

---

13) 필자는 『동사강목』 사론을 중심으로 한 안정복의 절의관에 대해 이미 분석해 본 바 있다(강세구, 「순암 안정복의 충절론에 관한 일고찰」, 『國史館論叢』 34, 1992).

14) 필자는 안정복의 현실의식과 관련하여 『동사강목』 안설을 중심으로 형법제도와 과거제도에 대해 이미 분석해 본 바 있다(졸저, 앞의 책, 258~273쪽).

(6) 경제안정 정책의 실시 (F)

경제적 내용을 담은 안설은 다른 것에 비하여 그리 많다고 볼 수는 없다. 그런 가운데에서도 안정복은 농촌경제의 안정에 많은 관심을 보였다. 賑貸法이나 義倉, 常平倉 등의 운영실태와 문제점을 지적하고,[15] 조선 전기부터 시행되어 온 환곡제도의 모순과 개선에 주목하였다.[16] 그리하여 그는 환곡제도를 폐지하고 조선 초기부터 논의되어 오던 사창제의 실시 확대를 강력하게 주장하였다.[17]

(7) 철저한 지리고증과 역사지리 학풍 (G)

안정복이 『동사강목』을 편찬하면서 가장 관심을 두었던 것 가운데 하나는 역시 지리연구를 통한 우리 역사의 이해라 할 것이다. 『동사강목』안설 633개 가운데 90개가 지리와 관련된 것 외에도, 수권에 8폭의 역대 강역지도를 넣고, 부록에는 지리고증으로 이루어진 「지리고」를 편제하였다. 그뿐만 아니라 『동사강목』에는 안설 외에 2400여 개나 되는 間註가 있는데 그 가운데 1500여 개가 지리에 관한 것으로 전체의 60%가 넘는다. 그가 성호나 성호문인들과 학문적 교류를 하면서 남긴 서간문에도 지리고증에 대하여 나눈 의견이 적지 않다. 이 모두가 안정복이 『동사강목』을 편찬하면서 지리문제에 얼마만큼 관심을 두었는가를 알게 한다.[18]

---

15) 『동사강목』第6上, 丙戌, 成宗 5年, 秋7월, 按.

16) 『동사강목』第2上, 甲戌, 冬10월, 按 ; 同 제7상, 癸巳, 文宗 7년, 冬10월, 按 등.

17) 필자는 환곡제도에 대한 안정복의 견해에 주목하여 과거제도와 형법제도와 더불어 『동사강목』 사론을 중심으로 분석한 바 있다. 거기에서는 사창제에 대해서도 간단하게 언급하였으나, 『동사강목』 사론을 중심으로 한 연구였기 때문에 구체적인 분석은 피하였다(졸저, 앞의 책, 274~282쪽). 안정복의 사창제에 대하여 구체적인 연구는 吳煥一, 「안정복의 社倉에 대한 연구」, 『국사관논총』46, 1993이 있다.

18) 이의 중요성을 느끼고 필자는 『동사강목』 연구의 첫번째 작업으로 「지리고」를 분석한 바 있다(강세구, 「순암 안정복의 동사강목 지리고에 관한 일고찰」,

(8) 불교비판 (I)

불교에 관한 안설에서는 불교의 전래나 佛僧의 행적에 관한 내용도 다루어졌지만, 불교의 허황성이나 폐해에 대한 비판이 많이 이루어졌다. 역대 왕실의 호불정책과『삼국유사』에 대한 비판적 견해도 적지 않게 찾아볼 수 있다. 고려왕실의 불교숭상을 매우 비판적인 안목으로 보았다. 특히 그의 불교관은 서학 비판의 이론적인 배경을 이루고 있다.[19] 洙泗學적 유학을 고집한 안정복의 학문관에서 불교는 대표적인 이단이었던 것이다.

(9) 철저한 역사고증 (M)[20]

『동사강목』이 후대의 학자들로부터 좋은 평가를 받는 요인 가운데 가장 대표적으로 들 수 있는 것은『동사강목』이 철저한 고증을 거쳐 이루어졌다는 점일 것이다. 수권의 ‘採據書目’에서 종래 역사서에 대한 문헌비판을 가하고, 별도로 부록에서 고증을 하여 거기에서 고증한 것을 본문에 옮겨 쓰는 방법을 사용한 것은 종래 역사서에서 찾아보기 어려운 점이다. 안설에서는『삼국사기』,『삼국유사』,『고려사』,『동국통감』 등에 대한 문헌비판이 가해지면서, 종래 역사서에서 탈락된 기록을 보충하거나 수정하고 더불어 역사가가 역사를 서술할 때 지녀야 할 태도나 서술방법 등에 관한 문제가 중요하게 다루어졌다.[21]

(10) 계통적 한국사 체계의 수립 (N)[22]

『역사학보』112, 1986 ; 졸저, 앞의 책, 203~250쪽 참조).

19)『순암집』17, 雜著에 있는 ‘天學考’와 ‘天學問答’과 각종 서간문에서 찾아볼 수 있다.

20) 앞서 본 지리고증에 관한 안설도 크게는 역사고증에 포함되기 때문에, 구체적인 분석이 요구될 때에는 본항과 관련하여 고찰되어야 할 것이다.

21) 필자는 안정복이『동사강목』편찬과정에서 사용한 역사고증 방법에 대하여 부록에 있는 「고이」를 중심으로 고찰한 바 있다(강세구, 「안정복의 역사고증 방법」,『실학사상연구』창간호, 1990 ; 졸저, 앞의 책, 151~204쪽 참조).

『동사강목』은 철저하게 정통의 유무를 따져 편찬되었다.[23] 이에 관한 안설은 3개 정도에 그치나『동사강목』범례에서 크게 다루어졌고 이익과 긴밀한 논의를 거친 부분이기도 하다.[24] 따라서 統系에 관한 안설이 적다 하여 중요성이 덜한 것은 아니다. 안정복은 안설을 통하여 단군조선과 기자조선이 정통이 되는 이유를 밝히고 고려 말 우왕과 창왕의 정통성도 인정해야 한다는 견해를 나타냈다.[25]

(11) 재상 기록의 보충

災祥에 관한 안설도 숫적으로는 적다고 할 수 있다. 그러나『동사강목』 본문을 검토해 보면 日食·地震·災異 등 천재지변은 모두 기록하는 것을 원칙으로 삼았다.[26] 그리하여 그는『동국통감』에서 탈락시킨『삼국사기』의 재상 기록을 471개나 보충하였다.[27]

(12) 기타

호칭에 관한 안설에서는 나라 이름, 사람 이름, 각종 제도의 호칭 등에 대한 옛 명칭을 해석하거나 현재의 호칭을 옛 이름으로 소개하는 경우를 들 수 있고, 어원에 관한 안설에서는 尼谿, 釗의 발음과 叱의 뜻을 풀이하였다.[28]

---

22) 필자는 안정복이『동사강목』을 통하여 나타낸 한국사 체계와 마한정통론을 분석해 본 바 있다(졸저, 앞의 책, 93~149쪽 ; 강세구,「동사강목의 국사 체계와 마한정통론에 관한 고찰」,『실학사상연구』4, 1993).

23) 안정복은『동사강목』自序에서 '大抵 史家大法 明統系也'라 하였다.

24)『성호집』25, 書, 答安百順問目 및 別紙 등에 잘 나타나 있다.

25)『동사강목』범례, 統系.

26)『동사강목』범례, 災祥.

27) 필자가 헤아려 본 결과, 안정복은『동사강목』에『東國通鑑』에 없는 災祥 기사 가운데 馬韓에 18개, 삼국시대에 260개, 통일신라에 144개, 고려시대에 44개를『三國史記』의 기록 등을 참고하여 추가 기록하였다.

28)『동사강목』第1上, 癸酉, 馬韓, 춘3월, 按 ; 同 第2上, 辛卯, 춘2월, 按 ; 同,

기예에 관한 안설에서는 음악의 중요성이 언급되는 가운데 궁중에서 이루어진 俗樂을 비판대상으로 삼기도 하였다. 李齊賢, 鄭仁卿, 吳潛의 詩를 소개하기도 하였다.

삼강오륜이나 관혼상제와 관련된 안설에서는 유독 고려의 풍습에 관심을 집중시켰다. 특히 고려의 喪禮가 매우 문란하다는 사실을 들어 비판적인 입장을 보였다.[29]

끝으로 안정복은『三國志』,『後漢書』,『南史』,『北史』,『通典』,『唐書』,『新唐書』,『文獻通考』,『資治通鑑綱目』등 중국 역사서에 수록된 三韓傳, 夫餘傳, 濊傳, 高句麗傳, 百濟傳, 新羅傳, 勿吉傳, 渤海傳의 기사 가운데 필요한 부분을 원문 그대로 옮겨 기록하고, 고려의 풍속 기사와 금나라의 흥기에 관한 기사도 원문 그대로 수록하였다.[30]

3. 안설을 통해 본 안정복의 역사학과 현실개혁사상

이상과 같이 안정복은『동사강목』안설을 통하여 다양한 견해를 나타냈다. 본 절에서는 많은 안설 가운데 유형원이나 이익으로부터 안정복에게 전수된 학문과 사상이『동사강목』에 어떻게 적용되어 나타나는가에 특히 유념하여 보기로 한다. 유형원·이익의 학문과 사상이 얼마만큼 안정복에게 영향을 주었는가는 한 마디로 말하기는 곤란하지만『동사강목』편찬에 직접적인 영향을 준 역사학과 관련된 문제, 그리고『반계수록』으로부터 영향을 받은 현실개혁과 관련된 문제가 먼저 주목되어야 할 부분이 아닐까 생각된다. 그러한 점에서 본고에서는 역사학과 현실개혁에 관한 견해를 주

부록, 考異, 尼師今, 按.

29)『동사강목』第8上, 壬辰, 睿宗 7년, 9월, 按 ; 同 第14下, 庚子, 恭愍王 9년, 8월, 按 등.

30)『동사강목』第7下, 甲寅, 文宗 28년, 秋9월, 按.

된 대상으로 삼아 간략하게 살펴보겠다.

안정복의 역사학과 직접 관련이 있는 안설로서는 역사서술에 관한 안설 (M), 지리고증에 관한 안설(G), 統系에 관한 안설(N) 등을 대표적으로 들 수 있다. 그리고 현실개혁사상을 드러낸 안설은 여러 부문에 걸쳐 나타나 는데,[31] 대체로 다음과 같은 안설에서 많이 찾아볼 수 있다.

1) 국방에 관한 안설---兵器의 확보, 海防 邊禦 및 경계의 강화, 文武 均衡정
책의 지향, 그 밖에 국방 차원의 외교정책 등
2) 인재등용에 관한 안설---문벌의 배제, 천거의 엄격한 관리, 인재 교육
3) 과거제도의 문제점과 개선에 관한 안설
4) 형법제도의 문제점과 개선에 관한 안설
5) 환곡제도·진휼제도의 문제점과 개선에 관한 안설
6) 奴婢賤籍의 혁파 등 신분제도의 개선에 관한 안설
7) 기타 부분적으로 나타내거나 암시한 안설

그러면 안정복이 『동사강목』 안설을 통하여 제시한 역사학과 현실개혁 에 관련된 의견을 간략하게 분석해 보기로 하자.

1) 역사학

안정복은 『동사강목』 안설을 통하여 역사가가 역사를 쓰는 과정에서 나 타나는 여러 가지 문제를 제시하였다. 대체로 역사가의 역사서술에 따른 문제와 역사고증 문제, 그리고 안설의 숫자는 적지만 한국사의 체계문제로 모아진다. 이를 좀더 구체적으로 살펴보자.

① 역사가의 역사서술

안정복의 역사서술에 관한 견해는 대체로 문헌비판을 가하는 과정에서

---

31) 안정복의 현실의식이 비교적 짙게 나타난 안설에 대해 필자 나름대로 분류한
자료가 있다(졸저, 앞의 책, 195쪽). 중복되지만 고찰의 편의상 제시한다.

나타난다.32) 주목되는 몇 가지 예를 들어보자. 첫째로 기록이 탈락되었다거나 혹 기록이 있다 하더라도 내용이 잘못되었다는 지적이 많았다. 『삼국사기』를 비롯하여 『삼국유사』, 『고려사』, 『동국통감』, 『동국여지승람』 등이 기록의 탈락이나 잘못된 기록이 많다 하여 비교적 잦은 비판대상이 되었다. 이를테면 『삼국사기』의 기록에 오류가 많고 소략하다고 하면서 특히 지리지는 신라의 기록에만 의존하여 옛 북방 강역에 관한 기록은 모두 빠뜨렸다는 것이다. 더욱이 후세의 학자들은 이와 같은 오류를 검토해 보지도 않고 그대로 답습하여 썼다고 지적하였다.33) 종래 역사서에 기록의 오류나 탈락이 많았다는 사실은 그로 하여금 철저한 고증의 필요성을 갖게 하였던 것이다.

둘째로 안정복은 역사가의 直書를 역설하였다. 따라서 史官의 曲筆이나 忌諱를 혐오하였다. 다음에 제시한 안정복의 견해를 참조하여 보자.

천하는 하루라도 기록(史)이 없어서는 안 된다. 그러므로 비록 전쟁으로 어지러운 때에도 역사 기록이 일찍이 폐해진 때가 없었다. 춘추시대의 列國이나 兩晉 사이 여러 나라의 일을 보면 알 수 있다. 이와 같은 혼란기에도 그랬는데 하물며 평상시에랴. 창업 개국하여 세대가 내려가 오래되면 점차 기록할 만한 것이 많다. 세대가 점점 멀어질수록 사실을 잃을까 하여 염려하게 되고, 또한 전쟁이라도 일어나면 典籍이 殘缺될까 염려하여 반드시 한가한 때에 별도로 한 책으로 만들어 일대의 역사를 구비하였던 것이다.

司馬遷의 『史記』, 班固의 『漢書』, 孫盛의 『晋春秋』, 李燾의 『續通鑑長編』, 陳建의 『通紀』는 모두 당세 사람이 당세의 일을 기록하되 그 때에 꺼려 숨기는 것을 直書하였어도 그르다 하지 않았고, 사사로운 저술이지만 참람하다고 하지 않았으며, 혹 관청에서도 붓과 종이를 주어 그 완성을 기쁘게 생각하였다. 이로써 史才가 있는 사람이 그 뜻을 펼 수 있

---

32) 졸저, 앞의 책, 162~163쪽 참조.
33) 안정복의 문헌비판은 졸저, 앞의 책, 162~164쪽 참조.

었고 문헌이 징험할 수 있었다. 후세에 이르러 野史를 금하면서부터 수
십 년을 경과하면 善惡이 민멸되어 흔적이 없으니 악을 행하는 자가 꺼
릴 바가 없고 난신적자가 두려워 할 바가 없으니 이것이 이른바 君子에
게는 불행이요 小人에게는 다행인 것이다.

　　고려시대 鄭可臣이 일찍이『金鏡錄』을 私撰하였는데 이 때에는 野史
를 금하는 일이 없었고 충렬왕 역시 閔漬에게 증보하고 수정하도록 명하
였으니 위로부터 역시 그 왕성을 권장하였던 것이다. 이는 후세의 본받을
만한 것이다. 애석하게도『금경록』과『編年綱目』이라는 것이 전해지지
않는다. 이는 우리나라가 문헌을 숭상하지 않은 소치이니 개탄을 금치 못
하겠다. 민지의 책은 편년이라고 이름하였기 때문에 列傳·表·志의 체
재가 이루어지지 않아 편벽된 흠이 있다. 이리하여 麗氏 一代의 六典을
징험할 수가 없다. 정인지의『고려사』는 비록 여러 志가 있으나 荒蕪하
고 소략함이 심하다. 戶口 같은 것은 역사가가 반드시 써야 하는데 역시
기록하지 않았으니 다른 것도 알 만하다.(『동사강목』第13下, 丁巳, 忠肅
王 4년, 夏4월, 按)

　위의 글은 고려 충숙왕 4년 閔漬가『本朝編年綱目』을 편찬하여 왕에게
올린 사실을 들어 안정복이 민지의 인품을 평가하고, 더불어 역사가의 역
사서술 태도에 대한 원론적인 견해를 피력한 것이다. 요약하면 역사의 기
록은 매일 이루어져야 할 뿐만 아니라 숨기지 말고 사실대로 직서해야 한
다는 요지이다. 특히 그는 고려 말기의 역사서에 숨기고 고의로 빠뜨린 기
록이나 曲筆이 많다고 지적하였다.[34]

② 역사고증

　안정복의 역사학에서 가장 두드러진 것은 역시 철저한 고증을 하는 것
이다. 앞서 본 바와 같이 기존 역사서에 기록의 탈략과 오류가 많다거나

---

34)『동사강목』第16下, 戊辰, 前廢王禑 14년, 夏4월, 按. 그리고 同上, 考異, 恭
　　愍王末年宮闈間事에는 '且麗末史官 多曲筆 不必――徵信 故審擇而去取
　　之'라 하여, 고려 말기의 사관들이 곡필을 많이 하였다고 지적하였다.

곡필이 많다는 안정복의 지적은 그로 하여금 철저한 고증을 통하여『동사강목』을 쓰도록 하였다. 그는『동사강목』범례에서 부록을 통해 고증을 하겠다는 고증 계획을 세웠고, 본편 앞에 놓은 首卷에서는「採據書目」을 통하여 문헌비판을 하였으며, 부록에 있는「고이」,「괴설변증」,「잡설」,「지리고」에서는 고증의 실제를 보였다. 이와 같은 체재만 보아도 안정복이『동사강목』을 편찬하면서 역사고증에 얼마나 관심을 집중시켰는가를 알 수 있을 것이다. 특히 그는 삼국시대 이전의 설화나 지리의 고증에 심혈을 기울였다.「고이」와는 별도로 설화의 변증을 다룬「괴설변증」과 지리고증을 다룬「지리고」를 두었다는 점이 이를 증거한다. 그의 고증방법이 비록 司馬光의『資治通鑑考異』를 본받은 문헌 중심의 고증이기는 하지만 이는 후대 학자들이 역사 연구를 할 때 쓰는 고증방법과 비교해 손색없을 정도로 뛰어난 것이었다고 보아 좋지 않을까 한다.[35) 더욱이 그의 고증방법은 주변 학자들과 논의를 충분히 거치는 개방적인 것이었고, 초고를 완성하고 난 후에도 19년이라는 재고기간을 갖기도 하였다.

그의 역사고증은 유형원과 이익의 영향을 적지 않게 받았다. 안정복이 유형원의 저술을 초록하여 엮은『東史例』와 지리지『東國輿地志』가 특히 많은 영향을 주었을 것으로 보인다.『동사례』에 있는「東史怪說辨」은 설화변증을 한「괴설변증」에,「與朴進士自辰於東國地志」는 지리고증에, 그리고『東國輿地志』는「지리고」의 재고과정에서 크게 활용되었던 것이다. 이렇게 볼 때, 안정복의 설화변증과 지리고증은 유형원의 영향이 컸다고 할 수 있으며, 후자의 경우 유형원의 역사지리 학풍을 이어받는 계기가 되었다고 보아 좋을 것이다.[36)

이익이 안정복의 역사고증에 얼마만큼 영향을 주었는가는 두 사람 간에

---

35) 안정복의 고증방법에 대한 구체적인 것은 졸저, 앞의 책, 162~178쪽 참조.
36) 유형원의 역사지리학이 안정복의『동사강목』편찬에 어떻게 영향을 주었는가는 朴仁鎬,「유형원의 동국여지지에 관한 일고찰」,『청계사학』6, 103~104쪽 참고.

오간 편지에 잘 나타나 있고, 『星湖僿說』은 고증의 주된 참고문헌이었다. 안정복은 「고이」나 「지리고」의 저술까지도 이익의 자문을 받았을 뿐 아니라, 고증작업을 하는 과정에서도 의문스럽거나 모르는 부분에 대해서는 수시로 이익의 자문을 받았다.[37] 많은 고증내용을 담고 있는 이익의 『성호사설』은 『동사강목』 초고를 마친 뒤 1762년 안정복에 의하여 『星湖僿說類選』으로 편찬되었다. 그만큼 안정복은 『성호사설』의 내용을 소상하게 알았고 고증작업에 이 책을 많이 활용하였다는 사실을 말해 준다 하겠다.

③ 한국사의 체계문제

안정복이 세운 우리나라 역사의 체계는 정통 논의로부터 시작된다 하겠다. 『동사강목』 범례, 統系에 있는 한국사의 정통체계는 단군조선 → 기자조선 → 마한 → (무통 삼국) → 문무왕 9년 이후의 신라 → 태조 19년 이후의 고려를 기본골격으로 하고 있다. 이와 같은 체계에 따라 『동사강목』 본편의 체재도 이루어졌다. 유형원이 「동사강목범례」에서 삼국 이전의 자료가 없어 편년이 불가능하면서 삼국 이후부터 우리나라 역사를 쓰려 한 것보다 발전적이라고 보아 좋을 것이다.[38] 안정복의 정통체제에서 주목되는 부분은 단군조선·기자조선에 이어지는 마한의 정통성 부여라 할 수 있다. 마한이 정통이어야 한다는 것은 이미 洪汝河로부터도 논의된 것이지만, 안정복은 마한을 정통으로 삼았을 뿐 아니라 편년을 갖추어 外紀가 아닌 本紀로 다루어 서술하였던 것이다. 안정복의 마한정통론이 이익의 삼한정통론으로부터 영향을 받았다는 사실은 이미 밝혀져 있다.[39] 그리고 기존

---

37) 특히 『성호집』 25, 書, 答安百順問目 ; 同 26, 答安百順, 丙子, 別紙 ; 『순암집』 10, 書, 東史問答에 두 사람 사이에 오간 고증에 관한 문답내용이 많이 나타나 있다.

38) 『東史例』, 東史綱目凡例, 첫머리 참조.

39) 이익의 삼한정통론과 안정복의 마한정통론의 관계는 졸저, 앞의 책, 124~125쪽 참조.

의 다른 역사가들이 고려 말 우왕과 창왕을 정통으로 받아들이지 않은 것
과는 달리 정통체계에 넣어 다루었다는 점도 특기할 만하다.[40]

2) 현실개혁사상

　　안정복이 『동사강목』 사론을 통하여 현실적인 문제를 많이 다루었다는
점은 앞에서 본 바와 같다. 『동사강목』이 역사서이면서 실학적 성격이 강
하게 나타난다는 평가를 받게 되는 연유가 여기에 있다고 말할 수 있을 것
이다. 여기에서는 유형원이 『반계수록』에 제시한 견해가 『동사강목』에 어
떻게 작용되었는가를 검토해 보기로 한다. 편의상 안정복의 견해 가운데
유형원의 주장과 유사한 내용에 대해 주목되는 몇 가지만 선택하여 다음
<표 2-3-3>과 같이 정리해 보았다.

<표 2-3-3> 안정복의 현실개혁 안설과 『반계수록』의 내용

구 분	안정복의 견해	『반계수록』의 내용
(국방문제) 1.대일본관	*倭는 믿기 어려우니 우리나라의 방어대책을 하루라도 강구하지 않으면 안 된다(『동사강목』第1上, 辛未, 馬韓, 按).	*왜구를 방어하기 위한 각종 대책 제시(권21, 兵制, 諸色軍士).
2.水軍확보	*倭를 막으려면 수군만한 것이 없다(제7하, 辛未, 宣宗 8년, 春정월, 按).	*수군도 과거를 통해 선발토록 할 것(同上).
3.兵車보급	*오랑캐를 막는 데는 兵車를 사용하는 것이 상책이다(同上).	*兵車를 軍用으로 삼을 것(권22, 兵車).
(인재선발) 1.과거	*詩賦를 常禮로 하여 시험을 보였으니 시부로 어떻게 실제의 재주를 취할 수 있겠는가(제6상, 癸未, 成宗 2년, 冬10월, 按).	*浮虛한 글짓기를 하는 과거를 영원히 없앨 것(권10, 敎選之制 下, 貢擧事目 ; 권12, 敎選攷說 下, 本國選擧制附).
2.천거와 門地의 배제	*초야에 남아 있는 어진 인사를 등용해서 써야 할 것이다(제3하, 乙巳, 5월, 按).	*천거의 중요성과 구체적인 방법을 제시(권13, 任官之制,薦擧).

---

40) 『동사강목』 범례, 統系, 按. 그리고 여러 역사서의 우왕과 창왕에 대한 표기
　　의 예는 졸저, 앞의 책, 107쪽 주) 45 참조.

	*用人에 있어 문벌을 숭상하는 것은 후세의 고루한 관습이다. 문벌과 지벌이 있다 하여 어질고 재능이 있는 것은 아니다(제7하, 丁酉, 文宗 11년, 秋8월, 按).	*用人은 오직 어짐과 재능으로 하고 문벌과 지벌을 논하지 말 것(同上).
(환곡제도) 1.還上의 폐단	*오늘의 조적정책은 봄에 나누어 주었다가 가을에 거두어들이는데 곡식에는 정해진 수량이 있기 때문에 여기에 모자라게 할 수는 없어서 10분의 1을 더 거두는데 그것을 耗라 하였으며, 역시 새나 쥐를 빙자하여 거두어들이는 것이다. 기왕에 耗라고 한다면 그 소모된 것만 충당해야 할 것이다. 지금은 耗를 관청의 수용비로 쓰고 새나 쥐가 축낸 것은 小豆로 분배하여 백성들로 하여금 그 줄어든 수량을 채워 내게 하여 耗의 耗를 거둔다면 이는 백성들이 耗를 거듭 내는 것이다. 새나 쥐의 이름을 빙자하여 끌어다가 官用으로 하니 그 욕됨이 심하다. 천하 후세에 전할 수 없으니 옛 사람이 이른바 耗라 한 것과 이름은 같지만 그 백성을 병들게 한 것은 심하다 하겠다(제7상, 癸巳, 文宗 7년,冬10월,按).	*조적이라는 글자의 뜻은 본시 사들이고 파는 것을 말한다. 지금 우리나라 사람들은 모두 還上으로서 꾸어 주는 것을 '조'라 하고 갚는 것을 '적'이라 하여 그 글자의 뜻을 알지 못하니 이는 한쪽 면에 치우친 所見에 빠져 있어 그렇다(권3, 田制後錄 上, 常平社倉).
2.환자와 상평창	*상평창은 위에서 관리하여 곡식이 너무 귀하거나 흔한 때가 없게 한 것이고 義倉의 이로움은 아래에 있기 때문에 백성을 옮기거나 곡식을 이동하는 수고로움이 없다. 만일 마땅한 사람을 얻어 그 법을 두 가지 모두 행한다면 救荒의 方術이 될 뿐 아니라 위급한 때 역시 의지하게 되는 것이다(제6상, 丙戌, 成宗 5년, 秋7월, 按).	*서울과 州縣에 모두 상평창을 두고 지금 환자의 법규를 고침. 환자곡과 저장된 財帛을 모두 옮겨 상평창의 자본으로 삼음(同上).
3.社倉制 실시	*成宗이 義倉을 설치하고 뒤에 또 상평창을 둔 것은 잘 하였다고 할 수 있으나 의창을 일백 호의 社에 두지 않고 오직 州郡에만 두어, 상평창을 설치하지 않고 兩京과 12牧에 설치한 것은 잘한 것인지 모르겠다(同上).	*지금의 還上을 고쳐 열읍에 모두 상평창을 두고, 사창을 지원하여 설립하되 官을 참여시키지 않음(권7, 田制後錄攷說 上, 常平義倉救荒).
(노비문제) 1.노비천적	*우리나라에서 노비를 대대로 전해지도록 법으로 만든 것은 실로 王政에 있어 차마 못할 바였다(제6상, 丙辰, 光宗7년, 按).	*노비의 자손이 대대로 종이 되는 법은 본래 왕도정치에서 마땅히 고쳐져야 할 것(권1, 田制 上, 分田定稅節目).
2.종모법	*(직접적인 언급은 없으나 반대의 입장을 보임)(同上).	*노비는 어머니의 役을 따르는 법으로 劃一均用할 것임(권26, 續篇 下, 奴隷).

<표 2-3-3>에 나타난 두 사람의 의견은『동사강목』의 안설에 제시된 것 가운데 국방관계, 科擧를 포함한 인재등용 문제, 환곡제도, 노비문제 등 현실문제와 관련된 것만을 나타냈을 따름이다. 그리고 안정복의 견해를 기준으로 하고, 가능하면『반계수록』에 제시한 유형원의 의견과 뜻을 같이한 부분만을 나타냈기 때문에 많은 내용이 생략되었다. 어쩌면 안정복의 입장에서도『동사강목』이 역사서이기 때문에 저술의 성격상 현실문제에 관한 논의가 일부분에 그칠 수밖에 없었다고 보아야 할 것이다. 따라서 실제로 유형원의 견해가 안정복이『동사강목』사론을 쓰는 데 많은 영향을 주었던 것도 틀림없지만, 오히려『임관정요』에 더 많은 영향을 주었다고 생각된다. 그것은 안정복의『임관정요』저술 목적이 유형원이『반계수록』에 제시한 현실개혁에 관한 내용과 더 밀접한 관계가 있기 때문이다. 즉『임관정요』는 수령이 일반 백성을 다스리는 데 현실적으로 필요한 문제들을 다룬 저술로서, 사실상『반계수록』을 통해 유형원이 주장한 견해와 통하는 부분이 많다. 물론『임관정요』가 안정복이 유형원의 저서를 접하기 전인 27세에 쓰여졌기 때문에 이 초고를 수정·보완하는 데『반계수록』이 이용되었을 것임은 말할 것도 없다.[41]

어떻든 안정복은『동사강목』사론을 쓰는 데에도『반계수록』을 최대한 활용하였을 것임은 의심의 여지가 없다. 다만 현실문제의 개혁을 중심으로 쓰여진『반계수록』을 안정복이『동사강목』에 활용하는 데에는 큰 한계가 있었을 것으로 보여진다. 서술내용의 구체성으로 볼 때, 안정복이『동사강목』사론에 나타낸 견해는 많은 경우 유형원의 견해에 비교될 수 없을 만큼 개론적이라는 점도 이를 대변해 준다 하겠다. 즉『반계수록』에 제시한 유형원의 구체적인 의견은 주로 현실개혁 문제가 주된 내용이 되었던 반

---

41) 그런데 현재 전해지는『임관정요』에서 어느 정도까지가 안정복이 초고에 나타낸 의견이고, 다시 뒤에 유형원이나 이익의 의견을 참작하였는지는 확실하게 구별하기 곤란하다 하겠다. 더욱이 안정복이 유형원의 저서를 접하고 이익을 만나 성호문인이 되기 전에도 당시 실학사상의 흐름에서 현실개혁 문제에 관심이 많았다는 사실을 감안한다면 더욱 그렇다고 할 수 있다.

면, 안정복은 역사를 편찬하는 입장이었기 때문에 현실문제와 관련된 논의가 이루어질 때는 경우에 따라 필요한 부분만을 『반계수록』에서 인용해야 했을 것이다. 그 결과 유형원의 서술처럼 일정한 체계를 갖출 수도 없고 구체적이고 다양한 내용을 모두 제시할 수도 없었을 것으로 생각된다.

그리고 안정복이 처음 『반계수록』을 접했을 때, 유형원의 탁견과 다양하고 구체적인 내용을 보고 매우 놀랐던 점을 상기해 본다면,[42] 안정복 자신은 유형원의 견해 이상으로 뛰어난 대안을 제시할 형편이 못 된다는 점을 느끼고 있지 않았을까 짐작되기도 한다. 따라서 그가 『동사강목』 사론을 통하여 현실개혁 문제를 논의하는 동안 『반계수록』에 크게 의존하면서 참조하였을 것으로 여겨진다. 물론 유형원의 견해에 안정복이 모두 수긍한 것은 아니다. 이를테면 <표 3>에 있듯이 從母法에 대해 유형원은 균일하게 시행할 것을 말한 반면, 안정복은 그 자체를 부정하는 입장을 보였던 것이다. 그러나 『임관정요』와 『동사강목』 안설의 내용을 유형원이 제시한 『반계수록』의 기록과 비교해 보면 전반적인 현실개혁의 방향과 개선안에 대한 두 사람의 기본적인 생각이 크게 틀리지 않다는 점을 쉽게 찾아볼 수 있다.

이 점에서는 유형원과 이익의 관계도 마찬가지로 설명될 수 있을 것이다.[43] 즉 이익 또한 유형원의 학문과 사상을 높이 평가하고 있었던 것이다. 결국 안정복은 성호문인이 되어 이익을 통하여 유형원의 개혁사상을 다시 전수받는 과정을 겪었다고 할 수 있다. 이렇게 볼 때, 이익의 직접적인 관여 아래 안정복의 집필로 이루어진 『동사강목』은 유형원과 이익, 그리고 안정복의 개혁사상과 함께 안설을 통해 직·간접적으로 나타났다고 말할 수 있을 것이다.

이처럼 『동사강목』은 유형원의 저서와 이익의 직접적인 가르침에 힘입

---

42) 『磻溪先生年譜』, 跋.

43) 이익이 유형원의 실학사상을 어떻게 보았는가의 문제와 혈연적 계보관계는 졸저, 앞의 책, 33~34쪽 참조.

어 안정복의 집필로 이루어졌던 것이다. 특히 역사고증과 현실문제가 크게 다루어지면서 『동사강목』에는 유형원·이익의 역사학과 실학사상이 크게 반영되어 나타났다고 할 수 있다.

4. 맺음말

지금까지 『동사강목』 안설의 구성과 주요내용을 정리해 보고, 이어 유형원·이익의 학문과 사상의 영향을 받아 쓰여졌다고 생각되는 안설을 간략하게 살펴보았다. 그 가운데에서도 안정복의 『동사강목』 편찬에 크게 영향을 준 유형원의 역사학과 현실개혁에 관한 견해에 주목해 보았다.

안정복이 『동사강목』을 편찬하는 데 영향을 준 유형원의 역사학은 강목체 서술과 한국사의 체계, 역사고증 등 여러 부문에 걸친다. 그 가운데에서도 안정복에게 특히 영향을 준 것은 고증 부분이라고 할 수 있다. 설화고증은 『동사강목』 부록에 있는 「괴설변증」의 모체가 되었고, 『동국여지지』는 「지리고」를 보완하는 데 좋은 참고자료가 되었다. 더불어 안정복이 『동사강목』을 편찬하면서 실시한 고증이 이익과 성호문인의 많은 자문을 통하여 이루어졌음도 간과할 수 없다.

『동사례』를 비롯하여 『동국여지지』가 안정복의 『동사강목』 편찬의 기본틀이나 편찬 및 재고과정에 직접적인 영향을 주었다고 한다면, 안정복이 안설을 통하여 자신의 견해를 나타내는 데는 『반계수록』에 있는 유형원의 개혁사상이 큰 역할을 하였다. 즉 안정복은 일정한 역사적 사실을 분석 검토하면서 현실적인 문제와 관련시켜 자신의 의견을 제시하는 경우가 많았는데, 이때 유형원의 견해가 크게 적용되었던 것이다.

이처럼 유형원의 저서와 이익의 학문적 가르침은 안정복의 『동사강목』 편찬에 절대적인 영향을 주었다. 유형원·이익·안정복의 학문적·사상적 관계에서 본다면 이는 매우 중요한 의미를 갖는다. 즉 스스로 닦여진 안정복의 학문과 사상이 유형원의 저서를 접하고 이어 이익의 가르침을 받은 이후 새롭게 형성·정착되어 『동사강목』으로 완성되어 나타났다는 점은 앞서 언급한 바 있다. 이 점 조선 후기 실학사상의 흐름에서『동사강목』이 지니는 사학사적 의의가 크다 할 것이다.

<별표 1> 『동사강목』의 안설
(朝鮮古書刊行會 發行本, 1915을 대본으로 함)

(1) 首卷

冊	卷	收錄 面(내용)	계
1	凡例	12(N),13(N),14(N)	3
	採據書目	24(M),24(M),25(M)	3
	圖(下)	86(E),100(E),100(E)	3
首卷 합계			9

(2) 本文

冊	卷	收錄 面(내용)	계
1	第1卷 上	103(M), 104(G), 105(G), 106(E), 108(B), 109(C), 109(C), 110(A), 111(B), 112(D), 113(O)(이상 朝鮮) 114(A), 115(B), 115(A), 116(D), 116(K), 116(C), 117(D), 117(M), 118(O), 119(M), 120(M), 120(A), 121(C), 121(K), 122(G), 123(C), 124(O), 126(G), 126(C),129(C),128(A),	58
	下	132(C), 133(C), 135(C), 135(C), 137(C), 137(C)(이상 馬韓) 139(O), 140(E), 142(D), 144(B), 146(D), 146(C), 150(O), 152(K), 157(M), 159(B), 162(C), 163(C), 164(G), 165(G), 166(G), 169(D), 170(D), 171(D), 177(D), 179(E)	
	第2卷 上	185(A), 187(F), 189(D), 190(C), 190(B), 190(C), 192(B), 194(G), 199(G), 199(B), 200(A), 200(K), 200(B), 205(C), 205(G), 207(H), 207(C), 209(E), 209(E), 210(H), 213(B), 214(B), 215(M), 217(G), 217(A), 218(A), 224(M), 224(G), 225(K), 226(G), 227(E)	51
	下	232(G), 232(B), 233(F), 235(B), 238(D), 245(A), 246(I), 247(C), 249(D), 249(D), 251(O), 252(O), 254(E), 255(C), 262(O), 265(A), 265(G), 266(O), 267(G), 268(O)	
	第3卷 上	275(O), 278(K), 280(J), 280(E), 282(G), 282(K), 282(K), 283(E), 284(O), 286(I), 294(L), 298(G), 298(B), 300(G), 301(O), 302(D), 304(E), 305(C), 307(I), 308(C), 308(A), 312(C), 314(A), 323(G), 323(A)	36
	下	325(O), 326(O), 327(O), 334(G), 343(I), 345(B), 346(A), 348(I), 353(A), 353(D), 358(C)	

冊	卷		收錄 面(내용)	계
1	第4卷	上	368(C), 369(G), 374(A), 375(G), 377(D), 379(C), 381(G), 387(D), 392(D), 393(G), 395(E), 400(G), 400(A)(이상 三國)	28
		下	410(D), 419(A), 425(C), 429(C), 429(F), 429(K), 433(G), 435(E), 436(G), 438(F), 438(A), 439(F), 439(B), 444(C), 452(E)	
	第5卷	上	6(J), 7(C), 13(L), 16(C), 21(E), 24(C), 24(G), 25(O), 30(C), 31(D), 33(C), 34(D)	27
		下	51(G), 54(D), 56(K), 62(B), 64(D), 70(E), 77(B), 78(A), 82(G), 84(C), 87(D), 91(C), 94(P), 96(C), 97(C) (이상 統一新羅)	
2	第6卷	上	102(I), 103(I), 106(A), 110(M),110(J), 110(D), 110(I), 111(C), 111(I), 113(C), 113(C), 114(M), 115(K), 116(M), 118(O), 119(E), 120(E), 121(B), 121(B), 121(B), 122(E), 123(E), 124(B), 126(C), 127(C), 128(M), 129(K), 129(E), 131(B), 131(E), 131(G), 132(O), 133(G), 133(D), 134(I), 139(C), 140(C), 141(C), 141(F), 141(E), 141(E), 143(A), 144(J), 145(F)	74
		下	146(A), 146(C), 147(C), 147(C), 148(F), 148(E), 149(B), 151(J), 152(I), 152(E), 154(B), 155(E), 158(A), 159(A), 160(E), 161(G), 161(G), 163(D), 164(M), 166(M), 166(B), 168(B), 169(G), 174(C), 176(C), 179(G), 185(A), 185(D), 191(M), 191(B)	
	第7卷	上	195(B), 197(C), 197(G), 198(I), 199(A), 201(A), 203(D), 204(B), 206(M), 207(D), 208(D), 210(C), 210(G), 211(A), 213(D), 213(B), 215(C), 215(E), 215(E), 216(A), 217(M), 217(E), 223(M), 224(F), 232(D), 232(I), 234(M), 236(J), 242(F), 243(C)	65
		下	249(D), 249(C), 250(D), 251(C), 255(E), 257(C), 259(B), 261(F), 261(B), 264(B), 265(G), 265(K), 265(O), 266(B), 268(L), 268(E), 269(B), 270(B), 270(B), 270(B), 273(B), 273(M), 274(M), 276(B), 276(I), 276(B), 280(I), 281(B), 281(A), 287(D), 290(O), 290(B), 295(P), 295(I), 297(A)	
	第8卷	上	299(B), 300(D), 302(C), 304(D), 305(E), 306(C), 313(G), 314(B), 323(J), 323(H), 325(L), 328(C), 329(L), 330(B), 335(B), 339(B), 339(B)	32
		下	357(B), 361(B), 363(A), 363(B), 367(E), 369(B), 369(B), 370(D), 370(D), 373(P), 378(B), 378(D), 383(D), 392(B), 400(C)	

冊	卷	收錄 面(내용)	계
3	第9卷 上 下	1(E), 1(E), 6(B), 7(D), 9(L), 17(D), 23(B), 26(E), 28(C), 31(C), 32(H), 34(A), 35(M), 36(C), 39(C), 42(D) 51(D), 53(D), 55(D), 56(E), 61(A), 64(G), 65(M), 73(J), 75(D), 77(C), 83(C), 84(B), 85(C), 85(E), 87(E), 90(D), 90(C), 93(D)	34
	第10卷上 下	98(B), 102(D), 115(J), 118(A), 119(G), 120(A), 130(A), 133(K), 137(D) 139(D), 140(A), 143(B), 149(D), 156(A), 158(A), 160(A), 163(A), 170(A), 172(A), 173(A), 176(I), 177(D)	22
	第11卷上 下	214(I), 220(B), 221(I), 223(L), 226(A), 227(A), 228(A), 242(G), 242(G), 246(A), 255(A), 261(F), 262(D), 269(K), 274(D), 276(E), 278(C)	17
	第12卷上 下	283(B), 284(D), 285(A), 293(E), 294(C), 295(C), 300(D), 312(C), 312(E), 320(A), 322(D), 323(P), 325(A) 333(A), 338(D), 343(G), 351(A), 352(B), 353(G), 366(F)	20
3	第13卷上 下	379(K), 380(J), 388(D), 388(K), 388(D), 390(L), 392(C), 393(L), 398(D), 398(C), 399(C), 406(D), 411(I), 412(B), 415(C), 415(C), 416(P) 425(M), 435(D), 450(C), 455(D), 457(C)	22
4	第14卷上 下	8(D), 17(E), 41(D), 47(D) 51(P), 51(H), 62(E), 64(E), 71(A), 73(J), 75(P), 77(A), 77(C), 81(D), 81(D), 84(M)	16
	第15卷上 下	121(C), 123(E), 123(C), 125(L), 130(A) 143(A), 152(C), 154(J), 154(D), 157(C), 159(D), 166(P), 166(G)	13
	第16卷上 下	171(E), 174(D), 174(D), 189(B), 190(B), 197(B) 213(B), 221(A), 226(D), 228(E), 229(A), 232(D), 233(M)	13
	第17卷上 下	239(P), 239(B), 240(D), 242(D), 246(A), 248(D), 249(D), 250(C), 254(D), 255(M) 257(J), 261(C), 263(C), 265(E), 267(E), 273(D), 276(D), 277(D), 279(A), 279(A), 280(C), 280(D), 283(D), 284(D), 284(D), 284(D), 284(D), 285(D) (이상 高麗)	28
	본문 합계		556

(3) 附錄

冊	卷	收錄 面(내용)	계
4	考異	292(M), 297(E), 300(C), 301(P), 301(P), 306(K), 307(M), 309(K), 316(M), 317(K), 321(G), 330(K), 332(M), 333(M), 333(M)	15
	怪說辨證	338(M), 338(M), 340(P), 342(I), 346(K)	5
	雜說	350(K), 350(K),355(J),357(G),358(P),360(K),361(G)	7
	地理考	367(G), 369(G), 374(G), 375(G), 378(G), 378(G), 379(G), 379(G), 379(G), 383(G), 384(G), 388(G), 389(G), 393(G), 399(G), 400(G), 403(G), 403(G), 405(G), 406(G), 406(G), 407(G), 407(G), 408(G), 408(G), 408(G), 409(G), 409(G), 409(G), 412(G), 416(G), 418(G), 419(G), 420(G), 421(G), 421(G), 422(G), 423(G), 423(G), 425(G), 428(G)	41
부록 합계			68
총계			633

(범례) 收錄面蘭의 알파벳 문자는 분류된 내용을 略字로 표기한 것이다
(16개 항목 참조).

제3편 노년기 벽위론의 전개와 하학장려운동

본편에서는 안정복의 노년기 학문과 사상이 어떻게 전개되었던가를 고찰해 보고자 한다. 대체로 그의 나이 50대 이후 타계할 때까지의 기간이 이에 속한다고 하겠다. 1760년대 이후로부터 1791년 타계하기까지로서 특히 이 기간에는 1763년 스승 이익이, 그 후 1773년과 1776년 윤동규와 이병휴마저 각각 타계하고 점차 서학이 확산되어 가는 상황에서 안정복이 성호학파를 이끌어 가야 할 막중한 책임을 지고 있었던 때였다. 따라서 그의 활동 또한 성호 이익이 생존할 때와는 다르지 않을 수 없었고, 원로 성호문인으로서 학문적으로나 사상적으로 입장이 매우 어려웠던 때이기도 하다.

이와 같은 상황에서 안정복의 사상과 학문이 어떻게 발현되고 있었던가. 우선 그의 이단사상에 대한 闢衛的 입장을 꼽지 않을 수 없을 것이다.「天學問答」을 통한 서학 비판은 너무도 잘 알려져 있다. 본고에서는 그의 서학에 대한 이해와 비판의 실체가 무엇인가를 중심으로 고찰하되, 먼저 서학 비판의 근원이 되는 불교 인식을 살펴보기로 한다. 그리고 양명학에 대한 인식과 태도에 대해서도 간략하게 소개해 보겠다.

다음으로 안정복의 성리학과 하학장려운동을 주목하지 않을 수 없다. 안정복의 성리학과 하학이 노년기에 성립되었다는 뜻이 아니고, 노년기에 이에 대한 인식이 강경하게 표출되면서 문인들을 이끌어 나가고 있었다는 점에 주목하는 것이다. 따라서 여기에서는 조선 후기에 만연되었던 理氣論爭에 대한 안정복의 입장과 그의 性理論을 분석할 것이다. 그리고 제1편에서 분석된 하학을 노후에 들어 적극적으로 장려하는 안정복의 모습에 대해서도 언급하려 한다.

제1장 벽위론의 전개

1. 머리말

안정복은 이익의 제자로서 실학자의 대표적인 한 사람으로 이미 잘 알려져 있지만, 한편 그는 성호문인 가운데에서도 비교적 정통유학을 고수하려고 노력한 학자로 평가되기도 하였다. 그만큼 안정복은 후대 학자들로부터 보수와 개혁의 양면성을 띤 인물로 평가받아 왔다고 말할 수 있다. 사실 조선 후기에 들어 모든 분야의 변화와 개혁이 빠른 속도로 진행됨에 따라 18세기 성호계열 학자들 가운데는 근대 지향적이고 새로운 문물의 수용에 적극적이었던 사람이 비교적 많았다고 할 수 있다. 이들 가운데 양명학에 많은 관심을 갖거나 서학을 수용하여 심취하였던 인물들이 적지 않았던 것으로 보아, 18세기 후반 근기 남인 성호학파는 기존 주자학적 사상에 대한 도전적 성향이 비교적 강하였다고 볼 수 있을 것이다. 이와 같은 조류에서 안정복은 성호문인의 대표적인 인물이 되었고, 1870년대 이후에는 성호학파를 실질적으로 이끌어야 할 막중한 책임을 지게 되었다.

앞에서도 언급하였듯이 안정복은 어린 시절부터 하학을 기본학문으로 삼아 닦아 오다가 유형원의 저서를 접한 이후 그의 실학사상을 크게 수용하고, 이어 이익의 가르침을 받으면서 새롭게 학문적으로 정착할 수 있었다. 특히 이익과 안정복의 학문은 공히 공·맹의 洙泗學을 바탕으로 학문적으로는 고증에 철저하고 사상적으로는 개혁정신 또한 강한 면모를 보였던 것이다. 이들 세 사람의 역사학과 실학사상의 결정체로서 바로『동사강목』이 탄생되었다는 것은 이미 앞에서 살펴보았다. 그런데 1863~1876년 사이에 이익을 비롯하여 윤동규·이병휴와 같은 원로 성호문인들이 타계하고, 더욱이 젊은 문인들마저 이른바 이단으로 불린 서학이나 양명학에 몰두하는 경향을 보임으로써 안정복은 이와 같은 문인들의 동향을 살피고 단속하는 데 상당한 어려움에 직면하지 않을 수 없었다. 심지어 사위인 權日身과 그의 형 權哲身이 서학에 심취될 정도로 서학사상은 정통유학을 중시한 그의 주변에 아주 가까이 와 있었다.

그는 불교를 비롯하여 서학과 양명학, 그리고 도교를 이단으로 생각하였다. 그리하여 노년기에 접어든 이후 특히 이들 사상을 배격하고 후진들이 하학 공부에 매진할 것을 권장하는 적극성을 보이게 되었다.

본고에서는 안정복의 이단사상 배격을 살펴보기로 한다. 불교를 비롯하여 서학과 양명학을 주된 고찰대상으로 삼아, 그가 비판한 구체적 내용이 무엇이며 이들 사상을 비판하게 된 이론적 배경과 동기가 무엇인가를 분석해 보기로 하겠다.

2. 불교비판

1) 불교비판 사료

안정복의 불교비판은 크게 세 부분으로 나누어 볼 수 있다. 하나는『동사강목』을 통하여 이루어졌고, 다음으로 서학이나 도교에 대한 비판 수단으로 이용된 「天學問答」과 「天學考」에서, 그리고 문인들에게 보낸 서간문을 들 수 있다. 이 가운데 서간문에서는 불교비판이 대부분 서학 비판의 수단으로 이용된 내용으로 되어 있다. 따라서 안정복의 불교비판은 불교 자체에 대한 것과 서학 비판의 수단으로서의 비판이라는 측면으로 나누어 볼 수 있을 것이다.

『동사강목』에서는 대체로 사론이나 승려가 쓴 문헌의 비판을 통하여 불표 비판을 행했고, 특히 「괴설변증」에서는 적지 않게 불교를 비판의 대상으로 삼았다. 『동사강목』에는 21개의 불교와 관련된 안설이 수록되어 있다. 이 가운데 불교 그 자체에 대한 비판으로 이루어진 것이 15개, 불교의 전래와 승려의 행적 등에 관련된 것이 5개, 기타 불교행사와 관련된 것이 1개이다. 대부분 불교비판에 관한 내용이다. 또한 안설 가운데 고려왕조의 불교 신봉과 비판에 관한 것이 15개나 되는데 이는 불교를 지나치게 신봉했던 고려왕조를 비판의 표적으로 삼았다는 증거가 되기도 한다.

한편 안정복이 『동사강목』을 편찬하면서 참고한 문헌 가운데 『삼국사기』, 『고려사』, 『동국통감』 못지않게 많이 활용한 책이 『삼국유사』이다. 그러나 『삼국유사』는 안정복의 비판대상이 된 대표적인 역사서의 하나이기도 하다. 『삼국사기』·『고려사』·『동국통감』 등이 대부분 기록의 오류나 소략함 또는 탈락이 많다는 이유로 그의 비판대상이 된 반면, 『삼국유사』는 佛僧이 저술하였다 해서 기록의 내용은 물론이고 문헌 자체를 부정적인 시각으로 보았던 것이다. 『동사강목』의 「採據書目」과 부록에 있는 「괴설변증」·「地理考」에 잘 나타나 있다. 이 가운데 「괴설변증」은 우리나라 역사서에 실려 있는 각종 설화를 안정복 나름대로 변증하여 제시한 것인데, 여기에서 『삼국유사』와 더불어 저자를 확인할 수 없는 『古記』류의 기록도 자주 인용되면서 비판대상에 오르고 있었다. 이처럼 『삼국유사』는 『동사강목』 전반에 걸쳐 비판의 표적이 되었다.

1785년에 저술된 「천학고」와 「천학문답」은 전적으로 서학 비판을 목적으로 쓰인 것이다. 여기에 또한 불교비판에 관한 내용이 많이 나타나 있다. 비록 비판대상은 서학이지만, 서학 비판의 이론적 논거를 불교에서 찾아 거론하고 있었던 것이다. 특히 自問自答의 형식을 갖춘 「천학문답」에서 두드러진다. 물론 불교가 주된 비판의 표적은 아니라 하겠으나 서학 비판의 이론적 도구로 이용되었다는 사실에서 그의 불교관도 잘 보여주는 자료라 하겠다.

끝으로『순암집』에 수록된 여러 서간문에도 불교를 비판하는 내용이 나타난다. 1780년대 권철신, 이가환 등 문인들이 천주교에 깊은 관심을 두고 있다는 사실을 듣고 곧 정부의 박해를 예상하여 안정복은 이들을 천주교로부터 손을 떼게 할 목적으로 주로 편지를 통한 설득작업을 폈다. 역시 이 때에도 불교가 천주교 비판의 이론적 도구가 되었던 것이다.

여기에서는 먼저 안정복이 불교를 어떻게 인식하고 있었던가를 좀더 구체적으로 알아보기 위하여 우리나라의 불교 도입과 역대 왕조의 숭불정책에 대한 비판을 살펴보고, 불교 배척과 관련하여 대표적인 표적으로 삼았던『삼국유사』에 대한 견해를『동사강목』안설을 중심으로 정리해 보기로 하겠다. 그리고 서학 비판의 도구로 사용된 불교에 대한 견해는 다음 절에서 이루어지는 그의 서학 비판과 관련하여 필요에 따라 언급하고자 한다.

2) 삼국의 불교도입과 숭불정책 비판

먼저 삼국시대 불교의 수용에 대한 견해에 주목해 보자. 신라 법흥왕 15년 이차돈의 순교와 함께 불교가 공인되기에 이른 사건에 대해 그는,

> 서역의 풍속에는 幻術을 좋아하고 技能이 많은데, 佛은 더욱 두드러진 것이다. 그러므로 종종 靈異함이 傳記에 나타나는데 속일 수 없는 것이 한두 가지가 아니다. 大明 永樂년간에 蕃僧으로 하여금 靈谷寺에서 設法을 하게 할 때 상서로운 구름에 아름다운 꽃과 푸른 사자, 흰 코끼리, 구름 속의 羅漢, 공중에서 梵唄하는 영이함이 있었는데 괴이한 현상을 이루 말할 수 없었다. 群臣이 모두 모여 축하하고 임금 역시 이로부터 불교의 典籍에 빠졌으니 成祖의 밝음으로도 幻化 속에서 속임당하는 것을 알지 못하였다. 아, 가사 불교의 영이함에 실제 이러한 일이 있다 하더라도 이는 物外의 허황한 가르침에 불과한데, 가정과 나라의 일에 관

계되는 일이겠는가. 帝王이 천하를 다스림에 스스로 彝倫의 법도와 떳떳
한 도리가 있거늘 실로 다른 곳에서 기대할 것이 없는 것인데, 세상의 임
금으로서 황홀하고 神怪한 가운데 미혹되어 빠져 스스로 깨닫지 못하니
무슨 까닭인가. 이제 흰 젖의 괴이함도 역시 오랑캐가 요술로 속이는 술
법인데 온 나라가 미혹되어 마침내 신봉하기에 이르고 후세에는 필경 亡
國에 이르렀으니 경계하지 않을 수 있겠는가.……(『동사강목』第3上, 戊
申, 按)

라 하였다. 신라에 불교가 전래되어 정부의 공인을 받게 된 무렵, 기록으로
전해오는 불법의 靈異함에 대해 그는 서역인의 요술이나 허황한 속임수에
지나지 않는 것으로 보았다. 그리고 이차돈이 순교할 때 나왔다고 전해지
는 흰 젖(白乳)도 오랑캐의 요망스런 속임수인데 君臣이 모두 이에 미혹
되어 불교를 믿게 됨으로써 결국에는 망국의 지경에 이르게 되었다고 하였
다. 특히 군왕이 앞장서서 불교를 신봉하게 되었다는 데 더욱 개탄하는 모
습을 보였다. 물론 그가 신라의 불교수용에 대한 예를 들어 우리나라의 불
교도입을 부정적인 입장에서 말하였지만, 고구려나 백제의 불교수용에 대
한 생각도 마찬가지라 하겠다.
　그런데 그는 삼국시대에 우리나라에서 불교가 도입된 배경을 다음과 같
이 말하였다. 즉,

　　……이 때에, 우리나라의 풍속은 황량하고 고루하여 불교를 신봉한 이
　후 허황한 말이 이르지 않은 곳이 없었다. 이는 聖人의 도가 행해지지 않
　아 사람들이 이치를 밝히는데 있어 분명하지 못했기 때문이다. 슬프도
　다.(同上 제2하, 癸丑, 秋8월, 按)

라 하였듯이, 당시 우리나라에는 聖人의 道가 행해지지 못했기 때문이라
하였다. 다시 말하면 당시 우리나라에 유학이 정착되지 못했을 뿐 아니라,
널리 전파되지 못하여 유교정치가 이루어지지 못했기 때문에 왕실에서 쉽

게 불교를 신봉할 수 있었다는 판단이다. 아마도 그는 이차돈의 순교로 흉흉해진 민심 때문에 법흥왕이 불교를 공인하게 되었다고 본 것이 아닐까 한다. 따라서 한편으로는 신라조정의 불교공인이 부득이한 것이었다고 보려 한 모습도 엿볼 수 있을 것 같다. 어떻든 불교의 도입은 우리나라의 정치를 어지럽게 만들었다는 것이 그의 견해이다. 즉,

> ……돌이켜 보건대, (불교와 도교를) 숭상하고 믿어 정치를 어지럽히고 나라를 망하게 한 자가 前後 서로 끊이지 않았는데도 알아 깨닫지 못하였으니 슬프도다. 道敎는 비록 이 때에 행해졌으나 얼마 되지 않아 없어졌는데, 佛氏의 說은 지금까지 아직도 그치지 않으니 그 역시 우리나라 사람의 불행이로다.(同上 제3하, 癸卯, 3월, 按)

라 하여, 도교는 불교와 더불어 우리나라에 전파되었다가 곧 소멸되었지만 오히려 불교는 성행하여 정치를 어지럽히는 자가 계속 나타나게 되었다는 것이다. 우리 역사에서 찾아볼 수 있는 정치적 혼란을 불교의 도입에서 찾으려 한 안정복의 생각을 읽을 수 있을 것 같다. 그리고 불교가 성행함으로써 유교정치가 번성하지 못했다는 아쉬움이 안정복의 가슴에 맺혀 있음을 들여다볼 수 있다.

그는 또 신라가 불교를 일으켜 국가의 중흥을 맞게 되었다는 종래의 평가를 정면으로 부정하고 있었다. 이를테면 신라가 호국불교를 일으켜 삼국을 통일하였다는 주장에 대하여,

> 佛氏의 설을 따르는 자가 말하기를 '신라가 삼한을 통일한 것은 불교를 부지런히 믿었기 때문이다'라고 한다. 그렇다면 고구려와 백제도 불교를 받든 것이 신라에 못지않았고 신라 말기에는 施主가 前代보다 더하였는데도 급기야 망하였으니, 佛은 하나인데 어찌하여 신라에게는 복을 주고 고구려와 백제에게는 화를 주며, 전에는 영험하였는데 후에는 영험하지 아니한가. 이것이 그 설의 망령됨이다. 하늘이 고구려와 백제를 싫

어하고 신라의 운세가 바야흐로 흥하여 불교를 받드는 일이 많아 무지한 사람들이 佛力에 의한 것으로 왜곡하니 어찌 우습지 아니한가. 신라가 이 때에 바야흐로 전쟁이 시작되었으니 정치를 함에 있어 마땅히 곡식과 재물을 저축하여 軍國의 비용을 삼았어야 할 텐데 쓸데없는 곳에 다 써 버리고 그 신의 도움만을 바랐으니 애석하다. 나라가 망하지 않은 것이 다행이다.(同上 제3하, 乙巳, 3월, 按)

라 하여, 반박하는 견해를 나타냈다. 위의 안설은 선덕여왕 14년(645) 황룡사 9층탑이 건조된 사실을 두고 삼국의 불교신봉과 국망에 대한 견해를 제시한 것이다. 그의 견해로는 삼국이 공히 불교를 숭상하였는데 어찌하여 신라에게는 삼국을 통일할 수 있는 복을 주고, 불교 신봉이 신라에 못지않던 고구려와 백제에게는 화를 주었는지 이해하기 곤란하다는 것이다. 더욱이 신라가 삼국을 통일한 이후 절에 대한 施主가 그 이전보다도 많았는데도 결국 고려에게 멸망당했다는 사실 또한 납득하기 곤란하다는 뜻을 나타냈다. 따라서 그는 신라가 삼국을 통일할 수 있었던 시대적 배경을 보다 합리적으로 설명하려 하였다. 즉 신라의 국력이 흥성하였던 시기에 때마침 불교를 신봉하여 마치 불교의 힘으로 통일이 이루어진 것처럼 왜곡되었다는 것이다. 호국불교 때문에 신라의 삼국 통일이 이루어진 것이 아니라는 주장이다.

그는 신라왕실이 불교를 신봉함으로써 많은 재물을 낭비하였다고 하였다. 위의 안설에도 있듯이 당시 고구려·백제와 신라가 잦은 전쟁을 치르고 있었던 때인 만큼, 신라 조정으로서는 佛寺의 축조에 힘쓰기보다는 식량과 물자를 비축하여 軍國의 비용에 충당했어야 옳았다는 것이다.[1]

요컨대 삼국의 유교정치가 정착되지 않은 현실에서 불교를 도입하여 정치의 혼란을 가져오고, 불교 건축물을 일으키는 데 재정을 낭비하여 국력만 약화시키게 되었다는 것이다.

---

1) 그 밖에 진흥왕이 국가의 재물을 털어 崇佛에 힘을 기울였다고 비판하였다(『동사강목』第3上, 辛未, 春正月, 按).

3) 고려의 숭불정책 비판

『동사강목』을 통하여 안정복의 불교비판이 집중된 곳은 고려왕조의 서술 부분이다. 앞서 본 것처럼, 불교를 도입한 삼국 왕조의 숭불에 대해서는 유교정치가 이루어지지 못했다는 명분을 들어 비교적 완곡한 비판을 가하였다. 그런데 삼국시대보다도 더했다는 통일신라의 숭불에 대해서는[2] 별 언급이 없고, 다음 왕조인 고려왕조에는 지나치리 만큼 집중적인 비판을 가하였던 것이다.

먼저 고려왕실의 숭불정책에 대한 견해를 들어보자. 안정복은 왕건이 즉위한 이후 고려왕실이 불교의 장려에 적극적이었다는 점을 지적하였다. 그리고 무엇보다도 군왕이 불교 신봉에 앞장섰다는 점을 비판의 표적으로 삼았다. 그 가운데 태조를 비롯하여 광종, 현종, 정종, 숙종, 명종, 고종, 공민왕 등을 비교적 강도 높게 비판하였다. 그는 태조의 불교 신봉에 대하여,

> ……태조가 이미 삼한을 평정하고 신하된 자로 하여금 예절에 밝게 하려고 政敎를 지어 中外에 반포하였으니 매우 훌륭한 일이다. 그러나 스스로 지은 글이 어찌 六經의 말과 같으며, 반포하여 경계한 정치가 어찌 실제로 흥행하는 것과 같겠는가. 왕이 이 때에 經術로써 풍속을 인도하여 周官의 정치를 일으켰다면 호별 방문하여 일러주지 않아도 사람마다 사람의 자식됨과 신하된 의리를 알아 예절이 저절로 행해졌을 것이다. 슬프다. 이러한 뜻을 알지 못하고 다만 異敎만을 숭상하여 先王의 정치를 시행하지 않았으니 백성의 뜻이 무엇으로 말미암아 정해지고 예의가 무엇으로 말미암아 행해지겠는가.(『동사강목』第6上, 丙申, 太祖神聖王 19년, 秋9월, 按)

라 하였듯이, 삼한을 통일한 창업 군주로서 신하의 예절을 밝힐 뜻을 품고 『政誡』와 『誡百寮書』를 반포한 것에 대해서는 찬사를 보냈으나, 이 또한

---

2) 『동사강목』第3下, 乙巳, 3월, 按.
　　……羅末施舍殆過於前代……

經術에 따르지 않았다는 점을 지적하고 더욱이 異敎를 숭상하여[3] 先王의 정치를 본받지 아니함으로써 백성의 뜻이 무엇으로 정해지며 예의가 어떻게 행해질 수 있겠느냐고 비판하였다. 즉 왕건의 불교 신봉으로 말미암아 유교정치를 펼 수 없었다는 견해이다. 그는 왕건이 숭불에 빠진 배경에 대해,

> ……고려 태조가 運을 잡고 홍기하여 삼한을 정돈하고 한결같이 泰封의 무도한 정치를 뒤집은 것은 잘 하였다고 할 수 있으나 異敎를 숭상하여 믿고 집안의 행실을 삼가지 못하여 도리어 新羅 夷狄의 풍속을 답습한 것은 어찌된 일인가. 무릇 어릴 때부터 佛氏의 禍利之說을 익히 듣고, 그가 나라를 세워 계획할 때는 또한 道詵의 음모에 따라 혼미하여 깨닫지 못하고 전하여 家法으로 삼았으니 괴이할 것도 없다.……(『동사강목』第6上, 乙巳, 惠宗 2년, 按)

라 하여 태조가 어릴 때부터 불교를 믿은데다가 즉위한 뒤에는 道詵의 풍수지리설에 빠진 것에서 찾았다. 더 나아가 이를 家法으로 전했다는 사실을 지적하였다. 여기에서 안정복이 말한 이교란 불교와 풍수지리설을 포함하여 지칭한 것으로 보인다. 요컨대 안정복은 태조의 지나친 이교 숭상이 고려시대의 유교정치를 펼 수 없는 실마리가 되었다고 본 것 같다.

태조 이후 고려 군왕들의 숭불에 대한 안정복의 평가가 어떠하였는가를 다음 <표 3-1-1>에서 간략하게 정리해 보았다.

<표 3-1-1>에 보이듯이, 『동사강목』 안설을 통하여 10명의 군왕이 숭불과 관련하여 안정복의 비판대상이 되었다. 그러나 안설에 제시하지 않은 군왕이라 하여 숭불과 관련이 없다는 것으로 볼 수는 없다. 다만 표에 나타난 군왕이 안설을 통하여 비판된 대표적인 예라고 할 수 있다. 따라서

---

3) 여기에서 말하는 異敎란 불교를 지칭한 것으로 보이나, 당시 태조 왕건의 풍수지리설 숭상을 감안한다면 풍수지리설도 異敎에 포함하여 설명될 수 있을 것 같다.

고려왕조의 모든 군왕이 해당된다고 보아야 할 것이다. 거의 연중행사로 연등회나 팔관회가 실시되는 불교행사에 왕이 참여하고, 그 밖에 각종 도량이나 반승과 같은 불교행사가 자주 시행되었던 사실로 미루어 반복하여 지적하지 않았을 따름이라 하겠다.

<표 3-1-1> 태조 이후 고려 군왕의 숭불에 대한 안정복의 평가

군왕	비판내용	출처(동사강목)
光宗	*많은 사람을 죽이고 佛氏의 說에 빠져 자신의 지은 죄를 없애고 그 陰祐를 빌려고 하였으니 누구를 속일 것인가라고 함.	*제6상, 戊辰, 광종 19년, 按
成宗	*宋의 獻帝가 大藏經과 함께 보낸 僧을 內殿에 맞아들이고, 다시 승을 불러 읽게 함.	*제6하, 辛卯, 성종 10년 夏4월, 按
顯宗	*연등회와 팔관회를 부활하고 飯僧함.	*제7상, 戊午, 현종 9년 5월, 按
靖宗	*부처에게 아부하고 福을 구함.	*제7상, 丙戌, 정종 12년 春3월, 按
文宗	*즉위 후 節日道場을 설치하고 寺塔의 역사를 많이 함.	*제7상, 丙戌, 정종 12년 11월, 按
	*불교를 숭상한 보답은 끝내 자손의 멸절로 이어짐.	*제7하, 乙巳, 문종 19년 5월, 按
明宗	*昏淫하고 부처에게 기도함.	*제9하, 乙巳, 명종 15년 11월, 按
高宗	*신하로 하여금 穴口寺에서 法席을 베풂.	*제11상, 乙未, 고종 46년 夏4월, 按
忠烈王	*늙은 중으로 하여금 科擧에 개입토록 함.	*제12상, 庚辰, 충렬왕 6년 5월, 按
恭愍王	*부처를 공양하고 飯僧하여 재물을 탕진함.	*제14상, 壬辰, 공민왕 원년 5월, 按

안설에서 불교와 관련하여 안정복이 비판한 내용을 간추려 보면, 연등회와 팔관회 실시, 수만 명씩 승려를 모아 연회를 베푸는 飯僧 행사, 각종 도량(道場) 등으로 국고를 고갈시키는 불교행사, 僧의 궁궐 출입, 僧의 정치 참여 등을 들 수 있다.

고려 군왕 가운데 가장 신랄한 비판대상이 된 군왕은 태조 외에 광종·현종·공민왕이다. 먼저 광종의 숭불에 대해,

……(광종은) 大小와 輕重의 구별에 어두워 다만 佛氏의 說에 빠져 자신이 저지른 죄의 허물을 없애려고 그의 陰祐를 기원하였으니 누구를 속일 것인가. 또한 물건을 사랑하는 도리도 스스로 그 제도가 있어 그것을 기르는 방법이 있으며 그것을 취하는 데에도 때가 있을 뿐이다. 후세

에 이른바 放生이라는 것은 산 것(生物)을 잡아다가 다시 놓아주면서 은 혜라고 생각하려 하니 昏庸하여 깨닫지 못하는 것이 참으로 가소롭다. (『동사강목』第6上, 戊辰, 광종 19년, 按)

라 하였듯이, 광종이 재위한 동안 많은 신하를 죽이고 그 죄악을 벗어 보려는 목적으로 齋會를 열고, 또한 放生所를 도처에 두어 살아 있는 동물을 잡아다가 다시 방생을 하였다는 사실을 들어 이는 속임수에 지나지 않는다고 하였다. 즉 이미 살생을 한 뒤에 부처의 용서를 빌고, 잡지 않아야 할 생물을 잡아다가 도로 놓아주는 행위는 이치에 맞지 않는 불교의 속임수라는 것이다. 안정복은 광종이 실시한 奴婢按檢에 대해서는 비교적 잘 한 일로 평가하였지만,[4] 과거 도입[5]과 숭불에 대해서는 이처럼 매우 혹독한 비판을 가하였다.

현종의 불교 신봉에 대해서도 안정복은,

……현종이 즉위하던 초기에 즉시 연등회와 팔관회를 회복하고 불경의 강론과 사찰을 지어 다시 이전의 폐습을 답습하니 이에 이르러 飯僧이 10만 명이나 되었다. 이로부터 대대로 항례로 삼았으니 그 실책이 자못 적지 않았다. 무릇 승려들이 부역을 기피하여 놀고 먹는 것은 실로 국가의 좀도둑과 같은 것이다. 법으로 마땅히 금지해야 하거늘 어찌 國用을 낭비하여 무뢰배를 양성하고 허망한 종교를 숭상하여 풍속을 더럽게 하였는가. 고려왕실의 불교가 성한 것은 실로 顯宗이 숭상한 데서 비롯된 것이다.(『동사강목』第7上, 戊午, 현종 9년, 5월, 按)

라 하여 연등회와 팔관회의 회복, 불경 강론과 사찰 건축, 거대한 飯僧의 실시, 승려의 부역 기피 등이 성행하여 국고가 낭비되는 사실을 들어 비난하였다. 특히 승려들을 '遊手徒食'하는 좀도둑이라 하고, 반승제도는 국가

---

4) 『동사강목』第6上, 丙辰, 광종 7년, 按.
5) 『동사강목』第6上, 戊午, 광종 9년, 夏5월, 按.

의 경비를 들여 무뢰배를 양성하는 것과 같다고 극언할 정도로 매우 비판
적인 태도를 보였다. 그가 이처럼 현종의 불교장려책을 혹평한 것은 성종
이 즉위한 이후 유교정치가 잠시 이루어지다가 현종대에 이르러 각종 불교
행사의 성행으로 모처럼 시도된 유교정치가 중단되는 위기를 맞게 되었기
때문으로 생각된다.6)

한편 안정복은 공민왕이 매우 총명하고 과단성 있는 군주라고 평가하면
서도,7) 역시 부처를 공양하고 반승함으로써 백성의 재물을 고갈시켰다고
비판하였다.8)

이처럼 고려왕조에서 불교가 성행하고 유교정치가 제대로 이루어지지
못한 원인을 안정복은 어디에서 찾았던가. 다음 안설을 참조하여 보자.

① 연등회와 팔관회는 羅末 이래 나라를 다스리는 법이 되었었다. 태
조의 『訓要』에서도 거듭 말하였는데, 성종이 즉위한 초기에 斷然히 혁파
하여 의심함이 없었으니 탁월하고 밝은 임금이라 할 수 있다. 그런데 당
시 한스럽게도 그 아름다운 뜻을 받들어 異敎를 없애려는 참다운 선비가
하나도 없었다. 그리고 현종이 다시 일으켜 행하여 후세의 왕들이 바꾸지
못할 법이 되었으니 애석하다.(『동사강목』제6상, 辛巳, 景宗 6년, 冬11월,
按)

② 성종 때에 儒術을 숭상하여 敎化정치를 일으키고자 하여 연등회와
팔관회를 없애고 異敎가 깨끗이 물리쳐질 기미가 있었지만, 아깝게도 그
때에 능히 儒敎를 계도하여 일으킬 만한 사람이 없었다. 만약 다음 세대

---

6) 안정복은 성종대의 유교정치에 대해 다음과 같이 평가하였다.
成宗之世　尊尚儒術　欲興敎化之治　罷燃燈八關之會　異敎廓斥之機……
(『동사강목』第7上, 戊午, 현종 9년, 5월, 按)
7) 『동사강목』第14下, 辛丑, 공민왕 10년, 11월, 按.
……恭愍自是剛敏聰俊人
『동사강목』부록, 考異, 恭愍王末年宮闈間年.
恭愍王性雖猜克剛愎　而聰敏明斷
8) 『동사강목』第14上, 壬辰, 恭愍敬孝王 元年, 5월, 按.

를 이을 임금이 뒤이어 성종의 뜻을 이어받았다면 거의 가능하였을 것이다.……(『동사강목』第6上, 戊午, 현종 9년, 5월, 按)

위의 안설을 요약해 보면, 성종이 즉위하여 연등회와 팔관회를 혁파하고 유교정치를 폈으나 성종이 죽은 뒤에는 다음 왕들이 성종의 뜻을 이어받지 못한데다가, 신하 중에도 이교 즉 불교를 배척하고 유교를 인도하여 일으킬 만한 선비가 나타나지 못했다는 것이다. 다시 말하면, 후대의 군왕들이 성종의 유교정치를 계승하고 더불어 유학을 공부한 신하가 나타나 군왕을 보필하였더라면 고려왕조는 불교의 폐해에서 벗어나 유교정치를 구현할 수 있었다는 견해이다. 안정복의 생각으로는 고려왕조가 오직 불교만을 숭상함으로써 聖人의 道가 밝아질 수 없었지만, 성종이 재위할 때만은 고려 500년의 기틀이 쌓여지게 되었다는 것이다.9)

그리하여 그는 군왕의 불교 신봉을 조장한 신하를 가려 비판을 가하기도 하였다. 元宗대의 李藏用,10) 충선왕대의 權晅,11) 공양왕대의 李詹12) 등을 불교를 신봉하였다는 이유를 들어 비난하였다. 한편 仁宗대의 鄭知常에 대해서도 浮虛하고 誕妄하다 하면서 묘청과 같은 요사스런 중을 믿었기 때문에 비록 묘청의 난에 직접 참여하지는 않았을지라도 사형을 면하기 어려웠다고 하였다.13)

『동사강목』을 통하여 자주 왕권의 강화를 강조한14) 안정복은 고려왕조

---

9) 『동사강목』第6下, 丁亥, 성종 6년, 8월, 按.
　　……創業之功　雖在太祖　而其維持五百年基業者　亶由於成宗制治之得宜也
10) 『동사강목』第11下, 壬申, 원종 13년, 春정월, 按.
11) 同上 第13上, 辛亥, 충선왕 3년, 12월, 按.
12) 同上 第17下, 辛未, 공양왕 3년, 6월, 按.
13) 『동사강목』第8下, 乙未, 인종 13년, 春정월, 按.
　　……然而知常等　浮虛誕妄　賞信妖僧　雖不與之同逆　而贊成其勢之罪　不容誅矣……
14) 안정복의 안설에서 왕권 강화를 주장한 부분으로는『동사강목』第4下, 庚午,

에서 '君弱臣强'한 원인을 불교 신봉에서 찾기도 하였다.『星湖僿說』권 21, 經史門, 高麗昏君에 있는 이익의 견해를 빌려 자신의 견해를 대신한 다음의 안설에 보인다.

> 秦漢 이래로 임금을 높이고 신하를 억제하는 의리가 분명하였다.……고려의 昏君에 대해서는 화가 나기보다는 오히려 불쌍하다는 생각이 들지만 어찌 500년 동안에 이렇게까지 적막하게 되었는가. 이는 당초 법을 세울 때 오르지 불교만 숭상하였기 때문인데, 불교란 君臣의 의리가 없다. 惠宗 때에 와서 王規가 소매 속에 칼을 품고 벽을 뚫고 들어와 왕을 시해하려 하였으나 죄를 주지 못하였다. 이것이 자기 몸을 던져 호랑이를 먹이는 부처의 大慈悲이다. 임금은 약하고 신하는 강한 것(主弱臣强)이 이로부터 시작되어 權柄이 대대로 전하되 그 임금은 팔짱만 끼고 있을 뿐이었다.……(『동사강목』第13下, 乙丑, 忠肅王 12년, 冬10월, 按)

이익은 안정복과 마찬가지로 불교에는 君臣의 의리가 없다는 인식을 지니고 있었다. 따라서 초기부터 불교를 숭상하였던 고려왕조는 필연적으로 '君(主)弱臣强'에 이르렀다는 견해를 나타냈던 것이다. 안정복 역시 이익의 의견에 동조하여 고려시대 전반에 걸쳐 군왕의 권한이 미약하고 신하의 권세가 강하였던 원인을 불교 신봉에서 찾았다. 어느 국가를 막론하고 정권을 잡은 신하의 횡포가 나라를 망하게 한다는 인식을 지닌 안정복의 관점으로 본다면,15) 君權이 약하고 臣權이 강한 고려 말기의 정치적 현상은 결국 고려왕조를 망하게 했고 그 '군약신강'을 초래한 근원은 고려왕조의 불교 신봉이었다는 것이 된다.

이와 관련하여 안정복은 불교를 포함한 異敎는 '無父無君' 사상을 지니

문무왕 10년, 夏6월, 按 ; 同 第5下, 丁亥, 景哀王 4년, 12월, 按 ; 同 第5下, 乙未, 王金傅 9년, 冬10월, 按 ; 同 第12上, 戊寅, 충렬왕 4년, 2월, 按 ; 同 第13下, 乙丑, 충숙왕 12년, 冬10월, 按 ; 同 第16上, 乙卯, 前廢王禑 원년, 5월, 按 등을 들 수 있다.

15) 『동사강목』第2下, 癸酉, 秋7월, 按.

고 있어 우리나라의 예법을 문란시켰다는 인식을 나타냈다.16) 특히 우리나라 역대 왕조 가운데에서 고려시대의 禮法이 가장 문란하였다고 평가하고 그 원인을 고려왕실의 지나친 불교 신봉에서 찾으려 하였는데,17) 그의 불교 인식으로 보아 당연한 태도였는지도 모르겠다.

요컨대 안정복은 고려왕조가 불교를 지나치게 숭상함으로써 유교정치가 이루어지지 못하고 국력의 낭비를 가져왔을 뿐만 아니라, 도덕의 문란과 '君弱臣强'을 초래하여 정치적 혼란을 가져왔다고 평가하였다. 물론 안정복의 이와 같은 불교 인식은 어디까지나 유교적 사고에서 비롯되었다고 보는 것이 마땅하리라 생각된다.

4) 『삼국유사』 비판

안정복이 『동사강목』을 통하여 비판의 대상으로 삼은 대표적인 문헌은 『삼국유사』와 저자 불명의 『古記』이다. 그 가운데에서도 『삼국유사』가 가장 많은 비판대상이 되었다. 首卷에 있는 「採據書目」과 부록에 있는 「고이」, 「괴설변증」, 「지리고」에서 문헌비판 형식으로 이루어졌다. 먼저 「채거서목」에서 가한 비판을 옮겨 보면 다음과 같다.

고려 중엽의 승려 無極 一然이 지었는데 모두 5권이다. 그 책은 본시 佛氏의 源流를 入敎하기 위해 지어졌기 때문에 간혹 연대를 고찰할 수는 있으나 전적으로 異端虛誕한 說인데 뒤에 와서 本朝에서 『東國通鑑』을 편찬할 때 많이 취하여 기록하였고, 『東國輿地勝覽』의 地名도 역

---

16) 『순암집』 17, 잡저, 천학문답.
　　老佛楊墨 皆必神聖之人 而末稍終歸於虛無寂滅無父無君之敎
17) 고려왕조의 예법과 관련한 안설은 『동사강목』 第6上, 계묘, 태조 26년, 6월, 按 ; 同 을유, 성종 4년, 冬10월, 按 ; 同 第7上, 정해, 문종 원년, 冬10월, 按 ; 同 第8上, 임진, 예종 7년, 9월, 按 ; 同 第9下, 갑진, 명종 14년, 4월, 按 ; 同 第10上, 계유, 강종 2년, 秋9월, 按 ; 同 第14下, 경자, 공민왕 9년, 8월, 按 등이 있다.

시 이를 많이 따랐다. 아, 이 책은 다만 異端의 怪說인데 후세에 전해져
서 당시에는 어찌 필을 잡고 일을 기록하는 사람이 없어 모두 인몰되어
전해지지 않았겠는가. 대체로 이 책은 僧을 위해 전해졌기 때문에 바위
구멍 가운데 간직되어 전쟁중에도 남아 있었던 것인데 후인들은 오히려
그것이 남아 있음을 다행으로 여긴다. 東國 文獻의 없어짐이 이 지경에
이르렀으니 슬프다. 그러므로 옛 사람이 역사를 편찬할 때 반드시 여러
名山의 石室에 보관하였으니 患亂을 우려하는 뜻이 깊다고 하겠다.(『동
사강목』, 採據書目, 三國遺事)

윗글은 안정복이 『삼국유사』를 비판하여 쓴 글이다. 내용을 간추려 보
면, 첫째로 『삼국유사』는 불교의 源流를 전하기 위해 쓰여진 것이라는 점,
둘째로 이단의 허탄한 설이라는 점, 셋째로 『東國通鑑』이나 『東國輿地勝
覽』과 같은 문헌에서 적지 않게 활용되었다는 점, 끝으로 옛 문헌이 거듭
되는 兵火로 없어졌기 때문에 괴이한 설로 이루어진 이 책이 巖穴에 간직
되어 후세에 전해져 이용되는 상황이 안타깝다는 내용으로 되어 있다. 안
정복의 생각을 좀더 요약해 보면, 『삼국유사』는 이단인 불교의 허탄한 설
로 이루어져 믿기 어려운데 후대의 학자들이 그 내용을 그대로 믿고 받아
들이니 안타깝다는 주장이라 하겠다. 『삼국유사』뿐만 아니라 『고기』 역시
僧이 썼을 것으로 판단하여 비판대상이 되었음은 물론이다.[18]
  그리하여 그는 역사가가 僧이 저술한 책을 인용할 때는 변별을 잘 하여
쓸 것을 환기하였다. 이를테면 『삼국사기』에 阿蘭佛이 나타나 夫餘王 解
夫婁에게 도읍을 옮기라고 권하였다는 내용을 들어 말하길,

  ……阿蘭·迦葉은 佛家의 말이다. 이때 佛法이 중국에서 들어오지
않았는데 동북쪽 荒原한 지역에 어떻게 먼저 이와 같은 칭호가 있었겠는

---

18) 『동사강목』, 부록, 괴설변증.
  ……古記亦不知何人所撰 出於新羅俚俗之稱 而成於高麗 亦必僧釋之所
編也 故荒誕之說 不猒煩而爲之 其人名地號 多出於佛經……

가. 이는 당시 신라와 고려의 중들이 전한 것인데 역사가가 이를 인용하
면서 변별하지 않았으니 애석한 일이다.(『동사강목』, 부록, 괴설변증, 按)

라고 지적하였다. 즉 아란과 가섭은 佛家의 말인데도 불구하고 『삼국사기』
에 분별없이 기술되었다는 것이다. 더 나아가 그는,

　　……여기에서 말하는 桓因帝釋은 『法華經』에서 나온 것이고, 그 밖에
이른바 阿蘭佛·迦葉原·多婆羅國·阿踰陀國의 類는 모두 僧의 말이
다. 신라와 고려시대에는 불교를 존숭했기 때문에 그 폐단이 이에 이르렀
다. 역사를 쓰는 자(作史者)가 그 기록할 만한 것이 없음을 고민하여 심
지어 正史에까지 넣어 한 구역 仁賢의 나라를 괴이한 무리로 만들었으
니 너무 애석한 일이다.(『동사강목』, 부록, 괴설변증)

라 하였듯이, 正史에 불가에서 만들어진 말을 인용한다 하여 우려를 나타
냈다. 여기에서 말하는 정사는 앞서 제시한 『삼국사기』·『동국통감』·『동
국여지승람』과 같은 관찬사서를 말한다. 『應製詩註』에 크게 인용된 『고
기』의 내용을 「괴설변증」에서 비판하였던 것도, 물론 내용 자체가 황당한
점도 있지만 기본적으로는 僧이 썼기 때문이라 할 수 있다. 이와 같은 그
의 배불적 태도가 『고기』는 물론이고 『삼국유사』까지 역사서로서의 신빙
성을 의심케 하였다.
　그러나 이와 같은 『삼국유사』에 대한 문헌비판에도 불구하고 그는 『동
사강목』을 편찬하면서 『삼국유사』 기록을 적지 않게 활용하였다. 특히 부
록의 고증을 통하여 많이 활용되었다. 「고이」에서 33회, 「괴설변증」에서 8
회, 「잡설」에서 2회, 「지리고」에서 15회나 인용되었다. 물론 그가 『삼국유
사』의 기록을 인용하였다 하여 인용한 것 모두를 수용했다는 뜻은 아니다.
그 중에는 단순히 기록의 내용을 소개하는 데 그친 경우가 있는가 하면,[19]

---

19) 예컨대 『동사강목』, 부록, 고이, 檀君元年戊辰唐堯二十五年 ; 同, 武康王
　　등에서 찾아볼 수 있다.

비판의 대상이 되거나 받아들일 수 없다는 뜻을 밝힌 경우도 있으며,[20] 자신의 견해와 일치된다 하여 받아들인 경우도 있다.[21]

佛僧이 지었다 하여 지나칠 정도로 비판적이었던『삼국유사』를 그 자신도 이처럼 크게 활용하지 않을 수 없었던 까닭은 무엇일까. 하나는 안정복의 고증이 주로 삼국시대 이전 시대에 속했기 때문일 것으로 생각된다. 따라서 사료의 부족으로『삼국유사』의 기록을 참조하지 않을 수 없었던 것이다. 가능하면『삼국사기』나『고려사』등 正史의 기록을 수용하려는 것이 그의 역사서술의 기본입장이었지만[22] 정사의 기록에 의심이 가거나[23] 또는 보충이 필요하다고 생각되는 경우,[24] 그리고 같은 사건에 대한 여러 문헌의 기록을 비교 검증할 경우에 자주 활용되었다.[25] 또한 지리고증에도 적지 않게 참고하였다. 다른 하나는『삼국유사』의 기록이 지나치게 허황하여 바로잡아야 할 필요성이 안정복에게는 절박했었을 것이라는 점이다.「괴설변증」의 설화변증에 잘 나타나 있다.「괴설변증」첫머리에,

상고하건대 우리나라에는 고대의 괴설이 너무 많다. 作史者가 前代의 기록이 闕漏되어 일컬을 만한 것이 없다 하여 俚俗의 不經한 說을 취하

---

20) 同上, 夫婁當有二人 ; 同, 新羅藏氷 등에서 찾아볼 수 있다.

21) 同上, 辰韓亦謂秦韓 ; 同, 駐驆之役帝有懼色 등에서 찾아볼 수 있다.

22) 안정복은 本史 위주의 역사서술을 한다는 표현을 자주 썼다. 이를테면『삼국유사』의 기록을 인용한 후 그 기록을 받아들이지 않을 경우에 '本史와 다르므로 취하지 않는다'(「고이」, 朴堤上與卜好還), 또는 '나는 本紀를 따른다'(「고이」, 新羅藏氷)라는 표현을 썼다. 여기의 本史란 官撰 正史를 말한다.

23)『동사강목』, 부록, 고이, 孝成王妃 참조.

24) 同上, 尼師今 및 新羅置花郎 참조.

25) 이를테면『삼국유사』에 '고구려 땅에 馬邑山이 있었기 때문에 馬韓이라 하고, 백제 땅에 원래 邊山이 있었기 때문에 卞韓이라 하였다'라는 기록을 들어, 지금 평양에 馬邑山이 있고 扶安縣에 邊山이 있으니『삼국유사』의 기록이 혹 증거가 있는 듯하다고 하였다(『동사강목』, 부록, 지리고, 三韓考).

여 正史에 넣어서 마치 실제 있었던 것처럼 하였기에, 지금 일체를 刊正하여 「怪說辨證」으로 삼는다.(『동사강목』, 부록, 괴설변증)

라고 하였듯이 우리나라 고대사에는 괴설이 너무 많은데 역사서에 그 괴설이 사실인 것처럼 그대로 기록되어 있어 이를 바로잡아야겠다는 의지를 나타냈다. 여기에서 그가 말하는 괴설이란 여러 역사서에 수록된 각종 설화를 말한다고 볼 수 있다. 지금까지 전해 오는 우리나라 역사서 가운데 설화적 요소가 가장 많은『삼국유사』가 그 첫 대상이었음은 말할 것도 없다. 실제로 「괴설변증」에는『삼국유사』에 있는 설화가 변증의 대상이 된 것이 적지 않다. 단군설화, 金蛙의 탄생설화, 石脫解가 瓠公의 집을 숯과 숫돌을 이용하여 빼앗았다는 설화, 탈해의 둔갑설화, 金首露의 탄생설화, 炤智王 10년 焚香修道僧과 宮主의 간통과 관련된 烏忌日의 유래설화 등이 소개되고 비판·고증이 이루어졌다. 더불어『동국통감』·『동국여지승람』·『東史纂要』등에 수록되어 있는 사실을 지적하고 삭제되어야 한다는 의견도 붙였다. 특히 단군설화에 대한 비판과 아울러 자신의 많은 견해를 제시하였다.

이상과 같은 안정복의 견해를 종합해 본다면, 그는『삼국유사』에 대한 역사서로서의 가치를 전적으로 무시할 수는 없었던 것으로 추측된다. 다만 유학의 합리적 사고에 바탕을 둔 학자로서 불교에서 쓰여진 문헌기록을 그대로 수용할 수는 없었을 것이다. 더욱이 불교를 이단 가운데에도 본류로 여겼던 그였다. 그리고『삼국유사』나『고기』의 기록이 여러 역사서에 그대로 수록되어 있으므로『동사강목』편찬을 계기로 불교적인 요소를 제거하려는 의도가 강하게 작용한 것이 아니었을까 생각되기도 한다. 물론 관찬 사서에 수록된 각종 설화가 그 주된 대상이 되었다고 하겠다.

3. 서학 인식과 천주교 배척

1) 안정복의 서학 이해

안정복이 서학에 대해 매우 비판적인 태도를 보였다는 사실은 이미 先
學의 연구에서 구체적으로 밝혀졌다.[26] 본고에서는 기존 연구를 참고하면
서 안정복의 서학에 대한 이해, 주된 비판의 대상과 그 비판의 이론적 배
경을 중심으로 고찰하고자 한다. 안정복이 서학서를 접한 시기는 대략 그
의 나이 40대 중반 즉,『동사강목』편찬을 시작할 즈음이 아닌가 싶다. 그
것은 1757년 안정복이 이익에게 보낸 다음 편지에서 알 수 있다.

　　……근래 西洋書를 읽어보니 그 說이 비록 정밀하고 핵실하나 결국
　이단의 학문입니다. 우리 유학이 修己養性하고 行善去惡하는 所以는 마
　땅히 할 바를 하는 것에 지나지 않고 一毫라도 죽은 뒤의 복을 구할 뜻
　이 없는데 서학은 修身하는 까닭이 전적으로 天臺의 심판을 받는 것이
　니 이것이 우리 유학과 서로 크게 다른 것입니다.『天主實義』에 이르기
　를 '天主가 노하여 輅齊拂兒를 마귀로 만들어 지옥에 내려가게 하니 이
　로부터 천지 사이에 비로소 마귀가 있게 되고 비로소 지옥이 있게 되었
　다' 하였습니다. 생각건대 이런 말들은 결단코 이단입니다. 천주가 만약

---

26) 안정복의 西學觀에 대한 연구는 지금까지 여러 학자들에 의해 이루어졌다.
　그 가운데 崔東熙, 「안정복의 서학비판에 관한 연구」,『아세아연구』19 -
　2(56호), 고려대학교 아세아문제연구소, 1976 ; 琴章泰, 「안정복의 서학비판
　론」,『한국학』19, 1978 ; 李元淳, 「안정복의 天學 論攷」,『朝鮮西學史硏
　究』, 일지사, 1986을 대표적으로 들 수 있다. 최동희 씨의 논문에서는 먼저
　안정복의 서학 비판이 어떻게 형성되었는가를 이익과 권철신과의 편지내용
　을 중심으로 분석하였고, 다음으로 안정복이 서학 비판을 하게 된 이론적 배
　경을 이익과 권철신에게 보낸 편지, 그리고 「天學問答」을 중심으로 밝혀보
　았다. 여기에서 그는 안정복의 天主에 대한 비판과 靈魂에 대한 비판을 중
　점적으로 분석하였다. 이원순 씨는 사료집의 성격을 띤 「天學考」와 안정복
　의 서학관이 반영된 「天學問答」을 분석하고, 주변 인물들과 서학에 관한 편
　지내용을 다른 항목으로 하여 분석하였다. 그는 이 논문에서 안정복의 천학
　론은 闢邪衛正이라 하였고, '서학을 환망하고 이단에 빠지는 것임을 밝혀 배
　척을 주장하였다'(이원순, 앞의 논문, 182~183쪽 참조)고 결론지었다.

輅齊拂兒로 하여금 지옥을 설치하게 하였다면 지옥은 천주의 사사로운 감옥이요, 또 이는 앞서의 사람이 惡을 행한 것은 지옥의 고통을 받지 아니하였으니 천주의 賞罰이 어디에서 다시 베풀어지겠습니까. 또한『畸人篇』에 이르기를 '額勒臥略이 인간을 대신하여 지옥의 고통을 받았다' 하였는데, 생각건대 천주의 상벌이 그 사람의 善惡으로 주어지지 않고 혹 개인적인 부탁으로 가볍고 무거운 바가 있다면 그 심판이 잘 되었다고 말할 수 있겠습니까. 만약 그렇다면 반드시 善을 행하지 않아도 천주 한 사람만 섬기면 된다는 것이 의심스럽습니다. 또한『辨學遺牘』이라는 것은 곧 蓮池和尙과 利瑪竇가 학문을 논한 책입니다. 그 辨論이 정밀하고 핵실하여 이따금 창을 갈아 방에 뛰어 드는 듯하지만, 유감스럽게도 馬鳴·達摩 등 여러 사람과 보루를 대하고 기치를 세워 서로 辨爭하지 않습니다. 선생께서는 그 책을 이미 보셨습니까.『천주실의』제2편에 또 '君이 있으면 신하가 있고, 君이 없으면 신하가 없으며, 事物이 있으면 事物의 이치가 있다'고 하는데, 이 사물의 실체가 없다는 것은 곧 이 이치(理)의 실체가 없다는 것이니 이는 이른바 氣가 理에 앞선다는 설입니다. 이 설이 과연 어떻습니까.(『순암집』2, 書, 上星湖先生 別紙, 丁丑[1757])

안정복이 이익에게 보낸 위의 편지내용은 안정복의 초기 서학사상을 이해하는 데 몇 가지 중요한 점을 제시해 주고 있다. 첫째로 이즈음 안정복은『천주실의』를 비롯하여,『畸人篇』과『辨學遺牘』[27] 등 마테오 리치의 저술을 읽으면서 서학에 대한 호기심과 함께 이미 상당한 연구가 이루어지고 있었음을 알 수 있다. 사실 이 편지를 쓰기 3~4년 전만 하더라도 안정복은 이들 서학서에 그다지 관심을 나타내지 않았던 것 같다. 그것은 1754년 아버지 安極이 작고함에 따라 사헌부 감찰을 그만두고 광주 덕곡으로 낙향하여 주로 經·史의 독서에만 전념한 사실로 알 수 있다.[28] 그렇다면 그가 서학서를 읽고 분석해 볼 필요성을 크게 느낀 것은 아마도 관직을 그

---

27) 『畸人十篇』(사료에서는『畸人篇』으로 표기됨)과『辨學遺牘』은 마테오 리치(Matteo Ricci)가 불교 배척을 주장하여 쓴 교리서이다.

28) 『순암집』19, 傳, 靈長山客傳, 甲戌(1754) 참조.

만두고 德谷에 내려와 2~3년이 지난 뒤가 아니었을까 싶다. 그런데 당시
는 안정복이 이익의 후원 아래『동사강목』을 편찬하던 중요한 시기였는데,
그럼에도 불구하고 이처럼 여러 서학서를 읽고 그 나름대로 분석을 하여
이익에게 자신의 의견을 피력하였던 것이다.[29]

사실 그는 선조 말년에 서학서가 우리나라에 들어와 識者들 사이에 널
리 읽혀지고 있다는 사실과 유학에 바탕을 둔 대부분의 학자들이 이 서학
을 이단으로 다루고 있다는 정도로 이해하고 있었던 것으로 보인다.[30] 아
마도 안정복도 이들 서학서를 처음 접했을 때는 이단 학문이라는 선입견을
갖고 있었던 정도가 아니었을까 짐작된다. 그러나 막상 그 자신이 이들 서
학 서적을 읽고 분석해 본 결과, 특히 서학의 종교사상이 자신의 유학사상
과 지나치게 배치된다는 것을 발견하고 闢衛적인 태도를 보이기 시작한
것이 아닐까 여겨진다. 그는 서학을 일방적으로 배격한 것은 아니다. 위 편
지에도 있는 것처럼, 서양서에 있는 글에는 정밀하고 핵실한 점이 있다는

---

29) 어떤 이유에서 이즈음 안정복이 서학에 큰 관심을 갖고 서학서를 읽고 분석
하게 되었는지 확실하게 말하기는 곤란하다. 당시에는 서학에 관심 있는 사
람들이 우리나라에서 중국으로 가는 사신을 따라갔다가 북경에 있는 천주교
회에 들러 서구 문화에 대한 여러 가지 정보를 수집하고 더불어 천주사상에
대한 설명도 들으면서 그에 관한 서적을 갖고 입국했던 것으로 알려져 있다.
따라서 여기에 호기심을 갖고 있던 학자라면 서학에 대한 초기적인 이해는
지니고 있었을 것이다. 물론 이와 같은 추이에서 안정복도 그 예외는 아닐
듯싶다. 그러나 그가 적극적으로 서학에 대해 관심을 갖게 된 데는 또 다른
배경이 있지 않을까 싶다. 첫째로 이익의 서학에 대한 관심으로부터 영향을
받았을 것이라는 점, 둘째는 안정복이 살고 있는 광주 근방이 서학 전파가
활발하게 전개되던 지방이라는 점, 그리고 1758년 안정복의 큰딸이 權日身
에게 시집을 갔다는 점 등을 들 수 있다. 권일신이 언제 천주교에 발을 들여
놓았는지는 파악하기 곤란하지만 어떻든 안정복의 큰딸 혼사문제가 오갈 즈
음 權巖(권일신의 아버지)의 집안이 비교적 서학에 관심이 깊었던 것으로
짐작되고 이를 안정복이 눈치챘을 가능성도 있다. 이 점은 좀더 고찰이 요구
된다 하겠다.

30)「天學考」머리말 참조.

것을 안정복 자신도 수긍하고 있었던 것이다. 그가 배격한 서학은 종교적인 문제, 즉 천주교의 교리라 할 수 있다. 그가 살던 광주 근방이 뒷날 천주교 교세가 가장 활발한 지역이었음을 감안한다면, 이 지역이 이즈음 안정복으로 하여금 서학사상에 호기심 어린 의구심을 가질 수 있게 한 분위기를 형성하지 않았을까 생각되기도 한다.

둘째로 서학서를 읽고 분석하면서 서학 배격의 이론적 논거가 형성되고 있었다는 점을 들 수 있다. 서학과 불교의 관계, 서학과 유학의 이기론을 관계지어 설명하려 하였다. 위에 제시된 편지내용으로 본다면, 서학과 불교는 相爭관계가 아닌 반면, 서학과 유학은 크게 상치된다는 사실을 말하고 있다. 특히 修身의 목적이 유학에서는 당연히 할 바를 하는 데 비해, 서학에서는 죽은 뒤의 福을 구하고 하늘의 심판을 받기 위함이라는 것, 선악에 대한 심판문제에 있어 서학에서는 선악의 여부에 따라 천주의 상벌이 주어지는 것이 아니라 천주를 섬기는 것 여부에 따라 심판이 이루어지는 것이 의심스럽다는 것, 사물의 형성과 理氣의 선후문제에 있어서는 서학의 주장대로라면 氣가 理에 앞서는 것이 되니 부당하다는 생각을 나타냈다. 따라서 서학은 이단이라는 것이다. 이익에게 보낸 편지대로라면 이즈음 안정복의 서학에 대한 인식은 대체로 초기적 이해에 머무르고 있었다고 하겠다.

이와 같은 안정복의 초기 서학관은 그 이듬해(1758) 이익에게 보낸 다음 편지에 더욱 구체적으로 분석되어 나타났다.

鬼神에 대한 說은 繫辭·祭義 및 濂洛 등 諸先生의 설로써 보면 그 정상을 볼 수 있는데, 결국 의심스런 바가 있습니다. 거기에는 세 가지 귀신이 있는데, 천지의 귀신이 있고 사람이 죽은 귀신이 있으며 만물의 귀신이 있습니다. 사람이 죽은 귀신이 그 이치를 밝히는 데 가장 어렵습니다. 후세를 논하는 설이 세 가지가 있습니다. 儒者는 氣가 모이면 生하고, 흩어지면 죽어서 허공으로 돌아가 없어진다고 합니다. 西士는 氣가 모이면 사람이 되고 이미 사람이 된 뒤에는 달리 일종의 영혼이 있어 죽어도 없어지지 않고 본래의 몸(本身)의 귀신이 되어 영원히 존재한다고 합니다. 佛氏는 사람이 죽으면 鬼가 되고 鬼는 다시 사람이 되어 輪廻가 그치지 않는다고 합니다.

만약 儒者의 설과 같다면, 聖人이 祭祀의 義를 세우는 것은 조상 귀신이 이르는 이치를 밝혀 두는 것입니다. 만약 다만 효자로 하여금 자손에게 사모하는 마음을 따르게 하려고 設하였다면 이는 거짓 장난에 가까워 不敬함이 심하지 않습니까. 비록 조상과 자손이 하나의 氣로써 서로 연결되었기 때문에 귀신이 이르는 이치라고 하더라도, 조상의 氣가 이미 흩어져서 두 氣의 本然으로 돌아갔다면 오직 허공으로 흩어져서 原初의 것과 다르지 않으니 다시 어떤 氣가 또 오겠습니까. 실로 오는 것(來格者)이 있다면 그것은 별도로 흩어지지 않은 것이 존재함이 분명합니다.

만약 西士의 說과 같다면, 인간이 善惡을 논하지 않아도 모두 영혼이 있고 천당지옥의 보답이 있으므로 영원히 존재하는 귀신이 지극히 많아도 이른바 천당이 아주 넓어 혹 수용할 수 있고, 이른바 지옥의 땅이 둘레가 9만 리요 지름이 3만 리인데 3만 리 가운데 어떻게 그 많은 귀신을 수용할 수 있겠습니까. 가령 수용할 만한 땅이 형질을 갖추었더라도 방이 모두 차서 공기가 없으니 귀신이 비록 형체가 없다고는 하지만 역시 어떻게 용납할 수 있겠습니까. 그것이 흩어짐에 遲速이 있다고 말한다면 옳다고 하겠으나, 영원히 흩어지지 않는다면 옳지 않습니다.

佛氏의 說과 같다면, 그 설은 더욱 거짓되고 의혹스러워 전혀 믿을 수가 없는데 그 가운데에도 의심스러운 것이 역시 있습니다.

무릇 천하의 도는 하나가 아니되 유학 외에는 모두 이단입니다. 儒者의 道는 常道를 말하고 變을 말하지 않습니다. 變은 본디 측량할 수 없으므로 變을 말하되 그치지 않으면 장차 荒誕하고 不經하여 이단의 忌憚 없는 상태로 돌아갑니다. 이로써 성인이 괴이함을 말하지 않았을 따름으로 괴이함이 일찍이 없었던 것은 아닙니다. 『詩經』과 『書經』으로 본다면, 君臣이 서로 경계하되 上帝祖考의 神靈으로써 말하였습니다. 만약 그 사실이 없다면, 성인이 어찌 사람들이 보지 못한 황홀하고 믿기 어려운 일로써 사람을 속이고 사람들 역시 믿고 따르겠습니까. 이러한 사실이 분명하게 있으므로 그 말 역시 이와 같습니다.

殷나라 사람들이 귀신을 숭상하되 어찌 후세의 어리석은 백성들이 무당에게 유혹되는 것과 같다고 하겠습니까. 이는 필시 실제의 일로 말할 수 있는 것이 많았고 어찌 불에 탄 나머지 망하여 전해지지 않는 것이 아니라는 것을 알겠습니까. 후세에 상도가 낮다고 말하여도 만약 하나의 말, 하나의 일이 점차 세월이 지나 볼 수도 들을 수도 없게 되면 번번이 괴이한 것으로 돌려 말하게 됩니다. 이런 고로 가르침을 세우는 자는 신중하게 하고, 상도를 지키지 않는 자는 단지 先儒의 설을 따라 모방하려 하기 때문에 종국에는 밝혀 의심 없게 할 수 없는 것입니다.

일찍이 사람의 生死를 생각해 보건대, 대체적으로 말하여 모두 氣가 모이고 흩어짐에서 비롯되는데 불이 타서 연기로 흩어져 공중으로 날아가 소멸되는 것과 같습니다. 그 가운데 역시 혹 흩어지지 않는 것이 있다면 西士의 말과 같습니다. 순금이 불에 들어가 모두 녹아 없어져 한 점의 精光으로 아직 존재하고 있는 것과 같습니다. 그 가운데 역시 혹 輪廻가 있으니 釋氏의 설과 같습니다. 만약 흩어지지 않은 氣가 있다면 그것이 모여 다시 태어나니 역시 이상하지는 않습니다. 사람이 태어남이 氣가 모여서라면 귀신은 氣가 아닙니까. 史傳으로 말한다면, '識環記井'과 같이 그런 類는 매우 많습니다. 오늘날 人家에 전하는 바로 보면, 역시 의심스런 바가 많습니다. 이와 같은 것들이 증거하는 바로써 반드시 그렇다면 망령되이 핑계대는 것이고 일체 그렇지 않다면 그 勢를 크게 얽어매어 두는 것입니다. 단지 말을 하지 않을 뿐입니다. 『易』에 이르기를 육체를 떠난 혼(魂)은 변괴가 되어 외롭게 떠돌아다니지 않고, 이미 변괴가 되었으면 대개 어떤 모습으로도 존재한다고 합니다. 張子가 육체를 떠난 혼으로서 변괴가 되었는데 輪廻說이 그릇되었다면 어찌 감히 다시 설명할 것이며 그 의문이 끝내 없어지지 않을 것입니다. 程朱의 說 역시 이끄는 바가 많으나 떨쳐 버릴 수 없는 것은 다만 後人으로 하여금 의문을 더하게 합니다(각주 생략). 花潭의 귀신론과 이마두의 설은 부합되나 이마두는 사람이 태어남이 스스로 있어 그 귀신을 오게 하여 영원히 존재한다 하고, 徐氏(徐敬德 : 필자 주)는 久速의 구별이 있다 하였으니 서씨의 설이 나은 듯 합니다. 李子(李滉 : 필자 주)가 일찍이 서씨의 설을 그르다고 하였다면 감히 다시 의심할 바가 없으나 끝내 의심스런 것은 남아 있는즉, 異敎에 발붙이는 것이 두렵다는 것을 말로는 할 수 없으며 모호하여 밝혀지지 않고 道가 있는 곳으로 바르게 나아가지 않습니다.

천당지옥설에서는 언어와 모습이 끝내 이단입니다. 그러나 흩어지지 않는 영혼이 있다면 반드시 主張하는 것이 있을 것이고, 주장하는 것이 있다면 善은 상을 주고 惡은 벌하니 혹 괴이하지 않을 것입니다. 그렇지만 末梢에는 賞이 번잡스럽고 刑罰이 무거우리니 主張하는 자가 장차 어떻게 하나 하나 처리하겠습니까. 여기에 그 설의 종국에는 막히는 곳이 있습니다.

西士의 魔鬼論은 아마도 혹 그 풍속이 그런가 합니다. 무릇 사람의 善惡은 形氣와 性命의 나누어짐에서 비롯되는데 마귀가 어떻게 사람을 이끌어 악하게 할 수 있습니까. 이 주장은 실로 마땅함을 잃었습니다. 魂魄이 합하여 사람이 되는데 사람이 죽으면 혼은 올라가고 백은 내려가니 혼은 본디 神이 있고, 傳記에서 말하는 바로는 墓 또한 鬼가 있으니 이는 魄 역시 神이 있는 것입니다. 이는 한 사람이면서 魂과 魄의 구별이 있고 그 神은 둘이 있습니다. '三魂七魄'의 설은 道家에서 나왔는데 그 말은 믿기 어렵습니다. 그에 대해 朱子가 말하기를 '三七은 金과 木의 數이다. 그런즉 한 사람이 죽어 혼백이 10개의 神으로 나누어지니 많지 않은가'라 하였습니다. 醫書에는 肝臟은 魂, 肺臟은 魄으로 肝은 木이고 肺는 金이라 합니다. 金洛書의 위치로 보면 三東이요 七西인 고로 주자의 설은 대개 여기에서 나왔으니 金數를 七로 하면 알 수 없습니다. 가만히 보니 혼백은 둘이 아닌가 합니다. 左氏가 '마음이 밝고 상쾌하다' 하였는데 이는 혼백을 말합니다. 西士가 말하는 이른바 영혼이라는 것이 이것입니다. 사람의 정신은 하나일 뿐으로 陰에도 있고 陽에도 있다는 구별이 있기 때문에 혼백이라는 이름이 붙여졌으니 달리 두 물건으로 구별할 수는 없습니다.(『순암집』 2, 書, 上星湖先生書, 戊寅[1758])

위 편지의 내용을 들여다보면, 1년 전 안정복이 이익에게 보낸 서학과 관련한 편지에 비하여 매우 논리적이고 분석적임을 찾아볼 수 있다. 그 동안 천주교에 대해 다각적인 연구 분석이 이루어졌음을 짐작할 수 있다. 안정복은 이 편지에서 크게 세 가지 문제를 들어 서학을 비판하였다. 첫째는 귀신론이라 할 수 있고, 둘째는 천당지옥에 관한 견해이며, 셋째는 마귀에 관한 견해라 할 수 있다. 이 가운데 귀신론이 주된 논의대상이 되었다. 모두 유교와 서학 그리고 불교의 교리를 비교 설명하면서 자신의 견해를 제시하였다.

먼저 귀신론에 대한 그의 의견을 들어보자. 위 편지에도 나타나 있듯이 그가 말하는 귀신은 靈魂과 통하는 뜻으로 보아 좋을 것 같다. 귀신론에서는 귀신이 어떻게 태어나고 없어지는가에 주된 관심을 두었다. 이를 그의 서학관과 관련하여 보면 서학의 영혼불멸설을 겨냥한 논리적 분석에 목적을 두고 있다고 볼 수 있다. 우선 그는 귀신이 존재한다는 종래의 설을 일단 받아들이면서, 귀신에는 세 가지 종류가 있다고 하였다. 천지의 귀신(天地之鬼神), 사람이 죽은 귀신(人死之鬼神), 만물의 귀신(百物之鬼神)이 있고, 그 가운데에서도 사람이 죽어 생긴 귀신이 이해하기 어렵다는 것이다. 그는 사람이 죽은 귀신의 생성과 소멸에 대한 의문을 품고 있었다.

이에 대하여 먼저 그는 유학·서학·불교에서 말하는 다음과 같은 세 가지의 대표적인 설을 소개하면서 상호 비교하여 보았다.

> 가. 氣가 모이면 태어나고 흩어지면 죽어서 공중으로 날아가 없어진다는 유학자들의 설
>
> 나. 氣가 모이면 사람이 되는데 사람이 죽어도 그 죽은 사람의 영혼은 영원히 존재한다는 西士의 설(이른바 靈魂不滅說)
>
> 다. 사람이 죽으면 鬼가 되고 鬼는 다시 사람이 되어 輪廻가 그치지 않는다는 佛家의 설(이른바 윤회설)

그러나 안정복은 이 세 가지 설에 대해 모두 비판적인 견해를 나타냈다. 첫째로 儒者의 설인 氣가 흩어져서 공중으로 날아가 없어진다는 것에 대해 안정복은 의문을 나타냈다. 즉 氣가 흩어져서 공중으로 날아갔다면 원래의 氣로 돌아간 것과 같으니 다시 어떤 기가 올 수 있겠느냐고 반문하면서, 제사를 지낼 때 오는 귀신이 있다면 그것은 흩어지지 않은 것이 있음

을 증거하는 것으로 보았다. 즉 공중으로 흩어지지 않은 氣가 있다는 것이다. 마치 순금이 불에 들어가 모두 녹아 한 점의 精光으로 남아 있는 것과 같다고 하였다. 둘째로 서학의 영혼불멸설에 관해서는 천당지옥의 공간에 의문을 표시하였다. 즉 천당과 지옥이 아무리 넓고 또한 영혼이 형체가 없다고 하더라도 결국에는 공간이 좁아 질식하게 되니 수용하기 곤란하다는 것이다. 다만 천당과 지옥에 영혼을 수용하되 시간의 격차를 두고 결국에는 영혼이 흩어진다면 인정할 수 있다는 견해를 나타냈다. 끝으로 불교의 윤회설에 대해서는 허황한 것으로 돌려 아예 말하기를 회피하였다.

여기에서 안정복의 귀신론에 대한 핵심은 사람이 태어나고 죽는 것을 氣가 모이고 흩어지는 것으로 이해하고 있다는 점일 것이다. 氣가 모여 사람으로 태어난다고 본 점에서는 유교나 서학이 공통된다고 보았던 것 같다. 그러나 사람이 죽은 뒤 영혼(귀신)이 어떻게 되느냐 하는 점에 있어서는 달리 생각하고 있었다. 즉 사람이 죽으면 氣가 즉시 모두 공중으로 흩어지는 것에 대한 의문을 품고, 자손이 제사 지내는 이치를 들었던 것이다. 氣가 처음부터 공중으로 사라졌다면 제사를 지낼 필요가 없다는 것이다. 그렇다 할지라도 종국에는 그 氣도 공중으로 흩어지게 된다는 것에는 변함이 없다. 이것이 곧 영혼은 불멸한다는 서학의 주장과 안정복의 생각과 정면으로 대치되는 부분이다.

여기에서 영혼도 氣라는 안정복의 생각에 주목해 볼 필요가 있을 것 같다. 즉 사람의 태어남이 氣가 모여 이루어지는 것이라면 죽은 뒤의 영혼도 氣라는 생각이다. 이와 관련하여 그의 魂魄에 대한 견해를 살펴보자. 그는 혼백이 합쳐져서 사람이 되는데 일단 사람이 죽으면 魂은 공중으로 올라가고, 魄은 땅속으로 내려간다고 보았다. 그런데 혼에는 본시 神이 있고, 백에는 傳記상으로 神이 있는 것처럼 전해 오는데, 자신의 생각으로는 혼백은 본시 둘이 아닌 하나로서 神도 하나라는 주장을 폈다. 다만 이 신이 陰에도 있을 수 있고 陽에도 있을 수 있으므로 혼백으로 구별하게 되었다는 것이다. 그는 이 혼백이 西士가 말하는 영혼이라 하였다. 그렇다면 영혼인 혼백은 하나인 氣라는 이야기가 된다. 이처럼 안정복은 氣로 이루어진 영혼이 영원히 존재하는 것은 아니지만, 그렇다고 모두 공중으로 흩어지는 것도 아니라는 조금은 애매한 견해를 나타냈다.

다음으로 천당지옥에 관한 견해를 살펴보자. 그가 가장 부정적 시각을 나타낸 것 가운데 하나가 천당지옥설이다. 영혼불멸설을 부정하고 나선 그로서는 당연한 주장이라 하겠다. 비록 천당지옥의 존재를 가정하더라도 영혼의 상벌과 그것을 주재하는 자, 그리고 영혼이 영원히 존재할 만한 공간에 대한 문제가 있다는 것이다. 우선 그는 영혼과 선악은 별개의 것으로 보았다. 따라서 영혼의 선악에 따라 그 영혼이 천당이나 지옥으로 가는 보답을 받는 것은 이치에 맞지 않는다는 논리를 폈다. 그리고 가령 영혼을 주재하는 자가 있다 하더라도 선악에 대한 판단과 그에 따른 상벌을 일일이 할 수 없을 것이라고 하였다. 더욱이 종국에는 천당과 지옥이 꽉 차서 수많은 영혼을 모두 들일 수 없다는 것이다. 영혼불멸을 인정하지 않는 그의 입장에서 천당지옥의 존재를 수용하기는 기대하기 어려웠다고 할 수 있다.

끝으로 마귀의 존재도 철저히 부인하였다. 선악이 形氣와 性命에 의해 비롯되는데 마귀가 나타나 사람을 악하게 만든다는 것은 있을 수 없다는 것이다.

이처럼 안정복은 이익에게 보낸 편지를 통하여 서학의 영혼불멸설, 천당지옥설, 마귀론에 대하여 나름대로의 이론적 근거를 제시하면서 부정적인 입장을 보였다. 기본적으로는 성리학의 이기론에 이론적 바탕을 두되 이황의 이기론으로 비판의 논거를 삼았다고 볼 수 있다. 理가 氣에 앞서 존재한다는 것을 인정하지 않은 徐敬德의 '氣不滅論'[31]을 이마두의 영혼불멸설과 부합된다 하면서 다소 불만을 나타내고, 결국 이황이 서경덕의 설을 그르다고 본 평가에 동조하였던 것이다. 그렇다고 안정복이 서학설을 아주 회피해 버린 것은 아니었다. 그가 영혼에 관한 문제에 관심을 갖게 되고

---

31) 이병도, 『韓國儒學史』, 181~182쪽 참조.

이것을 氣와 연결시켜 해석해 보려는 태도를 갖게 된 동기는 서학의 영향으로 보아도 좋지 않을까 여겨진다.[32] 이미 안정복은 서학이 정밀하고 핵실하다는 사실을 인정하고 있던 터였다.[33]

지금까지 1757~1758년에 걸쳐 안정복이 이익에게 보낸 두 통의 편지내용을 중심으로 안정복의 서학관을 살펴보았다. 그러나 이익은 이상과 같은 안정복의 편지를 받고 그 내용에 대해 이렇다 할 답변을 하지 않았던 것으로 보인다. 이익이 안정복의 견해에 수긍을 한 것인지, 그렇지 않으면 자신의 견해와 달라 구차스럽게 변명이 필요하지 않았는지는 알 수 없다.[34] 이익은 이미 『천주실의』와 『七克』을 읽고 천주교 교리에 대해 호기심을 보일 정도로 서학에 대해 깊은 관심을 나타낸 인물이었다.[35] 어떻든 안정복은 『동사강목』 초고를 편찬하던 바쁜 가운데에서도 여러 서학서를 읽고 분석하면서 특히 천주교 교리에 대해서는 유학자의 입장에서 비판적인 태도를 보이면서도[36] 그 밖의 서학서에 나타난 과학이나 지리에 관한 것에 대해서는 매우 호의적인 태도를 보였다.

2) 천주교의 확산과 안정복의 대응

1750년대 안정복의 천주교에 대한 이해와 반응은 그 후 어떻게 변화되

---

32) 이미 최동희는 그의 논문에서 안정복이 귀신에 관한 문제에 관심을 갖게 된 것을 서학의 영향이라고 평가하였다(최동희, 앞의 논문, 68쪽).

33) 『순암집』 2, 書, 上星湖先生書 別紙, 丁丑(1757).

34) 『성호집』을 보아도 이익이 안정복에게 보낸 편지 가운데 천주교에 대해 언급한 부분은 전혀 없다.

35) 그렇다고 이익이 이들 서학서에 대해 비판적인 태도를 보이지 않은 것은 아니다. 이익도 천당지옥설과 마귀설에 대해 지나치게 무리하고 통할 수 없는 이론이라 하여 회의적인 반응을 보였다(『星湖先生續集』 15, 雜著, 天主實義辨 참조).

36) 柳洪烈은 안정복이 이익의 감화를 받아 천주교와 서학에 대한 연구가 깊었다고 하였다(柳洪烈, 『韓國天主教會史』, 가톨릭출판사, 1992, 64쪽). 그러나 안정복은 천주교에 대한 반응이 이익과는 사뭇 다른 경향을 보였다.

어 갔던가. 앞서 본 것처럼 안정복이 서학에 대한 초기적 이해로써 이익과 토론할 수 있었던 기간은 기껏해야 수년으로서 안정복의 나이 50대를 넘지 못하였다. 이 때만 하더라도 서학은 뜻있는 학자들의 관심을 끌면서 이론적 연구의 대상을 넘지 못하였다고 할 수 있다. 즉 천주교의 교리가 아직은 천주교 신자로서의 실천으로 옮겨져 우려할 만한 시기는 아니었던 것이다. 그러나 18세기 후반 조선사회에는 서학사상이 급속히 전파되고 있었다. 더욱이 안정복과 가까운 근기 남인 성호학파의 소장인물 가운데 적지 않은 수가 여기에 관심을 갖게 되었다. 성호학파로 본다면 1763년 이익이 타계한 이후 학문적으로 기대가 컸던 젊은 학자들이 서학에 눈을 돌리는가 하면, 양명학에 심취한 학자들이 늘어나게 되어 정통유학을 지키려는 성호 문인 원로들에게는 큰 걱정거리가 아닐 수 없었다. 그 대표적인 인물 가운데 한 사람이 바로 안정복이었다.

1770년대 윤동규나 이병휴 같은 성호학파의 원로들이 연이어 타계할 무렵 노년에 들어선 안정복은 참으로 곤란한 입장에 놓이지 않을 수 없었다. 그것은 이 시기에 翊衛司에 소속되어 書筵에 나아가기도 하고 木川縣監에 부임하여 2년 8개월 동안 목민관으로 있어야 했고, 그런 가운데서도 그 동안 마무리짓지 못한 『동사강목』을 정리해야 할 처지에 있었다. 그런데 젊은층들은 양명학이나 서학에 대해 더욱 관심을 높여 가고 있었던 것이다. 이러한 흐름이 성호학파를 이끌어야 할 입장에 있던 안정복을 매우 난처하게 만들었다. 특히 1780년대에 들어 천주교 교세가 급속히 확대됨에 따라 안정복은 문인들이 천주교에서 손을 떼도록 적극적인 대처를 해야 할 형편에 놓였다.

그러면 잠시 이즈음 안정복 주변 인물들의 천주교와 관련된 움직임을 보자. 먼저 주요 인물들을 열거해 보면, 이익의 문인으로서 가장 먼저 천주교 신앙운동을 일으킨 洪儒漢(1736~1785), 홍유한과 더불어 1770년대에 교리문답을 하였다고 전해지는 權哲身(1736~1801)·權日身 형제, 천주교 전파에 가장 앞장서서 실천운동을 편 李蘖(1754~1786), 이익의 종손 李家

煥(1742~1801), 丁若銓·丁若鍾·丁若鏞 삼형제, 최초의 세례교인 李承薰(1756~1801) 등을 대표적으로 들 수 있다.

홍유한은 충청도 예산 사람으로 이익의 문하에서 유학 공부를 하였으나 1770년부터 천주교에 관한 서적을 접하면서 유학 공부를 그만두고 1775년부터 소백산맥에 숨어 들어가 신앙생활을 하였다고 한다.37) 권철신은 성호 문인 가운데에서도 才와 學을 겸비하여 이익과 안정복으로부터 가장 촉망받은 젊은 학자 가운데 한 사람이었다. 그러던 그가 양명학에 관심을 두는 한편, 서학에 눈길을 돌리면서 그의 知友나 안정복의 다른 門人들까지도 이에 가담하게 되었다. 그보다 먼저 천주교 신앙활동을 시작한 홍유한과도 직접 만나거나 많은 편지를 주고받았다.38) 권철신의 동생 권일신은 안정복의 사위로서 천주교에 입교하여 자기 가족은 물론 친구들에게도 열심히 전교하는 등 천주교에 대한 신앙심은 오히려 형 권철신보다 더 돈독했던 것으로 전해 온다.39) 이벽은 1779년 天眞庵 走魚寺의 講學에 권철신·정약전·金源星·李寵億·權相學 등과 함께 참여한 멤버로서,40) 이승훈·권일신과 더불어 사실상 한국 천주교회 창설자로 더 잘 알려져 있다. 1784년 사돈관계인 이승훈이 북경에서 세례를 받고 여러 교리서를 가져오는 데 뒤에서 큰 역할을 한 인물이기도 하다. 丁載遠의 아들 삼형제가 한때 천주교에 관심을 갖고 교리연구에 참여하였다는 사실은 이미 잘 알려져 있다. 대체로 1770년대 후반 이후 권철신·이벽 등을 가까이하면서 천주교 연구에

---

37) 유홍렬, 앞의 책, 76~77쪽 참조.

38) 권철신의 서학 접촉과 성격을 다룬 논문으로 車基眞, 「녹암 권철신의 학문과 서학」, 『청계사학』 10, 1993이 참고된다.

39) 권일신은 1791년 11월 신해박해 때 서학서를 활자화했다는 구실로 붙잡혀 가혹한 고문을 받고, 충남 예산으로 유배 도중 고문 후유증으로 사망하였다고 한다(유홍렬, 앞의 책, 105쪽 참조).

40) 천진암 주어사 강학의 내용에 대해서는 반론도 있다. 徐鍾泰는 1779년 강학 때 논의된 내용은 유교에 관한 것이었다고 보는 것이 옳다는 주장을 하였다(서종태, 「천진암 주어사 강학과 양명학」, 『李基白先生古稀紀念 韓國史學論叢』 하, 일조각, 1994, 1292쪽).

힘을 쏟았던 것으로 보이는데, 약전·약용은 走魚寺 강학회에도 참여하고 삼형제가 모두 명례동 金範禹의 집에서 주일예배에 참여하였다고 한다. 이승훈은 이벽과는 사돈간이고 이가환의 甥姪이며 정약전과는 처남매부 지간이었다. 1783년 서장관인 아버지를 따라 북경으로 가서 베드로라는 이름으로 세례를 받고 귀국하여 이벽과 권일신에게 세례를 주는 등 전교활동을 활발하게 전개하였다. 이가환도 처음에는 주변 인물들의 천주교 입교에 반대하거나 회의적인 반응을 보였으나 결국 그도 신자가 되어 교리를 연구하고 천주 교리서를 우리말로 언해한 것으로도 알려져 있다.

　이들은 모두 근기 남인에 속하였고, 지역적으로는 대개 서울에서 가까운 광주 부근에 살았으며 혈연적으로도 대부분 서로 연계되어 있었다. 안정복도 당시 근기 남인의 성호학파를 이끌어야 할 막중한 책임자로서 그 역시 이들과 학문적·지역적·혈연적 관계로 얽혀 무관하지 않았다. 무엇보다도 그의 사위였던 권일신이 이벽·이승훈과 함께 초창기 한국 천주교회 창설자의 한 사람이 되었다는 점은 안정복의 서학관, 특히 그의 천주교에 대한 대응태도가 어떠하였던가를 생각케 한다. 어떻든 노년기의 안정복은 이와 같은 문인들의 움직임에서 매우 긴장하지 않을 수 없었던 것으로 보인다. 이제는 천주교 신자가 늘고 전교가 확산됨에 따라 자신의 주변까지도 천주교가 가까이 왔음을 피부로 느끼면서 일종의 두려움과 함께 대책을 강구할 필요성을 느끼지 않았을까 추측된다. 즉 그가 20여 년 전 서학을 논리적으로 이해하고 비판하는 정도를 넘어 이제는 현실적으로 대처를 해야 할 상황에 이르게 되었던 것이다. 더욱이 정부의 천주교에 대한 탄압이 점차 가시화되자 안정복으로서도 보고만 있을 수는 없는 형편이었다. 1780년대에 들어 천주교문제로 친분이 있는 사람들과 잦은 편지 교환을 하고,「천학고」와 「천학문답」을 쓴 것도 이러한 주변적 배경이 있었기 때문이었다.

　이제 안정복이 문인들에게 보낸 편지내용을 중심으로 그가 이들을 천주교로부터 멀리하게 하기 위하여 어떤 조치를 취하였는가를 살펴보기로 하자. 대체로 문인들이 천주교에 정식으로 입교하여 적극적인 신앙활동을 편

1780년대에 들어 안정복의 제지활동이 이루어졌다고 할 수 있다. 안정복이 그 동안 마무리를 못한『동사강목』은 최종적인 교정이 끝나 정부에 제출된 뒤 전주감영으로 보내져 등사만을 기다리고 있었다.[41] 이어 다음 해인 1785년『天學考』와『天學問答』을 저술하여 내놓았다. 아마도 1750년대 후반 이익과 의견 교환을 하는 방법으로 서학에 대한 이론적 분석과 비판을 한 뒤, 20여 년 동안 국내 천주교 전파의 동향을 우려 섞인 눈으로 관망하지 않았을까 한다. 그러다가 1770년대 후반부터 젊은이들의 천주교에 대한 관심에 점차 확대되고 1780년대에 들어 세례자까지 늘어나는 등 돌이킬 수 없는 지경에 이르자 안정복은 적극적인 제지책을 펴지 않을 수 없게 되었던 것으로 보인다.

이러한 상황에서 그가 가장 먼저 접촉한 인물은 權哲身이었다. 권철신은 이익의 문인이면서 안정복의 문인이기도 하여 청소년 시절부터 학문적으로 매우 촉망받던 인물이었다. 그가 권철신을 먼저 접촉한 것은 문인 가운데 연륜으로나 학문적으로나 비교적 선도적 위치에 있는데다가, 사실 그 동안 그에게 건 학문적인 기대가 매우 컸던 것도 있었을 것이다. 따라서 그가 천주교에 심취해 있는 데에 실망도 매우 컸을 것이다. 이를테면,

> ……어찌 이로써 經學의 공부를 포기하여 스스로 무너져 大罪를 짓는가. 보낸 편지에 또 '죽기 전에 조용히 스스로 수양하여 큰 악에 빠지지 않는 것을 최후의 법으로 삼습니다' 하였으니 이는 少林寺에서 벽을 향하고 앉아 조석으로 아미타불을 외우며 전에 지은 죄를 참회하고 부처 앞에서 천당에 태어나고 지옥에 떨어지지 않기를 구하는 것과 무엇이 다른가. 나는 이에 실로 公의 말을 알지 못하겠네.……(『순암집』2, 答權旣明書, 甲辰[1784])

라 하였듯이 권철신이 유학 공부를 포기하고 천주교에 심취해 있는 것을

---

41) 그러나『동사강목』의 등사는 그의 생전에 이루어지지 못했다.

완곡하게 꾸짖으면서 매우 실망스러움을 나타냈던 것이다. 위 사료에도 나타나 있듯이 권철신은 안정복에게 편지를 통하여 이미 자신은 천주교에 귀의하고 있음을 밝힌 것으로 보인다. 이에 안정복은 권철신이 서학에 빠진 것을 큰 과오라고 지적하면서 유학 공부에 매진할 것을 권고하였고 권철신은 이 충고를 듣지 않았던 것 같다. 더욱이 이즈음 안정복은 문인들이 천주교에 입교하여 신앙활동을 하고 있다는 소식을 자주 접하였다. 누구는 첫번째, 누구는 그 다음이라는 식의 소문을 듣고 이에 가담한 사람이 수를 헤아리지 못할 정도이기 때문에 이제는 더 이상 감출 필요도 없게 되었다는 것이다.42) 그 가운데에서도 권철신이 앞장서서 친구나 문인들을 천주교로 이끈다고 믿고 있었다. 즉 같은 해 다른 편지에서 안정복은,

> ……지금 듣자니 모모 무리들이 서로 약속을 하여 新學을 열심히 익힌다는 설이 오가는 사람들의 입에 낭자한데 이 모두 公의 절친한 친구와 門徒이네. 公이 만약 금하고 억제하는 길이 있었다면 어찌 이렇게 거스름이 빨라져, 금하고 억제할 수 없음을 생각지 못하고 또한 그에 추종하여 파장을 따라 큰 물결을 일으키게 되었으니 어찌할 것인가.(『순암집』 6, 書, 與權旣明書, 甲辰[1784])

라 하여, 권철신이 천주교의 확산을 막지 못한 것에 대해 원망 섞인 호소와 함께 매우 비탄해하였다. 그는 이때 정부의 천주교에 대한 박해가 있을 것임을 예견하고 있었다. 즉 서양에서도 일찍이 천주교의 확산을 막기 위해 수많은 사람을 학살하였으나 끝내 막지 못하였고, 일본에서도 같은 목적으로 많은 사람이 희생되었다는 전례를 들어 '우리나라에서도 역시 이와 같은 일이 없을 것인가' 하였다. 더욱이 당파 싸움으로 서로 틈을 엿보며 약점을 들추어내던 시기에 누가 일망타진의 계책을 쓸지도 모른다면서 만약 그런 일이 벌어지면 '天主가 구해 줄 수 있을까' 하고 반문하고, 아마도

---

42) 『순암집』 2, 答權旣明書, 甲辰(1784).

천당의 즐거움을 맛보기 전에 이 세상의 화가 미칠 것이라고 권철신에게 경고하였던 것이다.43) 여기에서 앞으로 있을지 모르는 박해로부터 문인들을 보호해야 한다는 안정복의 결의를 또한 내다볼 수 있다.

　그러면 안정복은 권철신이 천주교에서 손을 떼게 하기 위해 어떤 내용을 들어 설득하려 했던가. 이 분석은 곧 안정복이 1750년대 이익과 논의하던 때의 초기적 서학 이해에서 20여 년이 지난 지금 얼마만큼 더 많은 연구가 이루어졌는가를 가늠해 볼 수 있는 계기도 될 것이다. 여기에서는 1784년 안정복이 권철신에게 보낸 세 통의 편지내용을 요약하여 정리해 보기로 한다.44)

　① 서학과 불교의 관계

　서학은 불교의 변신이라는 점을 여전히 강조하면서 천당과 지옥, 마귀의 존재, 齋素를 지내는 것, 君臣 父子 夫婦의 윤리가 없는 것, 十戒·七戒와 四行·四大 등의 내용이 서로 유사하다고 하였다.45) 더불어 西士의 말이 장황하고 변론에 박식한 듯하지만 오히려 불교의 자세한 이론에 반도 미치지 못한다고 하였다. 특히 老佛楊墨의 虛無寂滅·無父無君의 설이 이단인 것처럼 서학도 여기에서 벗어나지 않는다는 점을 강조하였다.46)

　② 예수의 존재

---

43)『순암집』6, 書, 與權旣明書, 甲辰.
　　……西國嘗禁此學 誅殺不啻千萬人 而終不能禁 日本亦禁此學 誅殺亦數萬人云 安知我國亦無此事乎 況此黨議分裂 彼此伺釁 掩善揚惡之時 設有人 爲一網打盡之計 而受敗身汚名之辱 則到此之時 天主其能救之乎 竊恐天堂之樂未及享 而世禍來逼矣……
44) 세 통의 편지란『순암집』6, 書, 答權旣明書, 甲辰(1784)의 두 통의 편지와 同, 與權旣明書, 甲辰을 말한다.
45)『순암집』2, 書, 答權旣明書, 甲辰.
46) 同上.

그는 道家에서는 老子를 위하여, 불교에서는 釋迦를 위하여, 서학에서는 예수를 위해서 있을 뿐이라 하였다. 더욱이 서학은 맨 나중에 나타났음에도 불구하고 도가나 불교 위에 군림하여 천주 외에는 인정하려 하지 않는 듯하니 그 僞計가 교묘하다고 하였다. 또한 西士의 언행에는 잘못이 많을 뿐 아니라, 옛 성현의 뜻을 배척하는 것이 하나둘이 아니니 진실된 道가 아니라는 것이다. 유학을 하는 자로서 그 진의가 무엇인지 선명하게 알 수 없다고 하였다.

③ 천주와 상제의 관계

서학에서 말하는 天主는 유교에서의 上帝이며, 천당은 上帝가 있는 곳이라고 보았다. 그는 서학에서 말하는 천주와 천당 그리고 지옥을 다음과 같이 유교에 비교하여 설명하였다. 우선 그는 『詩傳』·『書傳』을 인용하여 천주를 上帝와 같다는 뜻으로 풀이하였다.[47] 따라서 서학에서 말하는 천주는 상제의 조화라고 생각하였다.[48] 그런데 유교에서는 主敬涵養의 공부로 상제의 道를 존경하고 섬기는 데 지나지 않음에 비하여, 서학에서는 천주인 상제를 개인적인 주인(私主)으로 삼아 섬기는데도 이러한 뜻을 중국인들이 모르고 있다는 것이다.[49]

④ 간구면죄 문제

서학에서는 천주에게 면죄를 간구하는데, 이는 곧 佛家의 참회와 다르지 않는 것으로서 오직 개인의 利己에만 관심을 둔다고 지적하였다. 즉 서

---

47)『순암집』2, 書, 與權旣明書, 甲辰.
　　……天主卽上帝也 詩書之言上帝 聖人之言天……
48) 同上.
　　……天主卽上帝之造……
49) 同上.
　　……所可痛者 西士以上帝爲私主 而謂中國人不知也……

학에서 救世를 부르짖지만 실제로는 전적으로 자기 하나만을 위한 것이니 도교나 불교의 가르침과 다르지 않다는 것이다.[50]

⑤ 내세·현세와 천당·지옥 문제

그는 세계는 上界·中界·下界의 3계가 있는데 상계와 하계는 인간이 헤아릴 수 없는 세계이고 중계가 인간세계라 하였다. 중계는 현세에 속하는데, 이를 인간의 문제로써 말한다면 마땅히 '修己治人'의 도리를 벗어나지 못한다는 것이다. 오직 '수기치인' 정신으로 방책을 갖추어 실행하되, 서학에서 말하는 '구세'라는 것도 이를 넘지 못한다고 하였다. 따라서 그는 현세에 태어났으면 마땅히 현세의 일을 따르고 經典의 가르침을 구하고 따를 뿐이지, 내세의 천당지옥이 자신과 어떻게 관련이 있느냐고 반문하였다.[51] 그리고 서학에서 '이 세상은 현세인데 현세의 禍福은 잠시일 뿐이다'라는 설에 대해서도 천당지옥의 화복으로 萬世의 고락을 받아야 되는가 하고 비난하였다.[52] 철저하게 내세를 부인하는 안정복의 세계관을 읽을 수 있다 하겠다.

천당지옥에 관한 설은 그가 서학을 이해하던 초창기의 영혼불멸에 대한 부정과 함께 한결같은 비판의 대상이 되었다. 그는 상제가 있는 곳이 '天'이라는 논리로 서학에서 말하는 천당을 비유하였다.[53] 다만 현세에서 만들

---

50) 同上.
　　……名雖救世　其實專爲一己之私　無異道佛之敎也
51) 同上.
　　……吾人　旣生此現世　則當從現世之事　求經訓之所敎　而行之而已　天堂地獄　何關於我哉
52) 同上.
　　……其學曰　此世現世也　現世之禍福暫耳　豈若爲後世　天堂地獄之禍福　萬世之受苦樂乎
53) 同上.
　　……彼曰有天堂　吾亦曰有天堂　詩云文王陟降在帝左右　又曰三后在天　書

어진 선악의 응보, 즉 '賞善罰惡'이 내세의 천당과 지옥으로 이어지는 이치가 불명하다는 것이다. 특히 지옥의 형벌과 관련하여 그 사람이 태어나 악하게 되었다가 죽은 뒤 그 영혼을 추론하는 것은 사람을 속이는 것에 가깝다는 것이다. 결국 이 모든 것을 누가 확인해 볼 수 있겠는가 하고 반문하면서 망령된 설이라 하였다.

안정복은 권철신에게 보낸 편지를 통하여 이와 같은 논리로 천주교의 교리를 비판하면서, 지금 중국에서 천주교를 믿는 자들은 市井의 어리석은 백성일 뿐 儒士는 이에 빠지지 않았다 하고 우리나라에서 촉망받는 지식인들이 거기에 심취하니 매우 수치스럽다는 의견을 나타냈다. 편지의 말미에서 그는 「天學設問」을 보내겠으니 읽어보라고 권유하였다.[54]

이와 같은 절박한 심정에서 그는 이미 문인들이 천주교에 깊이 빠져든 사실에 대해,

> ……그러나 이 모두가 망령된 말로서, 자네들이 이미 정하여 배움으로 이루었으니 어찌 움직일 수 있겠는가.[55]

라 하였듯이, 이들을 천주교 신봉에서 구해 내기에는 이미 늦어 어렵게 되었다는 것을 인식하고 있었던 것이 아닌가 생각된다. 한편 자신이 교환한 서학 관련 편지는 누설되지 않도록 태우거나 찢어 없애도록 부탁함으로써, 문인들의 신변에 세심한 주의를 기울이기도 하였다.

그러나 안정복이 이들로 하여금 천주교에서 손을 떼도록 설득하면 할수록, 이들은 안정복의 태도에 거의 반응을 보이지 않았던 것으로 보인다. 따라서 안정복은 문인들의 이러한 태도에 매우 불쾌해하였을 뿐 아니라,

---

曰多先哲王在天 旣有上帝 則豈無上帝所居之位乎
54) 崔東熙는 「天學設問」이 「天學問答」의 초고인 듯하다고 하였다(최동희, 앞의 논문, 22쪽 참조).
55) 同上.
……然皆妄說 何能動公輩己定之成學耶……

섭섭한 심정을 금치 못하였다. 안정복이 천주교에 관심을 둔 문인들에게
편지를 보내 답변을 요구하여도 이들은 회피하고 응답을 하지 않았기 때문
이다. 이러한 상황에 이르자 그가 '어찌하여 이 지경에 이르렀는가' 하고
절망감을 나타냈는데,56) 당시 그가 얼마만큼 실망에 젖어 있었던가를 짐작
할 수 있다. 심지어 천주교 교리에 관한 자신의 질문에 이들이 계속 침묵
으로 일관하자,

> ……救世는 그 昏愚함을 지도하여 깨우치게 할 수 있다고 한다. 어찌
> 하여 묻는 바에 반드시 답하지 않고 그 편지를 덮어 버리는가. 스스로 감
> 추고 昏愚한 것을 깨우치려 하지 않으니 그것이 과연 천주가 救世하려
> 는 뜻이란 말인가.……(『순암집』8, 書, 答李士興書, 乙巳[1785])

라 하여, 그들의 행위가 천주의 뜻인가 하며 힐책하기도 하였던 것이다. 대
체로 1784~1785년을 전후한 시기가 안정복이 문인들을 천주교로부터 멀
리하게 하려고 가장 고심하고 또한 적극적으로 개입하였던 때라고 하겠다.
「천학고」와 「천학문답」도 이같은 상황에서 쓰여졌던 것이다.

  그의 천주교에 대한 부정적인 인식은 나이 80에 가까워서도 여전하였지
만 이미 천주교에 입교한 문인들을 돌이키게 하는 일은 점차 포기하게 된
것으로 보인다. 이들이 천주교에 너무 깊숙이 빠져 거두기가 이미 늦은데
다가 이들과 논쟁할 의욕도 크게 상실하였던 것으로 보이기 때문이다.57)
그리하여 이미 유학 공부를 멀리한 문인들보다는 전통 유학에 충실한 문인
들이 더 이상 여기에 빠지지 않도록 단속하는 데 주력하게 되었다. 더불어

---

56) 『순암집』8, 書, 答李士興書, 乙巳(1785).
  ……有所質問於執事及鹿菴 而終未見一字所答 其爲高明輩所棄信矣 然
  事之是非 非姑舍有問無答 自非相絶之外 無是事也 何爲而至於是耶……
57) 『순암집』5, 書, 答艮翁李參判夢瑞(獻慶)書, 己酉(1789).
  ……所可惜者 聰明才學 有擔負之望者 率入其中 迷而不悟 牢不可破……
  今則不必與之 呶呶爭辨……

종래와 같이 서학에 대한 강한 배척도 어느 정도 수그러지지 않을 수 없었
다. 서학의 우수한 점을 인정할 것은 인정해 주고 유학 공부를 독려하는
태도를 보이고 있었던 것이다.[58] 물론 그가 서학을 처음 접했을 때도 서학
에 핵실함이 있다는 사실을 인정하였지만, 그 후 다양한 서양서적을 접하
면서 특히 物理에 있어서는 중국의 수준을 능가한다는 점을 제자들에게
서슴없이 말하였던 것으로 보아,[59] 말년에 접어든 안정복의 서구 인식은
상당한 변화를 가져오게 된 것으로 여겨진다.

그렇다 하더라도 천주교의 교리에 대한 기본인식에는 변함이 없었다. 즉
논쟁을 벌인다던가 적극적인 대책을 강구하지 않았을 뿐, 천주교의 확산을
막아야 한다는 신념은 확실하였던 것이다. 關衛적 입장이 강하였던 李獻
慶이나 李基慶에게 보낸 편지에 잘 드러난다.[60] 그가 타계하기 바로 1년
전(1790) 이기경에게 보낸 편지에,

> ……대저 오늘날 세계의 학술은 갈래가 있고 다르다. 옛 사람은 佛老
> 의 폐해가 楊墨보다 심하다고 하였는데, 오늘은 天學의 폐해가 佛老보
> 다 심하고 俗學의 폐해는 天學보다 심하다. 선비가 할 바는 마땅히 그
> 때의 폐단을 보고 바로잡는 것이다. 무릇 천하의 義理는 본시 하나의 근
> 원에서 나오는 것인데 어떻게 두 사람의 孔子가 있겠는가.……(『순암집』
> 8, 書, 答李注書休吉[基慶]書, 庚戌[1790])

라고 했듯이, 天學이 불교나 노장사상보다 폐해가 크다고 규정한 것을 보

---

58) 안정복의 문인으로서 비교적 유학 공부에 충실한 황덕일·황덕길 형제에게
하학 공부에 매진하도록 권장하면서 서학의 장단점을 설명해 준 것이 그 좋
은 예이다(『순암집』 8, 書, 答黃耳叟書, 癸卯 ; 同, 答黃莘叟書, 戊申 참조).
59) 『순암집』 8, 書, 答黃莘叟書, 戊申(1788).
……大抵 西學明於物理 至若乾文推步籌散鍾律制造器皿之類 有非中國
人所可及者……
60) 『순암집』 5, 書, 答艮翁李參判夢瑞(獻慶)書, 己酉 ; 同 8, 書, 答李注書休
吉(基慶)書, 庚戌 등 참조.

더라도 천주교에 대한 그의 신념은 변함없음을 알 수 있다. 2명의 孔子가 있을 수 없다고 말한 데에서도 공·맹의 洙泗學을 지키려는 그의 확고한 생각을 엿볼 수 있을 것이다.

3) 「천학고」와 「천학문답」을 통해 본 안정복의 서학 인식

이제 1885년 저술된 것으로 전해 오는 「天學考」와 「天學問答」의 내용으로 안정복의 서학 인식을 살펴보기로 하자. 앞서 살펴본 바와 같이 1885년을 전후한 시기는 안정복의 주변 인물들 가운데 특히 젊은층의 다수가 천주교에 입교하고, 이를 저지하는 데 그가 가장 적극적인 태도를 보이던 때였다. 결국 그의 의도대로 성공할 수는 없었지만, 이와 때를 같이하여 두 글이 정리되어 문인들에게 돌려지게 되었다. 따라서 이 두 글에 당시 그의 서학 인식이 가장 논리적으로 정리되어 나타났다고 보아 좋을 것이다. 두 글을 간단히 정리해 보기로 한다.[61]

① 「천학고」

안정복이 「천학고」를 쓴 동기는 무엇일까. 이 글의 첫머리에,

> …癸卯年(1783)에서 甲辰年(1784) 사이에 젊은이들 가운데 才氣있는 자들이 天學의 說을 주장하니 마치 上帝가 친히 내려와 使者의 교시를 내린 것 같았다. 아, 일생 동안 중국 성인의 책을 읽다가 하루 아침에 무리지어 異敎에 들어갔으니, 삼 년을 공부하고 집에 돌아와 제 어미의 이름을 불렀다는 자와 무엇이 다른가. 실로 애석하도다. 이제 전하는 기록 가운데 남아 있는 것을 모아 「天學考」를 만든다. 이 학문이 중국에 들어온 지 이미 오래 되었고, 또한 우리나라에 들어온 지도 오래 되었으니 지금 비롯된 것이 아니라는 것을 알게 하려는 것이다.(「천학고」, 머리글)

---

61) 「천학고」와 「천학문답」에 관한 자세한 사항은 이원순, 앞의 책, 161~174쪽 참조.

라고 있듯이, 1783~1784년을 즈음하여 유학을 공부하던 젊은이들이 새삼스럽게 천주학에 심취된 사태를 보고 매우 놀란 나머지 이 학문이 중국이나 우리나라에 이미 오래 전에 들어왔다는 사실을 밝히는 데 목적을 두고 있다고 하였다. 다시 말하면 서학의 東來에 대한 역사적 고찰이라고 보아 좋을 것 같다. 서학을 이단으로 보는 입장에서의 고찰이라 하겠다.

따라서 「천학고」에서는 서학과 관련된 여러 옛 문헌과 그 기록에 등장하는 서방의 국가 이름이 제시되고, 그 나라의 풍속 등이 분석되었다. 또한 뒷부분에는 이익의 「天主實義跋」을 요약하여 붙이고, 이어 按說을 통하여 이익도 서학에 관심을 기울였다는 당시 일부 학자들의 주장에 대해 선생을 무함하는 일이라고 일축하기도 하였다.62) 더불어 「천학문답」에 서학과 우리의 학문이 어떻게 다른가를 별도로 구비해 놓았다는 사실도 밝혀 두었다.63)

우선 그가 「천학고」를 서술하기 위해 인용한 문헌을 살펴보자. 중국 문헌으로는 『漢書』, 『通典』, 『列子』, 『北史』, 『資治通鑑』, 『唐會要』, 『鴻書原始秘書』, 『吾學編』, 『明史』, 『景敎考』, 『日知錄』이 있고, 중국에 들어온 서양인의 문헌으로는 艾儒略의 『職方外記』와 利瑪竇의 『天主實義』를, 그리고 국내 문헌 혹은 기록물로는 이수광의 『芝峰類說』과 이익의 「天主實義」跋文이 활용되었다. 안정복은 이들 문헌기록을 통하여 천학이 이미 중국에 들어온 지 오래 되었다는 사실을 소개하고, 『지봉유설』을 통하여 이수광이 『천주실의』를 보고 느낀 점을 간략하게 옮겨 실었다. 그리고 이익의 『천주실의』 발문을 요약하여 쓴 글에서는, 이익이 『천주실의』를

---

62) 심지어 그는 이익이 서학을 공부하였다는 소문이 계속 나오자, '내가 죽기 전에 어찌 이런 말이 있으며, 이 어찌 우리의 道를 문란케 하고 돌아가신 스승을 무함하며 後生을 잘못되게 하는 일대 사건이 아닌가' 하고 비탄해하였다(『순암집』 7, 書, 答尹士眞[愼]書, 丙午[1786]).

63) 「천학고」, 按.
……其學術之差 別具于問答
「천학문답」에 대한 분석은 뒤에서 다시 다루기로 한다.

읽고 서학을 어떻게 비판하였는가를 소개하였다. 이는 1780년대 일부 젊은 층의 학자들 사이에 일찍이 성호 선생도 서학에 관심이 많았다는 풍문이 돌자, 그렇지 않음을 변명하기 위해 쓴 것으로 보인다. 그 구체적인 내용은 다시 「천학문답」의 뒷부분에서 되풀이된다.

한편, 「천학고」에는 다음과 같은 서방 국가가 등장한다.

如德亞國, 安息國, 大秦國, 犁靬國, 拂菻國, 大食國, 苦國, 高昌國, 鳥耆國, 漕國, 罽賓國, 康居國, 滑國, 天竺國, 回回國, 吐火羅國

여기에 제시된 나라 이름은 중국 문헌에 나타난 것으로 시대에 따라 이름을 달리하면서 일찍이 중국에서는 서방에 속한 국가로 알려져 왔다고 하겠다. 『한서』 기록에 등장하는 安息國과 중국의 교류로부터 明代 利瑪竇가 중국에 들어오던 시기까지 서방의 풍속과 지리 등을 연대순으로 간단히 소개하였다. 소개한 내용 가운데 주목되는 것을 들면 첫째, 나라 이름은 각각 다르게 제시하였지만 서방 국가는 모두 '天'을 섬긴다고 믿었다는 점이다. 즉,

……하늘을 섬기는 學은 비단 大秦 한 나라뿐이 아니다. 자고로 여러 나라가 대저 모두 그렇다.(「천학고」, 按)

라 하였다. 즉 서양에는 예로부터 하늘을 섬기는 풍습이 있다고 믿었던 것이다. 물론 그의 판단이 정확한 것은 아니었다. 이를테면 이슬람교와 천주교를 혼동하고 있다던가, 소아시아 국가와 유럽 국가를 정확하게 구분하지 못하였던 것이다.

둘째, 천학이 일찍이 중국에 들어왔다는 점이다. 唐 開元 7년(719)에 吐火羅國이 중국 조정에 헌상을 하고 더불어 法堂을 설치하려 하였다는 『日知錄』의 기록을 이마두가 북경에 천주당을 설치한 것과 유사하다고 보았던 것이다. 역사적으로 볼 때 천주학이 일찍이 중국에 들어왔다는 생각이

다. 따라서 이러한 견해는 우리나라에서 재질 있는 젊은이들이 새삼스레 여기에 심취하는 현실을 이해하기 어렵다는 안정복의 안타까움에서 나온 것이라고 볼 수 있다.

요컨대 「천학고」는 서학의 東來를 역사적으로 밝혀 젊은 학자들이 이에 빠지지 않도록 막아 보려는 의도에서 쓰여진 논고라 할 수 있다.

② 「천학문답」

가. 저술 경위

「천학문답」은 안정복이 「천학고」 말미의 按說을 통해 천명한 것처럼, 서양의 학술과 우리나라 학술의 차이를 제시하고, 또한 斥邪의 입장에서 천주학을 비판한 논고라 할 수 있다. 주로 이마두의 『천주실의』를 겨냥하여 썼다고 할 수 있다. 따라서 이미 1724년에 신후담이 쓴 『西學辨』의 내용에서 크게 벗어나지 못한 느낌도 갖게 된다. 신후담은 『천주실의』의 목차에 따라 이마두의 견해를 알기 쉬우면서도 매우 논리적으로 비판을 가하여 놓았다.[64] 이익을 비롯하여 안정복도 이 글을 보고 동감하였을 것임에 틀림없다.[65]

지금 전해 오는 「천학문답」은 1785년 저술된 것으로 알려져 있지만, 초고는 대략 1781년 전후가 아닌가 생각된다. 그렇게 생각하는 근거는 南漢朝(1744~1809)가 쓴 「安順菴天學或問辨疑」에,

---

64) 신후담은 『西學辨』을 통하여 畢方濟의 『靈言蠡勺』·이마두의 『천주실의』
· 艾儒略의 『職方外記』에 대해 신랄하고도 구체적인 비판을 가하였다. 특
히 그는 『천주실의』의 요지를 '천주를 존숭하고 받드는 것을 말하지만, 그
歸趣는 천당지옥의 설로 위협하여 유혹하려는 데 불과하다(言尊奉天主之事
而考其歸趣 則不過以天堂地獄之說恐誘之)'고 하였다(李晩采, 『闢衛編』,
愼遯窩西學辨, 天主實義).
65) 그것은 이익의 「天主實義跋」이나 안정복의 「천학문답」의 내용을 비교해 보
아도 쉽게 짐작할 수 있다.

> 壬寅(1782)・癸卯(1783) 년간에 내가 과거시험 때문에 順菴 安丈門下
> 를 왕래하였다. 安丈의 말씀이 邪學을 물리쳐야 한다는 생각에 이르자,
> 총명하고 才辨이 있는 선비들이 더욱 그 가운데 빠져들어 장차 사람들과
> 가정과 국가가 반드시 화를 입은 뒤에는 곧 영원히 후회할 것을 심히 우
> 려하여 '내가 사악한 설을 풀어헤치고 밝혀 물리치려는 하나의 글을 썼는
> 데 자네가 나를 위해서 그것을 바로잡아 주게나'라고 하였다. 나는 감히
> 감당할 수 없다고 말하였다. 그 후 사람을 통해 한 소책자를 보내 왔는데
> 보니 곧 이른바 '天學或問'이었다.……(『損齋先生文集』卷12, 雜著, 安
> 順菴天學或問)

라는 내용을 보건대 안정복의 문인 남한조가 1782~1783년 사이에 안정복
의 집을 드나들었을 때, 안정복이 天學에 관한 글을 써 놓고 남한조에게
바로잡아 줄 것을 요청했음을 알 수 있다. 그리고 남한조가 그 자리에서
감히 할 수 없다고 사양하고 물러난 뒤, 언제인지는 확실히 나타내지는 않
았으나 다른 사람을 시켜 '天學或問'이라는 이름의 소책자를 보내 왔다는
것이다. 이 '천학혹문'을 보고 남한조는 '天學或問'에 대한 辨疑를 썼다. 아
마도 1783년 이전이었을 것으로 판단된다. 그렇다면 남한조의 이러한 기록
으로 보아 안정복이 소책자 즉 '천학혹문'을 쓴 것은 적어도 1782년 이전인
것만은 틀림없을 것이다.

그런데 1784년 안정복이 권철신에게 보낸 편지의 말미에 보면,

> ……'天學設問'을 기록하여 보내려 하였는데 베끼기가 어려워 보내드
> 리지 못하네. 于四가 베껴 갔으므로 볼 수 있는 길이 있을 듯하네.……
> (『순암집』 6, 書, 與權旣明書, 甲辰[1784])

라는 내용이 나온다. 즉 안정복은 자기가 쓴 「天學設問」을 권철신에게 보
이고 싶어하였다. 그런데 앞에서 남한조에게 보낸 책은 「천학혹문」이고,
권철신에게는 소개한 것은 「천학설문」이라 책명이 다르다. 이는 무엇을 뜻

하는 것일까. 두 책 가운데 하나는 책명을 바꾼 것이라 하겠다. 필자는 안정복이 처음에 「천학혹문」이라고 이름 붙인 것을 뒤에 「천학설문」으로 바꾸었다고 본다. 이것은 남한조의 영향이라 생각된다. 남한조가 『천학혹문』을 받고 쓴 「安順菴天學或問辨疑」의 첫머리에,

> ……어찌 장차 사악한 마귀의 外道를 물리치려 하는데 '設問'을 '或問'으로 하면 허용하는 것 같음이 있고, 혹 一段의 일이라도 그들의 말에 왔다갔다 할 가능성이 있습니다. 지금 이 西學은 곧 사악한 마귀의 異端(外道) 가운데 심한 것으로 막아 물리쳐야 합니다. 오히려 그것이 엄하지 않은 것이 우려됩니다. 지금 或問으로 篇을 부르게 되면 마치 진흙에 물기를 띠게 하려는 뜻이 있는 듯하니 고치는 것이 어떠합니까.(「安順菴天學或問辨疑」, 篇名或問)

라 하여, 或問을 設問으로 써야 한다는 의견을 나타냈던 것이다. 남한조의 의견으로는 혹문으로 하면 서학을 비판하는 내용이 엄하지도 않고 혹시라도 서학의 주장을 인정할 수 있는 가능성이 있다는 것이다. 남한조의 벽위적인 입장이 안정복보다 더 강하였음을 알 수 있다. 위의 글을 종합해 볼 때, 1785년에 썼다고 전해지는 「천학문답」은 처음에 「천학혹문」에서 「천학설문」으로, 그리고 최종적으로 「천학문답」으로 이름이 바뀌고, 내용도 수정되었다고 할 수 있다.66)

나. 비판내용

「천학문답」은 '或問'과 '或曰'의 체재를 갖추어 문답식으로 쓰여졌다. 2개의 '或問'과 29개의 '或曰'로 되어 있는데, 이는 이마두가 『천주실의』를 통하여 中士가 질문하고 西士가 대답하는 형식을 사용한 것과 같다. 그리고 말미에 부록을 두어 당시 일부 학자들 사이에서 일찍이 이익도 천주교

---

66) 최동희는 「천학설문」이 「천학문답」의 초고인 듯하다고 하였다(최동희, 「안정복의 서학비판에 관한 연구」, 22쪽).

에 호의를 보였다는 풍문에 해명하는 내용도 실었다. 본고에서는 안정복이 「천학문답」을 통하여 무엇을 말하려 하였는가를 알아보기 위하여, '혹문' 혹은 '혹왈'로 표기한 물음과 그 대답 가운데 주요내용을 간략하게 간추려 보고, 아울러 안정복이 주된 비판대상으로 삼았던 『천주실의』의 출처를 나타내 본다.67)

「천학문답」의 주요내용

1. (혹문 1) * 天學이 옛날에도 있었는가? (『천주실의』 권상, 제2편)
(답) 있었다. 유교 역시 하늘을 섬기는 것의 밖에 있는 것이 아니다.

2. (혹왈 1) * 西士의 學을 배척하는 까닭은? (동상, 제1편)
(답) 하늘을 섬기는 것은 한가지인데 유교를 그르다고 말하기 때문이다.

3. (혹왈 2) * 西士의 童身制行과 과학기술의 뛰어남으로 보아 믿을 수 있지 않은가? (동상 권하, 제8편)

---

67) 『천주실의』는 다음과 같은 체재로 구성되어 있다(마테오 리치 저, 李秀雄 역, 『天主實義』, 분도출판사, 1984 참조).
天主實義義引
卷上
제1편 : 천주가 처음으로 천지만물을 창조하고 주재하고 安養함을 논함
제2편 : 사람들의 天主 誤認에 대한 배척
제3편 : 영혼의 불멸과 동물과의 큰 차이를 논함
제4편 : 귀신과 영혼의 차이와 천하만물이 일체일 수 없음을 해석함
卷下
제5편 : 輪廻 및 살생금지설의 오류를 변박하고 齋素의 정의를 설명함
제6편 : 뜻이 없을 수 없음을 해석하고 아울러 사람이 죽은 뒤 천당과 지옥의 상벌이 있어 사람들 소행의 선악에 대한 보상을 논함
제7편 : 人性의 本善을 논하고 천주교도의 正學을 논함
제8편 : 서양 풍속을 들어 神父 不婚의 뜻을 논하고 아울러 천주가 西土에 降生함을 해석함

(답) 그렇다. 西域은 천하의 가운데로서 훌륭한 인물이 많고 보물도 많다. 중국은 천하의 동남쪽에 있어 빛과 밝음이 모여 있다. 그 氣運을 타고 신성한 사람이 많다. 그러나 서양 나라의 聖學이 우리의 聖學일 수는 없다.

4. (혹문 2) * 무슨 뜻인가? (권하, 제5편)
(답) 上帝의 명에 따라 하늘을 섬길 뿐이다. 西士처럼 지옥을 면하기를 갈구하고 기도하며 단식재를 드리는 것만이 하늘을 섬기는 것은 아니다.

5. (혹왈 3) * 유교·불교·도교 등 三敎가 있다. 그런데 西士의 天名學은 그 뜻이 어디에 있는가? (권상, 제2편 ; 권하, 제7편)
(답) 三敎는 있을 수 없다. 불교는 윤리를 끊는 道이다. 天名學도 망령된 것이다. 유교의 가르침도 天命이 널리 행해지는 것이다.

6. (혹왈 4) * 西士 외에 하늘(天)을 말하는 자가 있는가? (권상, 제1편 및 제2편 ; 권하, 제7편)
(답) 墨子의 「天地篇」에 있다. 묵자가 말하는 '兼愛兼利'가 그 大義이다. 하늘을 묵자는 現世로 말하고 西士는 後世로 말하였다. 西學의 후세론은 전적으로 불교의 餘論에 불과하다.

7. (혹왈 5) * 예수는 救世主를 말한다. 성인의 道와 같지 않은가? (권하, 제6편)
(답) 예수의 救世는 후세의 천당지옥으로 권선징악을 삼는 데 대하여 성인의 도는 현세에 明德과 新民으로 교화하는 데 있다. 인간은 마땅히 현세에 살면서 착한 일을 하고 天性을 버리지 않을 뿐이지 후세의 福을 구해서는 안 된다.

8. (혹왈 6) * 옛날 鄒衍과 許筠이 말한 天學의 실상은? (권상, 제2편 ; 권하, 제7편)

(답) 추연의 것은 헤아리기 어렵고, 오히려 西士의 천문과 지구를 조리 있게 부합시키는 것만도 못하다. 허균은 품행과 절도가 없다. 허균은 성인의 가르침은 어길 수 있어도 하늘이 준 本性은 어기지 못한다고 하였다. 허균의 天學說은 西士의 것과 크게 다르다. 老子·釋迦·陽朱·墨翟도 신성한 사람이나 끝내는 이단이다.

9. (혹왈 7) * 西士의 설에 착한 일을 하고 악한 일을 버리라는 것이 어떤 폐단이 있는가? (권하, 제6편)

(답) 세상에 어찌 惡을 행하고 善을 버리는 학문이 있겠는가. 예로부터 이단도 모두 善을 행하고 惡을 버리는 것을 가르침으로 삼았다. 오로지 西士만이 그런 말을 했겠는가. 전적으로 후세 천당지옥의 보답으로 말을 하니 허망하고 성인의 가르침을 해롭게 한다.

10. (혹왈 8) * 西士의 현세와 후세란? (권상, 제3편 ; 권하, 제6편)

(답) 현세는 지금이고 후세란 죽은 뒤이다. 착한 귀신은 천당에서 만세의 쾌락을 누리고 악한 귀신은 혹독한 벌을 받는다는 것이다.

11. (혹왈 9) * 영혼이 죽지 않고 천당이나 지옥에 이른다는 주장은 틀림없는가? (권상, 제3편 ; 권하, 제6편)

(답) 딱 잘라서 말할 수는 없다. 성인들이 이에 대해 말한 바 없다.

12. (혹왈 10) * 西士의 學을 배척함에 심하게 사악한 것으로 보는 까닭은? (권상, 제3편)

(답) 그들이 옳지 못하다는 것을 밝혔을 뿐이다. 현세에 태어났으니 현세의 일에 충실해야 한다. 현세를 금수의 세상이라고 하는 것은 옳지 않다. 그리하여 현세 인류가 모두 없어지게 된다면 천지가 텅 비고 짐승의 세계가 되어야 하지 않겠는가.

13. (혹왈 11) * 西士가 말하는 세 가지 원수(自身·세속·마귀)의 존재는 맞지 않는가? (권상, 제3편)

(답) 자신을 원수로 삼는 것은 도리에 어긋난다. 이는 부모를 원수로 삼는 것과 같다. 세속을 원수로 삼는 것은 君臣의 義를 끊는 것과 같다. 마귀설은 이치에 닿지 않는다. 유교에서는 克己 공부를 하고 욕심을 절제하며 중도를 벗어나지 않도록 할 뿐이다.

14. (혹왈 12) * 천주가 천지를 창조하고 아담과 이브를 인류의 조상으로 삼았다고 하는데 그런가? (권하, 제6편)

(답) 이치로 보아 옳지 않다. 만물은 氣로써 形이 이루어져 번성한다. 사람도 이와 같다.

15. (혹왈 13) * 元祖(아담)와 再祖(예수)의 說을 말해줄 수 있는가? (권하, 제8편)

(답) 아담의 原罪로 자손들이 벌을 받게 되었다는 설은 모순이다. 상제가 마땅히 다스려 가르치지 않고 어찌 마귀로 시험하여 자손 대대로 벌을 받게 하는가. 하늘을 모독한 것이다. 천주의 하강, 예수의 강생, 예수가 십자가에 못박혀 죽었다는 것, 천주 성자와 진천주와 같다는 것 등은 모순된다. 상제를 모욕함이 심하다. 믿고 따를 수 없다.

16. (혹왈 14) * 자네의 말과 같다면 그 말은 모두 망령된 것이다.(권상, 제1편)

(답) 성경은 대개 신성한 사람이 있으면 만들어진다. 예수에 관한 것은 석가모니가 顯聖顯靈한 것과 다름이 없다. 그 학문의 근본이 이단임에 틀림없다.

17. (혹왈 15) * 西士의 天學 공부를 어떻게 생각하는가? (권상, 제3편 ; 권하, 제7편)

(답) 그들이 아침에 생각하고 말하고 행동함에 망령되지 않도록 기도하고 저녁에 성찰하여 천주께 감사하고 자비를 구하는데, 우리 유교의 '誠身'과 비교된다. 그들이 유학을 무엇하는 것인가 라고 하지만, 그들의 행동이나 모습으로 보아 우리 성인의 가르침과는 다르다.

18. (혹왈 16) + 西士는 불교가 西學의 가르침을 훔쳤냐고 하는데……
(권상, 제3편)
　(답) 석가모니는 周나라 昭王(B.C.1052~B.C.1002) 때 태어났고, 예수
는 漢나라 哀帝(B.C.6~1) 때 태어났다.

19. (혹왈 17) * 서양에는 개벽 이래의 기록이 지금까지 3,600권이 남
아 있다. 예수의 탄생도 예언되었는데 중국 역사에 민멸되어 없다.(권하,
제8편)
　(답) 그 책에서 인용한 經文은 그들의 말일 뿐이다.

20. (혹왈 18) * 西士는 가르침의 실행을 중하게 생각하여 위험을 무
릅쓰고 멀리서 왔다. 아무리 뛰어난 사람도 이와 같을 수 있을까? (권하,
제7편)
　(답) 옛날 구마라집과 달마도 모두 大西國에서 왔다. 西士의 학문이
중국에서 행해지려는 것도 이들 무리들이 한 것에 불과하다.

21. (혹왈 19) * 예수의 가르침으로 교화된 나라는 찬역이나 시해, 그
리고 서로 침범하지 않는다고 한다. 그러나 중국에서 성인정치의 흥망이
있었던 것은 성인의 가르침이 근본을 찾지 못해 그런 것이 아닌가? 유학
을 하는 자들도 중국 성인의 가르침이 그들의 가르침보다 못하다고 한다.
과연 그런가? (권하, 제8편)
　(답) 西域 쪽은 혹 그러하나, 모두 과장된 말이다. 서양에서도 서로 침
공하고 정벌하여 병합이 많았다.

22. (혹왈 20) * 예수는 십자가에 못박혔으면서 자기를 못박은 사람을
하나도 상하게 하지 않았다. 지극히 인자하여 그런 것이 아닌가?
　(답) 이것은 '복수를 하지 말고 원수를 사랑하라'는 것이다.

23. (혹왈 21) * 西士는 上帝가 천지를 창조하였음을 중국 사람이 모
른다고 하였다. 周子가 理가 物의 근원이라 하고 朱子가 '天은 곧 理이

다'라고 한 것은 무엇인가? (권상, 제2편)

(답) 상제가 만물을 총괄하는 주인인 것이다. '畏天命'은 주재하는 하늘로 天命의 性을 말하고, '天卽物'이라는 것은 形氣의 天을 말하는 것이다. 상제는 소리도 냄새도 없는 太極을 말한다.

* 상제와 태극이 모두 理라고 할 수 있는가?

(답) 예로부터 상제를 공경하였다는 말은 들었지만 태극을 받들었다는 말은 듣지 못했다. 상제는 理의 근원으로서 천지만물을 창조하였다.

24. (혹왈 22) * 西士가 말하기를 중국 선비(中士)는 옷깃을 끌 정도로 西士의 말을 믿고 따른다고 하는데…… (권상, 제8편)

(답) * 그것은 그들이 묻고 대답하여 만들어 낸 것이므로 유교의 선비로서는 믿고 따를 이유가 없다.

25. (혹왈 23) * 천주라는 이름을 중국 문헌에서 본 일이 있는가? (권상, 제1편 및 제2편)

(답) 『史記』와 『漢書』에 나타난다. 천주의 이름은 이미 漢나라 哀帝 이전에 있었으니 예수는 천주가 아님을 알 수 있다.

26. (혹왈 24) * 삼황오제의 성인 여부는? (권하, 제8편)

(답) 西方의 성인이 백성을 공평하게 대하고 명예에 능하지도 못하였듯이 五帝 역시 성인이다.

27. (혹왈 25) * 천주교에서 代父를 세우는 일, 신부가 베를 목에 걸고 손으로 이마를 씻는 행동, 신부가 촛불을 밝히고 속죄하는 행위, 本名을 정하는 일 등은 어떤 뜻인가?

(답) 전적으로 불교 양식이다. 성인의 가르침을 익히는 자가 할 일이 아니다.

28. (혹왈 26) * 영혼불멸설은 어떤 것인가? (권상, 제3편 ; 권하, 제5편)

(답) 영혼이 죽지 않는다는 말은 불교에서와 같은 것으로 유교에서는 말하지 않는다.

29. (혹왈 27) * 釋奠祭에 참석하는 어떤 학생이 '가짜 像을 만들어 놓고 제사 지내면 마귀가 와서 먹는다'는 말을 믿고 속으로는 어쩔 수 없이 참석한다고 천주께 아뢴다고 하였는데 禮를 그르침이 심하지 않은가? (권하, 제7편)

(답) 이 역시 西士가 지어낸 말이다. 천주를 걸어 놓은 것도 하나의 마귀이다.

30. (혹왈 28) * 마귀는 어떤 신이며 천주는 마귀의 악한 짓을 막을 수 없는가? (권상, 제4편 ; 권하, 제7편)

(답) 천주에게 오만하여 지옥으로 떨어진 신이 마귀이다. 천주는 마귀로 하여금 착한 사람의 공을 쌓도록 하여 악한 사람의 죄를 다스리게 하였다고 한다.

31. (혹왈 29) * 질문을 한 자가 유교만이 공정한 학문이라고 설득당한 내용으로 문답은 끝남.

(附錄) * 성호 선생 역시 일찍이 천주의 설을 믿었는가를 질문함.
(답의 요약) 성호 선생을 만나 보고 문답한 내용을 소개한 다음, 성호 선생은 '나는 천주의 설을 믿지 않는다'라 하였다고 함. 자신이 지금 살아 있기 때문에 그 시비를 분명히 가린다고 말함. 그리고 성호 선생이 이마두를 성인이라고 했다는 소문에 대해서도 그렇지 않다고 부인함.

이상과 같이 안정복이 「천학문답」을 통하여 제시한 견해를 간추려 정리해 보자.

첫째, 인간이 하늘을 섬기는 일이 다만 서양에서만 행해진 것이 아니라는 역사적 고찰이다. 즉 유교에서도 하늘을 섬겨 왔다는 점을 강조하였다 (혹문 1, 혹왈 23 참조). 이에 대해서는 그가 「천학고」에서 이미 구체적으

로 정리한 바 있다. 다만 천학에서는 내세를 위해 하늘을 섬기고 유교에서
는 上帝의 명을 따라 하늘을 섬길 따름이라고 하였다(혹문 2).

둘째, 천학은 불교의 餘論이라는 점이다. 예수의 탄생은 석가모니가 顯
聖顯靈한 것에 불과하고, 西士의 전교방법도 옛날 佛僧이 전교한 것이나
같으며, 신부의 행위와 천주교에서 代父를 세우고 本名을 쓰는 것도 불교
의 양식이라는 것이다(혹왈 3, 4, 6, 14, 15, 18, 25). 따라서 예수도 이단이
라고 하였다.

셋째, 천학은 내세를 위한 것이라는 점이다(혹왈 5, 7, 8, 10). 물론 영혼
불멸설을 믿지 않았고(혹왈 9, 10) 현세에서 자신과 세속, 그리고 마귀를
원수로 삼는 것을 윤리에 배치되거나 이치에 맞지 않는다는 명분을 들어
배척하였다. 오로지 유교에서는 克己 공부를 하고 욕심을 절제하며 중도를
벗어나지 않도록 할 뿐이라고 하였다(혹왈 11).

넷째, 천학에서 말하는 천지창조와 인류의 조상론은 이치에 맞지 않는다
고 주장하였다(혹왈 12, 13, 21). 그는 상제가 理의 근원으로서 천지만물을
창조하였다고 이해하였다. 아담과 이브의 원조설은 이치에 맞지 않다 하
고, 사람도 만물처럼 氣로써 形이 이루어졌다는 것이다. 더불어 예수의 부
활 등에 관한 것은 하늘을 모독하고 상제를 모욕한다 하여 믿을 수 없다고
하였다.

다섯째, 聖經은 대개 신성한 사람이 나타나면 만들어지는 것이라 하면
서, 천학의 성경에서 말하는 내용은 그들의 말뿐이라 하여 유교에서는 받
아들일 수 없다는 입장을 나타냈다(혹왈 17).

이상과 같이 볼 때 안정복의 천학 비판은 기본적으로 내세를 부정하는
입장에서 이루어졌다고 할 것이다. 영혼불멸설이나 천당지옥설, 그리고 마
귀설에 관한 비판도 결국은 이와 관련하여 설명되었다고 볼 수 있다. 이와
같은 비판이 유교의 가르침에 배치되기 때문이라는 것은 말할 것도 없다.
물론 西士가 과학기술에 뛰어난 재질을 지니고 있었다는 점은 그도 인정
한 바였다. 천학 가운데 그도 공감하는 점이 없지 않았던 것이다. 이를테면

『천주실의』에서 이마두가 천주와 상제를 같다고 본 점, 현세에서 착한 일을 해야 한다는 점, 비록 안정복이 직접 언급은 안했지만 이마두의 理氣性情 논의에 반박을 하지 않았다는 점, 두 사람 모두 윤회설을 거짓이라고 비판한 점 등을 들 수 있다.68) 다만 천학에서는 현세를 부정하고 오직 내

---

68) 『천주실의』에 있는 내용 가운데 안정복이 동조하였거나 직접 반박을 하지 않았던 내용을 대략 간추려 소개하여 보면 다음과 같다.
(天主·上帝·理·太極 문제)
1. 天主는 上帝이다(『천주실의』제2편). 上主 즉 천주는 理를 관장하고(제1편), 천주는 만물의 근원으로(제1편) 만물을 창조하였다(제1편). 상제를 섬기는 것이지 태극을 섬기는 것이 아니다(제2편).
2. 사물이 있으면 사물의 理가 있다. 사물은 無에서 有가 생성될 수 없다(제2편).
(魂魄과 靈魂)
1. 혼백에는 生魂·覺魂·靈魂이 있다(제3편).
2. 인간은 獸心과 人心을 갖고 있다(제3편).
3. 영혼은 사람의 형체와 합하여 일체가 되었다(제4편).
4. 인간과 사물의 모든 理는 모두 천주(상제)의 흔적에 불과하다(제4편).
(輪廻說)
1. 피타고라스의 윤회설을 석가모니가 이어받았다(제5편).
2. 윤회설은 인류를 파괴한다(제5편).
3. 成佛은 理에 어긋나는 말이다(제7편).
(선악과 천당지옥)
1. 선악의 응보는 자신의 행위에 따라 자기에게 돌아간다. 나는 나고 자손은 자손이다(제6편).
2. 중국의 성현들도 천당을 인정하였다(제6편).
(性·仁·愛)
1. 本性은 본래 善하고 情은 性의 말단으로 私에 기울어지는 흠을 갖고 있다(제7편).
2. 理智의 큰 공은 義에 있고 자유의지(愛慾)의 최대 근본은 仁에 있다. 군자의 배움은 仁이 주체가 된다. 仁은 존귀의 덕행으로 천주를 사랑하고 사람을 사랑하는 것이다. 덕행에서 仁이 가장 귀한 강령이다(제7편).
3. 성심으로 사람을 사랑함은 천주를 사랑함의 최대 효험이다(제7편).

세를 위해 모든 것이 이루어진다는 점을 주된 비판대상으로 삼았던 것이다. 그리하여 그는 현세에서 착한 일을 하고 天性을 따를 뿐이라고 하면서, 현세를 부정하여 금수의 세상이라고 한다던가 자신이나 세속을 원수로 여긴다면 종국에는 인류를 멸하고 인륜을 파괴한다고 하였다. 특히 그는 윤리의 파괴를 크게 우려하였다(혹왈 3, 11).

요컨대 『천학문답』을 통해 안정복이 천학을 그토록 적극 반대한 것은 첫째로 하늘을 공경하여 받드는 목적이나 방법에서 유교와 천학이 서로 크게 달랐기 때문이었다고 볼 수 있을 것 같다. 앞서 보았듯이 천주가 상제와 같다는 입장은 이마두나 안정복이 다를 바 없다. 그런데 이마두는 『천주실의』에서 유가의 하늘 공경에 대해 적지 않은 비판을 가함으로써[69] 안정복이 이를 읽고 큰 자극을 받았음에 틀림없을 것으로 보인다.[70] 둘째로 현세관에 철저한 안정복의 세계관과 이마두의 내세관에 입각한 주장이 첨예하게 대립함으로써, 현실세계에 대한 인간행위에 대해 상호간 동조하는 관점이 있었을지라도 기본적으로 두 사람의 주장은 부합될 수는 없었다고 볼 수 있다. 특히 현세의 선악 응보를 내세의 천당지옥과 관련시켜 파악하는 이마두의 주장은 안정복에게 받아들여질 수 없는 것이었다.

이러한 내용은 앞서 본 바와 같이 안정복이 이익이나 권철신에게 보낸 편지에 나타낸 견해와 대체로 유사하다. 좀더 구체적이고 논리적으로 분석한 저술로 만들었다는 점만 다르다 하겠다. 안정복은 「천학문답」을 「천학

---

69) 이마두는 천주와 上帝가 명칭이 다른 것에 불과하다고 말하였지만, 유가에서 말하는 天을 같은 뜻으로 풀이할 수 없다는 입장을 보임으로써(『천주실의』 권상, 제2편), 중국 고전에 등장하는 天에 대한 공경과 상제에 대한 공경을 다르게 보았다. 이는 곧 이마두가 천주 공경과 중국 옛 성현의 天에 대한 공경을 다르게 보았다는 것이 된다. 이와 같은 이마두의 주장은 옛 성현의 天에 대한 공경을 상제에 대한 공경으로 생각한 안정복에게 좋지 않은 감정을 주었던 것으로 보인다.

70) 『천학문답』 혹왈 4와 혹왈 7에서 이마두가 쓴 글에 대해 안정복이 매우 불편한 심기를 드러낸 데서 찾아볼 수 있다.

고」와 더불어 문인들에게 읽게 하고, 이들이 천학에 빠지지 않도록 하는
데 목적을 두었다. 그러나 이 글이 이익이나 신후담의 영향을 받아 쓰여져
李基慶과 같은 闢衛論者들에게는 동조를 얻었을지 모르나, 실상 그가 한
때 학문적 성공을 크게 기대했던 권철신이나 이기양과 같은 문인들에게는
도움이 되지 못하였다.

신후담을 대표로 하는 강한 서학 비판이 이익의 측근, 즉 성호학파에서
일어나 안정복으로 이어지는 흐름 속에서, 18세기 후반 안정복과 가까운
젊은 계층의 인물들이 오히려 더욱 천주교에 깊이 관여하게 되었다는 사실
은 매우 주목되는 부분이라 하겠다.

4. 양명학 비판과 확산의 대처

안정복이 양명학 서적을 언제 읽기 시작하였는지는 확실하게 알 수 없
다. 그러나 천주교 서적을 읽은 것보다는 빠른 시기였을 것으로 보인다. 양
명학이 조선 전기 中宗代에 우리나라에 들어온 이후[71] 이에 대한 배척 또
한 만만치 않았다. 퇴계 이황은 그 대표적인 인물이라 할 수 있다.[72] 일찍
부터 퇴계학문에 전념한 안정복이 『퇴계문집』을 통하여 이를 간과하였을
리 없다. 더불어 왕양명의 문집도 일찍이 읽어보았던 것으로 생각된다.[73]
그런데 그가 정작 양명학에 대한 자신의 입장을 나타낸 것은 성호학파 가
운데 젊은 학자들이 이에 대해 관심을 보이거나 깊이 관여하면서부터라고
보아 좋을 것 같다. 대체로 1760년대 성호 이익이 타계한 이후가 아닌가
한다.[74]

---

71) 유명종, 『성리학과 양명학』, 연세대학교 출판부, 1994, 173쪽.

72) 위의 책, 175~178쪽 참조.

73) 『순암집』 8, 書, 答韓士凝書, 乙未(1775).
　　……好書至多 陽明集何以觀之乎……鄙人亦嘗觀此書矣……

한 마디로 그는 양명학에 대하여,

> ……대저 학술에 차이가 있는 것은 모두 이단에 귀착되니 신중하지 않을 수 없다. 老子·佛陀·陽朱·墨翟이 모두 필시 신성한 사람이나 末梢에는 끝내 虛無와 寂滅, 아비도 없고 임금도 없는 가르침에 귀결된다. 왕양명은 유학을 크게 부르짖었으나 그 실체는 이단이다. 그리하여 그 門徒 顔山農이라는 자는 '欲'이라는 한 글자로 法門을 삼았고, 何心隱이라는 자는 '殺'이라는 한 글자로 宗旨를 삼았는데, 모두 이르기를 '우리 선생의 良知學은 마음을 스승으로 삼았으니 마음에서 나오는 것은 모두 良知이다. 나는 내 마음으로부터 나오는 것을 따른다'라고 하였다. 말년에 곧 남쪽 오랑캐들과 연결하여 난을 일으켰다가 피살당하였다. 이로써 말한다면, 학자는 마땅히 학문의 근원을 가리고 그 末流의 폐단을 살펴야 한다.(「천학문답」)

라 하였듯이, 불교나 도교 그리고 앞에서 고찰한 천주교와 함께 이단으로 다루었다. 말류에 속하는 학문으로 유학자가 경계해야 할 대상이라는 것이다. 성호문인이 된 후 그는 양명학에 대해 이해가 잘 가지 않는 것이 있으면 이에 조예가 깊었던 이병휴에게 자문을 구하기도 하였다.[75] 물론 안정복이 양명학에 뜻을 두어 호기심을 갖고 관심을 나타낸 것으로는 생각되지 않는다.

그러면 안정복은 양명학이 당시 국내에 점차 확산되어 가는 추세에서 어떻게 대처해 나갔던가. 사실 성호학파의 학자들 가운데에도 일부 젊은 학자들은 양명학에 큰 관심을 보이면서 관련 서적을 읽고 있었다. 이러한 현상을 우려한 원로 성호문인 가운데 특히 안정복이 매우 민감한 반응을 보였다. 먼저 1766년 권철신에게 보낸 다음과 같은 편지를 소개해 본다.

---

74) 양명학에 대한 내용을 가지고 안정복이 이병휴나 그 밖의 문인들과 의견 교환을 한 것을 『순암집』의 서간문을 통해 보건대 대체로 1760년대 이후에 이루어졌다.

75) 『순암집』 4, 書, 答李景協書, 壬午(1762) 참조.

······陽明이 先儒로부터 得罪한 까닭은 그가 공부에 머리를 들여놓음에 잘못이 있기 때문이다. 朱子가 物로 理를 가르치니 양명이 그를 비난하여 말하기를 '理를 가히 변별하여 物의 위에 둘 수 없다. 내 마음(心)이 곧 理이다. 마음이 움직이는 것은 良知가 아닐 수 없다. 마음과 理를 둘로 나눌 수 없다'고 하였다. 마침내 주자를 헐뜯고 子義 밖의 학문을 告하니 이 어찌 太郞의 마땅함을 그릇되게 하는가. 마음이 다스리는(부리는) 것은 생각(思)이고 생각은 앎(知)을 주관한다. 주자가 '致知格物'을 해석하여 마음의 知는 格物의 理라고 하였으니, 무릇 마음에 知의 理가 있는 고로 物의 理를 궁구할 수 있다면, 내 마음이 아는 바의 理와 흩어져 있는 物 위의 理가 부합하여 하나가 되는 것인데, 하필 바로 마음이 理라고 가르치고, 또 마음이 아는 바로서 良知로 삼는가.

무릇 사람의 氣質은 같지 않아서 성인의 마음은 실로 모두 良知의 本然에서 나오지만, 보통 사람의 마음은 氣가 타는(乘) 바가 치우치고 막히는 것으로 흐르는 것이 되어 그 마음의 知가 사람의 욕심에서 나온다. 양명의 이 설은 인간의 욕심도 天理임을 인정하는 것이니 그 무리의 폐단은 말로 다할 수 없다. 양명의 年譜에 그가 親喪을 당하여 그 아들과 동생을 가르쳐 말하기를 '너희들 마음에 고기가 먹고 싶으면 마땅히 고기를 먹고 밥을 먹고 싶으면 (고기를) 먹지 마라. 이것은 그 마음을 속인 것이다. 아, 이것이 어쩐 말인가. 성인이 禮를 만듦에 어진 자로 하여금 지나침이 없도록 하였거늘, 어찌 不肖한 자가 꾀하여 다다른다고 하여 이것이 中이 될 까닭이 있겠는가. 양명이 사사로운 마음으로 스스로 쓰는 폐단이 이에 이르니 한탄스럽다. 또한 '格物致知'를 해석하여 '내가 良知를 이루는 것은 物이 각기 그 올바름(正)을 얻는 것이다'라고 하였다. 이 역시 經文을 거꾸로 해석한 것으로 스스로 그 說의 모순을 깨닫지 못하고 있다.

또한 '知行合一'의 설을 외치고 있는데 經典의 가르침으로 말한다면, 知와 行이 어찌 일찍이 合一이었으며, 양명의 재빠른 변론이 이것(지행합일)을 만든 것은 주자의 '致知說'을 파괴하려는 것으로 역시 그 설은 混淪하고 변별됨이 없어 스스로 불교의 견해로 귀착되니, 이 뜻을 公(權哲身) 역시 보아 알고 있지 않은가?(『순암집』 6, 書, 答權旣明書, 丙戌)

그리고 9년 뒤 韓鼎運에게 다음과 같은 편지를 보냈다.

> ……학문의 길이란 근본이 바른 뒤에라야 부정한 것이 없으니 이것이 사람의 心理이다. '致良知'와 '知行合一'의 설에 이르러서는 모두가 程朱와 배치되고 근본이 하나같이 벗어나 착오가 없는 곳이 없다. 公이 이 책(『陽明集』: 필자 주)을 매우 좋아한다고 말을 하는 자는 반드시 篤行處를 절실하게 할 것을 지적하는 말이다. 程朱의 글과 비교해 본다면, 비록 格致를 최초의 공부로 한다고 하더라도 그 格致의 所以는 장차 실행하려는 것이다. 그러므로 몸소 篤行處를 절실하게 하고 늘 門人들의 쓰라린 충고와 더불어 판단하고 분석하는 것이다. 公이 받아들이지 않는다면 이쪽을 막는 것이고 (정주학을) 숭상한다면 저쪽을 막으니 어쩔 것인가? '心卽理' '致良知' '知行合一'의 세 구절이 程朱學과 다른 所以를 公 역시 연구하고 분석하여 그것이 다름이 있음을 알 것이다(『순암집』 8, 書, 答韓士凝書, 乙未[1775])

위의 두 편지 내용에 보이듯이 안정복은 왕양명의 心卽理說·格物致知說·知行合一說·良知說을 비판대상으로 삼았다. 우선 권철신에게 보낸 편지에서 안정복은 心과 理를 둘로 나눌 수 없다고 한 왕양명의 주장을 잘못된 것이라 하고, 이는 朱子의 이론을 배척하고 헐뜯는 것이라고 규정하였다. 心의 知가 格物의 理라는 주자의 설로써 心에는 知의 理가 있기 때문에 능히 事物의 理를 알아낼 수 있다고 하면서, 왕양명이 心은 곧 理라고 한 것은 잘못이라는 것이다. '心卽理'를 바탕으로 良知가 사물에 각기 작용하여 올바름(正)을 얻는다는 주장은 경전의 글을 거꾸로 해석한 것으로 모순이라고 지적하였다. 한편 인간의 욕심도 天理라는 왕양명의 주장이 안정복의 성리관으로 받아들여질 수는 없었다고 하겠다. 그리고 知行合一說도 주자의 致知說을 파괴하려는 의도를 가진 것으로서 불교의 교리에 부합된다고 보았다. 여기에서 안정복은 철저하게 주자의 理學에 동조하고 있음을 알 수 있다.[76]

한정운에게도 양명학에 많은 관심을 갖고 관련 서적을 읽은 사실을 알고 손을 떼라는 의도로 말하였다. 안정복은 한정운에게 유학에 힘쓸 것을 간절히 부탁하였다.77) 이처럼 1760년대 이후 권철신을 비롯하여 한정운·이기양78) 등 비교적 학문적 재질이 많은 여러 문인들이 양명학에 심취해 있었기 때문에, 안정복은 이들을 양명학에서 손을 떼게 하려고 매우 고심하였다.

5. 맺음말

지금까지 안정복이 이단으로 여겨 비판대상으로 삼았던 외래 종교나 학문 가운데 불교·천주교·양명학에 대해 살펴보았다. 불교와 천주교에 대한 비판은 대체로 내세문제와 관련한 것을 대상으로 하였다는 점에서 같은 맥락으로 비판의 논리를 찾았고, 양명학에 대해서는 유학의 범주에서 왕양명의 心學이 주자의 성리학에 반한다는 인식에서 이단으로 다루는 경향을 찾아볼 수 있었다. 이제 결론적으로 그의 이단사상에 대한 성격을 간략하게 정리하면서 맺음말로 대신하고자 한다. 여기에서는 주로 천주교에 가한 그의 비판을 대상으로 언급한다.

첫째로 불교나 천주교의 비판에서 드러나듯이, 안정복의 비판은 철저하게 현세적 합리주의 세계관에 바탕을 두었다는 점이다. 영혼불멸설에 대한 의구심이나 현세의 '爲善去惡'의 보상이 천당지옥으로 이어진다는 교리, 그리고 불교 윤회설의 허구성에 대한 지적은 결국 그의 철저한 현세적 입

---

76) 권철신의 양명학 수용에 대한 논고로 서종태, 「녹암 권철신의 양명학 수용과 그 영향」, 『국사관논총』 34, 1992가 있다.

77) 『순암집』 8, 書, 與韓士凝書, 壬寅(1782).
……大抵 吾儒事業 只當務吾之所當爲而已 餘外不須論也……

78) 이기양의 양명학에 관한 논문으로는 서종태, 「성호학파의 양명학 수용 - 茯菴 李基讓을 중심으로 - 」, 『한국사연구』 66, 1989가 있다.

장에서 비롯되었다고 할 수 있다. 「천학문답」에서 '현세에 태어났으니 마땅히 현세의 일을 다해야 한다'는 주장으로 간략하게 대변할 수 있을 것이다. 그는 불교나 천주교의 교리가 이치에 맞지 않는다는 것을 자주 지적하였다. 예수의 기적과 같은 것을 幻妄한 것으로 돌려 믿지 않으려 하였다. 이 점에 있어서는 이익이나 안정복은 같은 생각을 지니고 있었다. 물론 철저하게 현세적 세계관을 지닌 그가 내세 중심의 교리를 비판하는 과정에서 합리성을 들고 나온 것은 당연하다 하겠다. 여기에서 혼들리지 않는 그의 전통유학의 합리주의적 사고방식을 찾아볼 수 있을 것이다.

둘째로 어디까지나 퇴계나 성호의 이기론에 근거하여 理發氣隨의 논리로 천주교 교리를 비판하였다. 천지창조의 이치와 영혼의 생성과 소멸에 관한 설명에서 찾아볼 수 있다. 이는 主氣論이나 양명학에 대한 간접적인 비판이라고도 볼 수 있을 것 같다.

셋째로 그의 비판의 배경에는 기존 질서의 붕괴에 대한 우려가 있었다는 점을 들 수 있다. 그는 불교나 천주교에서 현세를 고난의 세계, 잠시 거쳐가는 세계, 금수의 세계로 봄으로써 인간이 각기 내세를 위한 준비만 한다면 지금까지 지켜 온 기존의 윤리기강이 무너지고 지구는 空洞의 세계가 되어 멸망하게 된다고 하였다. 특히 천주교는 '無父無君'의 사상이라 하여 매우 위험하게 생각하였다.

한편 그의 서학 비판에서는 정통유학을 지켜야 한다는 것이 크게 강조되었는데, 그를 더욱 당황하게 한 것은 성호문인 가운데 많은 학자들이 천주교에 관심을 둠으로써 성호학파 스스로가 와해될 수 있다는 우려라 하겠다. 1786년 안정복이 채제공에게 보낸 다음 편지에 잘 나타나 있다.

……근래 우리 당의 젊은이들 가운데 평상시에 才氣가 있다고 스스로 자부하던 자들이 다수 新學으로 돌아가 '진정한 도가 여기에 있다'고 하면서 바람에 나부끼듯 휩쓸려 따라가니 어찌 한심하지 않습니까? 그 넘어지면서 빠져 들어가는 모습을 차마 눈으로 볼 수 없습니다. 가까운 사이에 대략 경계하는 충고를 하였습니다. 이것은 나의 진심에서 나온 것인

데 도리어 계략을 꾸미는 마음이라고 말합니다. 감히 끊어 버릴 수 없음에 이르러 감히 끊는 것이 용감하다면 용감한 것입니다. 역시 一世의 변괴로 집안 싸움이 이에 이르렀습니다. 요즈음 당의 의논이 빗나가는 때를 당하여 어찌 옆에서 엿보고 돌을 던지는 자가 없겠습니까? 그 형세가 반드시 망하고 말 것입니다.……(『순암집』5, 書, 與樊巖書, 丙午[1786])

당시 성호학파의 많은 젊은이들이 천주교에 발을 들여놓고 안정복의 만류에도 불구하고 돌이킬 수 없는 상황에 이르게 되어, 南人의 실정이 붕괴 직전에 이르렀으니 하루빨리 구해야 한다는 비탄스런 호소라 하겠다. 당파 싸움이 계속되는 현실에서 정부의 박해가 있으리라는 안정복의 예견을 들여다볼 수 있다.

어떻든 성호학파의 원로로서 외롭게 선두에 나서서 한편으로는 이단사상을 배격하고, 또 한편으로는 문인을 구해야 한다는 그의 일념은 변함없었지만, 대세는 그의 노력에도 불구하고 정부의 박해로 이어졌다.

이로써 성호 이익의 유지를 받들고 그의 학문과 사상을 이어가게 하려던 안정복의 소망은 일찍이 기대를 걸었던 권철신이나 이기양, 한정운 같은 재능 있는 문인들 다수가 등을 돌림으로써 크게 꺾이고 말았다. 다행이 황덕일·황덕길 등이 그의 학문을 계승하여 뒤에 許傳(1797~1886) 같은 인물을 낳았다.

제2장 안정복의 성리론과 하학장려운동

1. 머리말

안정복이 성호학파를 대변할 수 있는 유학자요 성리학자라는 사실은 새삼 논의의 여지가 없을 것이다. 따라서 안정복의 학문을 이해하려면 먼저 그의 유학관과 함께 성리학을 언급해야 하고, 본 연구에서도 당연히 제1편에서 논의했어야 한다. 그러나 필자는 제1편 제1장에서 下學을 중심으로 안정복의 유학관을 살펴보고, 성리학에 대해서는 장을 달리하여 본 장에서 다루기로 마음먹었다. 그것은 일찍이 그가 성리학에 관심을 두고 공부하였다 하더라도 그의 생애를 통하여 볼 때, 노년기에 들어 이에 대한 논의가 비교적 크게 이루어졌기 때문이다. 따라서 본 장에서는 그의 노년기에 자주 논의된 성리학에 대한 견해를 중심으로 하여 고찰할 것이다.

안정복은 본시 퇴계학통에 속하는 남인 가문에서 태어났다. 때문에 어릴 때부터 퇴계학에 바탕한 학풍의 영향을 크게 받았다. 25~26세에 『性理大全』을 읽기 시작한 이후 성리학에 관심이 깊어졌고 아울러 율곡의 저서도 섭렵하였다. 그 후 성호문인이 된 이후에는 이익의 저서 『四七新編』이나 주변 학자들과의 학문교류를 통하여 얻은 성리학에 대한 이해 수준이 상당하게 되었다. 그런데 16세기 이후 끊이지 않던 理氣 論爭이 당시 성호문인들 사이에도 종종 일고 있었다. 이익이 생존한 동안에는 비교적 잠잠하였으나, 이익이 타계한 이후에는 같은 문인들 사이에도 불편한 관계가 나타날 정도가 되었다. 이러한 상황에서 안정복이 여기에 개입하지 않을 수 없게 되고, 이기론에 대한 자신의 견해를 표명하기에 이르렀다. 그런데 그가 이기론을 언급할 때면 하학을 장려하는 말이 꼭 따라다녔다는 점이 주목된다. 따라서 그의 이기론과 하학에 대한 관계 또한 분석이 요구된다 하겠다.

　이에 본고에서는 초기 안정복의 성리학 공부와 이기논쟁에 대한 견해를 비롯하여 구체적인 성리론을 먼저 살펴보고, 이기론과 하학에 대한 의견을 분석해 보기로 한다.

2. 안정복의 성리학 공부와 성호학파의 이기논쟁

　안정복이 성리학에 깊은 관심을 두고 관련 서적을 본격적으로 읽기 시작한 것은 무주에서 덕곡으로 이사한 뒤라고 할 수 있다. 대체로 그의 나이 26세를 전후한 시기이다. 이즈음 그는 성리학에 관하여 학문적 토론을 하기보다는 그저 독서에만 열중했던 것으로 보인다. 다음 사료가 이를 말해 준다.

　　○ ……나이 25세에 비로소『성리대전』을 얻어 읽고 세 해 겨울을 지나니 마침내 우리 유학의 門路를 알게 되었다.……(『순암집』8, 書, 答南宗伯[漢朝]書, 丙午[1786])

　　○ ……26세에『性理大典』을 구하여 읽고 비로소 이 학문의 귀중함을 알았다. ……마침내 손수 베끼고 외웠다.……(『순암집』19, 雜著, 靈長山客傳, 甲戌[1754])

○ ……이에 이르러 비로소 性理의 學에 유의하여 탄식하기를 '일을 시작함에 하나의 사물도 알지 못해 욕되게 하고, 끝냄에 몸과 마음의 귀함을 모른다면 이른바 눈썹이 눈앞에 있는 것을 사람이 보지 못하는 것이다'라고 하였다. 마침내 마음을 가라앉히고 익히고 연구하며 손수 베끼고 외웠다.(「順菴先生年譜」英祖 13년, 丁巳, 26세)

위 사료에 따르면, 안정복은 무주에서 덕곡으로 이사온 직후『성리대전』을 구하여 읽게 되면서 성리학의 중요성을 크게 깨닫고, 3년 동안 열심히 익혔음을 알 수 있다. 이 때에는 주자의 성리학을 그대로 익히고 받아들이면서, 전통적으로 남인계통에 속한 가문의 영향을 받아, 대체로 퇴계학문에 가까운 학문적 성향을 지녔다고 볼 수 있다. 四端七情論에 관한 경우로 말한다면, 퇴계 이황의 영향을 많이 받아 율곡(이이)이나 高峯(奇大升), 그리고 旅軒(張顯光)의 公喜怒理發說에 의심을 품고 있는 정도였다.[1] 그 자신이 술회하였듯이 이즈음의 사단칠정론에 관한 그의 인식 수준은 그리 높지 못하였다고 할 수 있다.[2] 더불어 청년 시절의 안정복은 그 때까지 전개되어 온 퇴계학파와 율곡학파의 이기논쟁에는 크게 관심을 보이지 않았던 것으로 생각된다.

그 후 35세(1746)에 이익을 방문하여 성호문인이 되면서 그의 이기론은 학문적으로 정착하는 계기를 얻게 되었다. 바로 이익이 쓴『四七新編』으로부터 크게 영향을 받은 것이다. 즉,

……(四七의 의미에 대해) 급기야 (성호) 선생의『新編』을 본 이후 비로소 석연하게 되었다.……(『순암집』2, 書, 上星湖先生書, 壬午[1762])

---

1)『순암집』2, 書, 上星湖先生書, 壬午(1762) 참조.
2)『순암집』2, 書, 上星湖先生書, 壬午(1762).
　　……四七之義 小子蒙不知之 但見李子說而好之 後見栗谷說而疑之 旅軒 說亦從栗谷 誠可疑也……

라 하였듯이, 이익이 쓴 『四七新編』을 읽고 비로소 四端七情의 의미를 알게 되었다는 것이다. 물론 이황의 이기론을 거의 이어받은 이익의 이기론이 안정복에게 아주 새로운 것은 될 수 없었을지라도 이익의 저술이 그 동안 자신감이 없고 의문에 싸여 있었던 理氣문제를 해소해 주면서 그에게 이기론에 대한 확신을 심어 주기에 충분하였을 것으로 생각된다. 그리하여 안정복의 이기론에 대한 인식은 퇴계와 이익의 이론을 따라 굳어지게 되었다고 할 수 있다.3) 이따금 이기론에 대한 의견 교환이 있거나 그에 대한 결론이 필요할 경우에는 이황의 이기론이나 이익의 『사칠신편』의 내용으로 대신할 정도로 퇴계집과 『사칠신편』은 그에게 있어 중요한 性理書가 되었다.4) 왕세자의 교육을 맡았을 때도 그는 퇴계의 설이 옳다는 견해를 나타내기도 하였다.5)

그 후 안정복 자신도 이기론에 대한 자신의 견해를 정리하여 내놓게 되었다. 그것이 바로 『擬問』이다. 윤동규에게 보낸 편지에,

> ……우매하면서도 대략 변증한 것이 있어 저술하여 文字로 이루어 놓은즉, 한갓 수고로우며 유익함이 없습니다. 다만 日用之間에 四端은 확충하고, 七情은 절제하며, 道心은 지키고, 人心은 성찰하여 中正의 영역으로 돌아가게 한다면 末梢에 얻는 결과는 어떤 것도 가능할 것입니다. 理發氣發로 한갓 辭說을 이루는 데 스승의 설을 받들고 지키는 것이 마땅합니다.……(『순암집』 3, 書, 答邵南尹丈書, 丙戌[1766])

라는 내용이 있듯이, 안정복은 그 동안 논란이 많은 사단칠정의 理發氣發 문제에 대해 변증이 필요함을 인식하고 자신의 견해를 나름대로 정리하였

---

3) 『순암집』 3, 書, 與邵南尹丈書, 丁亥(1767).
  …然而退陶李子 以聖人之喜怒謂氣之順理而發 此語平正 無可改評…
4) 『순암집』 3, 書, 與邵南尹丈書, 丁亥(1767) ; 同 5, 書, 答南君王書, 甲申 (1764) 등 참조.
5) 『순암집』 16, 雜著, 甲午桂坊日記, 4月 初二日, 甲申.

던 것이다. 여기에서도 그는 이익의 설을 받아들이는 것이 마땅하다는 입장을 나타냈다. 이익의 설이란 말할 것도 없이 『사칠신편』에 있는 내용이다. 이익의 『사칠신편』에 대한 안정복의 믿음이 어느 정도인가를 알 수 있다.

이처럼 안정복 자신이 이황과 이익의 이기론을 믿고 따르던 가운데, 당시 성호문인 가운데에는 이기론에 대한 입장을 서로 달리한 사람들이 있었다. 대표적인 인물로 윤동규와 이병휴를 꼽을 수 있다. 안정복이 성호문인이 된 후 처음으로 자신의 주변에서 전개되는 이기논쟁을 직접 경험하고 논쟁의 심각성도 느끼게 되었다. 특히 기대승·이이·장현광의 公喜怒理發論이 이황의 기발론에 대치됨을 의문스럽게 생각하고 있던 차에 학문적으로 자문을 많이 받는 등 가깝게 교류하던 이병휴마저 이에 따르며 윤동규와 논쟁을 벌이고 있었던 것이다. 사실 안정복은 처음에 이병휴로부터 聖人의 公喜怒가 理發이라는 유창한 변증을 듣고 어느 정도 긍정적인 반응을 보였으나,6) 이에 대한 의구심은 풀리지 않은 상태였다. 그러나 안정복도 이황과 기대승 사이의 서한을 통한 이기논쟁을 분석하고, 앞에서 보았듯이 이익의 『사칠신편』이나 윤동규의 의견을 참작하여 氣發이라는 확신을 얻은 뒤부터는 이병휴의 견해에 적극 대응하게 되었다.7) 안정복은 이병휴의 公喜怒理發說이 잘못이라는 점을 설득하기 위해 노력하였지만,8) 이병휴는 끝내 자기의 주장을 굽히지 않았던 것으로 보인다.

그러나 안정복이 公喜怒氣發의 편에 서게 되었다고는 하지만, 윤동규와

---

6) 『순암집』 3, 書, 與邵南尹丈書, 丁亥(1767).
 ……昔在義盈直中 景協貽書 以聖人之公喜怒 謂之理發 其言纚纚數百言 辨證明白 甚可喜也……
 안정복이 義盈庫 奉事를 제수받은 때는 40세(1751)가 되던 해였다.
7) 『순암집』 4, 書, 與貞山李景協(秉休)書, 辛未(1751)에 잘 나타나 있다.
8) 안정복이 이병휴에게 公喜怒理發論이 잘못된 것이라는 견해를 나타낸 그 밖의 사료로 『순암집』 4, 書, 與李景協書, 丁亥(1767) ; 同, 答李景協書, 丁亥 등의 편지가 있다.

이병휴의 논쟁으로 인한 불편한 감정을 별로 달갑게 여기지 않았기 때문에 중간에서 서로 화합을 권하기도 하였다. 그렇지만 두 사람은 타계할 때까지도 이기론에 관한 한 결말을 보지 못하였다.[9]

따라서 안정복은 이와 같은 이기논쟁으로 말미암아 성호문인이 서로 화합하지 못할 것을 매우 우려하였다. 더욱이 이익은 『사칠신편』으로 이기론에 대한 자신의 견해를 대신하였을 뿐, 실제 윤동규나 이병휴 등의 이기논쟁에는 개입하지 않고 1763년 타계하였다.[10] 안정복이 성호문인이 되어 이와 같은 논쟁의 양상을 직접 체험하자, 비록 자신은 퇴계나 성호의 이기론을 따랐다 하더라도 논쟁 그 자체는 매우 불필요하게 여겼다.[11] 안정복이 말년에 李獻慶에게 보낸 편지에,

> ……대저 東方의 이기설은 甲은 옳고 乙은 그르다 하면서 각기 주장을 세워 부끄러워할 줄을 모른다. 애석하게도 도리어 후세에 폐단만 일으킨다.……(『순암집』 5, 書, 答艮翁李參判夢瑞[獻慶]書, 己酉[1789])

라고 밝힌 글에서 그가 당시 이기논쟁을 어떻게 보았는가를 잘 보여주고 있다. 즉 우리나라 사람들의 이기논쟁은 제각기 서로 다른 견해를 나타냄으로써 논쟁이 끝이 없을 뿐 아니라 상대방을 비방하여 오히려 후세에 나쁜 영향만 준다는 것이 안정복의 판단이었다.[12] 뒤에 다시 언급하겠지만

---

9) 『순암집』 3, 書, 答邵南尹丈書, 辛卯(1771).
  公喜怒理發之說 尊丈與景協爭之 蹞二十年 而未相合 則是終不合而已 迄可少止 而今又爭之不已……
  윤동규는 1773년, 이병휴는 1776년에 타계하였다.

10) 아마도 이익은 생전에 윤동규와 이병휴가 서로 주장하는 이기논쟁에 개입하기를 꺼려했던 것이 아닌가 생각된다(『순암집』 3, 書, 答邵南尹丈書, 辛卯 참조).

11) 이에 대해서는 『하학지남』 題下學指南書面 ; 『순암집』 3, 書, 答邵南尹丈書, 丙戌(1766) 및 己丑(1769)에 잘 나타나 있다.

12) 이와 관련된 내용을 『순암집』 8, 書, 答南宗伯(漢朝)書, 丙午(1786)에서도

그가 후학들에게 하학 공부를 강조한 학문적 배경도 이와 같은 당시의 불필요한 이기논쟁과 무관하지 않았다.

3. 안정복의 성리론

그렇다면 안정복의 성리학[13]은 구체적으로 어떤 것이었을까. 앞에서 간략하게 언급하였듯이 그의 성리학은 대체로 이황이나 이익의 것을 바탕으로 하고 있다. 지금까지 전해 오는 주요사료로는『의문』을 비롯하여『순암집』에 있는 서간문, 그리고「橡軒隨筆」등에서 찾아볼 수 있다. 그의 견해는 대체로『의문』에 잘 요약되어 있다. 본고에서는 이들 사료를 중심으로 주목되는 내용을 고찰해 보고자 한다.

1) 심·성·정·의의 해석

우선 안정복이 해석해 놓은 心·性·情·意의 의미를 살펴보자.「상헌수필」에 있는 다음 글에 잘 나타나 있다.

> 太極은 理와 氣를 총괄하고 마음(心)은 性과 情을 총괄한다. 理는 정지(靜)하고 있되 움직여 氣를 만들고 性은 정지하고 있되 움직여 情을 만든다. 정지하고 있는 것은 몸(體)이고 움직이는 것은 쓰임(用)이다. 程子는 '몸과 쓰임은 하나의 근원이다'라고 하였고, 邵子는 '마음은 태극이다'라고 하였다.

찾아볼 수 있다.

13) 안정복의 이기론에 대한 기존의 연구로는 심우준,『順菴 安鼎福 研究』제2편 제4장 理氣論이 있다. 여기에서는 맹자의 性善說을 비롯하여 周濂溪의 太極說, 程·周의 이기설, 그리고 퇴계·율곡의 이기설을 요약 정리한 다음 안정복의 이기설을 분석하였다. 강병수는 안정복의 서학에 대한 인식과 더불어 성리학을 하나의 章으로 다루었다(강병수, 앞의 논문, 22~46쪽 참조).

마음은 태어난 뒤에 혈육과 육체의 이름을 받고, 사람과 사물의 태어
남으로 天命을 받아 性이 된다. 性은 마음에 거처하고 性이 움직여 情이
되기 때문에 性情이란 글자는 모두 마음을 따른다. 情이 움직임으로써
四端과 七情의 다름이 있는 것이다. 孟子는 四端을 모두 '心' 字로 말하
여 惻隱之心·羞惡之心·辭讓之心·是非之心이라 하였다. 또한 七情
이라는 글자는 대개 마음을 따르기 때문에 張子가 '마음이 性情을 통할
한다'는 것이 이것이다. 마음에는 쉬고 감동함(寂感)이 있다. 쉬고 있다는
것은 性의 몸(體)이고, 감동한다는 것은 情의 쓰임(用)이다. 意는 四端과
七情이 발동함에 計量하고 運用하는 이름을 지니고 있는 것이다. 고로
朱子가 이르기를 '意는 마음이 발한 것이다'라 하였는데 情과 함께한다.
이와 같이 발동하여 나오는 것이 점차 달라서 모두 그 같지 않음을 따라
부르는 것 또한 다르나 그 실제는 하나일 뿐이다.……

　性은 마음이 정지하고 있는 것이고 情은 마음이 움직인 것이기 때문
에 先儒들이 '性이 발동한 것은 情이다'라 하였다. 마음은 性과 情을 통
할한다. 그 발동한 것이 意가 되고, 그 장소는 志가 된다. 意라 함은 중간
에서 경영하여 作爲하는 것이기 때문에 속된 말로 하면 사람이 생각하는
것이 있을 때 '意思'라고 말하는 것이 이것이다. 志라 함은 비로소 방향
을 정하여 얻은 곳이다.……(『순암집』 12, 雜著, 橡軒隨筆 上, 性情)

위의 글은 안정복이 理氣와 心·性·情·意의 구성 원리를 간략하게
정리해 놓은 것이라 할 수 있다.[14) 우선 그는 태극이 理氣를 총괄하고 心
이 性情을 통할한다고 전제한 뒤, 心·性·情·意의 관계를 다음과 같이
설명하였다.[15)

心의 총괄을 받는 性이 움직이지 않은 상태일 때에는 몸(體)이고 움직
이면 쓰임(用)이 된다고 하였다. 性이 움직이면 情이 되는데 情은 四端과

---

14) 안정복은 위에서 설명한 心性의 관계를 '心圖'라 하여 그림으로 圖解도 해
　　놓았다(「橡軒隨筆」 上, 心圖 참조).
15) 理氣에 대한 언급이 있기는 하지만 이에 대해서는 뒤에서 다시 분석해 보기
　　로 한다.

七情으로 달리 나타나게 된다는 것이다. 그리고 心의 움직이지 않고 움직이는 상태를 다시 구별하여 '寂感'으로 나타내기도 하였다. 한편 意는 사단과 칠정이 발동할 때 계량하고 운용하는 것으로 心의 經營이라 하면서, 그 意가 간 곳이 志가 된다고 하였다. 意는 이른바 '意思'라는 것이다. 그렇다면 경영자로서의 意, 곧 意思는 사단과 칠정을 움직이는 데 중요한 역할자인 셈이다.

이와 같은 내용을 안정복의 '心圖'를 참조하여 圖示해 보면 다음과 같다.

心(仁義禮智信)┌性이 動하면→情이 됨(中하면 善하고 不中하면 악함)
　　　　　　　└經營(心이 作爲하여 발동하는 것)→意→志(心이 가는 곳)

2) 이기사칠론

안정복의 理氣와 四端七情에 관한 논의는 『의문』에 잘 나타나 있다. 먼저 그는 이기의 구성원리를 다음과 같이 알기 쉽게 도해하여 설명하였다.

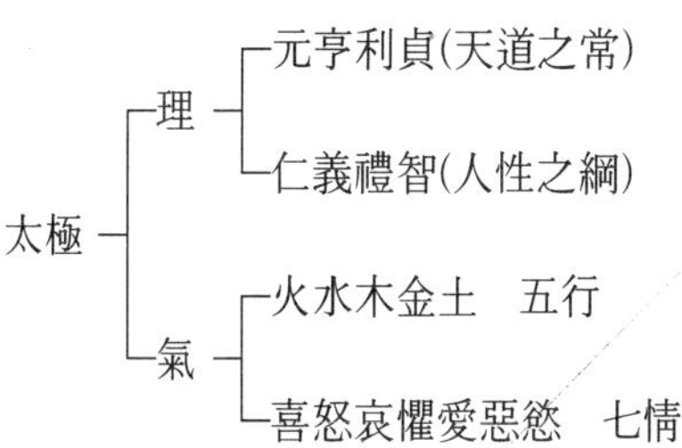

태극이 理와 氣를 총괄하고, 理는 다시 四德(元亨利貞)과 四端(仁義禮智)을 주관하며 氣는 五行(火水木金土)과 七情(喜怒哀懼愛惡慾)을 주관한다. 그리고 오행은 사덕의 명을 받고 칠정은 사단의 명을 받는 것이 마땅하다고 한다. 그리하여 오행이 혹 올바르지 못하면 사덕의 도로 바로잡

고, 칠정이 올바르지 못하면 인의예지의 性으로 바로잡는다는 것이다. 이
것이 곧 理가 氣를 눌러 이기는 것이라고 한다. 또한 理의 주변에는 不善
함이 없고 氣의 주변에는 善함도 있고 不善함도 있기 때문에 氣가 왕성하
게 되는 것을 눌러야 한다는 것이다. 안정복의 이기설이 主理에 근거하고
있음을 말해 준다 하겠다.

① 이발기수 · 기발이승

그렇다면 그는 그 동안 논쟁거리가 되어 온 理發 · 氣發 문제를 어떻게
설명하였던가. 먼저 그는 四端이 理發인가 氣發인가의 여부에 대하여,

> ……무릇 仁義禮智는 天理이고 本然의 性인즉, 四端이다. 四端은 理
> 에 속하지 않는가? 喜怒哀懼는 氣質로서 주어진 性인즉, 七情이다. 七
> 情은 氣에 속하지 않는가? 理의 주변에 속하여 이 理가 주인이 되니 理
> 發이라고 말하는 것이 옳다. 氣의 주변에 속하는 것은 氣가 주인이 되어
> 氣發이라고 말하는 것이 옳다. 어찌 理가 氣를 기다려 發하는 것으로 '四
> 端 역시 氣發이다'라고 말할 수 있겠는가? 理가 氣를 기다려 發하는 것
> 은 理를 위해 氣를 부리는 것일 뿐이다. 이것이 理가 發하고 氣가 따른
> 다는 것이다(理發而氣隨). 四端이 理에서 發하는 것은 분명하다.(『擬
> 問』, 四七理氣)

라고 자신의 견해를 명확히 밝혔다. 즉 理가 發하고 氣가 따른다고 하면서
四端은 理에서 發하는 것이 분명하다는 것이다. 이것이 이른바 '理發氣隨'
로서 일찍이 이황이 주장하였고,[16] 이익 또한 『四七新編』을 통하여 이를
따랐던 것이다. 안정복 역시 여기에서 벗어나지 않았다고 하겠다.[17]

---

16) 『退溪集』 16, 書, 答奇明彦, 改本.
　　……但四則理發而氣隨之 七則氣發而理乘之耳
17) 『순암집』 3, 書, 與邵南尹丈書, 丁亥(1767).
　　……至於四七 從幼先入之見 以退陶爲正 及觀師門新編 而信從尤篤……

한편 七情의 發함에 대해서는,

> ……대개 四端이 發하는 데 氣가 아니면 할 수 없다면 氣發이라고 말하여도 좋을 것이다. 그러나 氣는 혹 폐단이 있는데 四端은 없다. 혹 폐단이 있다면 四端을 氣發이라고 말할 수 없다. 七情이 發하는 데 理가 그 가운데 있으면 理發이라고 하는 것이 좋을 것이다. 그러나 理는 확충할 수 있고 七情은 확충할 수 없다면 七情은 理發이라고 말할 수 없다. 그래서 이제 나는 理가 發함에 氣가 따르며 氣가 發함에 理가 타는 뜻을 알겠다. ‘理發氣隨’의 氣는 四端이 發하여 나타낸 氣를 향하여 말한 것이다. ‘氣發理乘’의 理는 七情이 받아들인 바(所然)의 理를 향하여 말한 것이다.
>
> 四端이 理에서 發하여 氣를 쓰고, 七情이 氣에서 發하여 理 역시 거기에 있기 때문에, 程子가 이르기를 ‘氣를 말하는데 理가 분명하지 못함을 말하지 말고, 理를 말하는데 氣가 갖추어져 있지 않음을 말하지 말라’고 하였다. 이 가르침은 매우 명쾌하다. 다만 理가 發하는 곳에서 理가 주인이 된다면 理發이라고 말하는 것이 옳으나, 氣가 發하는 곳에서 氣가 주인이 된다면 氣發이라고 말하는 것이 옳다고 하겠다. 朱子가 이르지 않았던가. ‘四端은 理의 發이요 七情은 氣의 發’이라고.……(同上)18)

라 하였다. 즉 七情은 氣의 發이되 理가 거기에 탄다는 것이다. 이른바 ‘氣發理乘’을 말한다. 이상에서 보았듯이, 안정복의 이기론 가운데 理가 發함에 氣가 따르며, 氣가 發함에 理가 타는 것(理發氣隨氣發理乘)이 핵심내용이라 말할 수 있다.

그렇다면 그는 어떤 논거로 四端은 理發이고 七情은 氣發이라는 주장을 하였을까? 다음과 같은 그의 답변을 참고하여 보자.

> 理의 주변에는 본시 폐단이 없는데 氣의 주변에는 폐단이 쉽게 생겨

---

18) 이 사료는 『의문』의 문답 가운데 客이 안정복의 설명에 설득당하여 客이 말한 것이다.

나니 어찌하는가? 天理는 本然의 性으로 不善함이 있지 않은즉, 理에는 폐단이 없다고 말할 수 있다. 氣質은 주어진 性으로 善함도 있고 不善함도 있다면 氣에는 폐단이 있다고 말할 수 있다. 그러므로 四端이 理에서 發한다는 것은 넓혀서 완전하게 채우는 것인즉(擴而充之), 仁이 지극한 義를 다하여 萬世가 폐단이 없게 된다. 七情이 氣에서 發한다는 것은 달아올라 절제하지 못하는 것인즉, 喜怒哀懼가 넘쳐 폐단이 장차 끝이 없게 된다. 그러므로 폐단이 없는 四端을 폐단이 있는 氣에서 發한다고 말하는 것이 옳은가? 理가 폐단이 없으니 四端 또한 폐단이 없다. 四端이 폐단이 없다는 것을 본다면 四端이 폐단이 없는 理에서 나온다는 것을 알 수 있다. 어찌 七情과 더불어 氣發이라고 하는가?(同上)

위 사료에 따르면, 理의 주변에는 善함만 있으나 氣의 주변에는 善함도 있고 不善함도 있기 때문에 四端은 폐단이 있을 수 없고 七情은 폐단이 있을 수 있다는 것이다. 결국 四端은 理에서 發하기 때문에 폐단이 없을 뿐 아니라 확충할 수도 있으나, 七情은 不善할 수도 있는 氣에서 發하기 때문에 혹 폐단이 끝이 없게 나타날 수 있다는 것이다. 그리하여 四端은 理發이고 七情은 氣發일 수밖에 없다는 논리이다.

그러나 四端이 본디 근본이 착한 性을 지니고 있다 하더라도, 그것이 發할 때 혹 理가 약하고 氣가 강하여 넘치게 되면 올바름을 얻지 못하는 경우가 있다는 것이다. 그러나 이 때에도 不正한 것은 四端이 아니고, 氣가 부정하게 만들기 때문이라 하였다.[19]

한편 理氣의 관계에 대하여 그는 '混淪'과 '分開'를 동시에 인정하고 있었다. 즉 理 가운데 氣가 있고 氣 가운데 理가 있다는 程子의 견해로 보면 '혼륜'으로 말할 수 있고, 理는 不善함이 없고 氣는 善惡이 있다 하여 理發·氣發의 논설을 편 주자의 견해로 본다면 '분개'로 말할 수 있다는 것

---

19) 『의문』, 四七理氣.
  ……四端固本善之性 而其發也或爲氣所溢 則有所不得其正者 此非四端
  不正也 使之不正者 乃氣也……

이다. 그러나 안정복은 구태여 어느 쪽을 택하지 않고 '혼륜'으로 보는 방법과 '분개'로 보는 방법을 모두 理氣의 학문을 밝히는 한가지의 근원으로 보고 있었다.[20] 이 또한 이황의 견해에서 벗어나지 않았다.[21]

그러나 그의 사단칠정에 대한 견해를 분석해 보면 '분개' 쪽으로 기울어져 있음을 엿볼 수 있다. 情과 관련한 그의 의견을 들어보자.

> ……무릇 心이 性과 情을 통할하고 性이 움직여 情이 되는데 情은 하나다. 그런데 四端의 情이 있고 七情의 情이 있다. 이것이 이른바 하나를 근본으로 하여 만 가지로 다르다는 것이다. 情이 發하기 이전에는 다만 이 性은 하나의 우리(圈)일 뿐이나, 情이 發한 이후에는 四端과 七情의 이름이 각기 나누어진다. 李子의『十圖』가운데를 헤아려 보면 대개 알 수 있다.(同上)

안정복이 말하는 윗글의 요점은 사단도 情이요 칠정도 情이듯이, 情은 하나이지만 情이 發하게 되면 사단과 칠정으로 나누어지게 된다는 것이다.[22] 그리하여 하나의 情일 때는 사단과 칠정 모두 情의 울타리에 있다는 것이다. 이 경우에는 사단과 칠정이 대립하면서도 서로 균형을 이루고 있게 된다고 한다. 그러나 그 情이 發함이 같지 않은 뒤에는 사단과 칠정의

---

20) 『의문』, 四七理氣.
　　大抵理氣 有可以混淪言者 有可以分開言者 理中有氣 氣中有理 而程子有
　　不明不備之訓 則此可以混淪言也 理無不善 氣有善惡 而朱子有理發氣發
　　之論 則此可以分開言也 渾淪分開 皆所以明此理氣之學 則一也
21) 『퇴계집』16, 書, 答奇明彦, 後論.
　　……分開說處 作分開看 而不害有渾淪 渾淪說處 作渾淪看 而不害有分開
　　不以私意左牽右掣 合分開而作渾淪 離渾淪而作分開 如此久久 自然漸覰
　　其有井井不容紊處 漸見得聖賢之言橫說竪說 各有有當 不相妨礙處……
22) 안정복은 情인 사단은 性의 근본을 따라 發한 것이라 하고, 情인 칠정은 形氣를 따라 發한 것이라 하였다(『순암집』4, 書, 與貞山李景協[秉休]書, 辛未[1751]).

두 길로 나뉘어 '분개'가 있게 되어 서로 통할 수 없게 된다는 것이다.[23] 사단과 칠정이 나뉘어지게 되는 것은 不善함이 없는 사단과 善함과 不善함을 동시에 지니고 있는 칠정을 전제하고 있음은 말할 것도 없다.

② 공희노기발론

이제 이기론의 쟁점 가운데 첨예하게 대립되어 오던 公喜怒 문제를 안정복이 어떻게 이해하고 있었던가를 정리해 보기로 하자. 16세기 이후 기대승과 이이, 그리고 장현광 등이 내세운 聖人의 七情이 理發이라는 주장과 이황과 그의 문인들을 중심으로 한 그렇지 않다는 주장은 안정복이 이기론에 관심을 나타낼 때까지도 서로 대립되어 있었음은 주지의 사실이다. 성호의 측근 인물 사이에서도 윤동규와 안정복은 氣發의 편에, 愼後聃이나 이병휴 그리고 이길환은 理發의 편에 서 있었다. 앞서 보았듯이 안정복도 이 문제에 대해 윤동규·이병휴와 적지 않게 의견 교환을 가진 바 있을 정도로 관심을 나타낸 부분이기도 하다.

公喜怒에 대한 그의 견해는 그가 성호문인이 되어 5년이 지난 1751년에 이병휴에게 보낸 다음 편지에 명백하게 나타나 있다.

……만약 喜怒가 올바름을 얻은 경우에 理發이라고 한다면 그것이 장차 四端이 그 올바름을 얻지 못할 경우(측은함을 부당하게 하여 측은하게 여기고, 羞惡함을 부당하게 하여 羞惡하는 따위 같은 것)에는 氣發이라고 말할 것입니까? 聖人의 喜怒는 發하되 스스로 맞고(自中) 君子의 喜怒는 發하되 맞는 것을 구하며(求中), 일반 사람의 喜怒는 發하되 맞기를 잃기(失中) 마련입니다. 비록 맞고 맞지 않는(中不中) 차이가 있을

---

23) 『순암집』 6, 書, 答權旣明書, 庚寅(1770)에도 잘 나타나 있다.
　　……愚祖此而爲之說 曰性一也 而有本性氣稟之異 心一也 而有人心道心之別 情一也 而有四端七情之分 渾淪言時 只當曰性曰心曰情而已 四七之發 雖有理氣之殊 而各自對立然均 是情也 則單言情時 四七固皆不在於情圈中耶 及其所發之不同然後 實有二路之分開 而不可以相通矣……

지라도 그것이 形氣에서 發하는 것은 다름이 없습니다. 그것은 氣의 發
임에 의심없습니다.……(『순암집』 4, 書, 與貞山李景協[秉休]書, 辛未
[1751])

요컨대 안정복의 견해로는 성인·군자뿐만 아니라 일반인도 '中'을 얻거
나 잃는 차이는 있을지라도, 기본적으로 喜怒가 形氣에서 發하는 것은 같
다는 논거로 公喜怒도 氣發임에 틀림없다는 것이다. 즉 안정복은 성인의
公喜怒도 예외 없이 七情에 속하여 氣發이라는 주장을 폈던 것이다. 다만
성인의 七情에 대해서는 직접 不善함이 없는 本然의 性에 따라 發하여 情
이 되고 가장 먼저 善의 주변에 나타난즉, 理發이라고 말해도 무방하다는
것이다.24) 이와 같은 견해는 성인의 喜怒도 氣가 理를 따라 發한다는 이
황의 견해를 따른 것이라 하겠다.25)

③ 인물지성

안정복은 『의문』에 '四七理氣'와 함께 '人物之性'을 별도로 둘 정도로
인간의 性과 사물의 性을 중요하게 다루었다. 우선 '인물지성'의 첫머리에
있는 다음 견해를 보자.

朱子가 말하기를 '만물이 하나의 근원임을 본다면 理는 같고 氣는 다
르다. 만물이 몸(體)을 달리함을 본다면 氣는 오히려 서로 가까운데 理는
전혀 같지 않다'라고 하였다. 理가 같고 氣가 다르다 함은 하늘에서 받아
생겼은즉 같고, 氣는 淸濁과 粹駁을 받았은즉 다름이 있다. 氣가 오히려
서로 가깝고 理는 전혀 같지 않다 함은 氣質의 性은 사람과 사물이 각각
지닐 수 있으나 本然의 性은 사람만 받는 것이다. 그렇다면 사물이 얻은

---

24) 『순암집』 4, 書, 與李景協書, 丁亥(1767).
　　……聖人之七情 則直從性發爲情 最初善邊來 則謂之理發可也
25) 『순암집』 3, 書, 與邵南尹丈書, 丁亥.
　　…然而退陶李子 以聖人之喜怒 謂氣之順理而發 此語平正 無可改評…

것은 치우치고 사람에게 주어진 것은 온전한 것이다. 어떤 이가 喜·怒
·哀·懼·愛·惡·慾은 七情으로 氣質의 性인데 금수에도 역시 많이
있다 하고, 仁·義·禮·智는 四端으로 本然의 性인데 금수는 일찍이
지니고 있지 않다고 하였다. 이것이 '사물은 그 반쪽을 얻었다'라고 말하
는 것이다. 사람은 그렇지 않아서 本然의 性도 있고 氣質의 性도 있다.
본연의 성은 理에서 發하여 사단이 된다. 기질의 성은 氣에서 發하여 칠
정이 된다. 이것으로 사람은 그 온전함을 받았다고 말하는 것이다. 사람
과 사물의 성품을 어떻게 비교하여 같다고 할 수 있는가?……(『의문』, 人
物之性)

그는 인간은 본연의 성과 기질의 성을 모두 지니고 있으나, 금수를 포함
한 사물은 기질의 성만 지니고 있다고 하였다. 본연의 성은 理에서 發하여
사단이 되고 기질의 性은 氣에서 발하여 칠정이 되는데 인간은 이를 모두
갖추고 있어 기질의 성만 갖추고 있는 금수와 다르다는 것이다. 그리고 사
단은 道心으로 天命의 本性에 근원하였기 때문에 절대로 不善함이 없으
나(이른바 '理一'), 칠정은 人心으로 본시 기질의 성에서 나와 선함도 있고
불선함도 있으며 어질고 그렇지 못함이 있다(이른바 '分殊')는 것이다.[26]
그러나 본연의 성도 理가 약하고 氣가 성하면 없어져 사단이 올바름을 얻
지 못하고, 반대로 氣가 發함에 理에 순종하여 천지의 성이 존재하게 되면
七情이 올바름을 얻게 된다고 하였다. 그 방법은 오직 인간이 성찰하여 공
부를 하는가 안 하는가에 달려 있다고 하였다.[27]

---

26) 『순암집』 4, 書, 與貞山李景協(秉休)書, 辛未(1751) 참조. 그리고 여기에서
  말하는 道心은 性命이 바른 것에 근원하여 發한 것이고, 人心은 形氣의 사
  사로움에 근원되어 發한 것을 말한다(같은 책, 같은 편지에 있음).

27) 『의문』, 四七理氣.
  蓋四端之不得正 而以至乎 理弱氣熾 則本然之性滅矣 七情之得其正 而以
  至乎 氣發順理 則天地之性存矣 惟在人省用工與否間耳

4. 이기논쟁의 배격과 하학장려

　노년기 안정복의 이기론에 대한 지식 수준은 당대의 학자들과 어깨를 나란히 하며 논의할 정도가 되었다. 비록 주자나 퇴계 이황의 성리학에 학문적인 뿌리를 두고 있으면서도, 고봉 기대승이나 율곡 이이, 그리고 旅軒 張顯光의 主氣的 이기론에도 관심이 깊었다. 그가 동료 학자나 후학들에게 성리론을 펼 때에는 대개 주자의 견해에 이론적 배경을 두고 있었다. 그러나 앞에서도 잠시 언급하였지만, 그는 이기론에 대한 자신의 견해를 퇴계의 편에 서서 언급하면서도, 논쟁 그 자체에 대해서는 매우 못마땅한 태도를 보였다. 즉, 이기론으로 갑론을박하는 당시의 흐름이 후세에 나쁜 영향을 줄 뿐 아니라, 부끄러워해야 한다고 하였다.[28] 다만 그는 학자에 따라 보는 관점이 다르기 때문에 각자 믿는 바를 따를 뿐이지 애써 서로 부합할 필요가 없다는 입장을 보이기도 하였다.[29] 안정복이 기존 학자들의 이기논쟁에 대하여 배격하는 입장을 보인 것은 성호문인이 되어 더욱 절실하게 느꼈던 것으로 보인다. 비록 그 자신은 윤동규나 이병휴, 그 밖의 학자들과 변론을 하면서도 그의 본심은 이와 같은 논쟁이 매우 바람직하지 못하다는 생각을 갖게 되었고, 나아가 논쟁을 그만두어야 한다는 뜻을 나타내기도 하였던 것이다.[30]

　오히려 그는 이해하기 어려운 이기론보다는 하학에 매진할 것을 강조하였다. 이기론에 대한 그의 견해를 집약하여 저술한 『擬問』‘四七理氣’ 끝부분에,

　　……천하의 義理가 무궁하고 사람마다 보는 바가 같지 않은즉, 천박한

---

28) 『순암집』 5, 書, 答艮翁李參判夢瑞(獻慶)書, 己酉.
29) 『순암집』 3, 書, 答邵南尹丈書, 己丑(1769).
　　……此皆所見之不同　不必强以相合　各尊所信而已……
30) 『하학지남』, 題下學指南書面 ;『순암집』 3, 書, 答邵南尹丈書, 丙戌(1766)
　　;『순암집』 8, 書, 與韓士凝書, 庚寅(1770) 등에 잘 나타나 있다.

내가 어찌 감히 性理 하나하나를 論說하여 지극한 근본을 얻겠는가. 요
즈음 어려서부터 개발하고 익혀 쌓으려 하지만 터럭 위에 터럭이 일어나
고 실오라기 위에 실오라기가 일어나 얽히고설켜 있으니, 천하에 지극히
정밀하지 않으면 그 누가 그것을 변별하겠는가? 옛 사람이 이르기를 ‘下
學而上達’이라 하였으니 下學을 그치지 않는다면 淸明함이 몸에 존재하
고 志氣가 神과 같아 자연히 上達의 경지에 이르게 되는 것이다. 그런
후에 가히 터럭이나 실오라기에서 의미를 가려낼 수 있고 天地에서 心迹
을 판별할 수 있을 것이다. 그런즉, 오늘날 마땅히 힘쓸 바는 下學 工夫
에 둘 따름이다.……(『의문』, 四七理氣)

라고 한 짤막한 글에 그의 생각이 잘 나타나 있다. 결국 이기론을 이해하
는 것은 얽히고설킨 털 뭉치나 실오라기를 푸는 것처럼 어렵고 혼란스럽기
때문에 어려서부터 이에 빠질 것이 아니라는 요지이다. 그렇다면 안정복이
『의문』에서 기껏 이기론을 장황하게 설명한 다음, 어찌하여 결론 부분에
가서 ‘하학하여 상달해야 한다’는 것을 힘주어 말하였을까? 위 사료와『하
학지남』의 題文에 나타나 있듯이, 하나는 후세 사람들이 일상생활에 소용
되는 하학을 소홀히 하고 공허한 성리철학에 매진함으로써 일생을 공부하
여도 실제로 얻는 것이 없다는 것이고, 다른 하나는 사람마다 견해가 달라
혼란스럽고 끝내 이해하기가 어렵다는 것이다. 여기에는 16세기 이후 계속
되어 온 이기논쟁에 대한 부정적인 감정이 크게 작용되었으리라 생각된다.
  그리하여 그는 노년기에 접어들면서 후학들에게 이기론에 심취하지 말
고 하학에 더욱 전념할 것을 권장하였다. 이를테면 1770년 韓鼎運에게 보
낸 편지에,

　……이는 비록 性命을 근본으로 하는 것이 心身에 긴절한 공부라 하
　겠지만, 하학으로 쉽게 찾아지고 실천할 수 있는 것과 비교된다. 일상 쓰
　이는 彝倫에도 혹 先後가 있는 것 같다.……(『순암집』 8, 書, 答韓士凝
　書, 庚寅[1770])

라 하여 일상 쉽게 실천할 수 있는 하학을 먼저 익힐 것을 말하고 또,

> ……대저 오늘날 공부하는 사람들의 폐단은 이것(理氣四七論 : 필자
> 주)에 급급하여 먼저 힘쓰고 도리어 하학하여 日用함에는 소홀하다. 또
> 한 자신의 재주와 분수를 스스로 헤아려 보아도 선배들의 천분의 일 · 이
> 도 미치지 못하는데, 性命을 근본으로 함에 이르러서는 선배들이 얻지
> 못한 이치를 능히 궁구하여 얻을 수 있겠는가?……(同上, 與韓士凝書,
> 庚寅[1770])

라 하였다. 요컨대 요사이 학자들이 일상생활에 소용되는 하학을 소홀히
하고 선현들도 깨닫지 못한 性命 · 理氣四七論에 몰두하는 폐단을 지적한
것이라 하겠다. 소기의 결과도 얻지 못하면서 오히려 시간만 낭비한다는
생각이다.31) 사실 그 자신도 성리학에 대한 확실한 견해를 갖지 못하다가
이황과 이익의 저서를 읽고,32) 또한 이에 밝았던 윤동규나 이병휴의 자문
을 받아 대체로 50대에 어느 정도 이해하게 되었다고 털어놓은 바 있다.33)
　그는 특히 하학의 중요성과 실용성을 강조하였다. 예컨대 李基讓에게
보낸 편지에,

---

31) 안정복의 이와 같은 생각은 『하학지남』題下學指南書面에도 잘 나타나 있
　　다. 그리고 문인 황덕길이 쓴 「順菴先生行狀」에도 유사한 내용이 게재되어
　　있다.
32) 『순암집』2, 書, 上星湖先生書, 壬午(1762).
33) 『순암집』8, 書, 與李士興, 戊寅(1770).
　　僕平日於性理無的見 故師友往復非不多 而未嘗論說此事 歲丙午 始聞龍
　　湖丈與長川 有理氣說話裁書而問 然後知公喜怒理發之說……
　　위 편지내용 가운데 나오는 龍湖는 윤동규를 말하고, 長川은 이병휴를 말한
　　다. 성호 이익의 가르침을 받은 성호의 조카 이병휴는 여생을 충청도 예산
　　덕산의 長川에서 보냈다. 그리하여 안정복이 편지를 보낼 때에는 長川이라
　　는 지역 이름을 붙인 것으로 보인다. 혹 같은 지방에 살았던 성호 이익의 종
　　손 이길환(1722～1779)의 호가 長川이었기 때문에 혼돈될 우려가 없지 않
　　다.

> ……위로는 天人性命으로부터 草木·禽獸와 같은 微物에 이르기까
> 지 궁구하지 못할 이치가 없으되, 나의 心身으로 日用하는 人倫상으로
> 보건대, 과연 緩急의 구별이 있으니 실로 그 마땅히 먼저 할 바를 빨리
> 하여 하나하나 몸소 행하면 그 진전을 어찌 헤아릴 수 있으리오.……(同
> 上, 答李士興[基讓]書, 乙酉[1765])

라 하였듯이, 5년 전에 한정운에게 보낸 편지내용과 유사한 견해를 나타냈
다. 직접적으로 하학이라는 표현을 쓰지 않았지만, 내용상으로 보아 하학
을 강조한 것이라고 보아 틀림없다. 역시 학문을 함에 있어 먼저 하학에
힘쓰고 일상생활을 통해 체득하여 익히는 일을 먼저 하는 것이 순서라는
것이다. 여기에서 그가 말하는 하학이란 주로 四書의 내용을 익히고 몸소
실천하는 것이라 하겠다.34) 그 가운데에서도 그는 『대학』의 공부를 중시하
였다.

그 밖에 南漢朝, 黃德壹, 黃德吉, 沈潊, 柳譺 등 후학들에게도 유사한
내용으로 하학에 힘쓸 것을 강조하였다.35) 더불어 학문을 하는 요체는 '務
實' 두 글자를 벗어나지 않는다고 함으로써,36) 그가 중요시하였던 하학의
정신과 목표가 어디에 있는지 알게 한다. 그만큼 안정복이 강조한 하학을
중심으로 한 학문은 실생활과 직결되어 實事에 힘쓰는 공부였다고 하겠다.
또한 門人들뿐만 아니고 그의 가족들에게도 하학에 힘쓸 것을 강조하였다.
1759년 그의 지병이 악화되자 동생과 아들에게 쓴 유서에 잘 나타나 있
다.37) 더 나아가 그가 翊贊으로 왕세자를 교육할 때도 하학의 중요성을 역

---

34) 四書에 대한 중요성은 『순암집』 8, 書, 答沈士潤(潊)書, 乙未(1775)에 있는
　　다음과 같은 편지내용에서 알 수 있다.
　　　……幸望着工于四書 切緊之語 要以體驗實行 爲意行著習察 必有所得 而
　　大事不難透矣……
35) 『순암집』 8, 書, 答南宗伯(漢朝)書, 丙午 ; 同, 答沈士潤(潊)書, 乙未 ; 同,
　　答黃耳叟書, 癸卯 ; 同, 與柳敬之(譺)書, 乙未 등 참조.
36) 『순암집』 8, 書, 與柳敬之(譺)書, 乙未(1775).
　　　……爲學之要 不過務實二字……

설할 정도였다.[38] 이렇게 볼 때 하학에 힘써야 한다는 안정복의 학문적 신념은 아주 확고하였다고 할 수 있을 것이다. 요컨대 안정복의 학문적 성향은 논쟁이 심하고 이해하기 어려운 이기론 위주의 성리학보다는 정통 洙泗學에 깊이 뿌리하였다고 하겠다.

5. 맺음말

지금까지 안정복의 성리학과 더불어 그가 장려한 하학에 대하여 살펴보았다. 그의 성리학은 대체로 이황의 학문에 뿌리를 두었고 이익의 이론을 따랐으나, 이익이 그러하였듯이 이기논쟁은 별로 바람직하게 생각하지 않았다. 그리고 정통유학의 공부를 강조하면서 말년에는 특히 문인들에게 하학 공부에 치중할 것을 권장하였다. 물론 그가 이러한 견해를 펴는 과정에는 이단사상이나 이기논쟁을 배격해야 된다는 견해도 따라다녔던 것이다.

그러면 이와 같은 그의 학문이 당시 실학사상의 흐름에서 어떤 위치를 차지하였다고 말할 수 있을까. 우리는 앞서 청년 시절에 그가 농촌생활을 통하여 얻은 경험과 스스로 닦은 洙泗學, 그리고 유형원·이익의 학문과 사상이 그로 연결되는 과정을 보았다. 그의 사상이 매우 현세적이고 합리적이었다는 것도 알았다. 따라서 그의 학문적 성향은 성리론을 따지는 공리공담이나 시부 중심의 공부가 아니고, 실제 생활에 유용한 학문이었다고 할 수 있다. 그렇게 되기까지에는 안정복 자신이 닦은 실용적 학문성향과 이익의 실학문이 잘 조화를 이루었기 때문으로 볼 수 있다. 학문적으로나 사상적으로 안정복이 이익의 견해를 거의 수용하였던 것이다. 『사칠신편』

---

37) 『순암집』14, 雜著, 示弟鼎祿子景曾遺書, 己卯(1759).
　　人之用力 不過彝倫 日用之常此蹉失 則雖有絶時之才高世之略 不可爲完人也……
38) 『순암집』16, 雜著, 壬辰桂坊日記, 6月 初5日, 己巳條에 보인다.

으로 성리학의 이론적 배경을 삼고 『성호사설』을 통하여 이익의 실학사상이 그에게 크게 수용되었다는 점이 구체적으로 이를 증명한다 할 것이다. 사실 그가 유난히 강조하였던 하학에 대한 중요성도 이익의 뜻과 일치하였고, 이익 또한 성리론에 매달리기보다는 정통유학 공부를 중시하였다는 사실은 잘 알려져 있다.[39]

　이렇게 성호문인으로서 확고하게 다져진 그의 학문은 그가 말년에 성호학파를 유지하려 했던 노력에 크게 분출되어 나타났다. 이른바 천주학에 빠진 문인들에게 이단사상을 배격하는 이론을 펼 때에도 천주교 신봉이 이익의 뜻이 아니라는 말을 썼고, 문인들의 천주교 신봉으로 인하여 남인이 붕괴에 직면해 있음을 나타내기도 하였던 것이다. 안정복은 스승 이익으로부터 이루어진 성호학파의 학문과 사상이 지속되기를 바랐다고 할 수 있다. 즉 현세에 반하는 천주교를 배격하고 공리에 빠진 이기논쟁에도 빠져들지 않으면서 하학 공부에 매진함으로써 이익의 유지를 이어가자는 뜻이 담겨 있다고 하겠다.

　당시 서양의 과학기술에 매우 호의적인 반응을 보인 안정복은 18세기 후반 서양 문물이 크게 유입됨과 함께 사상적 변화의 흐름에서 새로운 문물에 대한 탐색과 분석 또한 게을리 하지 않았다. 그러나 이에 접근하여 수용해 보려는 적극성은 보이지 않았다. 현실적 개혁 의지가 강한 그였지만, 철저한 그의 현세적·도덕적 합리주의사상은 서학과 같은 새로운 세계관의 사상을 받아들일 수 있는 태세가 갖추어지지 못했던 것이다. 하학을 강조한 그의 학문적 신념으로 볼 때, 하학만으로도 의혹에 찬 서양사상에 충분히 대응할 수 있다고 믿었던 것이 아닌가 생각된다. 그의 학문과 사상이 실학적 성격을 지녔다 하더라도 어디까지나 유학에 바탕하고 있는 데서 비롯된 소치라 하겠다. 결국 성호학파의 많은 소장 학자들은 그의 이러한 태도에 등을 돌렸고, 황덕일·황덕길 형제와 같은 일부 문인들만이 그의 학문을 이어받게 되었다.

---

39) 한우근, 『星湖李瀷硏究』, 28~46 참조.

결 론

지금까지 안정복의 학문과 사상을 청소년기로부터 노년기에 이르는 여건 변화의 흐름 속에서 살펴보았다. 본문의 고찰을 통하여 그의 학문과 사상이 어떤 과정을 통하여 어떻게 변천되어 갔으며, 주변의 상황에 따라 어떻게 나타났는가를 어느 정도 가늠할 수 있었다. 결론을 통하여 이를 다시 정리하면서, 그 성격을 생각해 보기로 한다.

1. 하학으로 다져진 實學問과 농촌생활을 통하여 얻어진
경험적 사상이 형성된 청년기

안정복이 처음 『소학』을 읽기 시작한 10세(1721)경으로부터 35세(1746)에 이익을 방문하여 성호문인이 되기 이전까지이다. 성호문인이 되기 전 안정복의 청년기는 철저한 하학 공부를 중심으로 학문을 연마하고, 동시에 농촌생활에서 얻어진 경험적 실학사상이 형성된 시기라고 할 수 있다. 이 시기의 학문과정을 본다면, 유·소년 시절부터 經史를 비롯하여 기술 서적이나 異端書 등에 이르기까지 다방면에 걸친 독서를 하여 지식을 쌓고, 무주에서 살기 시작한 15세 이후에는 『자치통감강목』과 같은 역사서를 접하면서 학문으로서의 역사학에 입문할 정도가 되었다. 덕곡으로 이사한 후에는 『자치통감강목』은 물론 『性理大全』·『心經』과 같은 성리학에도 관심이 깊어지면서 나름대로의 학문세계를 형성해 가고 있었다.[1] 그의 성리학은 대체로 퇴계학에 뿌리하고 있었지만, 율곡의 학문에도 관심이 많았다. 33세에는 유형원의 저서를 접하여 『반계수록』을 비롯한 그 밖의 저술을 읽을 수 있는 기회를 갖게 되었다. 그렇지만 그 때까지 안정복의 학문은 어느 문인에 속하여 이루어진 것이 아니었고, 뚜렷하게 정해진 스승도 없었다. 따라서 청년기 안정복은 덕곡에 파묻혀 아버지의 농사일을 도우면서 자신의 학문적 경지를 스스로 형성해 가는 이름 없는 일개 서생에 불과 하였다.

스스로 학문을 연마하던 과정에서도 안정복은 『임관정요』와 『하학지남』의 초고를 각각 27세와 29세에 저술하였다. 『임관정요』는 뒷날 유형원의 저술과 이익의 견해로 적지 않게 보충되었지만, 대부분 초고의 내용을 그대로 담고 있어 청년 시절 안정복의 개혁정신을 드러내 주고 있다. 『임관정요』에 나타나는 실익을 추구하는 애민사상이나, 자립지향적인 농본사상, 그리고 여론을 중시한 목민관의 통치를 주장한 것 등은 유형원이나 이익과 같은 당시 대실학자의 영향을 받기 이전에 농촌생활의 체험과 스스로 터득한 학문을 토대로 형성되었다고 볼 수 있다. 이것은 그에게 이미 실학사상이 자생하고 있었다는 사실을 말해 준다. 그가 이러한 사상을 지니기까지에는 18세기 실학사상의 흐름 속에서 남인의 가풍을 이어온 가정 교육도

---

1) 필자는 안정복이 『동사강목』을 저술하기까지의 생애를 성장 시기별로 나누어 고찰한 바 있다. 즉, 제1기는 15세에 조부 안서우를 따라 무주로 이사하기 전까지의 유·소년기로서 다방면의 독서가 이루어진 시기, 제2기는 15세부터 24세까지 10년 동안 무주에서 살았던 청소년기로서 역사학의 입문기, 제3기는 무주에서 덕곡으로 이사온 해로부터 이익을 방문하기까지의 10년 동안으로서 나름대로 학문세계를 형성한 시기, 제4기는 이익을 방문한 이후 『동사강목』이 이루어진 때까지로서 역사학이 정립된 시기이다(졸저, 『동사강목 연구』, 43쪽 참조).

작용하였으리라 생각된다.『임관정요』는 뒷날 정약용이 쓴『목민심서』의 先河가 되었다.

　목민관의 민정 지침서인『임관정요』와 주로 초학자를 대상으로 한 교육서인『하학지남』은 저술 정신면에서 서로 무관하지 않다.『하학지남』은 그의 말대로 종래 ‘務遠忽近’적인 학문을 지양하고 일상생활에서 마땅히 지켜야 할 것을 강조하여 쓴 책으로 朱子의『소학』에 비견되는 책이다. 안정복은『하학지남』저술의 기본이념으로 ‘下學而上達’을 밝히고, 기본을 뛰어넘는 상달보다는 하학의 중요성을 강조하면서 조선 후기 양반사회에서 공리공담으로 뿌리 깊었던 이기논쟁을 직·간접적으로 반박하였다. 또한 그는 學行一致를 강조하면서도 반드시 실천으로 이어져야 할 것을 말하고, 나아가 목민관의 治人의 문제를 크게 다루었다.『하학지남』에서 크게 다루어진 治人문제는『임관정요』에서 구체적으로 구현되었다. 이러한 내용을 담은『하학지남』을 안정복이 덕곡에서 농사일을 돌보면서『임관정요』에 이어 2년 늦게 저술하였던 것이다. 하학 공부를 통한 실학정신과 농촌생활의 체험은 그가『임관정요』와『하학지남』을 쓰는 데 공통적인 배경이 되었다고 할 수 있다. 비록『임관정요』가 먼저 저술되었다고는 하지만,『하학지남』은『임관정요』저술의 이론적 바탕이 되었던 것이다. 따라서 두 저술은 서로 밀접한 관계에서 이루어졌다고 볼 수 있다.

　본문을 통하여『임관정요』와『하학지남』을 주된 대상으로 하여 살펴보았듯이, 청년 시절 안정복의 학문과 사상의 성격을 대략 말할 수 있을 것 같다. 첫째로 학문적 관점에서 본다면, 퇴계학을 따르는 남인계통의 유학에 바탕하여 洙泗學에 충실하였다는 점을 들 수 있다. 철학적인 성리학보다는 실생활에 유용한 정통유학을 추구하면서 이기론에 얽매이는 학문을 배격하였다. 이는 곧 그의 청년 시절의 학문적 성격이 유학에 바탕을 둔 실용적 학문을 추구한 이익의 학문적 성격과 서로 통하는 것이었음을 말해주는 것이다. 둘째로 현실의식이 강하고 나름대로 현실문제의 타개를 위한 개혁사상이 싹트고 있었다. 여기에는 그의 농촌생활을 통한 체험적 배경이 큰 요인이 되었다. 이렇게 볼 때, 청년 시절 안정복의 실용적 학문과 개혁 사상에는 누구의 영향을 받지 않으면서 조선 후기 실학사상의 흐름 속에서 의식적이든 무의식적이든 실학의식이 자연스럽게 형성되고 있었음을 알 수 있다.

이러한 그의 학문세계에 33살 때 접한 유형원의 『반계수록』을 비롯한 여러 저서는 그의 역사학과 실학사상에 큰 감동과 자극을 주어, 앞으로 그가 학문을 하는 데 중요한 길잡이가 되었다. 아마도 이때 스스로 닦아 온 학문이 유형원의 실학을 접함으로써 실학문에 대한 절실함이 더했지 않았을까 여겨진다.

그렇지만 학문이 깊어짐에 따라 독학으로 일관된 자신의 학문방법에 스스로 한계를 느끼지 않을 수 없었다. 그리하여 덕곡에 거주한 지 10년 만인 35세에 안산에 살고 있던 이익을 찾게 되었다.

2. 성호문인으로서 성리학과 역사학, 그리고 실학사상이 정착된 중·장년기

유형원의 저서를 접하고 2년 뒤 35세(1746)에 이익을 방문하여 성호문인이 되면서부터 52세(1763)에 이익이 타계한 때까지를 말한다. 안정복의 이익 방문은 그의 학문과 사상에 새로운 전환기를 가져왔다. 이익의 가르침뿐만 아니라 많은 성호문인들과의 학문적인 교류는 그로 하여금 견문을 넓히는 등 그의 학문이 도약할 수 있는 계기를 만들어 주었다. 이제는 독학으로 닦은 그의 학문이 18세기 근기 남인 성호학파의 학풍을 이어받아, 그 일원으로서 자신의 입지와 학문이 정착될 수 있는 터전이 마련되었던 것이다. 그는 매우 적극적으로 이익의 가르침을 청하여 익혔다. 그리하여 성호문인이 된 지 얼마 안 되어, 이익은 안정복에게 윤동규와 함께 『李子粹語』의 편집을 맡길 정도로 그의 학문적 능력을 인정하였고 안정복은 이익으로부터 성리학·역사학·예론·서학 등 다방면에 걸친 학문적 자문을 구하여 수용하였다. 특히 안정복과 이익은 공히 성리학에 매진하기보다는 洙泗學의 기본에 철저하여 서로 학문적으로 쉽게 통할 수 있었음은 앞서 본 바와 같다.

성호문인으로서 그가 교류한 인물들은 대체로 지역적으로는 경기 남부에 살았고, 전통적으로 퇴계학통을 이어온 근기 남인에 속한 사람들이라 하겠다. 그러나 점차로 그의 학문이 알려지면서 영남 남인들과도 교류가 확대되어 갔다. 『동사강목』 편찬과정은 물론이고 뒷날 「천학문답」·「擬問」 등 그의 여러 저술에는 주변 학자들과 교류한 학문적 토론내용이 적지 않게 작용하였던 것이다. 윤동규·이병휴·이맹휴·이인섭·정수연·이구환·권암 등은 그와 교류한 대표적인 사람들이다.

성호문인이 된 뒤 그의 학문과 사상에서 가장 두드러진 변화를 가져온 것은 역시 성리학과 역사학, 그리고 실학사상의 정착을 들 수 있을 것이다. 그 자신이 고백하였듯이 이익이 쓴 『四七新編』을 읽고 성리학에 대한 학문적 자신감을 갖게 되었고, 이후 성리학을 논할 때에는 이익의 견해가 이론적 바탕이 되었다. 역사학은 유형원의 「동사강목범례」를 효시로 하여, 이익의 철저한 간여와 함께 『동사강목』 편찬으로 이어졌다. 따라서 『동사강목』의 편찬은 유형원 → 이익 → 안정복으로 이어지는 계보에서 이해되어야 할 만큼 유형원과 이익의 영향이 컸던 것이다. 한편 그의 실학사상은 이익을 만나기 이전에 유형원의 저서를 접하여 이미 그에게 전승되었지만, 이익 또한 유형원의 실학사상을 크게 받아들인 사람이기 때문에 안정복은 성호문인이 된 뒤에도 이익으로부터 다시 유형원의 사상을 이어받는 결과를 가져오게 되었다. 특히 『성호사설』은 이익의 역사학과 실학사상을 안정복에게 전승시키는 데 중요한 매체가 되었는데, 안정복은 이를 이익이 타계하기 직전 『성호사설유선』으로 정리하였다. 유형원과 이익의 실학사상은 안정복이 『임관정요』의 초고를 보완하는 데에, 그리고 『동사강목』 안설을 통하여 현실개혁정신을 나타내는 데에 크게 작용하였던 것이다.

이처럼 안정복은 성호문인이 됨으로써 이익의 학문과 사상을 전승하여,

자신의 학문을 확고하게 정착시킬 수 있었고 일찍이 겪었던 그 나름대로의 경험적 실학사상을 체계화시킬 수 있었다. 『동사강목』은 그 결정체라 할 수 있다. 다만 그의 학문과 사상이 어떤 점에 있어서는 철저하게 성호학에 집착한 나머지, 노년기에 성호문인을 이끌어야 할 상황에 놓이게 된 18세기 후반에 서양사상을 접할 때 변통성을 발휘하지 못한 약점으로 나타나기도 하였다. 즉 서양의 새로운 문물 유입과 이에 대한 문인들의 움직임에 소극적으로 대처하면서 이익의 뜻이 아니라는 논리를 자주 폈던 것이다. 그만큼 안정복은 이익의 학문과 사상을 존중하였고, 이를 문인들에게 전수하여 잇게 하려고 노력하였다.

3. 이단사상을 배격하고 하학을 장려하면서 성호학파의 유지에 심혈을 기울인 노년기

이익이 타계한 해(1763)로부터 안정복이 80세를 일기로 일생을 마친 해(1791)까지를 말한다. 안정복은 이익이 타계한 이후 점차 확산되는 문인들의 외래사상에 대한 관심에 대처하면서 흔들리는 성호학파를 유지하는 데 많은 심혈을 기울였다. 그 가운데 가장 대표적인 것이 서학사상의 배척과 하학의 장려운동이라 할 수 있다. 일부 성호문인들의 양명학과 천주교에 대한 깊은 관심은 성호학파의 붕괴 조짐으로 나타났고, 이에 대한 안정복의 대처는 이른바 이단사상의 배척으로 표면화되었다. 안정복은 이익이 생존하였을 때 이익과 서학에 대한 의견을 교환하면서 천주교 서적을 면밀하게 분석하여 교리도 매우 소상하게 알고 있었다. 그 때에는 이론적인 이해에 머물렀고 부정적인 입장을 보이면서 천주교를 불교의 支流라 하는 정도에 그쳤다. 천주교의 내세설과 영혼불멸사상, 천당지옥설은 철저히 현세적이고 합리주의적인 입장을 지닌 그의 주된 비판대상이 되었다. 그렇지만 이 때만 하여도 천주교를 막아야 한다는 적극적인 태도는 보이지 않았다.

그가 천주교에 대해 적극적으로 대처를 하게 된 것은 1780년대 주변 인물들의 천주교 입교가 늘고 정부 또한 이에 대한 응징의 징조를 보였기 때문이다. 그리하여 그는 정부의 탄압을 예견하고 늘어가는 문인들의 천주교 입교를 저지하려 하였지만 이미 그의 능력으로는 역부족이라는 사실을 스스로도 잘 알고 있었다. 「천학문답」은 이러한 흐름에서 성호학파의 붕괴를 막고 다가올 박해에서 문인들을 구하려는 목적에서 쓰여졌던 것이다. 그는 천주교에서 천주를 받드는 행위가 유교에서 상제를 공경하는 것과 다를 바 없다고 봄으로써 천주교를 전혀 새로운 사상으로 받아들이려 하지 않았다. 그의 천주교 비판이 유교의 현세적·도덕적 합리주의에 근거하고 있음은 앞에서 본 바와 같다.

한편 안정복은 문인들의 천주교 입교를 막는 한편, 이들을 대상으로 하학장려운동을 전개하였다. 그가 하학을 얼마만큼 중시하였는가는 20대에 저술한『하학지남』에 잘 드러나 있지만 노년기에 들어서 하학 공부의 중요성을 더욱 강조하고 나선 까닭은 이기논쟁에 빠진 성리학에 대한 반발과 이단사상의 배척에 있었다고 볼 수 있다. 四七理氣의 공리공담은 일생을 두고 하여도 얻는 것이 없고 논쟁만 일으킨다는 것이 그의 견해였다. 따라서 공·맹의 가르침을 충실히 닦고 실행에 옮기면 자연히 '上達'의 경지에 이를 수 있다고 하였다. 요컨대 그가 주장한 하학 공부는 현세에서 실생활에 소용되는 유학 공부였다고 간략하게 말할 수 있다. 이와 같은 안정복의 학문관이 이익의 그것과 상통한다는 것은 말할 것도 없다. 이익 또한 안정복을 만난 처음부터 안정복의 유학 공부를 바람직하게 여겼던 것이다.

특히 서구사상의 국내 확산은 노년기 안정복의 학문과 사상을 분명하게 노출시켰고, 행동으로 나타나게 하였다. 18세기 후반, 주자학 사회의 동요, 쓸데없는 이기논쟁, 밖으로부터 서학사상의 유입 등은 안정복의 성호학파 유지를 매우 불안하게 만들었다. 이에 그가 대안으로 강력하게 주장한 것이 바로 하학의 장려였던 것이다. 이는 사상적으로는 이단사상에 대한 방어이고, 학문적으로는 성리 중심 학문에 대한 반동이었다고 볼 수 있다. 유교 사회와 전혀 다른 세계관을 지닌 천주교가 경험해 보지 못한 이질적 사상이라는 불안감 때문에 그에게 수용되기를 기대하기는 어려웠다. 안정복 자신도 천주교리를 깊이 연구하여 유교와 비교·분석해 보았으나, 결국 수용할 수 없다는 결론을 얻고 하학에 전념할 것을 강조하면서 맞섰던 것이다. 이것이 당시 서구의 학문과 사상을 적극적으로 수용하려는 태도를 보인 성호학파의 소장학자들과 큰 대조를 이루는 부분이라 할 것이다.

지금까지 안정복의 학문과 사상에 대해 청년기·중장년기·노년기로 구분하여 정리해 보았다. 이를 다시 종합해 요약해 본다면, '하학 공부를 통하여 스스로 터득한 실학문과 농촌생활에서 체득한 경험적 실학사상은 유형원·이익의 학문과 접목됨으로써 조선 후기 실학의 한 맥으로 자리잡을 수 있게 되었고, 안정복 자신의 학문 또한 정착될 수 있었다. 이익의 학문과 사상을 철저하게 수용한 안정복은 노년기에 접어들어 외래사상을 막고 이기논쟁과 같은 국내 학문의 병폐를 고칠 수 있는 길은 오직 하학을 연마하고 실천하는 것이라고 판단하여 이에 대한 보급운동을 폈다'고 하겠다.

안정복이 이익의 학문과 사상을 철저하게 존중·계승하였지만, 이익이 타계한 이후 급속히 변화하던 시대적 조류에 이를 변통성 없이 그대로 유지하려 한 것은 적어도 성호학파의 젊은층 가운데 새로운 사상에 관심 깊었던 사람들에게는 받아들이기 어려운 이미 옛것이 되어 버린 것으로 생각된다. 어쩌면 18세기 전반기 청년 시절에 보였던 강한 개혁정신과 유형원이나 이익으로부터 전승된 안정복의 실학사상도 18세기 후반기 급속하게 변화하는 사상적 흐름에 대처하는 데 좀더 전진적인 학문적·사상적 전환을 필요로 하였을 것이다.

부 록

　본 부록에서는 『天學考』·『天學問答』·『擬問』을 번역하고 원문을 뒤에 붙였다. 『천학고』와 『천학문답』은 안정복의 서학사상을 이해하는 데 결정적인 사료이다. 李晩采가 『闢衛編』에 넣은 '安順菴天學考'와 '天學問答'을 후대의 학자가 이미 번역해 놓은 것이 있으나,[2] 『벽위편』에 있는 사료는 본래 안정복이 쓴 것을 필요한 부분만 발췌하여 요약한 것이기 때문에 빠진 부분이 많다. 그리하여 안정복이 처음에 쓴 원문을 다시 번역해 놓을 필요성을 느끼게 되었다. 그리고 『의문』은 안정복의 성리학과 하학에 대한 생각을 이해하는 데 빠뜨릴 수 없는 사료라고 생각하여 번역해 두기로 하였다.

　번역을 위한 대본자료로는 『順菴全集』(驪江出版社, 1984)의 기록을 활용하였다.

---

2) 金時俊 譯註, 『天主敎傳敎迫害史(闢衛編)』, 삼경당, 1984 참조.

〔번역문〕

『天學考』 乙巳(1785)

　　서양 서적은 宣祖 말년에 이미 우리나라에 들어와 이름 있는 관리나 박식한 학자라면 그것을 보지 않는 이가 없었는데, 諸子나 도교·불교 같은 것으로 여겨 書室에 갖추어 놓고 보았다. 그러나 받아들일 만한 것은 천문과 기하의 술법뿐이었다. 근래에 어떤 선비가 사신을 수행하여 燕京에 가서 그 책을 얻어 왔다. 癸卯년(1783)에서 甲辰년(1784) 사이에 어린 무리들 가운데 재주가 있는 자들이 天學의 설을 주장하니 마치 上帝가 친히 내려와 使者의 교시를 내린 것 같았다. 아, 일생 동안 중국 성인의 책을 읽다가 하루 아침에 무리지어 異敎에 들어갔으니, 3년을 공부하고 돌아와 제 어미의 이름을 불렀다는 자와 무엇이 다른가? 실로 애석하도다. 이제 전하는 기록 가운데 남아 있는 것을 모아 『天學考』를 만든다. 이 학문이 중국에 들어온 것이 오래 되었고, 우리나라에 들어온 것이 또한 오래 되었으니 이제 시작된 것이 아님을 알게 하려는 것이다.

　　艾儒略의 『職方外記』에는 "如德亞國은 곧 옛날 大秦國이다. 또한 '拂菻은 곧 천주가 하강한 나라이다'"라고 하였다.

　　利瑪竇의 『天主實義』에는 "漢 哀帝 元壽 2년 庚申 冬至後 3일(12월 25일 : 역자 주)에 貞女를 택해 임신케 하여 降生하니 이름을 예수(耶蘇)

라 하였다. 예수는 救世를 말한다. 널리 서양 땅을 교화하고 33살에 다시 하늘로 돌아갔는데 이것은 천주의 실제 자취이다”라고 하였다(상고해 보건대, 大秦의 이름은 後漢 때부터 비롯되었다. 즉 前漢 때의 犂靬國이다).

● 『漢書』에는 “武帝 때 安息國에서 이간국 眩人을 헌상하였다. 또 烏弋山離國 서쪽과 이간 條支는 接하였다”고 하였다. 顔師古는 “眩人은 곧 오늘날 칼을 삼키고 불을 토해 내며 오이를 심고 나무를 파종하며 사람을 죽이고 말을 자르는 마술을 하는 사람이다”라고 하였다.

● 『列子』에 이르기를 “周나라 穆王 때 서쪽 끝에 있는 나라에서 化人이 온 적이 있었다. 그는 물과 불 속에 들어가고 쇠와 돌을 뚫으며 산천을 엎고 城邑을 옮기는 등 千變萬化함이 끝이 없었다. 물건의 형체를 변화시키고 사람의 생각까지도 바꾸었다”라고 하였다(생각건대 化人은 眩人인 것 같다. 대체로 이간은 중국에서 4만여 리나 떨어진 가장 서쪽에 있는 땅이다. 그 사람들은 幻術을 잘 하고 기능이 많다. 서역의 여러 나라가 모두 흠모하여 그들을 본받았다. 그들이 중국과 통한 것은 이미 오래 되었다).

● 『通典』에 “『後漢書』의 大秦國은 前漢 때 이간국이다. 後漢 때 비로소 통교하였다. 桓帝 延熹(158~167) 초기에 국왕 安敦이 사신을 파견하였는데 그 해부터 남쪽 변경으로부터 조공을 바쳤다. 그 나라는 條支의 서쪽으로 바다 건너 4만 리에 있고, 長安으로부터 4만 리이다(이것은 陸路를 말하는 듯 하다). 그 땅은 평평하고 반듯하며 사람들이 별들처럼 흩어져 살고, 동서남북이 각각 수천 리이다. 그 나라 왕은 일정하지 않고 어진 자를 구하여 세운다. 그 사람은 長大하며 공평하고 정직함이 중국과 유사함이 있기 때문에 大秦이라 일컬었다. 혹은 본시 중국인이라고도 한다. 여러 가지의 향료와 금·은, 기이한 보물, 진기한 새, 이상한 짐승, 요술을 부리는 사람 등이 있는데 安息의 여러 오랑캐 나라와 교역을 한다.

拂菻國은 苫國의 서쪽에 있는데 또한 大秦이라고 한다. 그 사람들은 얼굴색이 붉고 희다. 王城은 사방 80리요 四面의 영토가 수천 리이며 강한 병사 100만이 대식국 서쪽 경계에 있어 항상 대식국과 서로 겨루다가 뒤에

대식국에 병합되었다. 그 나라 법에는 돼지·개·나귀·말고기 등을 먹지
않고, 국왕이나 부모에게 절을 하지 않고 공경하며, 귀신을 믿지 않고 하늘
(天)을 제사할 뿐이라고 한다. 그 나라 풍속에는 7일마다 하루는 쉬는데 사
고 팔지 않으며 出納을 하지 않고 오직 종일토록 술을 마시며 떠들고 논다
고 한다.

또한 대식국은 페르시아(波斯)의 서쪽에 있는데 남녀의 기골이 장대하
고 의복이 선명하고 깨끗하며, 행동거지가 한가롭고 수려하며 貴賤을 묻지
않는다고 한다. 매일 5시에 하늘에 예배하고 또한 예배당이 있어 수만 인
을 수용한다. 매달 7일에 왕이 나와 예배를 하고, 높은 데에 앉아 많은 사
람에게 說法을 하는데, 말하기를 인간의 삶은 매우 어렵고 天道는 바뀌지
않는다. 간음·비행·겁탈·절도·나쁜 행동·거짓말·자기를 편안하게
하고 남을 위태롭게 하는 일·간난한 자를 속이고 천한 자를 학대하는 일
가운데 한 가지라도 저지르면 그 죄가 크다. 전쟁에 나아가 적으로부터 죽
음을 당하면 반드시 하늘에서 삶을 얻고 적을 죽인 자는 복을 한없이 받는
다고 한다. 온 나라 사람들이 감화되어 따르니 마치 물 흐르듯 하다고 한
다.

또 대식국과 페르시아 諸國의 풍속에는 하늘을 예배하고 저절로 죽은
고기와 삶은 고기를 먹지 않는다고 한다. 苦國은 대식국 서쪽 경계에 있는
데 역시 큰 나라이다. 그 나라 사람들은 체격이 크고 훌륭하며 의상이 관
대하여 흡사 유학자의 복장과 같다고 한다.

또 高昌國 풍속은 하늘과 귀신(天神)을 섬기고 더불어 佛法도 믿는다.
焉耆國 풍속은 하늘과 귀신을 섬긴다. 漕國은 漢나라 때 罽賓國이다. 葱
嶺山에 天神을 따르는 자가 있었는데 사당을 세우고 의식의 규칙이 매우
화려하여 금과 은으로 집을 짓고 은으로 바닥을 깔았다고 한다. 또 '나라에
모든 神을 얻어서 西海 以東의 여러 나라를 병합하고 그 신들을 공경하고
섬겼다'고 한다.

또 唐居國 풍속은 天神을 섬기는데 숭배하고 공경함이 대단하였다고

한다. 神의 아기가 7월에 죽었는데 해골을 잃어버려 神을 섬기는 사람이 매일 와서 그 달 남자와 부인 1,500인이 哭을 하면서 흩어진 풀밭에서 하늘아기의 해골을 찾도록 하니 7일 만에 쉬게 되었다고 한다.

또 滑國은 車師의 별종이라고 한다. 그들의 풍속에는 天神과 火神을 섬기는데 매일 문을 나아가 神께 제사 지내고 밥을 먹는다. 무릎 꿇고 한 번 절을 하고 그친다고 한다(생각건대 하늘을 섬기는 학문은 다만 大秦國 한 나라뿐이 아니다. 예로부터 여러 나라에서 대개 그러하였던 것 같다).

또 漢나라 班超가 아전 甘英을 大秦 사신으로 파견하였다고 한다. 條支에 이르러 큰 바다를 만나 건너려고 하였는데, 安息國 서쪽 경계에 사는 뱃사람이 '바다가 넓어 좋은 바람을 만나면 3개월 만에 건너지만, 만약 惡風을 만나면 3년이 걸린다' 하여 감영이 듣고 그만두었다고 한다.

또 天竺國에 이름을 沙律이라고 하는 神人이 있었는데, 漢나라 哀帝 元壽 원년에 博士였다. 제자 景匿은 大月氏를 받아들여 浮屠經에 기록된 것과 老子經을 서로 비교해 보도록 하였다. 무릇 옛날 老子는 서쪽 경계를 나아가 서역의 천축국을 넘어가서 가르쳤다고 한다"라고 하였다.

● 『北史』에 "大秦國은 일명 이간국이다. 條支의 서쪽에서 해안선을 따라 건너는 데 1만 리요 다시 3만 9천 4백 리의 거리이다. 땅 넓이가 사방 6천 리이고 양쪽으로 바다 사이에서 산다. 王城은 다섯 성으로 나뉘어졌는데 왕은 가운데 성에서 산다. 성에는 8명의 신하를 두어 사방을 주관하는데, 왕성 역시 8명의 신하를 두고 4성을 나누어 주관한다. 일을 함에 있어 4성이 모여 의론한다. 소송이 있을 때 주무자는 사방의 신하를 관장하여 죄가 적으면 책망하여 꾸짖고 죄가 크면 나라 밖으로 쫓아낸다. 어진 자를 천거하여 그 사람을 대신하게 하는데 단정하고 장대하며 의복과 수레의 기치 모습이 중국과 흡사하므로 外域이라 하더라도 大秦이라 부른다. 隋나라 開皇(581~600) 기간에 그 나라의 撒哈八·撒阿的·幹葛思 등이 중국에 들어왔다. 그들의 敎는 하늘을 섬기는 것을 근본으로 하였는데, 이때 비로소 그 敎를 전해 왔다"라 하였다.

●『資治通鑑』에는 "唐나라 武宗 會昌(841~846) 5년에 僧尼와 大秦의 穆護·祆神이 모두 歸俗하려고 힘썼다"고 하였다. 胡三省의 註에는 穆護는 불교의 外敎로서 摩尼의 종류라 하였다. 마니교는『唐會要』에 憲宗 元和 원년(806) 回紇의 승려 마니가 와서 절을 세우고 거처하였는데, 그 교는 天竺과는 달랐으니 그것이 이른바 明敎僧이라는 것이다. 祆胡炯은 胡神을 반대하였다(생각건대 大秦의 풍속에 머리를 깎고 아내를 얻지 않는 것은 승려와 다르지 않다. 다만 하늘을 섬기고 석가모니를 섬기는 것은 같지 않다. 隋나라 開皇 이후 그 敎가 중국에 전파되어 사원을 짓고 거처하며 산 것은 道觀이나 사찰과 다를 바 없다. 사신이 그 敎를 주관하였을 뿐이다. 唐나라 會昌 이후 마침내 사라졌다).

●『鴻書原始秘書』에는 이렇게 쓰여 있다. 廻紇人이 신봉하는 것은 단지 하나의 하늘만을 알고 있을 뿐이고, 그 밖의 다른 신이나 부처는 모두 신봉하지 않았다. 비록 신이라 하고 부처라고 하지만 모두 이는 하늘이 낳은 것이다. 하늘을 예배하고 하늘에 구하며 道를 구하는 것이 바야흐로 신이 되고 부처가 될 수 있는 것이다. 하늘이 그들을 교화하고 그들을 만들지 않았다면 어떻게 만들 수 있는가? 이로써 나를 낳고 나를 기르는 것이 모두 하늘이라고 알고 있는 것이다. 만물은 모두 하늘이 낳은 것이기 때문에 신봉하는 것은 하늘이다. 만약 따로 신이나 부처를 숭배하고 신봉한다면 이것은 두 마음을 지니고 있는 것으로 사람으로서 不忠·不孝하는 것과 같다. 그 敎의 문도들은 다만 하늘만을 신봉해야 되는 것으로 알고 있으므로, 매년 정월 초하룻날 새벽 일찍 일어나 복을 비는데 벽을 향하여 '눈으로는 사악한 빛을 보지 않는다'라 하고, 손가락으로 귀를 막으며 '귀로는 음란한 소리를 듣지 않는다'라고 한다. 그리고 얼굴을 들고 하늘에 외치는데 그것은 복을 달라는 것이라 한다. 양손을 받들고 '복을 받는다' 하는데 손은 마치 물건을 얻은 모양 같다. 품안에 끌어안고 '하늘이 복을 주셨다'고 한다. 그런 뒤에 절을 하고 감사한다. 이것을 '따福(복을 부르는 것 : 역자 주)'이라 한다. 세속에서 '따佛(부처님을 부르는 것 : 역자 주)'이라고

전해지는 것은 잘못된 것이다. 叫福樓가 있는 까닭이 이것이다(생각건대, 回紇이라는 것은 당나라 시대에 불려진 回紇이 아니다. 즉 후세에 불려진 回回이다. 서역의 여러 나라는 달리 天神을 받들어 섬기는 것이 있는데 이른바 回部가 바로 이것이다. 일개 나라 이름이 아니다. 芝峯 李晬光 역시 回紇은 당나라 시대의 回紇이 아니라고 하였다. 즉 옛날 大食國이다).

● 明나라 嘉靖년간(1522~1566)에 쓰인 鄭曉의 『吾學編』에 "서역에 默德那邦이 있는데 곧 回回이다. 國初에 국왕 摹罕驀德이 태어나 신통하고 성스러웠는데 서역의 여러 나라를 신하로 복종시켰다. 여러 나라가 받들어 특별히 접근하고 가까이하여 천사라고 높여 주었다. 그 나라에는 불경 30장(藏)이 있는데 무려 3,600여 권이다. 篆・隷・草・楷書로 쓰였고, 서양은 모두 그것을 썼다. 그 땅은 天方國 일명 天堂과 접하였는데 풍경이 밝고 평화로우며 네 계절이 봄과 같다. 전답이 비옥하고 풍요로우며 백성들은 즐겁게 산다. 하는 일로 陰陽・天文・醫藥・音樂 등 여러 技藝가 있다. 풍속이 두텁고 돼지고기를 먹지 않으며 고기 담는 그릇이 매우 정교하다. 宣德년간(1426~1435)에 天方國을 따라 조공하였다"라고 하였다.

● 『明史』에 "神宗 萬曆(1573~1620) 29년 辛丑 春2월條에 天津의 稅監 馬堂이 대서양 사람 利瑪竇의 方物을 진상하였다. 禮部에서는 대서양이 『會典』에 기록되어 있지 않으니 眞僞를 알 수 없다고 하였다. 그리고 『天主女圖』를 바쳤는데 모두 불경한 것이었고 주머니에 神仙의 유골 등이 들어 있었다. 무릇 신선은 날아오르는 것인데 어떻게 유골로 있을 수 있겠는가 하여 마땅히 冠帶를 지급해야 했지만 그 나라로 돌려보내고 보답하지 않았다"고 하였다.

● 錢牧齋의 『景教考』에 "大秦은 지금 서양이다. 오랑캐 승려 가운데 文字가 잘 통하는 자는 입술에 기름을 바르고 혀를 놀리듯 유창하게 망령된 말을 한다. 비록 名數를 잘 풀이하여 받아들일 만한 것은 있지만, 그들의 소행이나 가르침은 서양 오랑캐의 일에 지나지 않는다. 하늘과 땅, 해와 달, 물과 불, 여러 神에 대해서는 밝으나 이것 역시 불교(竺敎)의 한 가지

(一支)로서 못난 것 가운데에서도 가장 열등한 것이다"라고 하였다(생각건 대 景敎라는 것은 西土 景淨이 찬술한 비문이다. 그는 眞道를 스스로 바로잡는다고 쓰고 '明나라 天啓[1621~1627] 3년 關中에서 땅을 일구다가 무너진 담장 밑에서 비석 하나를 주웠다. 비석에는 聖敎의 이치와 힘써 전하던 聖敎의 선비 72인을 요약하여 기록하였다'고 하였다. 唐나라 貞觀 [627~649] 9년 중국에 들어왔고, 碑를 세운 때가 당나라 建中[780~783] 2년 정월이니 錢牧齋가 찬술한 것이 이것이다. 錢牧齋는 당시 사람이고 西土를 따라 교유하여 그것을 익히 알았다면 그 말은 더욱 믿을 만하다).

● 淸나라 유학자 顧炎武의 『日知錄』에는 "大秦國은 『後漢書』 「西域傳」에 처음으로 나타나는데 海西 地方 수천 리에 있고 400여 城이 있다. 小國으로 투속한 나라가 수십이나 된다고 한다. 또한 천축국 서쪽과 대진국은 서로 통하였다고 한다. 지금 佛經은 모두 대진국의 鳩摩羅什이라 쓰고 있는데, 姚興國이라고 번역하여 부르는 것은 잘못이다. 또한 당나라 현종 開元(713~741) 7년 吐火羅國의 왕이 天文에 밝은 大慕闍를 보내왔는데 물어 보면 모르는 것이 없었다. 法堂 하나를 세워 本敎에 따라 공양하기를 청하였으나 허락되지 않았다. 이것은 지금 利瑪竇의 天主堂과 서로 흡사하나 玄宗 세대에서는 실행될 수 없었다. 그 때 조정에 학식이 많은 사람이 있었기 때문이 어찌 아니겠는가?"라 하였다(생각건대 이 또한 天主의 說이 그릇되다는 것을 말하는 것이다).

●『芝峰類說』에 "大西國에 利瑪竇라는 사람이 있었는데 8년 동안 바다에서 배를 타고 8만 리의 풍랑을 건너 와 중국 廣東(東粤)에서 10여 년을 살았다. 그의 저술 『天主實義』 앞머리에서는 天主가 비로소 天地를 만들고 安養하는 道를 주재하였다 논하고, 다음으로 사람의 혼이 죽지 않는 것이 금수와 다르다고 하였으며 다음으로 輪廻·六道의 오류, 천당지옥, 선악의 응보를 변론하였다. 마지막으로 인간의 性은 본시 착하며 천주를 공경하고 받드는 뜻을 논하였다. 그들의 풍속에는 임금을 일컬어 敎化皇 이라 하고, 결혼을 하지 않기 때문에 자손에게 세습하지 않으며 어진 자를

가려 세운다. 또한 그들의 풍속에는 友誼를 중하게 여기고 사사로이 재물을 축적하지 않으며 친구와의 논의를 매우 중하게 여긴다. 焦竑은 '서역의 利君(이마두 : 역자 주)은 친구로 삼은 자는 제2의 나(我)라고 생각한다'고 말하였는데, 이 말은 매우 기괴하다고 하였다. 일을 계속 자세히 살펴보면서 의론을 끝낸다.

● 星湖 先生의 『天主實義』 跋文을 요약한다.

"『천주실의』는 이마두가 지은 것이다. 즉 그는 구라파 사람이다. 萬曆 년간(1573~1620)에 예수회의 친구 陽瑪諾·艾儒略·畢方濟·熊三拔·龐迪我 등 여러 사람과 함께 배를 타고 항해하여 왔는데 3년 만에 비로소 도착하였다. 그의 학문은 전적으로 천주만을 존숭하는데 天主라는 것은 儒家의 上帝로서 그가 공경하고 섬기며 두려워하고 믿는 것은 불교의 석가와 같다. 천당과 지옥으로 권선징악을 하고 두루 돌아다니면서 인도하고 교화한 사람이 예수이다. 예수란 서쪽 나라의 구세주를 말한다. 예수라고 스스로 말한 이름 역시 中古(중국 殷·周 교체기 무렵) 시대로부터 순박함이 점차 멀어지고 聖賢의 교화가 사라졌으며, 욕심을 따르는 자들이 날로 많아지고 理를 좇는 자가 날로 적어지자 이에 천주가 자비를 크게 나타내어 친히 내려와 세상을 구하려고 동정녀를 가려 交感하지 않고 잉태케 하여 유대(如德亞國)에 강생하니 예수라 부르게 하였다는 것이다.

예수는 널리 교화하고 33년 만에 다시 하늘로 올라가니 그 敎가 마침내 구라파 여러 나라에 유포되어 파급되기에 이르렀다. 예수의 세상은 지금부터 1603년이 된다. 그런데 이마두는 중국에 와서 수십 종의 책을 저술하였다. 그는 천문과 지리를 관찰하고 數를 헤아려 때(時)를 부여하는 기묘함은 일찍이 중국에서는 없었다. 그러나 그는 불교의 가르침을 심하게 배척하였지만, 오히려 필경에는 불교처럼 幻妄한 곳으로 돌아간다는 것을 깨닫지 못하였다. 다만 중국 漢나라 明帝(58~75) 이전에 죽어 살아 돌아온 자가 모두 천당과 지옥이 없다는 것을 증명할 수만 있다면, 어찌 유독 윤회설은 그르고 천당지옥설을 옳다고 하겠는가? 만약 천주가 백성들에게 자비를 베풀고자 이 세상에 나타나서 혹시 하나의 언어로만 가르침을 베풀었다면, 수많은 나라에서 자비를 받아야 할 사람들이 얼마나 한스럽겠으며, 한 사람의 천주가 두루 돌아다니며 깨닫게 하니 수고롭지 아니한가? 구라파 동쪽에서는 구라파의 가르침을 듣지 못하였으니, 또한 어찌하여 천주가 나타나지 않았는가? 흡사 구라파에서 가끔 있는 靈異함(기적) 같은 것이 아닌가? 그런즉 그 가끔 있는 기적 역시 마귀의 장난 가운데 있지 않은 것인지 어떻게 알겠는가?

생각건대 서양 나라의 풍속 역시 크게 더럽게 변질되어 그 길흉과 應報의 사이가 점차 받들어 믿을 수 없게 되었다. 이에 天主經의 가르침이 있게 되었는데 그 시초가 중국의 詩·書와 같은 책에서 '그들이 오히려 따르지 않음을 불쌍하게 여겨 구제한다(憫其猶不率也 則濟之)'라고 말한 것에 지나지 않는다. 천당지옥설을 세상에 퍼뜨려 전함이 오늘에 이르렀는데, 그 후 이따금 일어나는 기적의 흔적도 그들이 말하는 마귀에 불과하니 사람을 속이는 소치이다. 대개 중국에서는 그 사실의 자취를 말하되 자취가 없어지면 어리석은 자라도 믿지 않는다. 서양 나라에서는 그 허황한 자취를 말하고 자취로 현혹하는데, 미혹하는 자가 그 勢를 더욱 미혹하게 하여 그러한 것이다. 생각건대 마귀가 이와 같이 하는 까닭은 역시 천주의 가르침으로 말미암아 이미 人心을 고질적으로 만들었기 때문이다. 만약 불교가 중국에 들어온 연후에 중국에서 죽어 다시 태어난 자라면, 천당지옥이 前世의 일에 미친다는 것을 기록할 수 있을 것이다. 저 西土의 무리함이 끝이 없고 저승을 빼고는 통하지 않아 아교가 화분 가운데 들어가 떨어지지 않는 것보다 더하니 애석하다"라고 하였다(생각건대 선생의 말씀은 이와 같다. 그런데 지금 이 학문을 하는 자 사이에는 혹 '선생 역시 일찍이 그것을 하였다'라고 말하면서, 자기의 주장을 펴 중하게 여기려 하는데, 스스로 선생의 과업을 무함하고 있다는 것을 깨닫지 못하니 어찌 한심하지 아니한가? 그 학술이 틀렸다는 것은 별도로 天學問答에 갖추어 놓았다).

『天學問答』

或問 1

어떤 이가 묻기를 "오늘날 이른바 天學이라는 것이 옛날에도 있었는가" 하였다.

답하기를 "있었다. 『書經』에 이르기를 '오직 皇上帝가 내려와 下民을 바르게 하였다'고 하였는데, 마치 恒性이 있어 그 한결같음을 능난하게 드리우는 것과 같다. 『詩經』에 이르기를 '오직 이 文王이 삼가 조심하는 마음으로 공손히 上帝를 밝혀 섬긴다'고 하였다. 또 이르기를 '天의 위엄을 두려워하여 수시로 편안하게 한다'고 하였다. 孔子가 이르기를 '天命을 두려워한다' 하고, 子思가 이르기를 '天命은 性을 이른다' 하였으며, 孟子가 이르기를 '存心養性은 하늘을 섬기는 까닭이다'라고 하였다. 우리 유교의 배움 역시 하늘을 섬기는 것의 밖에 있는 것이 아니다. 董子가 이른바 '道의 큰 근원이 하늘에서 나온다'는 것이 이것이다"라 하였다.

或曰 1

어떤 사람이 말하기를 "우리 유학이 과연 하늘을 섬기는 것의 밖에 있지 않다면 자네가 西士의 學을 배척하는 것은 어쩐 일인가?" 하였다.

답하기를 "그 이른바 하늘을 섬긴다는 것은 한가지이다. 이쪽은 옳고 저쪽은 그르다고 하는데 이것이 내가 그들을 배척하는 까닭이다" 하였다.

或曰 2

어떤 이가 말하기를 "저 西士의 童身制行은 중국의 행실이 돈독한 선비도 능히 따를 수 없다. 또한 그들의 知解가 뛰어나 천문역법과 산수 그리고 기계의 제조기술은 마치 높은 하늘을 꿰뚫는 것과 같다. 80리를 나르는 화포와 같은 것은 어찌 神異하지 않은가(조선 인조 때 사신 鄭斗元의 狀啓에 '서양 사람 陸若漢이 火器를 만드는데 능히 80리의 화포를 만들 수 있다'고 하였다. 육약한은 利瑪竇의 친구이다)? 그 나라 사람들은 또한 大地를 두루 돌아다닐 수 있어 그 나라에 들어가면, 얼마 안 있어 그 나라 말과 글에 능통하고 天度를 측량하면 하나하나 모두 부합되니 이들은 실로 신성한 사람이라. 이미 신성하다면 어찌 믿지 않을 수 있겠는가?"라 하였다.

답하기를 "과연 그렇다. 天地의 大勢로 말하면, 西域은 崑崙의 아래에 있어 천하의 가운데가 된다. 그러므로 기후가 매우 따뜻하고 인물이 훌륭하며 보물이 많이 난다. 마치 사람의 뱃속 내장과 같아 혈맥이 모여 있고 음식이 돌아드니 사람을 살리는 근본이 되는 것과 같다. 중국으로 말하면 천하의 동남방에 있어 빛과 밝음이 모여 있는 곳이다. 이로써 이 氣運을 받아 태어나는 자는 과연 신성한 사람이다. 堯·舜·禹·湯·文王·武王·周公·孔子 등이 바로 이와 같은 사람이다. 마치 사람의 심장이 가슴 가운데 있고 정신의 집이 되어 萬化가 이에서 나오는 것과 같다. 이로써 말한다면, 중국의 聖學은 바른 것이요, 西國의 天學이 비록 그들의 진실한 道이고 성스런 가르침(眞道聖敎)이라 하더라도 우리의 聖學은 아닌 것이다"라 하였다.

或問 2

어떤 이가 묻기를 "무엇을 말하는가?" 하였다.

답하기를 "오직 이 한 마음만은 天性에 근본하였다. 이 마음을 정돈하고 보존하여 그 性을 잊지 않는 것과 같다. 우리 上帝가 命을 주었은즉 하늘을 섬기는 도리가 이에서 벗어나지 않아야 한다. 하필 西土처럼 아침과 낮으로 지난 과오의 용서를 빌고 지옥에서 면하기를 구하며, 무당처럼 축원하고 기도하는 일을 하겠는가. 하루에 다섯 번 하늘에 절하고 칠 일에 한 번 齋素(斷食齋 : 역자 주)를 드린 후에야 하늘을 섬기는 도리를 다할 수 있겠는가"라 하였다.

或曰 3

어떤 이가 말하기를 "세상에는 三敎가 있다 하여 유교·불교·도교를 말한다. 지금 西土가 하늘(天)을 學問으로 부르는데(天名學) 그 뜻이 어디에 있는가?"라 하였다.

답하기를 "聖人의 道는 하나일 뿐인데 어찌 三敎가 있으리오. 三敎라는 이름은 후세 세속에서 여러 번 나타났다. 불교는 서방의 敎인데 윤리를 끊는 道이다. 이는 세상 밖의 가르침으로서 세상의 道와는 무관하니 어찌 유교와 비교하여 같은 이름으로 부르겠는가? 西土가 하늘을 들어 學으로 삼는 의도는 이미 제분수에 넘치고 망령된 것이다. 대개 서역 일대는 예로부터 이단의 학문이 수없이 일어나 불교 외에도 여러 종교가 역시 많다. 『傳燈』 등의 서적에 보면 알 수 있다. 西土가 말하는 '天'은 그 뜻이 尊敬하는 자로서의 '天'으로 여기지 않는다. 하늘의 법도(天則)를 들어 여러 종교가 어찌하여 감히 서로 싸우는가. 이는 天子를 끼고 諸侯에게 명령하는 의도이니 그 계교 또한 교묘한 것이다.

우리 유교의 가르침은 聖人이 하늘을 계승하고, 하늘의 공사를 이루어 대신하며, 천하를 다스리되 질서를 베풀고 꾸짖음으로 명령하여 하늘에서 비롯되지 않는 것이 없으니 이 모두가 天命이 널리 행해지는 것이다. 하필 하늘을 學問이라 부른 뒤에 眞道聖敎라 하는가?" 하였다.

或曰 4

어떤 이가 말하기를 "西士 말고도 다시 天을 말하는 자가 있는가?" 하였다.

답하기를 "墨子의 「天志篇」에 있다. 거기에 이르기를 '天意를 따르는 자는 겸하여 서로 사랑으로 사귀고 서로 이롭게 하니 반드시 賞을 받을 것이요, 天意를 어기는 자는 달리 서로 惡으로 사귀고 서로 적을 삼으니 반드시 벌을 받게 된다. 三代와 聖王·禹·湯·文王·武王은 하늘의 뜻을 따라 賞을 받은 자이고, 桀·紂·幽·勵는 하늘의 뜻을 어겨 벌을 받은 자이다. 그 섬김(事)이란 위로는 하늘을 존경하고 가운데로는 귀신을 섬기며 아래로는 인간을 사랑하는 것이다. 하늘이 사랑하는 것을 겸하여 사랑하고 이로운 바를 겸하여 이롭게 하니, 이것이 墨子가 말하는 하늘로서 '兼愛兼利'가 그 큰 뜻이다.

西士의 '복수를 잊어 버리고 원수를 사랑하라'는 설은 '兼愛'와 다르지 않다. 몸을 검소하게 하고 고통을 이긴다는 것은 '尙儉'과 서로 같다. 단지 다른 것은 묵자가 하늘을 現世로 말하였다면, 西士는 하늘을 後世로 말한다. 墨씨와 비교하면 더욱 거짓되다. 대저 서학에서 후세를 말하는 것은 전적으로 불교의 餘論이고 '兼愛尙儉'은 墨씨의 流인데 이 어찌 주공이나 공자를 배우는 자가 익힐 바의 것이겠는가. 오늘날 이른바 儒者는 일찍이 도교·불교의 천당지옥설·墨씨의 겸애론을 배척하였는데, 西士의 말에 이르러 다시 변별하여 바로잡지 않고 '이는 天主의 가르침이다. 중국의 성인을 비록 존경한다 하더라도 어찌 천주보다 더함이 있겠는가'라 한다. 그 미쳐 외치는 망언을 하면서 거리끼는 바가 없음이 이 지경에 이르렀다"라 하였다.

或曰 5

어떤 이가 이르기를 "예수는 救世의 이름이다. 성인이 道를 행하는 뜻과 다르지 않은 듯 하다" 하였다.

답하기를 "이 어인 말인가? 예수의 救世는 전적으로 後世에 두어 천당과 지옥으로 권선징악을 삼는 데 있고, 성인이 도를 행하는 것은 전적으로 현세에 明德과 新民으로 敎化를 삼는 데 두고 있다. 그 공과 사의 구별이 자연히 같지 않다. 가사 천당지옥이 있다고 믿더라도, 그같은 설에서는 사람이 현세에서 착한 일을 하고 악한 행동을 제거하여 온전히 德을 갖춘다면 반드시 천당으로 돌아가고, 착한 일을 하지 않고 악한 일을 하여 행동이 어긋나고 덕을 업신여긴다면 반드시 지옥으로 돌아간다. 인간은 마땅히 현세에 살면서 부지런히 착한 일을 하고 내가 하늘로부터 받은 天性을 저버리지 않을 뿐이지, 어찌 털끝만큼이라도 후세의 복을 맞이할 생각을 갖겠는가. 程子가 말하기를 '불교에서 죽고 사는 것을 초월한 것은 전적으로 일개 본인의 사사로움일 뿐'이라 하였으니, 天學에서 지옥을 면하도록 기원하는 것도 자신의 사사로움이 아니겠는가?"라 하였다.

或曰 6

어떤 이가 말하기를 "예나 지금이나 하늘의 가르침을(天學)을 말하는 자가 없지 않다. 그 사람으로 옛날에는 鄒衍이 있었고 우리나라에는 許筠이 있었으니 그 실상을 알고 싶다"라 하였다.

답하기를 "鄒衍이 하늘을 말한 것은 넓고 깊은 물과 같아 헤아리기 어려워 귀착되는 것이 없어서, 西士가 천문과 지구를 논하여 조리 있게 부합시키는 것만 못하다. 허균은 총명하고 문장에 능하지만 품행에 절도가 없었다. 喪中인데도 고기를 먹고 아이를 낳아 사람들이 모두 경멸하였다. 그는 스스로 선비들로부터 용납되지 못할 것을 알고 불교에 의탁하여 발을 들여놓았다. 밤낮으로 부처에게 절을 하고 經을 외우며 지옥을 면하기를 바라면서, '남녀의 정욕은 하늘이 준 것이고 윤리와 기강을 분별하는 것은 성인의 가르침이다. 하늘은 성인보다 존경스러우니 차라리 성인을 어기더라도 감히 하늘이 준 본성은 어기지 못한다'라고 외쳐댔다. 이리하여 당시 경박한 글과 말로써 그의 문도가 된 자들은 天學의 說을 만들어 떠들었다.

그 실제와 西士의 學은 선혀 같지 않아 비교하여 같은 것으로 부를 수는 없다.

대저 학술이 어긋나는 것은 모두 이단으로 귀착되니 삼가지 않을 수 없는 것이다. 老子·釋迦·陽朱·墨翟이 모두 신성한 사람임에는 틀림없으나 끝에는 마침내 虛無와 寂滅, 그리고 無父無君의 가르침에 귀착된다. 王陽明이 유학을 크게 부르짖었으나 그 실체는 이단이다. 이로써 그의 무리 顔山農은 '欲'이라는 한 글자를 法門으로 삼았고, 何心隱이라는 자는 '殺'이라는 한 글자를 宗志로 삼아 이르기를 '우리 선생의 良知의 가르침은 마음을 스승으로 삼았으니 마음에서 나온 것은 모두 良知이다. 나는 내 마음에서 나오는 것을 따른다'라고 하였다. 말년에 南蠻과 결탁하여 난리를 일으켰다가 죽음을 당하였다. 이로써 말한다면, 배우는 자는 마땅히 학문의 근원(原頭)을 가리고 이와 같은 末流의 폐단을 살펴야 한다"라고 하였다.

或曰 7

어떤 이가 말하기를 "西士의 설이 이와는 달리 단지 착한 일을 하고 악한 일을 버리는 것이라면 어떤 폐단이 있다고 말할 수 있는가?" 하였다.

답하기를 "이 무슨 말인가? 善은 마땅히 해야 하고 惡은 마땅히 해서는 안 된다는 것은 어리석은 자나 지혜로운 자, 어진 자나 불초한 자가 모두 아는 바이다. 지금 여기에 어떤 사람이 있는데 그 사람이 지극히 악하였다. 그러나 또한 어떤 사람이 그를 일컬어 '자네는 착한 사람이야'라고 하였다면 그 사람은 기뻐할 것이다. '자네는 악한 사람이야'라고 하였다면 그 사람은 노할 것이다. 선악의 구별은 비록 악한 사람이라 하더라도 이미 아는 것이다. 세상에 어찌 악을 행하고 선을 버리는 학문이 있겠는가. 그러므로 예로부터 이단도 모두 선을 행하고 악을 버리는 것을 가르침으로 삼았는데 지금 西士가 선을 행하고 악을 버린다는 말을 하니 유독 西士만이 그런 말을 했겠는가. 내가 우려하는 것은 그 폐단을 말하는 것이다. 그들의 학문은 현세를 말하지 않고 전적으로 후세의 천당과 지옥의 보답으로 말하니 이 어찌 허망하고 성인의 바른 가르침을 해치는 것이 아니겠는가.

성인의 가르침은 오직 현세에서 마땅히 할 바의 일을 광명정대하게 하여 털끝만큼도 隱曲하거나 恍惚하게 하는 일이 없다. 그리하여 공자는 怪力亂神을 말하지 않았다. 괴상하다는 것은 드물게 있는 일이고 귀신이라는 것은 보이지 않는 물건이다. 만약 드물어 보이지 않는 일을 계속 말한다면 人心을 선동하여 모두 황탄한 곳으로 몰아가게 될 것이다. 그 큰 예를 들어보면, 漢의 張角, 唐의 龐勛과 黃巢, 宋의 王則과 方臘, 元의 紅巾賊, 明末의 流賊 모두가 그러한 무리이다. 그 밖에 소소한 요망스런 도적이 彌勒佛이라 칭하고 白蓮社의 무리들이 곳곳에서 일어났으니 역사와 전기에 거짓없이 기록되어 있다.

우리나라 英祖 戊寅년(1758)에는 新溪縣에 요망한 무당 英武라는 자가 있었는데 스스로 미륵불이라 하자, 여러 고을에서 많은 사람들이 몰려들어 生佛이 태어나 세상에 왔다 하여 합장을 하고 절을 하며 맞이하였다. 이 무당이 사람들에게 神祠에서 높이 받드는 잡귀를 모두 제거하도록 하고 이르기를 '부처가 이미 세상에 나타났는데 어찌 다른 신을 받들 수 있겠는가?'라고 하자, 백성들이 모두 명에 따르니 이른바 神箱과 神缸에 비는 것들은 모두 부서 버리고 불태우니 몇 달 지나지 않아 海西로부터 高陽 以北 그리고 嶺東 전체가 휩쓸리어 따랐다. 西士가 말하는 天主의 가르침도 그를 따라 교화되는 속도가 어찌 이보다 빠를 수 있을까? 그 때 임금이 어사 李敬玉을 보내 안무하고 그를 죽였으나 한 달이 걸려도 그 요망한 무리들이 평정되지 않았다. 인심은 쉽게 동요되지만 평정하기는 어렵고 미혹되기는 쉬우나 깨닫기는 어려우니 대개 이와 같은 것이다. 오늘날 이 학문을 하는 자들은 그것을 '한마음으로 上帝를 높이 섬기고 한시도 쉬지 않는다'라고 한다. 그것은 우리 유교에서 높이 받드는 가르침과 비교된다. 그리고 또 이르기를 '자기의 몸을 바르게 하고 삼가며 헛된 말을 적게 하고 지나치게 참람된 생각을 하지 않는다'라 한다. 그것은 우리 유교에서 극기를 공부하는 것과 비교된다. 실상 이를 학문으로 삼는 자들은 비록 그 門路가 다르다 하더라도 착한 일을 함에 있어서는 같으니 어찌 귀중하지 아니한가. 다만 세상의 도리를 교묘하게 속이고 인심을 헤아리기 곤란케 한다. 가령 일개 요망스런 사람이 거짓으로 꾸며대어 동쪽에 하나의 天主가 내려오고 서쪽에 하나의 天主가 내려왔다고 말하면 민심을 허망한 것에 젖게 하여 실제로 그런 것처럼 믿게 하고 바람 부는 대로 따른다. 이러한 때를 당하여 이 학문을 하는 자들이 능난하게 '우리는 바르고 저들은 그릇되며 우리는 진실되고 저들은 거짓되다'라고 말할 수 있을까? 스스로 깨닫지 못하고 성인의 학문을 해로운 곤충이나 亂賊의 화살로 여겨 마음대로 하니 슬프도다. 슬프도다"라 하였다.

或曰 8
어떤 이가 말하기를 "현세와 후세의 이야기를 들려줄 수 있는가?"라 하였다.

답하기를 "현세란 곧 지금이다. 우리는 현재의 세상에 태어났다. 후세란 죽은 뒤이다. 귀신은 죽지 않아 착한 자는 천당에서 萬世의 쾌락을 받고 악한 자는 지옥에서 만세의 혹독한 형벌을 받는다는 것이 이것이다"라고 하였다.

或曰 9
어떤 이가 말하기를 "우리들이 현세를 중하게 여김이 과연 우리 중국 성인의 가르침에 어긋나는 것이 아니라는 점은 다시 말할 필요가 없다. 그들이 말하는 영혼이 죽지 않고 천당이나 지옥에 이른다는 설 또한 실제로 그러하여 의심 없는가?"라고 하였다.

답하기를 "이는 형체가 없고 恍惚한 일이라서 딱 잘라 말할 수는 없으나, 이치로서 생각해 보거나 經書에서 말하는 것이나 傳記에 기록된 것으로 말한다면, 이해하기 어렵지는 않을 듯하다. 우리는 공자를 배우는 사람들이다. 단 子路가 공자에게 물은 사실로 말한다면, 자로가 귀신 섬기는 것을 묻자, 공자가 이르기를 '사람 섬기는 일도 모르는데 귀신 섬기는 일을 어찌 알겠는가?'라 하였다. 다시 죽음에 대해 묻자, 공자가 '태어남도 모르는데 죽음을 어찌 알겠는가?'라 하였다. 성인이 답하는 바가 모호하고 분명하지 못하다 하여 崑崙吞棗[3]를 바라는 것은 아닌가? 자로는 성인의 문도요 높은 제자로서 새로운 학문을 한 後進과는 다르다. 지금 이 질문이 마땅한 듯하다"라 하였다.

말하기를 "사람이 태어남이 전적으로 천주가 나아서 기르는 은덕으로 얻었다면 마땅히 천주 섬기기를 공부로 하고, 사람의 죽음이 비록 육신은 식어 죽어도 영혼이 영원히 존재한다면 살아 있을 때의 善惡으로 죽은 뒤의 영혼이 천당이나 지옥의 보답을 받는다고, 이를 명백하게 말했다면 어찌 통쾌하지 않은가? 가령 이것이 성인을 섬기는 뜻이 있음에 지나지 않더라도 귀신을 말하지 않아야 옳다. 하물며 반드시 알 수 없는 것에서랴? 만약 그렇다면 성인의 가르침이 천주가 세상을 구하는 가르침과 다르니 성인이 하늘을 본받는 것에 어찌 하늘을 거스르면서 가르침을 행함이 있었겠는가? 이것이 내가 異學을 하는 것을 배척하는 까닭이다"라고 하였다.

或曰 10

어떤 이가 말하기를 "西士가 현세를 배척하는 것은 그 가르침이 다르다는 데에 지나지 않는다. 자네는 어찌하여 그들을 매우 사악한 것으로 배척하는가?"라 하였다.

답하기를 "내 어찌 심하겠는가? 다만 그들이 옳지 못함을 밝혔을 뿐이다. 나의 태어남이 이미 이 현세에 태어났다면 마땅히 현세의 일을 다해야 한다는 것은 위에서 말한 것과 같다. 어찌 다시 덧붙이는 수고로움이 있으리오. 시험 삼아 西士가 말하는 것으로 말한다면, 그들의 말에 '이 세상은

---

3) 崑崙이라는 새가 대추를 씹지 않고 통째로 삼킨다는 뜻으로 밝혀 분석치 않고 서두르는 것을 지적하는 말인 듯하다.

힘든 고통의 세계이다'라 하고 또 '현세는 잠시의 세계이다'라 하며 또 '현세는 사람의 세계가 아니고 금수가 본시 거처하던 곳이다'라 하기도 하고, 또 '이 세상은 금수의 세계이다'라 한다. 이리하여 그 나라에는 賢士 黑臘이 있었는데 세상 사람들이 헛것을 좇는다고 항상 비웃었던 것이다. 德牧이라는 자는 항상 울었는데 곤핍하고 불쌍한 것뿐이라고 울었던 것이다. 이것이 유독 西士만이 아는 것이겠는가? 大禹는 '사람이 이 세상에 산다는 것은 잠시이고 죽어서 본래의 곳으로 돌아간다'라고 하였다. 후세 사람들이 이 세상을 여관으로 여기지 않을 수 없다면 어찌 영원히 戀慕할 수 있는 것이겠는가? 그 말은 옳으나 다만 이른바 금수의 세상이라는 것은 크게 옳지 않다. 오직 우리 上帝가 이 三界를 창조함이 巍然한데, 위로는 天尊함이 우렁차고 아래로는 땅이 거처하며 陽氣가 내려오고 陰氣가 상승하여 왕성한 交接으로 만물을 생겨나게 하였던 것이다. 상제가 氣質이 가장 깨끗하고 정숙한 것을 얻어 사람을 만들도록 하고 三才(天·地·人)를 곁들이게 하였다. 하늘을 가리키면서 말하기를 '하늘이 땅을 지휘한다' 하고, '땅은 만물을 기를 수 있는 것은 기르고 죽일 수 있는 것은 죽이며 쓸 수 있는 것은 쓴다'라 하였다. 우리 인간이 주관하여 이루고 도울 길이 아닌 것이 없다.

지금 이르기를 '금수가 본시 거처하던 곳이다'라 하고, 또 '금수의 세상이다'라 하는데 과연 말이 되는가? 그 설의 망령됨이 많은 변별을 필요치 않는다. 어리석은 자들이 이에 유혹되니 어찌할 것인가? 만약 西士의 말과 같다면 그 무리는 반드시 태어나지 않는 것이 좋은 것이니, 만약 인류를 모두 없어지게 한다면 하늘과 땅 사이가 텅 비어 짐승의 場이 되어야 할 것인가?"라고 하였다.

或曰 11

어떤 이가 말하기를 "西士의 말에는 인간은 세 가지 원수가 있다고 하는데 자기 몸이 그 하나이다. 몸은 말하고 나타내고 냄새 맡고 맛보게 하여 나를 안으로 게으르고 방자하고 도적질하고 방탕하고 어리석고 허약하게 한다. 世俗이 그 둘이다. 세속은 재산과 권세, 功名으로 나를 밖으로 쾌락에 빠지고 놀기를 좋아하며 죄를 짓게 한다. 마귀가 그 셋이다. 마귀는 나를 거만하고 유혹에 빠지도록 속이고 현혹하여 안팎으로 나를 공격한다. 이러한 말이 어찌 절실하지 않은가?"라고 하였다.

답하기를 "자네의 유혹됨이 심하다. 자기의 몸이 원수가 되었다는 말은 그 도리에 어긋남이 크다. 사람으로서 이 몸이 있으면 形氣의 욕심이 없지 않다. 우리 유교에서 극기의 설을 만든 所以이다. 지금 만약 이 몸이 태어난 것을 원수로 삼는다면 이 몸은 어디에서 태어난 것인가? 이 몸은 부모로부터 태어났는데 그렇다면 부모를 원수로 삼는 것이다. 또한 이 세상에 이미 태어났다면 부귀와 빈천, 窮通과 이해의 勢는 당연한 것이다. 성찰하고 克治하는 공부의 까닭을 모르고 있는 것이다. 그리고 세속을 원수로 삼는다면 君臣의 義 또한 끊어진다. 마귀의 설 같은 것은 더욱 이치에 가깝지 않다. 인간이 이 形氣가 있다면 形氣의 욕심을 비록 聖人이라도 피할 수 없겠으나, 다만 성인과 어리석은 자의 판단은 넘치거나 미치지 못하는 사이에 있을 뿐이다. 그러므로 우리 유교에서는 극기의 공부를 하여 자기의 天性이 본시 있다는 마음으로써 형기의 욕심을 다스려 절제하고, 中道를 벗어나지 않도록 할 뿐이다. 마귀를 누가 볼 수 있으랴? 가사 있다 하더라도 이는 외계의 물건(外物)이다. 외계의 물건이 유혹하여 자기의 性과 용모를 혹 잃어버리는 일이 있을 것이다. 사람이 착하지 않음은 形氣의 욕심에서 비롯된 것이지 어찌 모두 마귀의 일인가? 그 내외의 공부하는 기술이 같지 않은 것이다. 유학자가 극기하는 공부는 안으로부터 비롯된다. 西士는 形氣를 버릴 것을 말하는데 그것이 마귀로부터 비롯되었다는 것을 일컫는다. 내외의 긴요하고 긴요하지 않은 차이가 스스로 같지 않은 것이다. 이는 변명할 수 없는 것이다"라 하였다.

或曰 12

어떤 이가 말하기를 "그들의 말에 이르기를 '서양 나라의 옛 경전에 천주가 천지를 열고 곧 아담이라는 한 남자와, 이브라는 한 여자를 만들어 이들을 세상 사람의 조상으로 삼았다고 하니 그런가?"라 하였다.

답하기를 "이치로 따지면 역시 그렇지 않다. 천주의 神權으로 무엇인들 못하겠는가? 그러나 그가 天地를 열었다는 것은 陰陽의 두 氣가 오르내리며 교접하여 만물을 생겨나게 하였는데, 맑고 정숙한 바른 氣를 얻어 사람을 만들고, 더럽고 탁한 반쪽 氣(偏氣)를 얻어 금수와 초목을 만들었던 것이다. 지금 눈앞의 일로써 말해 보자. 이(蝨)는 사람에게서 생기는가? 옷에서 생기는가? 여기에 몸을 깨끗이 씻고 한 점의 때도 없이 새 옷을 지어 입었다고 하자. 며칠이 안 되어 반드시 옷에는 몇 마리의 이가 있다. 바지에 몇 마리의 이가 있다면 이 이는 어디에서 나왔을까? 반드시 이것은 사람과 옷의 氣가 서로 엉켜 이를 생기게 하는 것이니 이는 氣의 조화가 아닌가? 여기에 또 한 삼태기의 흙이 있는데 풀뿌리나 나무씨 하나 없고 벌레나 개미 한 마리 없이 두어 보자. 빈 막대기를 걸쳐놓은 위로 바람이 불고 비가 내려 습기가 꽉 차면 역시 얼마 안 있어 하필 초목이 있고 벌레와 개미가 그 가운데에 생겨나는데 역시 氣의 조화로 그런 것이 아닌가? 氣가 만들어진 이후 그로 말미암아 形이 이루어지고 그러한 무리가 점차 번성한다. 사람의 생겨남도 어찌 이와 다르겠는가? 大地에서 백성을 齊度함도 모두 아담 한 사람의 자손을 위한 것이니 과연 말이 되는가? 만약 그 설과 같다면 금수와 초목도 처음에는 단지 하나의 물건이 번식하여 생긴 것인데 이와 같은 설을 꼭 찾아낼 필요도 없고 또한 믿을 수도 없다"라고 하였다.

或曰 13

어떤 이가 말하기를 "西學을 하는 자에게는 原祖와 再祖의 설이 있는데 들려줄 수 있는가?"라고 하였다.

답하기를 "原祖는 즉 앞에서 말한 아담을 말한다. 再祖는 지금 말하는

天主 예수를 일컫는다. 『天主實義』에 이르기를 '개벽한 처음 인간(아담 : 역자 주)을 만들었을 때는 병도 없고 항상 화창한 봄철이요 매우 쾌락하며 새와 짐승 등 온갖 것들이 그의 명을 따르고 上帝를 좇아 받들 뿐이었다. 인간이 천주의 명을 어기자 만물 또한 인간을 등지고 온갖 禍가 나타나 그 자손된 자들로 하여금 서로 좇아 추한 행동에 익숙해졌다'고 한다. 또 그 책에 '眞道'라 하는 것을 스스로 증명하여 이르기를 '천주가 原祖를 낳아 천하 만민의 조상으로 삼고, 특별한 은혜를 베풀어 성격이 착하고 정서가 아름다우며 온갖 이치를 갖추어 천지에 빛나니 만물이 좇아 주인의 명령을 따랐다. 사악한 마귀가 꺼려하여 그를 제거하려고 음모를 꾸몄는데, 천주가 이것으로 원조를 시험하려 하자 사악한 귀신이 그를 꾀었다. 근본을 잃고 은혜를 망각하여 마귀를 따르자, 바야흐로 천주의 인자함이 도리어 노하게 되니 죽어서 지옥의 고통을 얻게 되었다. 대대로 자손들이 같은 벌을 받게 되었다'고 한다.

아, 이것이 어쩐 말인가? 상제가 아담을 창조해 내서 인류의 조상으로 삼았다면 그 신성함을 알 수 있다. 어찌 상제가 마귀의 꾀임을 들어 마귀로 하여금 그의 마음이 진실된가 거짓된가를 시험할 것인가? 만약 아담이 참람되고 망령된 마음이 설사 있었다면 상제가 마땅히 다시 다스려 그로 하여금 고치도록 함이 어진 아버지가 아들에게, 어진 스승이 제자에게 하는 것처럼 옳을 것이다. 어찌 상제로서 이런 일이 있겠는가? 이런 말을 하는 자는 하늘을 업신여기는 죄가 크다 하겠다. 가사 아담이 죄가 있다 하여도 죄가 그 몸에 그칠 뿐인데 또한 어찌 만세의 자손이 그 벌을 같이 받을 이치가 있겠는가? 先王의 정치에도 벌은 자손에게 미치지 않는데 하물며 萬世에 이르기까지 그 자손을 고통스럽게 하는가? 『천주실의』 가운데 중국 선비(中士)가 말하기를 '善惡은 응보가 있는데 본인의 몸이 아니고 반드시 자손에게 있다. 천당과 지옥은 말할 필요가 없다'라 하였다. 西士가 이르기를 '王覇의 법에는 죄가 자손에 미치지 않지만 천주는 본인의 몸을 버려서 오직 자손이 보답을 받는다'라고 하였다. 이 조항에서 말한 것으로 따진다면, 그 설은 스스로 모순되니 역시 매우 가소롭다.

어떤 이가 또 再祖의 일을 물었다. 답하기를 "그 설은 지극히 번잡스럽고 난해한데, 그 대략을 이미 말하였다. 『천주실의』에는 아담이 스스로 萬禍를 초래하여 자손이 서로 추한 행동에 젖어, 순박함이 점차 흐트러져 성현의 교화가 사라지고 욕심을 따르는 자가 많으며 이치를 따르는 자가 적었는데, 천주가 자비를 크게 발휘하여 친히 내려와 세상을 구하였다고 한다. 漢나라 哀帝 元壽 2년 貞女(西紀 元年)를 가려 어머니를 삼아 남녀의 교접이 없이 잉태하여 降生하니 예수라 불렀다. 예수는 곧 救世이다. 서양 땅을 널리 교화하고 33살에 다시 하늘로 올라갔다고 한다. 이 친히 내려왔다던가 강생하였다는 말로써 말한다면, 이 때에 하늘에는 上帝가 없었을까. 또 '眞道'라는 것을 스스로 증명하여 말하기를 '성경에 천주가 原祖의 자손 가운데 한 사람을 다시 세워 인류의 再祖로 삼았다고 하였다'라 하고, 또 천주와 聖子를 호칭함이 다르지 않으니 眞天主가 친히 내려와 강생하였다는 말과 같지 않다. 그 학문의 믿지 못함이 이와 같은 것에 있다. 또 이르기를 '예수가 만민의 죄를 자기가 맡아 자기의 귀중한 목숨을 버려 십자가에 못박혀 죽었다'고 하고, 이미 '상제가 친히 내려왔다'고 하였다. 또 '眞天主와 다르지 않다'고 하였다면 감히 '못박혀 죽어 오래 살지 못했다'고 말할 수 있는가? 우매하고 무지하며 上帝의 尊嚴을 모욕함이 심하다. 이러한 말들을 십분 마땅하다고 하여 믿어 따를 것인가?"라고 하였다.

或曰 14

어떤 이가 말하기를 "자네의 말과 같다면 그 말은 모두 망령된 것이다"라고 하였다.

내가 말하기를 "우리 중국으로 말하면, 太初에 전해지는 말은 모두 황탄하고 괴이하여 聖人이 나타난 이후 모두 삭제되어 없어지게 되었는데 내 어찌 서양 땅의 옛날 초창기의 것을 알겠는가? 역시 어찌 황탄하고 괴이한 말이 없었겠는가? 그들은 '개벽한 이후 문자가 지금까지 존재한다'고 한다.

그것은 聖經을 말하는 것으로 받들어 믿는다. 대개 일종의 신성한 사람이 있어서 만들어지는데 이들 설을 완성하여 사람들에게 권유하니, 이 역시 신성한 道로써 가르침의 뜻을 세우는 것이다. 다만 우리 중국 성인이 나타나 능히 그것을 바로잡을 수 있는 점과 다르다(女媧씨가 돌을 다루어 무너진 하늘을 수리한 것[鍊石補天]과 后羿가 아홉 마리의 까마귀를 맞힘[射中九烏]으로써 모두 강하고 바른 과업으로 돌아간 것과 같다). 예수의 일이 비록 매우 기이하나 역시 석가모니가 顯聖顯靈하는 따위에 지나지 않을 뿐이다. 이는 과연 상제가 진짜 천주인데 친히 내려와 이들 신기하고 괴이한 일을 꾸몄겠는가? 그 학문의 근본이 결코 이단임에 틀림없다"라고 하였다.

或曰 15

어떤 이가 말하기를 "세 가지 원수의 설은 과연 망령되고 놀라우며 거리낌없음이 심하다. 만약 자기의 몸을 원수로 한다면 이는 몸이 부모에게서 태어났으니 父子의 윤리가 이미 어긋난 것이다. 세속을 원수로 한다면 성인이 道를 행하여 德을 이룬 공이 모두 허황한 것으로 돌아갔으니 君臣의 윤리가 깨진 것이다. 그 학문은 童身을 귀중하게 여기고『七克書』에 혼인을 금하는 말이 있는 것은 부부의 윤리를 끊는 것이다. 인생이 이 세상에서 이 三倫을 귀중하게 여기는데 모두 일시적인 세상이라 말하여 사랑하는 바가 없고 천당과 지옥을 중하게 여기니 이는 불교의 무리이다. 또한 그들의 마귀설은 더욱 황탄하고 괴이하여 우리 유학자들이 말할 바가 아닌즉 우리들이 배척하여 없애는 것이 마땅하다. 다만 西士가 말하는 天學 工夫는 어떤가?"라 하였다.

답하기를 "이것은 이미 앞에서 대략 말하였다. 그들의 말에 '매일 아침 눈과 마음을 집중하여 하늘을 우러러보며 천주가 나를 낳아 주고 나를 길러 주며 나를 지극하게 가르쳐 줌이 헤아릴 수 없다고 감사를 드린 다음, 오늘 내가 반드시 세 가지 서약 즉 생각을 망령되이 하지 않고, 망령된 말을 하지 않으며, 망령된 행동을 하지 않도록 기도를 한다. 저녁에 이르러서는 몸을 구부려 땅에 대고 오늘 생각하고 말하고 행동한 것 가운데 망령됨이 있지 않았는가를 스스로 깊이 성찰한다. 없으면 功을 천주께 돌리고 은혜에 감사한다. 만약 어긋남이 있었다면 즉시 스스로 痛悔하고 천주의 자비와 너그러운 용서를 빈다'라 하였다. 그 대강은 이와 같은데 이미 이것을 우리 유교에서 '誠身'하는 학문과 비교하였다. 지금 이 학문을 하는 자들은 유학을 보고 이르기를 '이것이 진실로 무엇을 하는 것인가?'라 한다. 그리고 그들의 행동거지나 모습으로 보아 우리 성인의 가르침과 같은가? 다른가?"라 하였다.

或曰 16

어떤 이가 이르기를 "西士는 불교에서 그 나라(서양 나라 : 역자 주)의 가르침(종교 : 역자 주)을 훔쳐 스스로 門戶를 세웠다고 하는데 그런가?"라 하였다.

답하기를 "불교의 석가모니는 周나라 昭王 때에 태어났고 천주 예수는 漢나라 哀帝 때 태어났으니 앞뒤의 구별로 여러 변명을 용납치 않는다"라고 하였다.

或曰 17

어떤 이가 말하기를 "西士는 그 나라가 개벽한 이후 역사의 기록이 지금까지 있는데 모두 3,600권이라고 한다. 예수의 탄생은 모두 예언되었는데 그 시기가 같지 않고 중국 역사에 민멸되어 존재하지 않는다. 거짓이 섞여 그런 것인가?"라고 하였다.

답하기를 "내가 보지 않았으니 그렇지 않다고 말할 수는 없지만, 가령 그 책이 있다고 하자. 지금 그 책에서 인용한 經文은 그들의 말이다. 꼭 그 정밀한 자를 가려 말하게 하고 지금 안목이 있는 자들로 하여금 보게 하여 그들과 우리 중국 성인들의 말 가운데 누가 낫고 누가 못한가를 자네가 만약 본다면 알 수 있을 것이다”라고 하였다.

或曰 18

어떤 이가 말하기를 “그 사람들은 가르침을 실행하는 것을 중하게 여기는데 8~9만 리나 되는 바다를 건너고 사람을 잡아먹는 나라를 거치는데 상어나 악어, 호랑이나 승냥이를 만날 걱정에 대한 두려움을 모르고 피할 줄도 몰랐다. 자네가 그것을 확실하게 보지는 못했지만 역량이 빼어난 사람이라도 능히 이와 같을 수가 있을까?”라 하였다.

답하기를 “역사로 생각해 보건대, 姚秦의 鳩摩羅什과 蕭梁의 達摩는 모두 大西國으로부터 넓은 바다를 건너 여기에 이르렀고, 또한 중국에 그들의 가르침을 실행하려 하였으나 이 어찌 이들 두 중이 전하는 바와 다르겠는가. 지금 유행하는 佛書를 넘지 않는다. 설령 西土의 학문을 비록 중국에서 실행하려 하는 것도 역시 그들 무리들이 한 것에 불과하니 지금 佛書와 같을 뿐이다. 어찌 우리 유학자들이 周公과 孔子의 道를 버리고 그를 좇을 수 있을까?”라 하였다.

或曰 19

어떤 이가 말하기를 “西土의 말에 예수의 가르침이 행해진 뒤부터 지금까지 천 칠팔백 년인데 이웃나라를 교화하여 찬역하고 시해하는 일이 없고 침범하는 피해가 없다고 한다. 서양의 나라 몇 만리가 지금까지 오히려 그러한데, 중국의 성인이 비록 여러 대에 걸쳐 흥하고 멸한 것은 중국의 가르침이 그 근본을 찾지 못해 그런 것이라는 것을 알 수 있다. 우리 유학을 공부하는 자가 듣고 망연자실하여 도리어 중국 성인의 가르침이 그들에 미치지 못한다고 하니 과연 그런가?”라고 하였다.

답하기를 “서역 한 쪽은 기후가 따뜻하고 인심이 순박하다. 중국에서처럼 교활하고 거짓됨이 심하지 않다면 허용되어 혹 그러함이 있을 것이다. 이 모두가 크게 과장된 말이다. 일찍이 역대 여러 역사를 보니, 漢나라 哀

帝 이후 大西 여러 오랑캐들이 침공하고 정벌하여 병합한 것이 많다. 역사가 어떻게 속이는 말을 하겠는가? 이는 받아들여 믿을 수 없다. 또한 倭國의 시조 狹野는 곧 이른바 神武天皇이다. 나라를 세운 것이 周나라 平王 때인데 지금까지 한가지 姓으로 서로 전한다. 나라를 다스리는 기술인 封建法 역시 지금 중국과 비교할 바가 아닌즉, 어찌 이것으로써 중국을 벗어났다고 말할 수 있겠는가? 이 모두 天學을 알고 그러는가?"라 하였다.

或曰 20

어떤 이가 말하기를 "예수는 救世로써 십자가에 못박혔는데도 천지만물을 뒤흔들 수 있었지만, 자기를 못박은 사람은 하나도 상하지 않게 하였으니 이는 지극히 인자하여 그렇지 않은가?"라 하였다.

답하기를 "이것은 위에서 말한 바 '복수를 하지 말고 원수를 사랑하라'라는 것이다. 『畸人書』에 '천주교의 선비는 德으로 원수를 보답하고 원수를 원수로 갚지 않는다'고 하였다. 무릇 복수는 두 가지가 있다. 나를 해치는 복수와 같은 것은 옛날 군자들에게 이와 같은 것이 많다. 만약 君父의 복수를 하는데 이를 가르침으로 삼는다면 義를 해침이 클 것이다. 이것이 내가 묵자의 겸애 따위를 말하는 소이인데, 이것은 그 가운데 심한 것이다"라 하였다.

或曰 21

어떤 이가 말하기를 "西士는 上帝가 이 세상 천지만물을 창조하였음을 중국 사람이 모른다고 배척하는데, 周子의 『太極圖』에는 理가 物의 근원이라 하고, 朱子 또한 '天卽理'라고 말한 설은 어떤 것인가?"라 하였다.

답하기를 "上帝가 主宰한다고 일컫고, 만물을 총괄하는 주인으로 삼는다. 우리 유학에서는 이미 그것을 말하였다. 인간이 하늘(天)을 호칭하는 것에 두 가지가 있다. 하나는 主宰하는 하늘로서 '天命之性'이라 하고, '畏天命'이라 하는 따위를 말한다. 이것이 '天卽理'이다. 다른 하나는 形氣의

天이다. 이것은 '天卽物'이다. 周子의 圖는 孔子의 太極에 근본하였다. 두 개의 모습을 만들었다는 말은 主宰함이 있다는 것으로 말한다면 上帝를 일컫고, 소리도 냄새도 없는 것으로 말한다면 太極을 일컫는다"라 하였다.

말하기를 "理는 上帝와 太極의 理인데, 두 가지로 말할 수 있는가?"라 하였다.

그 말에 "다만 옛날 앞선 君子들이 天地의 上帝에 공경하였다는 말을 들었지만, 태극을 높이 받든 사실이 있다는 것은 듣지 못하였다. 또 이르기를 '理는 依賴者이다. 物이 있으면 物이 있는 이치가 있고 物이 없으면 物이 없는 이치가 있으며, 임금이 있으면 신하가 있고 임금이 없으면 신하가 없다. 만약 허황한 이치로 物의 근원으로 삼는다면 이것은 佛老의 說과 다를 바 없다'고 한다. 이 따위의 말이 과연 말이 되는가? 上帝는 理의 근원이요 이 세상 천지만물을 창조하였다. 천지만물은 스스로 생겨날 수 없으니 반드시 천지만물의 이치가 있다. 그러므로 이 천지만물이 생긴 것이다. 어찌 그러한 이치가 없이 스스로 생겨날 이치가 있겠는가? 이는 곧 후대의 유학자들이 氣가 理에 앞선다는 설로써는 족히 변명할 수 없다. 공자가 이르기를 '태극은 두 모습을 낳았다'라 하고 또 이르기를 '하나의 陰과 하나의 陽은 道를 말한다'라 하였으니 道는 곧 理이다. 만약 西士의 말과 같다면 이는 공자를 포함하여 모두 배척하는 것이다. 우리 유학을 공부하는 자는 마땅히 눈을 밝히고 담력을 길러 그들을 물리치는 데 한가할 겨를이 없어야 한다"라 하였다.

或曰 22

어떤 이가 말하기를 "『천주실의』나 『畸人』 등 책을 보니 西士가 말한 것을 中士가 옷깃을 끌며 믿고 따르지 않는 것이 없다. 어째서인가?"라 하였다.

답하기를 "이들 책은 모두 西士가 질문을 하고 스스로 답을 지어냈기 때문에 이와 같을 뿐이다. 만일 지식과 道를 갖춘 유교의 선비와 말하였다면, 어찌 옷깃을 끌며 믿고 따를 이치가 있었겠는가?"라 하였다.

或曰 23

어떤 이가 이르기를 "천주라는 호칭을 혹시 중국의 책에서 본 일이 있는가?"라 하였다.

답하기를 "經傳에는 보이지 않는다. 다만『史記』封禪書에 여덟 神에 제사 지내는데, 하나는 天主라 하여 하늘에 奉祠하고,『漢書』藿去病傳에 元狩 元年(B.C.122) 休屠王을 얻어 하늘에 金人을 제사를 지내고,『한서』金日磾傳에 休屠가 金人을 만들어 天主께 제사 지냈다고 하니 천주의 이름이 여기에 보인다. 如淳註에 '祭天은 金人을 주인으로 한다'라 하고, 師古註에 '金人을 만들어 天神像으로 하여 제사 지낸다' 하였으니 지금의 佛像이 그 遺法이다. 漢 武帝의 故事에 이르기를 '昆耶가 휴도왕을 죽이고 와서 항복하자 金人의 神을 얻어 甘天宮 위에 안치하였다'고 하였다. 金人이라는 것은 모두 크기가 열 자가 넘고 그 제사에는 소나 말을 쓰지 않았다. 오직 향을 태우고 예배를 올려 그 나라 풍속에 따라 제사를 드리게 하였다. 이 여러 설에 근거하면, 顏師古의 註에 비록 지금의 佛像을 말하지만, 天神 두 글자를 보건대 불교와는 다르다. 金으로 天主를 만들어 제사를 지냈다는 것이 의심스럽다. 오늘에 이르러 이 학문을 하는 자들은 天主畫像을 만들어 예배를 드린다. 이것이 옛날과 오늘의 바뀜이다. 凶奴 右賢王은 서쪽으로는 서역과 통하였는데 그 敎를 얻을까 의심하여 제사 지냈다.

그들은 眞道임을 스스로 증거한다고 쓰기를 '예수가 탄생하자 성모가 그를 안고 성전으로 가서 天主臺前에 바쳤다'고 하였는데, 천주의 이름은 이미 漢 哀帝 이전에 있었으니 예수는 천주가 아님을 알 수 있다"라 하였다.

或曰 24

어떤 이가 말하기를 “『列子』에 商의 太宰가 孔子가 聖人인가를 묻자, 丘라고 하였다. 그가 성인인가?”라 하였다.

답하여 말하기를 “내 어찌 감히……”라 하자,

또 묻기를 “三皇五帝와 三王이 모두 성인이라고 하였지만 나는 商을 알지 못한다”고 하였다.

답하기를 “그렇다면 누가 성인이 되는가”라고 말하였다.

말하기를 “西方에 聖者가 있어 다스리지 않고도 혼란스럽게 하지 않고, 말을 하지 않고도 自信하며, 교화하지 않고도 스스로 행하고, 백성들을 공평하게 하고(蕩蕩乎民) 명예에 능하지도 못하였다(無能名焉)고 한다. 불교 신자로서 석가모니를 가리켜 그렇게 말하였겠는가? 지금 보건대, 천주를 가리켜 말하는 듯하다”라 하였다.

답하기를 “『열자』의 황당한 글을 어떻게 받아들여 믿을 수 있겠는가. 공자가 堯를 일컬어 ‘蕩蕩乎民 無能名焉’이라 하였다. 서방의 성인과 더불어 같은데 五帝를 성인이 아니라고 말하니 어찌 그런가?”라 하였다.

或曰 25

어떤 이가 말하기를 “지금 듣건대 그 학문을 하는 자는 가르치는 스승을 代父(천주가 大父인 고로 天主를 대신하여 가르침을 베풀기 때문에 代父라 한다 : 저자 주)로 삼고, 천주의 位를 설치하는 학자(신부 : 역자 주)는 3척의 깨끗한 베를 목에 걸고 손으로 이마를 씻는다고 한다. 利馬竇가 말하는 聖水로서 마음 속의 때를 씻어 내기 위한 것이라 한다. 또 촛불을 밝히고 학자(신부)는 꿇어 엎드려 이전의 허물을 모두 말하여 뉘우친다는 뜻을 드린다고 한다. 또한 八教로서 뒤에 다시는 과오를 범하지 않는다는 뜻을 고하고 또한 달리 號(本名 : 역자 주)를 정한다고 한다. 이것이 어떤 뜻인가?”라 하였다.

답하기를 “이는 전적으로 불교의 양식이다. 불교에 法師·律師의 燃臂·懺悔·灌頂에 대한 예절이 있는데 이것과 무엇이 다르겠는가? 이것이 내가 그들의 풍속에 대해 우리 중국에서 성인의 가르침을 익히는 자가 실행할 수 있는 바가 아니라고 여기는 것이다"라 하였다.

或曰 26

어떤 이가 말하기를 "이마두는 '魂에는 生魂·覺魂·靈魂의 세 가지가 있는데, 초목의 혼은 生魂은 있되 각혼과 영혼은 없고, 금수의 혼은 생혼과 각혼은 있되 영혼이 없으며, 인간의 혼에는 생혼도 있고 영혼도 있으며 각혼도 있다. 생혼과 각혼 두 혼은 質에서 나오는 것으로 의거하는 바가 없어지면 생혼과 각혼도 모두 없어진다. 영혼은 質에서 나오는 것이 아니기 때문에 비록 사람이 죽어도 없어지지 않고 스스로 존재한다'고 한다. 이 설은 어떤 것인가?"라 하였다.

답하기를 "우리 중국 역시 그것이 있다. 『荀子』에 이르기를 '물과 불은 氣가 있으되 生이 없고, 초목은 生은 있으되 知가 없으며, 금수는 知는 있되 義가 없고, 인간은 氣·生·知·義가 있으므로 천하에서 가장 귀하게 여기는 것이다'라 하였다. 이 말은 眞西山이 『性理大典』 가운데에 나타냈다. 西士의 말과 이 말은 대체로 같은데, 다만 영혼이 죽지 않는다는 말은 불교와 다르지 않는 것으로 우리 유교에서는 말하지 않은 바이다"라 하였다.

或曰 27

어떤 이가 말하기를 "근래 어떤 국자감 학생이 釋尊에 참석하려는데 그 친구 가운데 이 학문을 하는 자가 만류하면서 '무릇 가짜 像을 제사에 설치하면 모두 마귀가 와서 먹는다. 어찌 공자의 귀신이 온다고 제사를 지내겠는가? 人家의 제사 역시 그렇다. 나는 비록 종래의 풍속을 벗어나지 못해 행하더라도 마음으로는 그 망령됨을 알고 있다. 고로 반드시 하늘을 우러러 천주께 어쩔 수 없이 한다는 뜻을 속으로 아뢴 뒤에 한다. 禮를 그르치고 가르침을 훼손함에 무엇이 이보다 심할까?"라 하였다.

답하기를 "이 역시 西士의 말이다. 그 말을 하는 자는 '앞서의 조상이 착하였던 자는 하늘에 있으므로 반드시 와서 먹을 이치가 없고, 악하여 지옥에 떨어진 자는 비록 오고 싶어도 올 수가 있을까?'라 한다. 이는 성인이 祭禮를 만든 뜻과 같지 않다. 우리들이 禮를 그르치고 가르침을 훼손하는 걱정이 참되고 참되니 역시 가소로운 바가 있다. 지금 이것을 배우는 자들은 천주를 걸어 놓고 여기에 예배하고 기도한다. 이 또한 가짜 像인즉, 역시 하나의 마귀이다. 성호 선생의 이른바 '그것이 이따금 신령스럽고 기이하지만, 마귀의 습성 가운데 있지 않음을 어찌 알리오?'라는 말은 선생은 그들이 그렇다는 것을 이미 알고 있었다는 것이다. 그런즉, 마귀의 變幻을 헤아리기 어려운데 역시 善을 가장하여 세상을 미혹하게 하려는 자가 백성을 우롱하고, 西士가 그것을 유혹하여 尊崇하니 어찌 우습지 아니한가? 듣건대 그 설은 천주를 속이는 일이 있다고 한다. 이 역시 마귀가 교묘한 꾀로 농락하는 것이다. 거짓 일컬어 천주를 속인다면, 그들도 가짜 像에 依附할 수 없었던 것인가?"라 하였다.

或曰 28

어떤 이가 말하기를 "도교와 불교 그리고 西士는 마귀를 자주 호칭하는데 마귀가 과연 어떤 神이며, 천주가 막지 못하고 악한 행동을 하게 하는가?"라 하였다.

답하기를 "그 설에 태초에 천주가 純神을 낳도록 명하니 그 성품이 아주 아름다웠으며 品을 9등급으로 나누어 천주를 받들도록 명령하였던 고로 '天神'이라 하였고, 또 鉅神은 천주에게 오만하여 스스로 만족하고 스스로 뽐내어 惡神의 괴수가 되었다. 천주가 그를 지옥으로 떨어뜨려 있게 하고 이름을 '魔鬼'라 하였다. 천주가 잠시 그를 놓아 착한 사람의 공을 쌓도록 하여 악한 사람의 죄를 다스리도록 하였다. 착한 사람의 공을 쌓은 자는 천주가 마귀로 하여금 착한 사람을 유혹하게 하여 악한 일을 하도록 해서 공부를 시험한다고 하였다"라고 하였다(이하는 빠졌다).

或曰 29

어떤 이가 말하기를 "지금 자네의 말을 듣건대, 그들은 이단임에 의심할 바 없고, 우리 유학의 '明德新民'의 功은 모두 현세로 말한다. 西土의 善을 행하고 惡을 버리는 일은 모두 후세를 위하여 말하는 것이다. 이미 이 현세에 태어났다면 마땅히 현세의 일을 다하고 그 지극한 善을 구할 뿐이다. 어찌 一毫라도 후세의 복을 바라는 뜻이 있겠는가? 그 학문에 들어가는 門路에 우리 유학자들이 크게 섞여 있으니 그 뜻이 전적으로 하나같이 자기의 사사로움에서 나온 것이다. 우리 유교는 공정한 학문이니 어찌 이와 같을까? 지금부터 마땅히 자네의 말을 바르게 여기겠네"라 하였다.

내가 듣고 웃었다. 객이 물러나고 그 문답을 썼는데 이 글이 세상의 가르침에 혹 보탬이 되길 바랄 뿐이다.

乙巳년(1785) 嘉平(음력 12월) 오랑캐를 염려하는 이(虞吏子)가 쓰다.

附錄

어떤 이가 물러 나갔다. 다시 묻기를 "지금 이것을 배우는 자들이 많은데 우리 성호 선생 역시 일찍이 그것을 하였다고 말한다. 정말 그런가?"라고 하였다.

내가 답하기를 "나는 丙寅년(1746)에 선생을 처음 뵈었는데 선생은 그것과 함께 經史의 여러 說을 談論하였으나 남긴 것이 없다고 말할 수 있다. 끝에 서양의 학문에 이르러 선생은 '서양 사람에는 大抵 異人이 많다. 예로부터 천문관측과 기계의 제조·산수 등의 기술은 중국이 따를 수 없다. 그러므로 중국 사람들은 이들 문제는 모두 胡僧에게 돌려 귀중하게 여겼는데 朱子의 설을 보아도 역시 알 수 있다. 지금 時憲曆法도 오랫동안 폐단이 없다고 말할 수 있다. 曆家의 해(歲)는 오래 되어 틀림이 있는 것은 歲差法이 그 요령을 얻지 못하여 그렇다. 나는 항상 서양 나라의 역법은 堯나라 때의 역법과는 비교할 수 없다고 말하였다. 이 사람들이 혹 그것을 훼손할 것을 의심하여 내가 서양의 학문을 하는 것이니 어찌 우습지 아니한가?’라 하였다. 이에 내가 ‘서양의 학문에 가히 학술이라고 할 만한 것이 있습니까’ 하고 물었다. 선생은 ‘있다’라고 하였다. 내가 다시 三魂의 설·영혼과 귀신의 不死·천당과 지옥에 관한 말을 하자, 선생이 ‘이는 결코 異端이다. 전적으로 불교의 다른 갈래이다’라고 하였다.

당시 들은 바가 이와 같았고, 그 후에 내가 다시 물어본 일이 있었는데 선생은 답하기를 ‘천주의 설은 내가 믿는 바가 아니다. 귀신은 오래 머물고 서두는 구별이 있는데, 하나하나가 같지 않아 그렇다’라 하였다. 선생이 또 이르기를 ‘『七克』書는 四勿의 註脚이다. 거기에는 대개 뼈를 깎는 말을 많이 하는데 이는 文人의 才談이나 어린이에 대한 警語 같은 것에 지나지 않지만, 그 허황한 말을 도려내고 警語를 빼면 우리 유교의 克己 공부에 약간의 도움이 되는 바가 꼭 없는 것은 아니나 이단의 책이다. 그들은 이쪽에서 받아들이는 것뿐이라고 말한다. 군자와 보통 사람이 착한 일을 하는 뜻에 있어 어찌 피차에 다름이 있겠는가? 요컨대 마땅히 그 근본을 알고 받아들이는 것이 좋다’라 하였다.

선생은 또 『天學實義跋』을 지었다(앞에서 고찰한 글을 보라). 지금 선생과 내가 문답을 하는 말과 이 跋文을 보고 그것을 과연 받들어 믿겠는가? 이는 무식한 어린 무리들이 그것 때문에 자기의 함정에 빠지고 아울러 師門을 거기에 끌어들이는 것에 지나지 않으니, 가히 소인들의 거리낌없는 짓이라 할 만하다. 다행스럽게도 내가 지금 살아 있어 그 是非를 가릴 수 있을 뿐이다. 내가 만약 이미 죽었다면 뒷사람들이 또한 반드시 그 말을 믿을 것이다. 어찌 斯文이 크게 부끄럽고 한스럽게 생각하지 않겠는가?”라 하였다.

어떤 이가 또 묻기를 “성호 선생은 일찍이 利瑪竇를 성인이라 일컬었다고 한다. 이 무리들은 이 말을 빙자하여 말을 하는 자가 많은데, 정말 그런가?”라 하였다. 내가 듣고 失笑를 금치 못하면서 “聖人은 많이 있다. 夫子의 聖이 있고 三聖의 聖이 있는데, 한마디로 말할 수 없다. 옛 사람은 聖字를 풀이하여 ‘通明’함을 聖이라고 하였는데, ‘大而化之’라는 聖과는 다르다. 선생의 이 말을 내가 알고 있지 못하였는지, 알고 있었더라도 내가 혹 잊었던 것은 아닐까? 가사 이러한 말이 있었더라도 그 말은 西土의 재주나 지식이 通明하다고 말할 수 있었던 것에 지나지 않는다. 어찌 우리 堯·舜·周公·孔子와 같은 성인이 그들을 허용하겠는가? 요사이 사람들이 아무개를 아무개 성인이라고 하는 것을 내가 들은 바가 많다. 비록 (성호) 선생이 이런 말을 하였다 하더라도 이것은 아무개의 무리라는 것에 지나지 않을 뿐이다. 어찌 진정한 성인이겠는가? 아, 우리의 道가 밝지 못하여 각기 자기의 좁은 견해로써 스스로 이것을 생각하여 능히 깨닫지 못하고 뒷사람들을 잘못된 곳으로 이르게 하는지 모르겠다. 실로 가련하고 불쌍하도다. 그 밖에 어떤 말을 더하겠는가?"라고 하였다. 이 날 또 썼다.

『擬問』

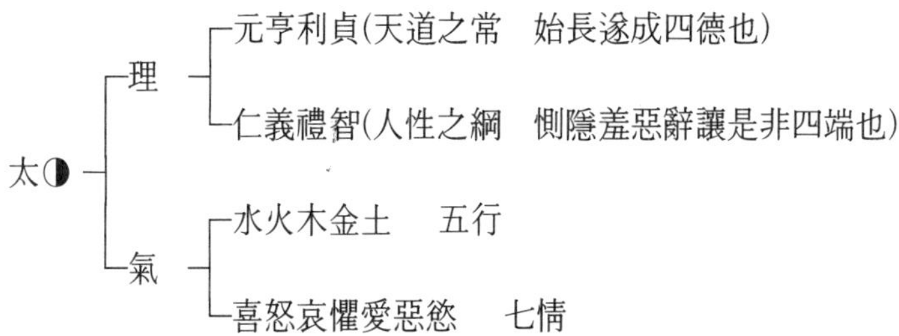

　　太◑은 理氣를 총괄하는데 理에서 주관하는 것은 四德과 四端이고 氣에서 주관하는 것은 五行과 七情이다. 理의 주변에는 不善함이 없고 氣의 주변에는 善함도 있고 不善함도 있다. 모름지기 오행은 사덕으로부터 명령을 듣게 하고 칠정은 사단으로부터 명령을 듣는 것이 옳다. 오행이 문란하지 아니하면 사덕을 도와 하늘의 道가 여기에서 이루어진다. 칠정이 올바르면 사단을 도와 사람의 道가 여기에서 서게 된다. 그렇기 때문에 혹시라도 오행이 어긋나고 문란하면 하늘이 元亨利貞의 道로 어긋나지 않도록 하고, 칠정이 올바르지 못하면 사람이 仁義禮智의 性으로 바로잡게 한다. 이것이 理가 이겨 氣를 누르는 것이다. 그렇지 아니하면 매양 氣가 성하여 理를 없애는 걱정이 있으니 정성스럽게 해야 하지 않을 수 있겠는가.

<心性圖解>

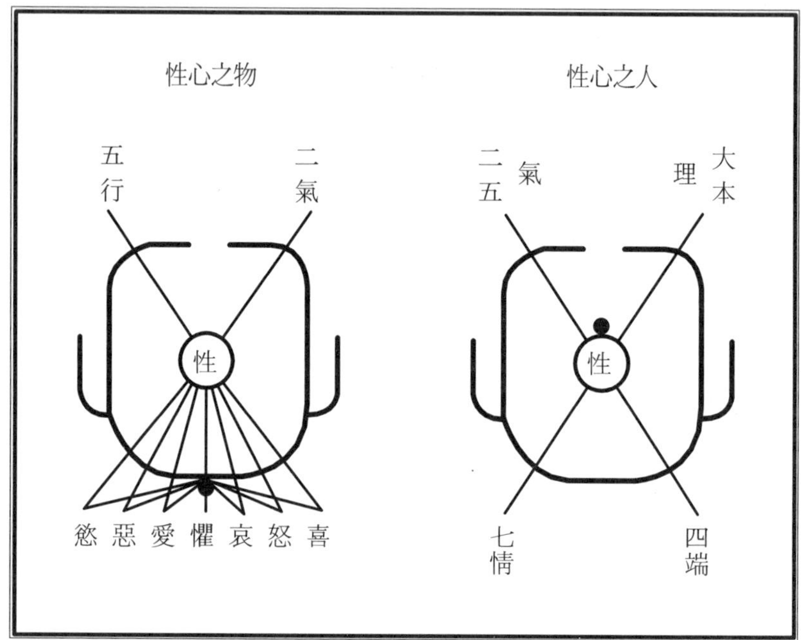

(天地의 理를 얻어 性을 이루고 天地의 氣를 얻어 形을 이룬다. 理는 氣에 거처하고 性은 形에 실려 있다. 本然이 주인이 되고 氣質은 쓰임이 된다.

● 이미 천지의 理를 얻어 性을 이룬다고 한다면, 性은 다만 理이다. 지금 心性圖에 大本의 理와 二五의 氣가 합하여 性이 된 것은 어떤 것인가?

답한다. 大本의 理는 本然의 性이 되고 二五의 氣는 氣質의 性이 된다. 大本과 二五를 겸하여 얻어 性이 된 것이 사람이다. 단지 二五를 얻어 性이 된 것은 짐승(獸)이다.

● 어떤 이는 性이 곧 理라 하고, 또한 二五의 氣가 氣質의 性이 된다고 한다면 性이 다만 理는 아니다. 역시 氣인가?

답한다. 二五의 氣 역시 理 가운데에서 나와 만들어졌다면, 氣가 形을 만들어서 理 또한 여기에 부여된 것이 이것이다. 어찌 이것으로서 性이 곧 理(性卽理)라는 說을 꺼리는가? 大抵 形과 氣 이전에는 단지 大本의 理일 뿐이다. 그 후 二五의 氣가 여기에서 생겨나고 氣가 形을 만들어 만물이 생겨난다. 天地의 理와 氣는 단지 같은 모양이지만, 사람(人)과 사물(物)이 받고 버림이 각기 다른 것은 하늘이 공평하지 못한 것이 아니라, 곧 사람과 사물이 스스로 같지 않기 때문이다. 이것은 元亨利貞이 天地의 이치(理)로서 이른바 '大本'이라는 것을 깨닫게 하는 것이다. 음양오행 또한 天地의 理인데 形을 만드는 데 氣를 쓰는 것이다. 大本과 二五를 겸한 것은 人性이고, 단지 二五를 얻은 것은 금수이다.

● 理와 氣가 합하여 마음(心)을 이룬다. 마음의 형체가 없는 영혼은 萬事를 知覺하고 주재하여 처리한다. 지각한다는 것은 理를 따라 發하는 것이 氣를 따라 發하니 곧 사람과 道心의 구별이 있는 것이다.

● 마음은 하나의 빛이다. 빛 속에 저장되어 있는 사물이 곧 性이다. 理를 따라 위로 發하는 것을 本然의 性이라 하고, 氣를 따라 위로 發하는 것을 氣質의 性이라 한다.

● 고요하며 움직이지 않고 뭇 理를 갖춘 것은 마음(心)의 몸(體)이다. 감동하고 마침내 통하여 만사에 대응하는 것은 마음의 쓰임(用)이다. 거울처럼 텅비어 모든 사물을 고르게 하고 感應을 이룰 뿐이다.

● 마음에는 血肉의 마음이 있고 知覺의 마음이 있다.

● 天命을 性이라 하고 하늘이 命한 바는 다만 元亨利貞의 道이다. 하늘은 元亨利貞을 위하여 존재하고 사람은 인의예지를 위하여 존재한다.

● 性이 이미 形氣 가운데에 떨어져 존재한즉, 氣質의 性은 쓰임이 되고, 그 가운데로 나아가 本然의 性을 가려내니, 곧 理가 있는 곳이다.

● 天地의 性 역시 氣質의 가운데에서 떨어져 나가지 않는다)

1. 四七理氣

客이 주인에게 물었다. "理는 無爲하고 氣는 有爲하다. 理가 스스로 發하지 못하고 氣를 기다려 發한다면, 四端 역시 氣發이라고 말하는 것이 옳은가?"

주인이 대답하였다. "무릇 인의예지가 天理이고 本然의 性이라면, 四端은 理에 속하지 아니하는가? 喜怒哀懼가 氣質로서 주어진 性이라면, 七情은 氣에 속하지 아니하는가? 理의 주변에 속하여 이 理를 주인으로 삼았으니 理發이라고 말하는 것이 옳다. 氣의 주변에 속한 것은 氣를 주인으로 삼았으니 氣發이라고 말하는 것이 옳다. 어찌 理가 氣를 기다려 發한다고 하여 '四端 역시 氣發이다'라고 말할 수 있겠는가? 理가 氣를 기다려 發하는 것은 理를 위해 氣를 사용하는 것일 뿐이다. 이것이 理가 發하고 氣가 따른다는 것이다(理發而氣隨). 四端이 理에서 發하는 것은 분명하다."

客이 물었다. "四端이 비록 理에서 發하더라도 氣가 아니고는 發할 수 없다면 氣發이라 하여 큰 문제(害)가 없을 듯하다. 꼭 理發이라고 말한 뒤에 義에 의지하는 것을 말해 줄 수 있는가?"

주인이 대답하였다. "理의 주변에는 본시 폐단이 없는데 氣의 주변에는 폐단이 쉽게 생겨나니 어찌하는가? 天理는 本然의 性으로 不善함이 있지 않은즉, 理에는 폐단이 없다고 말할 수 있다. 氣質은 주어진 性으로 善함도 있고 不善함도 있다면 氣에는 폐단이 있다고 말할 수 있다. 그러므로 四端이 理에서 發한다는 것은 넓혀서 완전하게 채우는 것인즉, 仁의 지극함과 義의 다함으로 萬世가 폐단이 없게 된다. 칠정이 氣에서 發한다는 것은 달아올라 절제하지 못하는 것인즉, 喜怒哀懼가 넘쳐 폐단이 장차 끝이 없게 된다. 그러므로 폐단이 없는 사단을 폐단이 있는 氣에서 發한다고 말하는 것이 옳은가? 理가 폐단이 없으니 사단 또한 폐단이 없다. 사단이 無弊하다는 것을 본다면 四端이 無弊한 理에서 나온다는 것을 알 수 있다. 어찌 칠정과 함께 섞어서 氣發이라 하는가?"

客이 물었다. "理는 본디 無弊하다. 사단은 폐단이 있는 듯한데 어떤 것

은 사람이 혹 惻隱을 부당하게 함이 있어 측은하게 여기고, 羞惡를 부당하
게 함으로써 羞惡한다. 또한 惻隱이 있되 惻隱을 넘어서고, 羞惡하되 羞
惡를 넘어섬이 있다. 이 어찌 사단이 그 올바름을 얻지 못하여 폐단이 있
다는 것인가?"

주인이 대답하였다. "측은을 부당하게 하여 측은하게 여긴다는 것을 내
가 仁의 실마리(端)라고 말하는 것이 아니다. 羞惡를 부당하게 하여 羞惡
한다는 것을 내가 義의 실마리라고 말하는 것이 아니다. 心志가 굳지 못하
고 사사로운 뜻과 잡스런 마음으로 때에 따라 마땅치 못한 행동을 한다면
어찌 사단이라고 부르겠는가? 만약 무릇 측은하게 여기되 측은함을 넘어
서고, 羞惡하되 羞惡함을 넘어서는 것이라면 理發氣隨에 즈음하여 理가
氣로 하여금 잘못되게 하는 바가 된다. 이는 사단이 폐단이 있는 것은 아
니다. 곧 역시 氣의 폐단이다."

客이 물었다. "氣의 폐단을 말해 줄 수 있는가?"

주인이 대답하였다. "무릇 氣質의 性에는 善함도 있고 不善함도 있다
면, 맑기도 하고 흐리기도 하며 순수하기도 하고 순수하지 못함으로써 氣
가 잡스러운 것을 지니는 所以가 된다. 氣가 잡스런 것을 지님으로써 氣
또한 쉽게 방종한다면, 氣는 과연 쉽게 폐단을 일으키는 물건이 아닌가?
무릇 氣에 혹 폐단이 있는 氣가 있더라도 理는 폐단이 있는 理가 없은즉,
이것이 내가 말하는 사단의 일어남(發)이 진실로 털끝 하나도 폐단이 없는
理의 본연의 善(本善)에 있다는 것이다. 그러므로 先儒들이 '사단은 理의
發이다. 理의 發이다'라고 하는 것이 理에서 發함을 말한다."

客이 물었다. "지금 주인의 말을 듣고 사단을 發하게 하는 것이 氣라는
것을 비로소 알았다. 그런데 사단의 發源이 되는 것이 理라면 이는 곧 理
는 주인이요 氣는 하인(使)이 되는 것이다. 주인이 이른바 四端이니 理의
發은 실로 폐단이 없다는 말이다. 무릇 성인의 '公七情' 같은 것은 理發인
듯하다. 그런데 꼭 氣發이라고 말하는 것은 갑자기 또 무엇인가?"

주인이 대답하였다. "聖人과 凡夫의 칠정이 비록 바르거나 바르지 못함

(中不中)이 있어 같지 않더라도, 칠정이 칠정이 되는 소이가 한가지라면 凡夫의 칠정은 氣에서 일어난다 하고, 성인의 칠정은 유독 理에서 일어난다고 하는가? 그리고 理는 본디 善하여 가히 확충(넓혀 완전하게 하여 줌)할 수 있는데 칠정 역시 확충할 수 있는가? 만약 확충하게 한다면 그 폐단을 장차 어찌할 것인가? 그것을 理發이라고 말할 수 없음은 분명하다. 그러므로 마땅히 칠정이 바른 氣에서 일어나 기질이 깨끗한 것을 받는 것이고, 마땅치 못하여 칠정이 客氣에서 일어나 기질이 탁한 것을 받는 것이라고 한다. 비록 氣가 맑거나 탁한 것, 바른 氣와 쓸데없는 氣로 나누어진다 하더라도, 그것이 氣에서 일어나는 것은 한가지인 것이다. 李子(李滉) 또한 '公七情'과 氣가 理에 순종하는 설을 폈는데 실로 공평하고 바른 논설이다."

客이 공손하게 하고 물러가면서, "대개 사단이 發하는데 氣가 아니면 할 수 없다면 氣發이라고 말해도 좋다. 그러나 氣는 혹 폐단이 있는데 사단은 없다. 혹 폐단이 있다면 四端을 氣發이라고 말할 수 없다. 칠정이 일어나는데 理가 그 가운데 있으면 理發이라고 말하는 것이 옳다. 그러나 理는 확충할 수 있고 칠정은 확충할 수 없다면 칠정은 理發이라고 말할 수 없다. 그래서 이제서야 나는 理가 일어남에 氣가 따르며(理發氣隨), 氣가 일어남에 理가 타는(氣發理乘) 뜻을 겨우 알겠다.

'理發氣隨'의 氣는 사단이 發하여 나타낸 氣에 대해 말한 것이다. '氣發理乘'의 理는 칠정이 받아들인 바(所然)의 理에 대해 말한 것이다.

사단이 理에서 發하여 氣가 그것을 활용하고, 칠정이 氣에서 發하여 理역시 거기에 있기 때문에, 程子가 이르기를 '氣를 말하는 데 理가 분명하지 못함을 말하지 말고, 理를 말하는 데 氣가 갖추어져 있지 않음을 말하지 말라'고 하였다. 이 가르침은 매우 명쾌하다. 다만 理가 發한 곳에서 理가 주인이 된다면 理發이라고 말하는 것이 옳으나, 氣가 發한 곳에서 氣가 주인이 된다면 氣發이라고 말하는 것이 옳다고 하겠다. 朱子가 이르지 않았던가. '四端은 理의 發이요 七情은 氣의 發'이라고.

무릇 사단칠정은 그 끝(末)을 먼저 보고 어떤가를 가려낸다. 그런 연후에 그 發源이 어느 곳에 있는가를 알 수 있다. 惻隱과 羞惡를 확충할 수 있다면 그 發源이 본연의 性에 있음을 알 수 있다. 喜怒哀懼를 확충할 수 없다면 그 發源은 기질의 性에 있음을 알 수 있다. 理는 확충할 수 있고 氣는 확충할 수 없기 때문이다."

問 : "칠정 가운데 愛는 확충할 수 있는가."

答 : "사단은 크게 공변되고 사사로움이 없는 것이다. 칠정은 공변됨도 있고 사사로움도 있는 것이다. 크게 공변되고 사사로움이 없는 것은 본연의 性에 속하고, 不善함이 있지 않은 것이 이것이다. 공변됨도 있고 사사로움도 있는 것은 기질의 性에 속하는데, 善함도 있고 不善함도 있는 것이 이것이다. 본연의 性은 不善함이 있지 아니하여 확충할 수 있다. 기질의 性은 善함도 있고 不善함도 있는 것이다. 역시 확충함이 가능한가? 칠정은 氣의 邊에 있는 물건이고 愛는 칠정 가운데 있다면, 愛는 실로 확충할 수 없는 것이다. 만약 혹시라도 愛를 직접 仁이라고 말하여 확충할 수 있다고 말한다면 역시 옳지 못한 바가 있으니, 누구에게도 仁은 본연의 性이다. 愛는 기질의 性인데 기질의 性은 금수 역시 지닐 수 있다. 지금 과연 愛를 仁으로 삼는다면, 이것은 금수 또한 仁義의 性이 있다는 것으로 금수가 仁義의 性을 지니고 있다고 말하는 것이 가능하다. 금수가 仁義의 性이 없다고 말한다면 愛와 仁은 스스로 구별됨이 있지 않을 수 없다."

問 : "또 仁이라는 것을 愛의 理라 하고, 또 仁은 愛의 性이요 愛는 仁의 情이라고 말한다. 또 仁은 愛를 떠나서 얻을 수 없다고 한다. 그러므로 仁과 愛를 混稱하거나 같은 이름으로 부를 수 있는 듯하다. 그렇지 아니한가?"

答 : "仁이라는 것은 천지 생물의 마음인데 愛가 거기에 생겨나려는 것이다. 愛를 仁으로 해석하는 것이 실로 여기에서 비롯되었다. 큰 줄기만을 말할 것 같으면, 愛는 一段의 은혜로운 愛이고 仁은 온갖 善을 통할하는 것인즉, 顔子가 석 달 동안 仁을 거스르지 않고 齊를 평정하는데 어진 이

를 구하자, 이에 어진 이를 얻었다는 것을 어찌 일단의 은혜라고 불러 말할 수 있겠는가? 그러므로 先儒가 後世에 仁의 다름(差)을 말할 것이라고 말하였다. 또 '후인은 도대체 仁을 모르고 다만 恩愛說을 억지로 만들었다'고 하였다. 이 또한 太泥了가 말한 것인즉, 愛는 옳지 않고 바른 이름은 仁이라는 것을 알 수 있다(옛 사람이 仁을 말하는데 愛를 빌려 논설하는 것은 이 모두가 類推하여 의견을 내세운 것이다. 칠정의 愛를 사단의 仁이라고 말하지 않았다. 이러한 뜻을 알아야 한다).

問 : "사람이 어버이를 사랑하고(愛親), 백성을 사랑하며(愛民), 물건을 아낌(愛物)에 있어, 한없이 공부로 확충하여 쓸 수 없는가?"

答 : "어버이를 사랑하되 그것을 바르게 하면 어버이에게 仁한 것이다. 백성을 사랑하되 그것을 바르게 하면 백성에게 仁한 것이다. 물건을 아끼되 그것을 바르게 하면 물건에 仁한 것이라고 이미 말하였던가? 仁親하고 仁民하며 仁物하는 것인즉, 어찌 확충이 불가하겠는가? 이것이 이른바 氣가 理에 순종하는 것(順理)이다. 理에 순종함에 실로 확충할 수 없는가? 또한 기질의 性이 착하다는 것을 거꾸로 하면 天理의 性이 이에 존재하는 것이다. 역시 확충이 불가능할까? 만약 어버이를 사랑하는 데 음식으로만 봉양한다면 仁이 아니다. 墨子의 兼愛가 仁이 아니고 衛公이 鶴을 사랑하는 것도 仁이 아니라면, 역시 그것을 확충할 수 있겠는가? 그렇다면 愛는 확충할 수 없고 어진(仁) 연후에 확충할 수 있다는 것이 역시 온당하지 아니한가(통합해서 말한다면, 칠정은 氣의 發이고 氣는 잡스러운 것을 지니고 있기 때문에 확충이 불가능하다. 나누어 말하면 칠정이 올바름을 얻는 것이고, 氣가 理에 순종하는 것이다. 理에 순종하면 天理를 가능하게 하므로 확충할 수 있다)?"

問 : "사단의 惻隱과 칠정의 愛가 구별되는 것은 어떤 것인가?"

答 : "측은은 본연의 性에서 나왔으니 크게 공변되고 사사로움이 없다. 恩愛는 기질의 性과 연결되었으니 공변됨이 있고 사사로움도 있다. 이것이 구별이 있는 까닭이다."

問 : "『맹자』에 '善함으로 氣를 양생한다'라 하였는데, 천지를 가득히 채우는 교훈이다. 이 氣는 기질의 氣가 아닌가? 어떻게 그 확충함이 이와 같은가?"

答 : "그것은 氣이다. 지극히 크고 지극히 강하게 仁義를 모아 생겨난 것이기 때문에, 다른 氣와는 스스로 구별되고 강하므로 氣라고 부르는 것이다. 그러므로 맹자는 '말하기 어렵다'고 하였다. 무릇 그 크기(大)가 비할 바 없기 때문에 처음에는 지나치게 큰 폐단이 없었다. 그 강함(剛)이 대적할 수 있는 상대가 없었으므로 또한 지나치게 강하다는 혐의가 없었다. 무릇 이와 같다면 다시 무엇을 꺼려 확충하지 않겠는가? 어찌 기질의 氣로 확충하여 치열하고 절제하지 못하는 것이 되겠는가? 앞서의 말과 같다."

問 : "사람의 태어남이 도대체 氣의 조화이고 理의 조화가 없다면, 사람의 性은 도대체 氣가 發한 것이고 理가 發한 것은 없다. 그런가 안 그런가?"

答 : "하늘이 음양오행의 조화로 만물을 생겨나게 하였다. 氣가 형체를 만들고 理 또한 여기에 부여되었다. 또한 氣가 조화한 것이 곧 理이다. 하필 氣의 조화라고 말한다. 그렇다면 도무지 氣發이라고 말할 수는 없을 듯하다."

問 : "칠정의 哀와 愛는 仁이고, 怒와 惡는 義이다. 기쁨으로 화평하게 하고 두려움으로 엄하게 하면 禮라 말할 수 있다. 탐욕이라는 것은 마음이 하고자 하는 것인즉, 智라고 말할 수 있다. 그런즉 칠정 가운데 역시 사단이 있다. 사단과 칠정은 본디 두 물건이 아니다. 사단과 칠정에 理發과 氣發의 차이가 있는 것은 어찌된 것인가?"

答 : "측은은 仁의 단서로서 形容으로 차마 사람이 마음을 착하게 하지 않는다면 悲哀이니 親愛와 측은은 구별된다. 羞惡는 義의 단서로서 자기를 수치스러워 하고 증오하며, 더불어 사람이 不善하다면 성내고 미워하니, 羞惡와는 스스로 다르다. 哀와 愛, 怒와 恐을 仁의 종류나 義의 종류라고 한다면 仁의 단서라고 말할 수 있지만, 義의 단서라는 것은 옳지 않

다. 또한 공손한 것은 辭讓이고 辨別은 是非이니 禮이고 智이다. 그런데 기쁘고 두렵고 탐욕스러운 것 세 가지는 辭讓이나 是非와는 본디 오묘하여 서로 부합되지 못한즉, 어찌 사단칠정이라고 하겠는가? 情 가운데 또 사단이 있으니 또한 사단칠정이 본디 두 물건이 아니라고 말할 수 있는가? 그리고 칠정은 금수 역시 있을 수 있다. 만약 사단과 칠정이 본시 둘이 아니라면 금수 역시 사단이 있을 수 있는가? 이것으로 말한다면, 사단칠정을 어떻게 섞어서 같게 할 수 있겠는가? 역시 어찌 理發과 氣發의 차이가 없겠는가? 옛날에 어떤 이가 주자에게 묻기를, '喜·怒·愛·惡·慾은 오히려 仁義와 흡사하다'라고 하자, 주자가 답하기를 '실로 비슷한 곳이 있지만 분별할 수 없다. 그 비슷한 것을 말한다면 意志가 본디 존재한다는 것이다'라 하였다. 그런즉, 사단칠정이 두 물건이 아니고 무엇이겠는가?"

問 : "羞惡의 '惡'와 칠정 가운데 '惡'가 같지 않은 바가 있는데 어떤 것인가?"

答 : "사람을 보고 좋아하지 않고 증오하며 미워하는 자가 있다. 이것이 곧 사단의 '惡'이다. 죽어 없어지거나 가난하여 고통스러운 것을 싫어하고 미워하는 것, 이것이 곧 칠정의 '惡'이다. 사단의 '惡'는 本性에 속하고 칠정의 '惡'는 기질에 속하다는 것이 옳다. 글자는 같으나 뜻이 달라 이렇게 말한다."

問 : "기질의 性을 착하게 바꾸면 天地의 性이 여기에 존재한다. 이것은 사단칠정이 본시 두 물건이 아니라 그런 듯하다."

答 : "人心이 오직 위태롭고 道心이 오직 미약하여 기질의 性이 쓰이게 되면 얼마 후 멸한다. 사람이 이 때에 크게 반성하고 깊이 관찰하여 기질 위에 활용한다면 기질을 변화함에 다다를 수 있고, 天地의 性을 다시 얻어 여기에 존재할 것이다. 이것이 곧 그 시초를 복구하는 것이다. 어찌 그것으로 사단칠정이 두 물건이 아니라고 그러는가?"

問 : "사단도 情이고 칠정도 情이다. 정이 하나라면 사단칠정도 그 하나의 물건이 아닌가?"

答 : "하늘이 음양오행으로 만물을 생기게 하고, 만물이 끊임없이 생겨나는 것이 한결같다고 한다면, 자네의 말은 그것도 만물 역시 하나의 물건과 같다는 것이다. 무릇 마음이 性과 情을 통할하고, 性이 움직여 情이 되는데 情은 하나이다. 그런데 사단의 情이 있고 칠정의 情이 있다. 이것이 이른바 하나를 근본으로 하여 만 가지로 다르다는 것이다. 情이 發하기 이전에는 다만 이 性은 하나의 우리(圈)일 뿐이나, 情이 發한 이후에는 사단 칠정의 이름이 각기 나누어진다. 李子의「十圖」가운데를 헤아려 보면 대개 알 수 있다."

問 : "사단은 본연의 性으로 不善함이 있지 않은즉, 이른바 사단이 그 올바름을 얻지 못했다고 말하는 것은 무엇인가? 이미 사단이라고 말했다면 사단이라는 것 역시 不正함이 있는 것인가?"

答 : "사단은 본디 근본이 착한 性(本善之性)인데 그것이 發함에 혹 氣가 넘치게 되면 역시 올바름을 얻지 못할 경우가 있다. 이것은 사단이 不正한 것이 아니다. 不正하게 한 것은 바로 氣이다. 비록 그렇지만 理가 發하여 氣가 따를 때, 혹 氣가 넘쳐 이미 올바름을 얻지 못한 것을 '사단이 그 올바름을 얻지 못했다'라고 말하지 않고, '어느 물건도 그 올바름을 얻을 수 없는가'라고 말한다. 때문에 漢惠는 惻隱한 마음 때문에 마침내 죽음에 이르고, 吳札은 辭讓하는 마음 때문에 갑자기 나라를 혼란에 이르게 하였다. 明帝의 지나치게 밝고 자세함은 是非의 올바름을 얻지 못한 것이고, 伯夷의 편벽되고 좁은 성격은 羞惡의 올바름을 얻지 못한 것이다. 어찌 사단이 그 올바름을 얻지 못한 것이 아니겠는가?"

問 : "사단이 올바름을 얻지 못하기 전에는 사단은 본디 不善함이 없다. 사단이 그 올바름을 얻지 못한 이후에는 사단은 사단을 惡하게 한다고 말할 수 있을 것 같다."

答 : "천하의 理가 올바르면 善하고 올바르지 못하면 惡하다. 올바르고 올바르지 못한 것이 善惡으로 나뉘어진 것이다. 이것이 곧 채우고 나눠 義에 이른다는 말이다. 등급의 차이를 두어 말할 것 같으면, 그 질문이 스스

로 사물을 구별할 줄 아는 지혜가 없지 않은데, 그릇으로 논의를 하여 보자. 지금 그릇이 옆으로 기울어진 것은 그 올바름을 얻지 못한 것이다. 그릇이 뒤집혀 엎어진 것은 올바르지 못함이 심한 것이다. 그릇이 깨져 아무 것도 남지 않은 것은 올바르지 못함이 심하여 惡함에 이른 것이다. 이로써 말한다면, 옆으로 기울어져 올바름을 얻지 못한 것은 氣가 넘친 시초이다. 엎어져서 올바르지 못한 것이 심한 것은 氣가 달아올라 거스르고 방자해진 때이다. 깨져서 악함에 이른 것은 氣가 왕성하여 理를 없앤 뒤이다. 그렇다면 올바르지 못함이 惡함에서 깨져 똑같이 나누어지는 것인데, 사단이 올바름을 얻지 못하는 것을 하필 '사단을 악하게 한다'고 부르는가? 또한 옆으로 기울어진 것은 오히려 그릇이라고 말할 수 있다. 깨져서 없어진 것은 그릇의 이름을 붙일 수가 없는 것이다. 이것은 氣가 넘친 시초와 같으니 오히려 사단이라고 부를 수 있다. 理가 없어진 뒤에는 사단으로 부를 곳이 없다. 그렇다면 사단이 올바름을 얻지 못한다는 얘기는 氣가 넘치는 시초에는 쓸 수 있으나, 理가 없어진 뒤에는 쓸 수가 없다. 어느 것도 理가 없어진 뒤에는 사단을 말할 수 없기 때문이다.

무릇 사단이 올바름을 얻지 못하고, 理가 약하고 氣가 달아오름에 이르면 본연의 性은 없어진다. 칠정이 그 올바름을 얻고, 氣가 發하고 理에 순종하면 天地의 性이 존재한다. 오직 사람이 성찰하여 공부를 하는가 안 하는가 사이에 달려 있을 뿐이다.

대저 理氣는 混淪으로 말할 수 있는 자가 있고, 分開로 말할 수 있는 자가 있다. 理 가운데 氣가 있고 氣 가운데 氣가 있다는 것으로 程子의 '분명하지 않고 갖추지 못함이 있다(不明不備)'는 가르침이 있은즉, 이것은 混淪으로 말할 수 있을 것이다. 理가 不善함이 없고 氣가 善惡이 있다는 것으로 주자가 理發氣發의 논설을 편즉, 이것은 分開로 말할 수 있는 것이다. 混淪과 分開 모두 이 理氣를 밝히는 所以의 학문이라는 점은 한가지이다.

천하의 義理는 무궁하고 사람마다 보는 바가 같지 않은즉, 내가 천박한 몸으로 어찌 性理 하나하나를 감히 논설하여 꼭 맞는 답을 얻겠는가? 요즈음 어려서부터 개발하고 익혀 쌓으려 하지만 털 위에 털이 일어나고 실오라기 위에 실오라기가 일어나 얽히고 설켜 있으니, 천하에 지극히 정밀하지 않으면 그 누가 그것을 변별하겠는가? 옛 사람이 이르기를 '下學하여 上達한다'고 하였으니 하학이 그치지 않는다면 淸明함이 몸에 있고 志氣가 神靈과 같아 자연히 상달의 지경에 이를 것이다. 그런 연후에 털과 실오라기 뭉치에서 義를 변별하고, 天地에서 마음의 자취를 판별할 수 있는 것이다. 그렇다면 오늘날 힘쓸 것은 마땅히 하학 공부에 있을 뿐이다. 내가 『下學指南』 두 권에 바라건대 마음으로 베끼고 입으로 읽어서 뒷날 학문이 나아지고 지식이 나아지기를 기대한다."

2. 人物之性

주자가 말하기를 '만물이 하나의 근원임을 본다면, 理는 같고 氣는 다르다. 만물이 몸체를 달리함을 본다면, 氣는 오히려 서로 가까운데 理는 절대로 같지 않다'라고 하였다. 理가 같고 氣가 다르다 함은 하늘에서 받아 생겼다는 것은 같고, 氣가 淸濁과 粹駁을 받은 것은 차이가 있다. 氣는 오히려 서로 가깝고 理는 절대로 같지 않다 함은 기질의 性은 사람과 사물이 각각 지닐 수 있으나 본연의 性은 사람만 받은 것이다. 그렇다면 사물이 얻는 것은 치우치고 사람에게 주어진 것은 온전한 것이다. 어느 것이든 喜·怒·哀·懼·愛·惡·慾의 칠정은 기질의 性인데 금수에도 역시 많이 있고, 仁·義·禮·智의 사단은 본연의 性으로 금수는 일찍이 지니고 있지 않다. 이를 일러 '사물은 그 반쪽을 얻었다'라고 말하는 것이다. 사람은 그렇지 않아 본연의 性도 있고 기질의 性도 있다. 본연의 性은 理에서 發하니 사단이 된다. 기질의 性은 氣에서 發하니 칠정이 된다. 이를 일러 '사람은 그 온전함을 받았다'고 말하는 것이다. 사람과 사물의 성품을 어떻게 비교하여 같다고 할 수 있는가? 근래 한 사람이 있었는데 말하기를 '소(牛) 가운데에서 한 聖人이 나온 뒤 性이 같다는 주장은 따를 만하다'라고 하였다. 이에 어떤 한 사람이 답하기를 '비록 성스런 소가 있다 하더라도 나는 性이 같다는 말은 따를 수 없다'고 하였다. 아무래도 소가 성인을 낳았다는 것은 변괴이다. 어찌 그것이 性이 같다고 그러는가? 이 모두 기절할 만큼 어처구니없는 말이다.

問 : "호랑이나 늑대가 父子가 되고, 벌이나 개미가 君臣이 되며, 까마귀도 뱉아 먹이고 개나 말은 주인을 위한다. 어찌 사물이 仁義가 있는 것이 아닌가?"

答 : "이는 칠정 가운데 愛로부터 나오지(來) 않는 것이 없다. 어찌 그것이 仁義의 性을 지녔다고 그러는가? 무릇 사물 또한 서로 사랑함을 안다. 그러므로 벌과 개미가 물이나 불에 닿으면 서로 따라 죽고, 개나 말이 그 주인을 사랑하여 힘을 다하여 죽는다. 이는 실로 서로 사랑함이 죽음에 이르러도 그 죽음이 아깝다는 것을 스스로도 깨닫지 못하는 것이다. 어찌 도리의 당연함이 있다고 그러는가? 무릇 사물의 性이 그와 같은 것을 우리 사람의 仁義를 들어 비유한다면 옳다고 바로 말할 수 있지만, 사물 역시 仁義의 性이 있다고 말하는 것은 옳지 않다. 그리하여 내가 칠정 가운데 愛에서 나오는 것이라고 말하는 것이다."

問 : "물수리도 夫婦의 구별이 있고 사슴도 朋友의 의리가 있다. 그렇지 않은가?"

答 : "이 또한 애정 가운데에서 나온 것이다. 물수리는 음란은 좋아하지 않고 서로 사랑한다. 그러므로 부부의 구별이 있는 듯이 보인다. 사슴은 싸움을 좋아하지 않고 서로 사랑한다. 그러므로 붕우의 의리가 있는 듯이 보인다. 사랑은 사랑인 것이다. 저들이 어찌 부부의 예절이 있으며 붕우의 신의가 있다고 그러는가?"

問 : "간음을 좋아하지 않고 싸움을 좋아하지 않는다면 근본이 착한 性인 듯하다."

答 : "사물이 어찌 근본이 착한 性이 있는가? 사물의 기질이 이루어짐에 그 가운데서 淸濁과 粹駁이 있어 같지 않다면 물수리와 사슴은 곧 그 깨

끗하고 순수한 것(淸粹)이다. 그 氣를 받은 것 가운데 다소 깨끗하고 순수하다고 말한다면 옳을 것이다. 어찌 우리 사람의 근본이 착한 性과 뒤섞여 같다고 할 수 있겠는가?

사물은 氣가 서로 이어져 있으므로, 사랑이라는 것은 같은 것끼리 서로 상종함이 있고, 사랑이라는 것은 은혜와 위엄을 동시에 지니고 있으며, 사랑이라는 것은 감동과 德이 있다. 그리고 사랑이라는 것은 氣가 서로 이어져 있으므로 사랑이라는 것은 호랑이가 父子가 되고 까마귀가 뱉어 먹이듯이 같은 것끼리 상종하고, 사랑이라는 것은 물수리나 사슴처럼 은혜와 위엄을 같이 지니고 있으며, 사랑이라는 것은 벌이나 개미처럼 감동과 덕을 같이 지니고 있다. 개나 말도 같다. 이 모두 사물이 기질의 性을 얻어 그런 것이다. 이 기질의 性이 있고 또 본연의 性을 겸한 것은 오직 사람뿐이다. 그러므로 만물 가운데 사람이 가장 영험하고 四德과 五常이 燦然하게 구비되어 있다. 만약 우리 인간으로 하여금 기질이 있는 性을 따르도록 하여 근본적으로 착한 性이 없다면 하필 인간이라고 부르겠는가? 금수라고 함이 역시 옳을 것이다.

금수 역시 기질의 性이 있는데 기질의 性 가운데에서 오직 愛가 仁義에 가장 가깝기 때문에, 사람이 금수가 서로 사랑함을 보는 것이다. 그리하여 '仁義가 여기에도 존재한다'고 쉽게 말한다. 대개 사려가 깊지 못한 것이다. 무릇 금수는 어미를 사랑하는 것은 알되 사랑이 그 자손에서 자손으로 미친다는 것은 모른다. 다만 무리를 사랑하는 것을 알고 있고, 다만 주인을 사랑하는 것을 알고 있으며, 다만 암컷과 수컷이 서로 사랑한다는 것을 알고 있을 따름이다. 또한 총체적으로 말한다면, 다만 서로 사랑하는 것은 알되 서로 사랑하는 가운데 또한 서로 공경하는 도리를 모른다면 인의예지의 性이 있다는 것이 실로 이와 같을까? 곤충의 무리에 이르러서는 기질의 性 가운데 또한 맑고 흐림, 치우치거나 온전함이 있어 주어진 것이 같지 않다. 혹 한쪽 길로만 통하는 것이 있는가 하면, 혹 두 길·세 길로 통하는 것이 있으니 여러 금수에 비하여 그 知覺이 더욱 다양하다. 이로써 보건대 사람과 사물의 性이 같은가, 같지 않은가?

대개 본성과 기질이 겸하여 있는 것이 사람이다. 다만 기질의 性이 있는 것은 금수이다. 기질의 性 가운데 겨우 한두 개만 지닌 것은 곤충이다. 단지 음양오행을 얻은 것은 氣요, 전혀 지각과 운동함이 없는 것은 풀·꽃·나무·돌 따위이다. 이것이 곧 사람과 사물에게 치우치거나 온전함으로 주어진 등급이다. 그렇다면, 한갓 인간과 사물의 性만 같지 않다는 것은 아니다. 사물의 性 역시 종류가 만 가지로 같지 않다. 先儒가 이르기를 '만물에는 각기 하나의 太❶을 갖추었다'고 하였다. 이것은 그 생겨남(化生)이 오묘함을 가리켜 말하는 것이지, 그 받은 性을 가리켜 말한 것이 아니다.

주자가 경전을 논함에 폭이 넓고 크지만 혹 갑과 을이 서로 부합되지 못한 것이 있는 듯하다. 근래 사람들은 그 초기와 말기를 판단하는 데 구별을 둔다. 전해 오는 기록의 잘못 또한 억지로 말을 꾸민 듯하다. 그런데 혹 부득불 그런 것이 있는 바, 이러한 것들을 처리함에 삼가서 간과하지 않아야 할 것이다.

독서를 하고 궁리함에 의문이 없을 수 없고 의문을 갖되 들어보지 않을 수 없다. 내가 태어남이 늦어 정자와 주자가 이미 멀리 가셨으니 질문할 곳이 없은즉, 분하게도 어디에서 의문을 풀고 다시 뵙겠는가? 요즈음 山齋에서 독서할 겨를이 있어 혹 스스로 의문을 품고 스스로 물어 보며, 스스로 풀고 스스로 터득한 것을 자세하게 비교하여 그 날로 자리에서 『의문』을 기록하였다. 이에 강론하거나 토의한 예에 주목하여 참람됨을 분석하고 깨달아 대강 스스로 一說을 갖추어 상자 안에 보관하였다. 때로 스스로 고찰하고 열람하되 또한 감히 自信自多한 뜻을 갖지 못한다. 또한 나아가 생각해 보고 말하기를, 내 주장이 정자와 주자가 그 때 몸소 변별한 논의가 아님을 어찌 알겠으며, 그리고 정자나 주자가 그 때 버리고 기록하지 않은 것이라면, 이는 필시 불편한 속마음이 있기 때문이리라 하였다. 매양 이러한 뜻을 위주로 한즉, 이 글을 마치는 뜻이 先儒의 말을 돈독히 믿는 데에 머물러 있을 따름이다. 또한 어찌 경전의 훈계를 거스름이 있겠는가? 진실

로 혹시라도 모두 고칠 뜻을 얻어 다시 앞서의 사람이 일으키지 못한 바를
일으킨다고 스스로 일컫는다면, 그 폐단은 장차 성인의 말씀을 모독하여
꺼릴 것 없는 지경에 이르게 될 것이다. 그 사람들의 죄는 죽여 마땅할 것
이다. 저 무리들이 가리지 못하고 이단으로 돌아가는 것 역시 스스로 높고
새로운 것을 좋아하는 소치가 아닐 수 없다. 경계하지 않을 수 있겠는가.

『天學考』乙巳

　　西洋書籍　自宣廟末年已來于東　名卿碩儒　無人不見視之　如諸子道佛之屬　以備書室之玩　而所取者　只象緯句股之術而已　年來有士人　隨使行行　赴燕京　得其書而來　癸卯甲辰年間　少輩之有才氣者　倡爲天學之說　有若上帝親降而詔使者　然噫　一生讀中國聖人之書　一朝相率　而歸於異敎　是何異於三年學而歸　而名其母者乎　誠可惜也　今取傳記之所存　爲天學考　使知此學之至中國已久　至東方亦久　而非自今始也

　　艾儒略職方外記　如德亞國　卽古大秦國　亦云　佛菻　卽天主下降之國也　利瑪竇天主實義　漢哀帝元壽二年庚申冬至後三日　擇貞女　託胎降生　號爲耶蘇　耶蘇救世之稱　弘化西土三十三年　復昇歸天　此天主實蹟云云(按大秦之名　自後漢始　卽前漢之犁軒國)

　●　漢書武帝時　安息國獻犁軒眩人　又云　烏弋山離國西與犁軒條支接　師古曰　眩人　卽今呑刀吐火植瓜種樹屠人截馬之術

　●　列子曰　周穆王時　西極之國　有化人來　入水火　貫金石　反山川　移城邑　千變萬化　不可窮極　變物之形　易人之慮(按　化人卽眩人也　盖犁軒　去中國四萬餘里　最西之地　其人善幻　多技能　西域諸國　皆慕效之　其通中國盖已久矣)

● 通典 後漢書大秦國 前漢時犁靬國 後漢時 始通焉 桓帝延嘉初 國王安敦遣使 自日南徼外獻貢 國在條支西 渡海四萬里(按 此以陸路言) 其地平正 人居星布 東西南北 各數千里 其王無常 簡立賢者 其人長大平正 有類中國故 謂之大秦 或云 本中國人也 有諸香金銀奇寶珍禽異獸幻人 與安息諸胡交市 拂菻國 在古國西 亦曰大秦 其人顔色紅白 王城方八十里 四面境土 各數千里 勝兵百萬 在大食西界 常與大食相禦 後爲大食所幷 其法 不食猪狗驢馬等肉 不拜國王父母之尊 不信鬼神 祀天而已 其俗 每七日一暇 不買賣 不出納 惟飮酒謔浪終日 又曰 大食國 在波斯之西 士女環偉長大 衣裳鮮潔 容止閑麗 無問貴賤 一日五時 禮天 又有禮堂 容數萬人 每七日 王出禮拜 登高坐 爲衆說法曰 人生甚難 天道不易 姦非劫竊細行謾言安己危人欺貧虐賤 有一於此 罪莫大焉 凡有征戰 爲敵所戮 必得生 殺其敵人 獲福無量 率土稟化 從之如流 又曰 大食波斯諸國之俗 禮天 不食自死肉及宿肉 苦國 在大食西界 亦大國 人多魁偉 衣裳寬大 有似儒服 又曰 高昌國俗 事天神 兼信佛法 焉耆國俗 事天神 漕國 卽漢時罽賓國也 葱嶺山有順天神者 建祠儀制 甚華 金銀爲玉 以銀爲地 又曰 國中有得悉神 自西海以東諸國幷 敬事之 又曰 康居國俗 事天神 崇敬甚重云 神兒七月死 失骸骨 事神之人每至 其月男婦三五百人 號哭 散在草野 求天兒骸骨 七日便止 又曰 滑國 車師之別種也 俗事天神火神 每日出戶祠神而後 食剂一拜而止(按 事天之學 非徒大秦一國 自古諸國 大抵 皆然矣) 又曰 漢班超 遣椽甘英使大秦 抵條支 臨大海 欲渡 而安息西界船人曰 海水廣大 逢善風 三月乃渡 若遇惡風 亦有三歲者 英聞而止 又曰 天竺國有神人 名沙律者 漢哀帝元壽元年博士 弟子景匿 受大月氏 使浮屠經所載與老子經相出入 盖昔老子 西出關 過西域之天竺 而敎之

● 北史 大秦國一名犁靬 從條支西 渡海曲一萬里 去代三萬九千四百里 地方六千里 居兩海之間 王城 分爲五城 王居中城 城置八臣 主四方而王城亦置八臣 分主四城 謀事 四城集議 有訴訟 冤枉者 當方之臣 小

則責讓 大則黜退 令擧賢以代其人 端正長大 衣服車旗儀 擬中國故 外域
謂之大秦 隋開皇 中國人撒哈八撒阿的幹葛思八 入中國 其敎 以事天爲
本 始傳其敎

● 資治通鑑 唐武宗會昌五年 僧尼及幷大秦穆護祆神 皆勒歸俗 胡三
省註 穆護釋氏外敎 卽摩尼之類 摩尼者 唐會要憲宗元和元年 回紇僧摩
尼來 置寺處之 其敎與天竺異 其所謂明敎僧也 祆胡烟反胡神也(按 大秦
之俗 削髮不畜妻 與僧無異 但 事天事佛不同 開皇以後 其敎行乎 中國
築館居生 與道觀佛利無異 使主其敎而已 會昌以後 其敎遂絶)

● 鴻書原始秘書曰 回紇人所奉者 只知有一天 其他神佛皆不奉 雖曰
神曰佛謂 皆是天生他也 拜天求天求道 方得爲神爲佛 天不敎他做他 如
何得做 是知生我養我 皆是天 萬物皆是天生故 所奉者天也 若別拜奉神
佛 是有二心 與人不忠不孝一般 其敎門 只知奉天故 每歲 自正朝日 起
晨昏 叫福 以面背其壁曰 目不視邪色 以指掩其耳曰 耳不聽淫聲 方擧首
叫天 謂之叫福 兩手捧之曰 接福 以手如得物狀 揣入懷內曰 天賜福矣
然後拜謝 是謂叫福 世俗以叫佛傳之 謬矣 故有叫福樓是也(按 回紇者
非唐所謂回紇也 卽後世所稱回回 西域諸國 別有尊事天神 今所謂回部
是也 非一國之名 芝峯亦曰 回紇非唐之回紇也 卽古之大食國也)

● 明嘉靖年間 鄭曉吾學篇云 西域有默德那邦 卽回回 國初 國王摹罕
驀德生 而靈聖 臣服西域諸國 諸國尊爲別諳援爾 華言天使也 國中有佛
經三十藏 凡三千六百餘卷 書兼篆隸草楷 西洋皆用之 其地接天方國 一
名天堂 風景融和 四時如春 田沃稻饒 居民樂業 有陰陽星曆藥音樂諸技
藝 俗重殺不食猪肉 器最精巧 宣德中 隨天方國朝貢

● 明史 神宗萬曆二十九年辛丑春二月 天津稅監馬堂 進大西洋利瑪
竇方物 禮部言大西洋不載會典 眞僞不可知 且 所貢天主女圖 旣屬不經
而囊有神仙骨等物 夫仙則飛昇 安得有骨 宜給冠帶 令還其國不報

● 錢牧齋景敎考曰 大秦 今西洋夷僧之點通文字者 膏脣拭舌 妄爲之
辭 雖有妙解名數之可取 其所行敎 不過西夷之事 天地日月水火諸神者

明 是竺敎之一支 下乘最劣者(按 景敎者 卽西士景淨所撰碑 其書眞道自
訂曰 明天啓三年 關中起土 獲一碑於敗墻下 碑約記聖敎之理 勒傳聖敎
之士七十二人 唐貞觀九年 入中國 建碑之時 係唐建中二年正月 錢所撰
卽此也 錢是當時人 與西士從遊 而習知之 則其言尤可信也

● 淸儒顧炎武日知錄曰 大秦國 始見於後漢書西域傳 在海西地方數
千里 有四百餘城 小國投屬者數十 又云 天竺國西與大秦國通 今佛經皆
題云 大秦鳩摩羅什 譯謂是姚興國號 非也 又曰 唐玄宗開元七年 吐火羅
國王獻解天文人大慕闍 問無不知 請置一法堂 依本敎供養 不許 此與今
之利瑪竇天主堂 相似 而不能行於玄宗之世 豈非其時在朝多學識之人哉
(按 此言亦以天主說 爲非矣)

● 芝峰類說曰 大西國有利瑪竇者 泛海八年 越八萬里風濤 居東粤十
餘年 所著天主實義首論 天主始制天地 主宰安養之道 次論人魂不滅 大
異禽獸 次辯輪回六道之謬天堂地獄善惡之報 末論人性本善 而敬奉天主
之意 其俗謂 君曰敎化皇 不婚娶故 無世襲嗣 擇賢而立之 又其俗 重友
誼 不爲私畜 著重友論 焦竑曰 西域利君 以爲友者弟二我 此言奇甚云
事詳見續耳譚

● 星湖先生天主實義跋文略曰 天學實義者 利氏瑪竇之所述也 卽歐
邏巴人 萬曆間 與耶蘇會朋友陽瑪諾·艾儒略·畢方濟·熊三拔·龐迪
我等數人 航海來賓 三年始達 其學 專以天主爲尊 天主者 卽儒家之上帝
而其敬事愼畏信 則佛氏之釋迦也 以天堂地獄爲勸懲 以周流導化爲耶蘇
耶蘇者 西國救世之稱也 自言耶蘇之名 亦自中古 起淳樸漸漓 聖賢化去
從欲日衆 循理日稀 於是 天主大發慈悲 親來救世 擇貞女 無所交感 托
胎降生於如德亞國 名爲耶蘇 弘化三十三年 復昇歸天 其敎 遂流及歐邏
巴諸國 耶蘇之世 距一千有六百有三年 而利氏至中國 著書數十種 其仰
觀俯察 推數授時之妙 中國未始有也 然其所以斥竺乾之敎者 至矣 猶未
覺畢竟同歸於幻妄也 但中國自漢明帝以前 死而還生者 幷無天堂地獄之
可證 則何獨輪廻爲非 而天堂地獄爲是耶 若天主慈悲下民 現幻於寰界

間 或相告語一如人之施敎 則億萬邦域可慈可悲者 何恨 而一天主遍行
提驚 得無勞乎 自歐邏巴以東 其不聞歐邏巴之敎者 又何無天主現跡 不
似歐邏巴之種種靈異耶 然則 其種種靈異 亦安知 夫在於魔鬼套中耶 意
者 西國之俗 亦駸駸渝變 其吉凶報應之間 漸不尊信 於是有天主經之敎
其始不過如中國詩書之云 憫其猶不率也 則濟之 天堂地獄之說 流傳至
今 其後來種種靈異之跡 不過彼所謂魔鬼 誑人之致也 盖 中國言其實跡
跡泯 而愚者不信 西國言其幻跡 跡眩而迷者 愈惑其勢然也 惟魔鬼之所
以如此者 亦由天主之敎 已痼人心故也 如佛敎入中國然後 中國之死而
復生者 能記天堂地獄及前世之事者也 彼西士之無理不窮 無幽不通 尙
不離於膠參盆中 惜哉(按 先生之言如此 而今爲此學者 間或曰 先生亦嘗
爲之 欲伸其說因而爲重 而不覺自歸於誣師之科 豈不寒心哉 其學術之
差 別具于問答)

『天學問答』

或問　今世所謂天學　於古有之乎

曰　有之　書曰　惟皇上帝　降衷下民　若有恒性　克綏厥猷　詩曰　惟此文王
小心翼翼　昭事上帝　又曰　畏天之威　于時保之　孔子曰　畏天命　子思曰　天
命之謂性　孟子曰　存心養性　所以事天也　吾儒之學　亦不外於事天　董子所
謂道之大原　出乎天是也

或曰　吾儒之學　果不外於事天　則子斥西士之學　何也

曰　其所謂事天　則一也　而此正彼邪　此吾所以斥之也

或曰　彼西士之童身制行　非中國篤行之士能及也　且其知解絶人　至於
天度推步曆法籌算制造器皿　若洞貫九重之天　八十里火砲之類　豈不神異
(我仁祖朝　使臣鄭斗元狀啓　西洋人陸若漢制火器　能作八十里之火砲　若
漢卽利瑪竇之友) 其國之人　又能周行大地　入其國　則未幾　而能通其言語
文字　測量天度　一一符合　此實神聖之人也　既爲神聖　則烏不可信乎

曰　是果然矣　然以天地之大勢言之　西域據崑崙之下　而爲天下中　是以
風氣敦厚　人物奇偉　寶藏興焉　猶人之腹臟　血脈聚　而飲食歸　爲生人之本
若中國　則據天下之東南　而陽明聚之　是以　稟是氣而生者　果是神聖之人
若堯舜禹湯文武周公是也　猶人之心臟　居胸中　而爲神明之舍　萬化出焉

以是言之 則中國之聖學 其正也 西國之天學 雖其人所謂眞道聖敎 而非
吾所謂聖學也

或問 何謂也

曰 惟此一心 本乎天性 若能操存此心保 有其性無忘 吾上帝所賦之命
則事天之道 無過於是 何必 如西士朝晝祈懇赦其舊過 求免地獄 如巫祝
祈禱之事 一日五拜天 七日一齋素然後 可以盡事天之道乎

或曰 世有三敎 曰儒曰釋曰道 今西士以天名學 其意何居

曰 聖人之道 一而已 豈有三敎乎 三敎之名 後世俗見之累也 佛是西
方之敎 而絶滅倫理 道是世外之敎 而無關世道 豈可與儒敎比而同稱乎
西士之以天名學 意已僭妄矣 盖西域一帶 自古異學蝟興 佛氏之外諸敎
亦多 觀於傳燈等書 可知矣 西士之言天者 其意以爲莫尊者天 言天則 諸
敎豈敢相抗 是則 挾天子令諸侯之意 其計亦巧矣 吾儒之敎 則聖人繼天
而立代天工 而治天下 敍秩命討 莫不由天 則是皆天命之流行也 何必以
天名學而後 爲眞道聖敎乎

或曰 西士之外 更無言天者乎

曰 墨子有天志篇 其言曰 順天意者 兼相愛交相利 必得賞 反天意者
別相惡交相賊 必得罰 三代聖王禹湯文武 順天意而得賞者也 桀紂幽厲
反天意而得罰者也 其事 上尊天 中事鬼神 下愛人 天之所愛兼而愛之 所
利而利之 此墨子之言天 而兼愛兼利 其大義也 西士忘讐愛仇之說 與兼
愛無異 其約身攻苦 與尙儉相同 但其異者 墨子言天以現世 西士言天以
後世 比之墨氏 尤爲詭誕矣 大抵 西學之言後世 專是佛氏餘論 而兼愛尙
儉 墨氏之流 是豈學周孔者所習者乎 今之所謂儒者 嘗斥道佛堂獄之說
墨氏兼愛之論 而至於西士之語 不復卞別置曰 此天主之敎也 中國聖人
雖尊 豈有加於天主乎 其猖狂妄言 無所忌憚 至於如此矣

或曰 耶蘇救世之名也 與聖人行道之意 似不異矣

曰 是何言也 耶蘇救世 專在後世 以天堂地獄爲勸懲 聖人行道 專在
現世 以明德新民爲敎化 其公私之別 自不同矣 假使 信有堂獄 如彼之說

人在現世 爲善去惡 行全德備則 必歸天堂 去善爲惡 行虧德滅 則必歸地
獄 人當於現世之內 孶孶爲善 毋負我降衷之天性而已 有何一毫邀福於
後世之念 程子曰 釋氏超脫死生 專爲一己之私 天學之祈免地獄 非爲一
己之私乎

或曰 古今 言天學者不無 其人於古有鄒衍 於我朝有許筠 願得其實

曰 鄒衍談天 滉洋難測 無所歸宿 不如西士之論天度地毬鑿鑿符合 筠
則聰明能文章 專無行檢 居喪食肉産子 人皆唾鄙 自知不爲士流所容 托
迹於佛 日夜拜佛誦經 求免地獄 倡言曰 男女情慾天也 分別倫紀 聖人之
敎也 天尊於聖人 則寧違於聖人 而不敢違天稟之本性 以是 當時浮薄有
文詞 爲其門徒者 倡爲天學之說 其實與西士之學 霄壤不侔 不可比而同
稱也 大抵 學術之差 皆歸異端 不可不愼也 老佛楊墨 皆必神聖之人 而
末梢終歸於虛無寂滅無父無君之敎 王陽明大倡儒學 而其實異端 是以其
徒顔山農者 以一欲者字爲法門 何心隱者 以一殺字爲宗旨 皆曰 我先生
良知之學 以心爲師 心之所出 皆良知也 我則從吾心之所出 末乃與南蠻
連結 作亂被誅 以此言之 學者當卞於爲學原頭 而察此末流之弊也

或曰 西士之說 異於是 只是爲善去惡 則有何流弊之可言乎

曰 是何言也 善之當爲 惡之不當爲 是愚智賢不肖之所同知也 今有人
於此 其人至惡也 然而又有人稱之曰 子是善人也 則其人喜 曰子是惡人
也 則其人怒 善惡之別 雖惡人已知之矣 世豈有爲惡去善之學乎 是以從
古異端 皆以爲善去惡爲敎 今此西士 爲善去惡之言 獨西士言之而已乎
吾所憂者 以其流弊而言也 其學 不以現世爲言 而專以後世堂獄之報爲
言 是豈非誕妄 而害聖人之正敎乎 聖人人之敎 惟於現世爲所當爲之事
光明正大 無一毫隱曲恍惚之事 是以孔子不語怪力亂神 怪是稀有之事
神是不見之物 若以稀有不見之事言之不已 則人心煽動 皆歸荒誕之域
以其大者言之 漢之張角・唐之龐勛黃巢・宋之王則方臘・元之紅巾賊・
明末之流賊者 皆其流也 其他小小妖賊 稱彌勒佛 白蓮社之徒 在在蝟興
史傳不誣 至若我英祖朝戊寅 新溪縣有妖巫 自稱彌勒佛 列邑輻湊 謂之

生佛出世　合掌迎拜　令民盡除神社雜鬼之尊奉者曰　佛旣出世　豈有他神
之可奉者乎　於是　民皆聽命　所謂祈禱神箱神缸之俗　率皆碎破而焚之　不
數月內　自海西及高陽以北嶺東一道　靡然從之　西士所謂天主之敎　其從
化之速　豈過於是乎　其時　自上送御史李敬玉　按誅之　而其妖彌月不定　人
心之易動難定　易感難悟　大抵　如是矣　今世　爲此學者　其言曰　一心尊事
上帝　無一息之停　比之吾儒主敬之學也　又曰　飭躬薄食　無踰濫之念　比之
吾儒克己之工也　實爲此學者　雖其門路異　而爲善則同　豈不可貴　但　世道
巧僞　人心難測　設有一箇妖人　假冒倡言　東有一天主降　西有一天主降　民
心習於誕妄　以爲實然　而風從矣　當此之時　爲此學者　其能曰　我正而彼邪
我實而彼僞乎　自不覺　爲聖學之蟊賊亂賊之嚆矢　而甘心焉　哀哉　哀哉

　　或曰　現世後世之說　可得聞乎

　　曰　現世者　卽今吾生現世之世　後世者　死後　靈神不滅　善者　受天堂萬
世之快樂　惡者　受地獄萬世之虐刑　是也

　　或曰　吾子以現世爲重　果不違於吾中國聖人之敎　無可改評　其所謂靈
神不死及堂獄之說　亦實然無疑乎

　　曰　是不可以質言於無形恍惚之事　而以理推之　以經書之所言　傳記之
所記言之　似不難知矣　我輩學孔子者也　但以子路問孔子之事言之　子路
問事鬼　子曰　未知事人　焉知事鬼　問死　曰　未知生　焉知死　聖人所答　模
糊不分明　其不幾於崑崙呑棗乎　子路是聖門高弟　異於新學後進　今此之
問似當　曰　人之生　全受天主生養之德　當以事天主爲工　人之死　雖肉身漸
滅　靈神長存　生時善惡　死後靈神　受堂獄之報　以此明白言之　則豈不痛快
乎　設有是事聖人之意不過　不語怪神而然矣　況未必可知乎　若然則　聖人
之學　異於天主救世之學　聖人法天　則豈有違天而行敎乎　此吾所以斥之
爲異學也

　　或曰　西士之斥現世　不過其學異也　子何斥之甚邪

　　曰　吾何甚　但明其不然而已　吾生也　旣生此現世　則當盡現世之事　如
上所云　有何更加之工乎　試以西士之言言之　其言曰　今世勞苦世也　又曰

現世暫世也 又曰 現世非人世也 禽獸之所本處也 又曰 此世禽獸世也 是
以 其國有賢士黑臘者 恒笑笑世人之逐虛物也 德牧者 恒哭哭因憐之耳
此獨西士知之乎 大禹曰 生寄死歸 後人莫不以此世爲逆旅 則豈長久可
戀之物乎 其言則是 而但所謂禽獸世者 大不然 惟我上帝 造此三界巍然
而天尊於上頹然 而地處於下 陽氣下降 陰氣上升 氤氳交媾 萬物化生 上
帝以其得氣質之最淸淑者 命之爲人 參爲三才 指天而曰 天指地 而曰 地
萬物之可畜者畜之 可殺者殺之 可用者用之 莫非吾人宰成輔相之道 今
曰禽獸之所本處 曰禽獸世者 其果成說乎 其說之妄 不必多卞 而愚者惑
焉 何哉 若如西士之說 則其流也 必以不生爲善 若使人類盡滅 則天地之
間空湯 爲禽獸之場乎

或曰 西士之言 謂人有三仇 己身一也 以其聲色臭味 怠惰放恣偸佚闇
溺我于內矣 世俗二也 以其財勢功名 戲樂玩好顯侵我于外矣 魔鬼三也
以其倨傲魅惑 誆我眩我 內外伐我 是言豈不切實乎

曰 子之惑甚矣 己身爲仇之說 其悖倫大矣 人有此身 則不無形氣之慾
吾儒克己之說所以立也 今若 以此身之生爲仇 則此身從何生乎 此身之
生由於父母 是以父母爲仇矣 且旣生此世 則富貴貧賤窮通利害勢當然矣
不知所以省察克治之工 而以世俗爲仇 則君臣之義 亦絶矣 若魔鬼之說
尤不近理 人有此形氣之慾 雖聖人不能免 而但聖愚之判 在于過不及之
間耳 是以吾儒克己之工 以自己天性本有之心 治形氣之慾節之 而不使
過中而已 魔鬼誰能見之 假使有之 是外物也 以外物之誘 而喪自己之性
容 或有之 人之不善 由於形氣之慾 豈皆魔鬼之事乎 其內外致工之術不
同 儒者克己之工 由於內 西士之言舍形氣 而謂由魔鬼 內外之緊歇之別
自不同矣 此不足卞也

或曰 其言曰 西國古經 天主闢天地 卽生一男 名亞黨 一女 名阨襪 是
爲世人之祖 然乎

曰 以理推之 此亦不然矣 天主神權 何所不爲 然而其闢天地也 陰陽
二氣 昇降交媾 化生萬物 而得其淸淑之正氣者 爲人 得其穢濁之偏氣者

爲禽獸草木 今以目前事言之 蝨之化生 由於人乎 由於衣乎 此有丕潔其
身 無一點垢膩 着新製衣袴服 未數日 必衣有數箇蝨 袴有數箇蝨 此蝨從
何出乎 必是人與衣氣相蒸鬱而生 此非氣化乎 此又有一畚土 無一草根
木實 無一蟲蟻 置之空架之上 風鼓雨潤濕氣壅鬱 亦未幾 何必有草木蟲
蟻生于其中 亦非氣化而然乎 氣化以後 因以形化 其類漸繁 人之生 何異
於是 大地齊民 皆爲亞黨一人之子孫 其果成說乎 若如其說 則禽獸草木
其初 只有一箇物繁生 若此之說 不必深究 亦不足信也

　　或曰 爲西學者 有原祖再祖之說 可得聞歟

　　曰 原祖 卽上所云亞黨也 再祖 今所稱天主耶蘇也 實義云 開闢初 牲
人無病 常是陽和 常甚快樂 鳥獸萬彙順聽其命 循奉上帝而已 由人犯天
主命 萬物亦反背于人 萬禍生焉 爲其子孫者相率 而習於醜行 又其書所
云眞道自證曰 天主生原祖 爲天下萬民之祖 特恩縱之 性善情美 萬理具
照天地 萬物遵若主命 邪魔忌 而謀去之 而天主乘此欲試原祖 邪神誘之
失本妄恩從魔 以方命天主仁慈轉爲義怒 死得地獄之苦 世世子孫同受其
罰云 噫 是何言哉 上帝造出亞黨以爲人類之祖 則其神聖可知矣 焉有上
帝聽魔鬼之諧諧 使魔鬼試其心之眞僞乎 若使亞黨設有僭妄之心 上帝當
更勅勵 使之改革 若賢父之於子 良師之於弟子可也 豈以上帝而有是事
乎 爲此言者 其慢天之罪 可勝言哉 假使 亞黨有罪 罪止其身而已 亦安
有萬世子孫同受其罰之理乎 先王之政 罰不及嗣 況至萬世而苦其子孫乎
實義中士曰 善惡有報 不於本身 必於子孫 不必言天堂地獄 西士曰 王覇
之法 罪不及冑 天主捨本身 而惟冑是報耶 以此條所言言之 則其說自相
矛盾 亦甚可笑

　　或復問再祖之事

　　曰 其說至繁難 以言旣姑擧其略 實義言亞黨自致萬禍 子孫相率以習
醜行 淳樸漸漓 聖賢去 從欲者衆 循里者稀 天主大發慈悲 親來救世 漢
哀帝元壽二年 擇貞女爲母 無所交感 托胎降生 名耶蘇 耶蘇卽救世也 弘
化西土三十三年 復昇歸天云 據此親來降生之說而言之 則當此之時 天

上其無上帝耶 又眞道自證曰 聖經言 天主於原祖子孫中 再立一人 爲人
類之再祖 又稱天主聖子無異 眞天主與親來降生之言不同 其學之不可信
有如此者 又曰 耶蘇 以萬民之罪爲己任 損己之寶命 被釘於十字架而死
云 旣曰 上帝親降 又曰 無異眞天主云 則敢曰被釘而死 不得考終耶 其
愚昧無知 侮慢尊嚴甚矣 此等言語 其可謂十分停當 而信從之乎

或曰 若子之言 則其說皆妄矣

曰 以我中國言之 邃古之初 所傳言語 率多荒怪 而聖人出然後 皆歸
刪黜之科 爾安知西土古初 亦豈無荒怪之語乎 其言曰 開闢以後文字 至
今皆存 謂之聖經而尊信之 盖有一種神聖之人作 而作爲此等說 勸誘人
民 是亦神道設敎之意也 但不如我中國聖人之出 而能正之耳(若女媧之
鍊石補天 后羿之射中九烏 皆歸剛正之科) 耶蘇之事 雖甚奇異 亦不過佛
氏顯聖顯靈之類耳 此果是上帝眞天主 親來而作此等靈怪之事乎 其學之
原頭 決是異端無疑矣

或曰 三仇之說 果是妄駁無忌憚之甚也 若以己身爲仇 則是身生於父
母 父子之倫 已悖矣 以世俗爲仇 則聖人行道致澤之功 皆歸虛幻 而君臣
之倫乖矣 其學以童身爲貴 而七克書有禁婚之語 則夫婦之倫絶矣 人生
此世 以三倫爲貴 而皆謂之暫世 而無所恤 惟以天堂地獄爲重 此佛氏之
流也 且其魔鬼之說 尤爲荒怪 非吾儒之所言 則吾子之斥去也宜也 但西
士所謂天學工夫如何

曰 此已略言於前後 其言曰 每朝 目與心偕 仰天顧謝天主生我養我
至敎誨我無量 次祈今日祐我必踐三誓 毋妄念 毋妄言 毋妄行 至夕 又俯
身投地 嚴自察省 本日所思所言所動作有妄與否 否則 歸功天主 叩謝恩
祐 若有差爽 卽自痛悔 禱祈天主慈恕宥赦 其大體如斯 而已此比吾儒誠
身之學 而今爲此學者等 視儒學 而謂此爲眞何哉 且擧措貌樣與吾聖訓
同乎異乎

或曰 西士謂 佛氏偸其國之敎 自立門戶 然乎

曰 佛氏釋迦生於周昭王時 天主耶蘇生於漢哀帝時 則先後之別 不容

多卞

或曰 西士言 其國有開闢以後史記 至今皆存 凡三千六百卷 耶蘇之生 皆預言 其期不若 中國史之泯滅不存 虛僞相雜然乎

曰 非吾見 則不可言其不然 而假使 有之今其書 所引經文 卽其語也 必擇其精者言之 而今使有眼者見之 其與吾中國聖人之語 孰優孰劣 子若見之 可以知之矣

或曰 其人 專以行敎爲重 越滄溟八九萬里 經啖人戕人之國 而不知懼 鮫鰐虎狼之患 而不知避 若非所見之的實 力量之絶人 能如是乎

曰 以史考之 姚秦之鳩摩羅什·蕭粱之達摩 皆自大西國涉重溟而至是 亦欲行其敎於中國 此何以異是二僧之所傳 不過今行佛書 使西士之學 雖欲行於中國 此亦不過其流行之 如今佛書而已 豈可使吾儒舍周孔之道 而從之乎

或曰 西士之言 自耶蘇之敎行後 至今千七八百年 而化行隣國 無篡弑 之事 無侵伐之害 西國累萬里 至今猶然 中國聖人 雖多代興代滅 則可知 中國之敎 不探其本而然也 爲吾儒者 聞之茫然自失 反以中國聖人之敎 謂不及於彼 其果然乎

曰 西域一方 風氣敦厚 人心厚樸 不甚如中國之巧僞 則容或有之然 是皆誇大之語也 嘗觀歷代諸史 漢哀以後 大西諸夷之侵伐幷合者多 史 豈誣說乎 是不足取信 且倭國始祖狹野 卽其所謂神武天皇也 立國 當周 平王之時 至今一姓相傳 其制國之術封建之法 亦非今中國之所可比 則 豈可以此而謂過於中國乎 是皆知天學而然耶

或曰 耶蘇救世 被釘於架 能撼天地萬物 而不傷一釘己之人 此非至仁 而然耶

曰 此上所謂忘讐愛仇者也 畸人書曰 天主敎士 以德報讐 不以讐報讐 凡讐有兩般 若害我之讐 古君子之若是者多矣 若以君父之讐 而以此爲 敎 則其害義大矣 此吾所以謂墨子兼愛之流 而此其甚者也

或曰 西士斥中國之人不知上帝造此天地萬物 而朱子太極圖言 理爲物

之原 朱子曰 天卽理也之說 如何

曰 上帝主宰之稱 而爲萬物之總主 吾儒已言之矣 人之稱天有二 一是主宰之天 曰天命之性 曰畏天命之類 是天卽理也 一是形氣之天 是天卽物也 朱子之圖 本於孔子太極 生兩儀之言 以有主宰而言之 則曰上帝 以無聲無臭而言之 則曰太極 曰 理上帝與太極之理 其可貳而言之乎 其言曰 但聞古先君子敬恭于天地之上帝 未聞有尊奉太極者 又曰 理是依賴者 有物 則有物之理 無物 則無物之理 有君 則有臣 無君 則無臣 若以虛理爲物之原 是無異乎佛老之說云 此等言語 其果成說乎 上帝爲理之原 而造此天地萬物 不能自生 必有天地萬物之理故 生此天地萬物 安有無其理而自生之理乎 此卽後儒 氣先於理之說 不足卞矣 孔子曰 太極生兩儀 又曰 一陰一陽之謂道 道卽理也 若如西士之言 則是幷與孔子而斥之 爲吾儒者 當明目張膽 排擯之不暇也

或曰 觀實義·畸人等書 西士所言 中士莫不歆衽信從者 何哉

曰 此等書 皆西士設問而自作 故如是耳 若與識道之儒士言之 豈有歆衽信從之理乎

或曰 天主之稱 或有見中國之書者乎

曰 經傳不見 但史記封禪書 祀八神 一曰天主 祠天 漢書藿去病傳 元狩元年 得休屠往 祭天金人 金日磾傳 休屠作金人 祭天主 天主之名見於此 如淳註曰 祭天以金人爲主 師古註曰 作金人 以天神之像而祭之 今之佛像是其遺法 漢武帝故事曰 昆耶殺休屠王來降 得金人之神 上置之甘泉宮 金人者 皆長丈餘 其祭不用牛羊 惟燒香禮拜 上使依其國俗祀之 據此諸說 顏註 雖謂之今佛 而以天神二字觀之 與佛異矣 疑以金作天主而祭之 如今爲此學者 爲天主畫像 而禮拜之 此古今之變也 凶奴右賢王 西通西域 疑得其敎而祭之也 又 其書眞道自證曰 耶蘇之生 聖母抱之 往聖殿 獻於天主臺前云 則天主之名 已在於漢哀之前 而非耶蘇爲天主也可知

或曰 列子商太宰問孔子以聖 曰丘 其聖歟

答曰 吾何敢

又問三皇五帝 三王皆曰聖 則吾不知商

曰 然則孰爲聖

曰 西方有聖者 不治而不亂 不言而自信 不化而自行 蕩蕩乎民 無能名焉 爲佛者 以爲指佛而言然 以今觀之 似指天主而言也

曰 列子荒唐之文 何足取信 孔子稱堯曰 蕩蕩乎民 無能名焉 與西方之聖同 而謂五帝非聖 豈其然乎

或曰 今聞 爲其學者 以敎師爲代父(天主爲大父故 代天而施敎 謂之代父) 設天主位學者 以三尺淨布掛項 以手洗頂 瑪竇所謂聖水 所以洗心垢也 又 明燭 學者俯伏 盡說從前過咎 以致悔悟之志 又 陳八敎以後 不復犯過之意 而又定別號云 此意如何

曰 此專佛氏樣子也 佛氏有法師·律師·燃臂·懺悔·灌頂之節 此何異焉 是以 吾以爲其俗爲之非吾中國習聖人之敎者所行也

或曰 利瑪竇言 魂有生魂·覺魂·靈魂 草木之魂 有生無覺無靈 禽獸之魂 有生有覺無靈 人之魂 有生有覺有靈 生覺二魂 從質而出 所依者盡則生覺俱盡 靈魂非出於質 雖人死 而不滅自在也 此說如何

曰 吾中國 亦有之 荀子曰 水火有氣而無生 草木有生而無知 禽獸有知而無義 人有氣有生有知有義故 最爲天下貴也 此語 眞西山表出於性理大全中 西士之言與此大同 而但靈魂不死之言 與釋氏無異 吾儒之所不道也

或曰 近有上舍生 將參釋尊 其友之爲此學者 止之曰 凡假像設祭 皆魔鬼來食 豈有孔子之神來享乎 人家祭祀亦然 余則 雖未免從俗行之 而心知其妄故 必仰天默奏于天主不得已爲之之意 然後行之 悖禮毀敎 孰甚於此

曰 此亦西士之言 爲其言者曰 祖先之善者在天 必無來享之理 惡墮地獄者 雖欲來得乎 此與聖人制祭禮之義不同 吾子悖禮毀敎之憂 信然信然 亦有可笑者 今爲此學者 揭天主 而禮拜禱祈焉 此亦假像 則亦一魔鬼

也 星湖先生 所謂其種種靈異 安知不在於魔鬼套中者 先生已知其然矣
然則 魔鬼之變幻莫測 亦有假善 而惑世者以愚下民 而西士惑之而尊崇
豈不可笑哉 聞其說 有爲天主 此亦魔鬼之幻弄也 假稱僞天主 則其不能
依附於假像乎

　或曰 道佛二敎及西士 盛稱魔鬼 魔鬼果是何神 而天主不能禁遏 使之
行惡耶

　曰 其說言 厥初天主命生純神 其絶美 品分九等 以供主令故 曰天神
又有鉅神 傲慢自足自絶於主 爲惡神之魁 天主使之墮在地獄 名曰魔鬼
天主暫放之 以煉善人之功 以癉惡人之罪 煉善人之功者 謂天主使魔鬼
誘善人 使爲惡 以驗工夫之(以下缺)

　或曰 今聞吾子之言 其爲異端無疑 吾儒明德新民之功 皆以現世而言
也 西士爲善去惡之事 皆爲後世而言也 人旣生此現世 則當盡現世之事
求其至善而已 豈可有一毫邀福於後世之意乎 其學之入頭門路 與吾儒大
錯 而其意專出於一己之私 吾儒公正之學 豈如是乎 自今 當以吾子之言
爲正 余聞 而笑之 客退 而書其問答 爲此文 庶幾或有補於世敎耳 乙巳
嘉平日虞夷子書

附錄

　或之退也 復問曰 今之爲此學者 多言吾星湖先生亦嘗爲之 其信然乎
余曰 余於丙寅歲 始謁于先生 先生與之談論經史諸說 可謂無所遺矣 末
梢至西洋學 先生曰 西洋之人 大抵 多異人 自古 天文推步製造器皿算數
等術 非中夏之所及也 是以 中夏之人 以此等事皆歸重於胡僧 觀於朱夫
子說 亦可知矣 今時憲曆法 可謂百代無弊 曆家之歲久差忒 由歲差法之
不得其要 而然也 吾常謂 西國曆法 非堯時曆之可比也 以是人或毀之者
以余爲西洋之學 豈不可笑乎 余因問 洋學有可以學術言之者乎 先生曰
有之矣 因言 三魂之說及靈神不死天堂地獄之語 曰 此決是異端 專是佛
氏之別派也 當時所聞如此 其後 余復有所問 曰 天主之說 非吾所信 鬼

神之有淹速之別 非箇箇同然也 又曰 七克之書 是四勿之註脚 其言 盖多
刺骨之語 是不過如文人之才談小兒之驚語 然而削其荒誕之語 而節略驚
語 於吾儒克己之功 未必無少補 異端之書 其言 是則取之而已 君子與人
爲善之意 豈有彼此之異哉 要當識其端 而取之可也 先生又 作天學實義
跋(見上攷文) 今以先生與余問答之語及跋文觀之 其果尊信之乎 此不過
無識少輩 以其自己之陷溺 幷與師門而實之 可謂小人之無忌憚也 幸以
我今生存 能卞其是非而已 我若已死 則後生輩 亦必信其言矣 皆不爲斯
文之大可羞吝者乎

　或又問曰 星湖先生嘗謂 利瑪竇聖人也 此輩之藉此 爲言者多 其信然
乎 余聞之 不覺失笑曰 聖有多般 有夫子之聖 有三聖之聖 不可以一槪言
也 古人釋聖字曰 通明之謂聖 與大而化之之聖 不同矣 先生此言 余未有
知 或有之 而余或忘之耶 假有是言 其言 不過西士才識可謂通明矣 皆以
吾堯舜周孔之聖許之者乎 近日 人多以某人 爲聖人某人 余所見也 先生
雖有此言 是不過某人之類耳 豈眞聖人也哉 噫嘻 吾道不明 人各以自己
斗소之見 自以爲是 而不能覺焉 至於誤後生而不知 誠足憐悶 他尚何言
是日復題

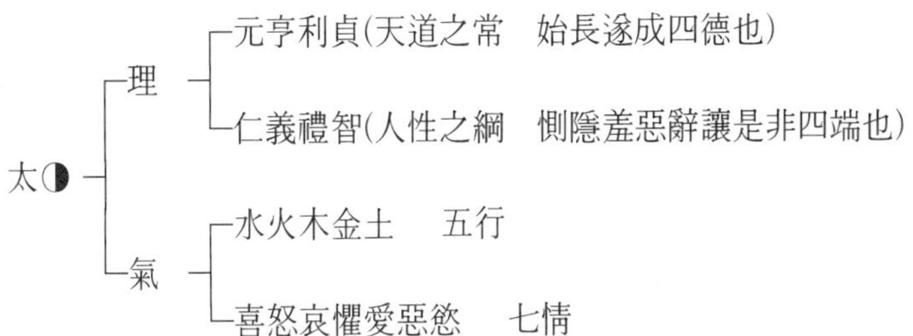

　　太◑總理氣　而主於理者　四德也四端也　主於氣者　五行也七情也　理邊無不善　氣邊有善有不善　須使五行聽命於四德　七情聽命於四端　可也　五行不亂　則佐四德　而天道成焉　七情得正　則佐四端　而人道立焉　然則　五行或致乖亂　則天以元亨利情之道　使之不乖　七情不得其正　則人以仁義禮智之性　使之得正　此是理勝而拑氣者也　不然　每有氣盛滅理之患　可不愼哉

<心性圖解>

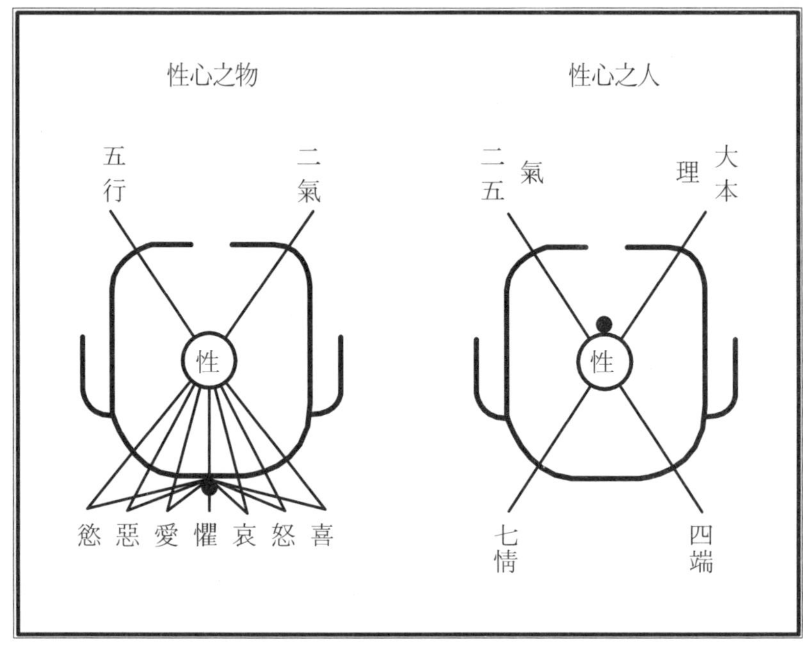

　(得天地之理成性　得天地之氣成形　理寓於氣　性載於形　本然爲主　氣質爲用　●旣曰　得天地之理成性　則性只是理也　今於心性圖　大本之理・二五之氣　合以爲性者　何也　曰　大本之理　爲本然之性　二五之氣　爲氣質之性　大本與二五　兼得爲性者　人也　只得二五　爲性者　獸也　●有曰　性則理也　又曰　二五之氣　爲氣質之性云　則性非徒理也　亦是氣乎　曰　二五之氣　亦自理中出成　則氣以成形　理亦賦焉者　此也　豈可以是而諱性卽理之說乎　大抵　形氣以前　只是大本之理而已　厥後　二五之氣生焉　氣以成形　萬物化生　天地之理與氣　只一般　而人物受去　各不同　非天不公　乃人物自不同故也　是知元亨利情天地之理　而所謂大本者也　陰陽五行亦天地之理　而以形以氣者也　大本與二五兼得者　人性也　只得二五者　禽獸也　●理與氣合　成心　心之虛靈　知覺宰處萬事　知覺者　從理而發者　從氣而發　乃有

人道心之別 ●心一光也 光中所貯之物 卽性也 從理上發者 謂之本然之性 從氣上發者 謂之氣質之性 ●寂不動 而具衆理者 心之體也 感遂通而應萬事者 心之用也 鑑空衡平凡物 而成感應之而已 ●心有血肉之心 有知覺之心 ●天命之謂性 而天所命 只是元亨利情之道也 在天爲元亨利情 在人爲仁義禮智 ●性旣墮在形氣中 則氣質之性 爲用 就其中 抽出本然之性 卽理之所在也 ●天地之性 亦不離於氣質之中

四七理氣

客問於主人曰 理無爲 而氣有爲 理不自發 待氣而發 則四端亦謂之氣發 可也

主人曰 夫仁義禮智 天理本然之性 則四端其非屬於理乎 喜怒哀懼 氣質所稟之性 則七情其非屬於氣乎 屬於理邊 此理爲之主 而謂之理發 可也 屬於氣邊者 氣爲之主 而謂之氣發 可也 豈可以理之待氣而發者 因謂之曰四端亦氣發耶 理之待氣而發 則氣爲理所使而已 此是理發而氣隨者也 四端之發於理 則明矣

客曰 四端雖發於理 而非氣無以發矣 則謂之氣發 似無大害矣 必謂之理發然後 穩於義者 可得聞歟

主人曰 理邊本無弊 氣邊易生弊 何者 天理本然之性 無有不善 則理可謂無弊也 氣質所稟之性 有善有不善 則氣可謂有弊也 故四端之發於理者 擴而充之 則仁之至義之盡 而萬世無弊 七情之發於氣者 熾而不節 則過喜過怒過哀過懼 弊將無窮 然則 以若無弊之四端 謂之發於有弊之氣 可乎 理無弊 而四端亦無弊 觀四端之無弊 則四端之出於無弊之理 可知也 烏可與七情混 謂之氣發耶

客曰 理固無弊矣 四端則 似有弊 何者 人或有不當惻隱而惻隱之 不當羞惡而羞惡之 又 有惻隱而過於惻隱 羞惡而過於羞惡者 此豈四端之不得其正 而有弊者耶

主人曰 不當惻隱而惻隱者 非吾所謂仁之端也 不當羞惡而羞惡者 非

吾所謂義之端也　心志未固　私意雜念　有時橫出者　曷足以四端稱之乎　若
夫惻隱而過於惻隱　羞惡而過於羞惡者　理發氣隨之際　理爲氣所誤者也
此非四端有弊也　乃亦氣弊也

　　客曰　氣之弊　可得聞歟

　　主人曰　夫氣質之性　有善有不善　則淸濁粹駁　氣所以爲夾雜也　氣是夾
雜　而氣又易放　則氣果非易生弊之物乎　大凡　氣或有有弊之氣　而理則無
有弊之理　則此所謂四端之發　亶在乎一毫無弊理之本善者也　故先儒曰
四端理之發理之發云者　發於理之謂也

　　客曰　今聞主人之言　始知發四端者氣也　而四端之所發源理也　則此乃
理爲主　而氣爲使也　主人所謂四端　理之發者　實無弊之論也　若夫聖人之
公七情　似是理發　而謂之氣發者　抑又何也

　　主人曰　聖凡之七情　雖有中不中之不動　七情之所以爲七情　一也　則凡
人之七情　謂之發於氣　而聖人之七情　獨謂之發於理乎　且理本善　而可以
擴充　七情亦可以擴充乎　苟使之擴充　其弊將如何　不可謂之理發也　明矣
故曰　當然之七情發於正氣　而稟氣質之淸者也　不當然之七情發於客氣
而稟氣質之濁者也　雖有氣淸氣濁正氣客氣之分　而其發於氣　則一也　李
子又有公七情氣順理之說　實平正之論也

　　客唯唯而退曰　蓋四端之發　非氣無以　則謂之氣發　可也　然而氣或有弊
而四端無　或有弊　則四端不可謂氣發也　七情之發　理在其中　則謂之理發
可也　然而理可擴充　而七情不可擴充　則七情不可謂理發也　而今以後　吾
乃知理發氣隨氣發理乘之義也

　　理發氣隨氣之氣　就四端發見之氣而言之　氣發理乘之理　就七情所然之
理而言之也

　　四端發於理　而氣以用之　七情發於氣　而亦在焉故　程子曰　論氣　不論
理不明　論理　不論氣不備　此訓甚明快　但　理發處　理爲主　則謂之理發可
氣發處　氣爲主　則謂之氣發可　朱子不云乎　四端理之發　七情氣之發

　　蓋四端七情　先觀其末　抄之如何　然後　可知其發源在何處　惻隱羞惡

可以擴充 則其發源在於本然之性 可知也 喜怒哀懼 不可擴充 則其發源
在於氣質之性 可知也 理可擴充 而氣不可擴充故也

問 七情中愛則 可以擴充

曰 四端 是大公無私者也 七情 是有公有私者也 大公無私者 屬之本
然之性 而無有不善 是也 有公有私者 屬之氣質之性 而有善有不善 是也
本然之性 無有不善者 可以擴充矣 氣質之性 有善有不善者 亦可以擴充
乎 七情是氣邊物 而愛在乎七情中 則愛固不可以擴充也 若或 以愛直謂
之仁 而可以擴充云 則亦有所不可 何者仁是本然之性也 愛是氣質之性
而氣質之性 禽獸亦得有之 今果以愛爲仁 則是禽獸亦有仁義之性也 謂
禽獸有仁義之性 則可矣 謂禽獸無仁義之性 則愛與仁 不得不有自別

問 有曰 仁者愛之理 有曰 仁是愛之性 愛是仁之情 又曰 仁不能離得
愛 然則 仁與愛 似可混稱而同名也 否

曰 仁者天地生物之心 而愛之欲其生也 以愛釋仁 亶由於此 若夫大體
言之 愛是一段恩愛 而仁爲萬善所統 則顏子之三月不違仁 夷齊之求仁
得仁焉者 豈足以一段恩稱 說之哉 故先儒論 後世言仁之差 有曰 後人都
不識仁 只把做恩愛說 是又太泥云 則愛不可 以正名以仁 可知也(古人言
仁 多借愛爲說者 此皆推類立言者也 非謂七情之愛 卽四端之仁也 此意
不可不知也)

問 人於愛親愛民愛物 上終不可用擴充工否

曰 愛親而得其正 則仁乎親者也 愛民而得其正 則仁乎民者也 愛物而
得其正 則仁乎物者也 旣云乎 仁親也 仁民也 仁物也 則夫何擴充之不可
也 此所謂氣之順理者也 順理者 固不可以擴充乎 且氣質之性善反 則天
理之性存焉 天理之性 亦不可以擴充乎 若夫 愛親而只養口體者 非仁也
墨子之兼愛 非仁也 衛公之愛鶴 非仁也 是亦可以擴充之乎 然則 愛不可
擴充 而仁然後 可以擴充者 不亦宜乎(統以言之 則七情氣之發也 而氣夾
雜故 不可以擴充也 分以言之 則七情之得正者 氣之順理者也 順理 則可
天理故 可以擴充)

問 四端之惻隱與七情之愛 有別者 何也

曰 惻隱出自本然之性 而大公無私 恩愛係於氣質之性 而有公有私 此所以有別也

問 孟子有善養氣 塞天地之訓 是氣則 非氣質之氣耶 何其擴充之如是耶

曰 其爲氣也 至大至剛 集仁義 而所生也 則與他氣自別而强 名之曰氣者也 故孟子曰 難言 蓋其大無外故 初無過大之弊 其剛無敵故 又無過剛之嫌 夫如是 則復何憚 而不爲之擴充乎 豈與氣質之氣擴 而充之 熾而不節者 同日語哉

問 人之生都是氣化 而無理化 則人之性都是氣發 而無理發 然否

曰 天以陰陽五行 化生萬物 氣以成形 理亦賦焉 且氣以化者 卽理也 何必 曰是氣化也 然則 似不可以都是氣發爲言也

問 七情之哀與愛 仁也 怒與惡 義也 喜和而懼嚴 可謂禮也 慾者 心之所欲也 則可謂智也 然則 七情中 亦有四端 四端與七情 本非二物 而四七之有理發氣發之異者 何也

曰 惻隱 仁之端 而形容不忍人之善心 則悲哀 親愛與惻隱有別 羞惡義之端 而恥憎已 與人之不善 則恚怒厭惡 與羞惡自異 哀與愛怒與恐 謂之仁之類義之類 則可謂仁之端 義之端 則不可 且揖遜辭讓 辨別是非 禮也智也 而喜懼慾三者 與辭讓是非 固非泑然相合 則豈可曰四七 情中亦有四端 又可曰 四七本非二物乎 且七情 禽獸亦得有之 若四七本非二物 則禽獸亦得有四端乎 由此言之 則四七豈可混而同之 亦豈無理發氣發之異乎 昔者 或有問於朱子曰 喜怒愛惡慾 却似仁義 朱子答曰 固有相似處 不正 言其相似 則意固有在也 然則 四七非二物而何

問 羞惡之惡與七情之惡 有不同者 何也

曰 見人 有不善憎而惡之者 此乃四端之惡也 死亡貧苦 厭而惡之者 此乃七情之惡也 四端之惡 屬之本性 七情之惡 屬之氣質 可也 字同而義異者 此之謂也

問 氣質之性 善反之 則天地之性存焉 似是四七本非二物而然也

曰 人心惟危 道心惟微 氣質之性爲用 則天地之性 幾乎滅矣 人於是
時 猛省而深察 用工於氣質上 則可至乎變化氣質 而天地之性 復得而存
焉 此之謂乃其初者也 豈其四七非二物而然耶

問 四端情也 七情亦情也 情則一也 則四七其非一物乎

曰 天以陰陽五行 化生萬物 萬物之生生 則一也 則子之言 其猶萬物
亦一物也 大凡 心統性情 性動爲情 情則一也 而有四端之情 有七情之情
此所謂一本 而萬殊者也 情發以前 只是性一圈而已 情發以後 四七之名
各有分焉 推觀於李子十圖中 蓋可知矣

問 四端是本然之性 而無有不善 則所謂四端之不得其正云者 何也 旣
曰四端 則四端者 亦有不正者乎

曰 四端固本善之性 而其發也 或爲氣所溢 則亦有所不得其正者 此非
四端不正也 使之不正者 乃氣也 雖然理發氣隨之時 或爲氣所溢 已不得
其正者 不曰四端不得其正 而謂之曰 何物不得其正乎 是故 漢惠 以惻隱
之心遂至隕身 吳札 以辭讓之心卒致亂國 明帝之太察察 是非之不可得
正也 伯夷偏於隘 羞惡之不得正也 此豈非四端之不得其正者耶

問 四端不得正之前 四端固無不善矣 四端不得其正後 四端似可謂惡
四端也

曰 天下之理正則善 不正則惡 正與不正 善惡分焉者 此乃充類至義之
辭也 若以差等言之 則其問自不無分數焉 請以器論之 今夫器之頃仄者
不得其正者也 器之覆墜者 不正之甚者也 器之破殘 無餘者 不正之甚而
乃至於惡者也 由是言之 則頃仄而不得正者 爲氣所溢之初也 覆墜而不
正之甚者 氣熾橫肆之時也 破殘而至於惡者 氣盛滅理之後也 然則 不正
之於惡也 煞有所等分焉 而四端之不得正者 何必名之曰惡四端乎 且仄
而欹者 猶可謂之器也 殘而滅者 器之名無所施焉 此猶氣溢之初 猶可謂
之四端也 理滅之後 四端無揭號處也 然則 四端不得正之說 可用於氣溢
之初 不可用於理滅之後 何者 理滅然後 不可曰四端故也

蓋四端之不得正　而以至乎理弱氣熾　則本然之性滅矣　七情之得其正
而以至乎氣發順理　則天地之性存矣　惟在人省察用工與否間耳

大抵　理氣有可以混淪言者　有可以分開言者　理中有氣　氣中有理　而程
子有不明不備之訓　則此可以混淪言也　理無不善　氣有善惡　而朱子有理
發氣發之論　則此可以分開言也　混淪分開　皆所以明此理氣之學　則一也

天下之義理無窮　人人之所見不同　則以吾淺薄　安敢論說性理箇箇　歸
至當之科乎　近日　少欲開發蘊奧　則毫上起毫　縷上起縷　毫毫縷縷　非天下
至精　其孰能辨之哉　古人曰　下學而上達　下學不已　則淸明在躬　志氣如神
自然及上達之境矣　然後　可以辨義於毫縷　判心迹於天壤者也　然則　今日
之務　當在乎下學工夫而已　吾欲於下學指南二卷　心抄之口讀之　以待後
日學進而識進也

人物之性

朱子曰　朱子曰　觀萬物之一原　則理同而氣異　觀萬物之異體　則氣猶相
近　而理絶不同　理同氣異者　稟生於天　則同　而稟氣之淸濁粹駁　則有異也
氣猶相近　而理絶不同者　氣質之性則　人物各得有焉　而本然之性則　人所
獨稟也　然則　物所得者偏　人所稟者全　何者　喜怒哀懼愛惡慾七情　氣質之
性　而禽獸亦多有焉　仁義禮智四端　本然之性　而禽獸未嘗有焉　此之謂物
得其偏者也　人則不然　有本然之性　有氣質之性　本然之性發於理　而爲四
端　氣質之性發於氣　而爲七情　此之謂人稟其全者也　人物之性　豈可比而
同之哉　近來　有一人曰　牛中　出一聖人然後　性同之論可從　有一人答曰
雖有聖牛　吾不從性同之論矣　何者　牛之出性　誠一變怪也　豈其性同而然
也　此皆絶到之言也

問　虎狼之父子・蜂蟻之君臣・烏之反哺也・犬馬之爲主也　豈非物之
有仁義者耶

曰　此莫非自七情中愛來者也　豈其有仁義之性而然哉　夫物亦知相愛也
故蜂蟻赴水火　而以死相隨　犬馬戀其主　而竭力致死　此實相愛之至死　而

不自覺其死之惜也 皆有道理之當然而然哉 大凡 物性之如彼者 取譬於
吾人仁義 則可 直謂之曰 物亦有仁義之性 則不可 吾故曰 出自七情中愛
來者也

問 鴟鳩有夫婦之別 鹿有朋友之義 然否

曰 此亦自愛情中出來者也 鴟鳩不喜淫 而相愛也 故似有夫婦之別 鹿
不喜鬪 而相愛也 故似有朋友之義 愛則愛矣 彼有夫婦之禮朋友之信而
然哉

問 不喜淫不喜鬪 則似是本善之性也

曰 物豈有本善之性 物之稟氣就 其中有淸濁粹駁之不同 則鴟鳩與鹿
乃其淸粹者也 謂其稟氣中 稍爲淸粹 則可也 豈可與吾人本善之性混 而
同之哉

物有氣相連 而愛者有類相從 而愛者有兼恩威 而愛者有感德 而愛者
氣相連 而愛者虎之父子也烏之反哺也 類相從 而愛者鴟也鹿也 兼恩威
而愛者蜂蟻也 感德 愛者犬馬也 此皆物得氣質之性而然也 有此氣質之
性 又 兼本善之性者 獨人也 是故 萬物之中 人爲最靈 四德五常 燦然具
備 若使吾人從有氣質之性 無本善之性 則何必爲之人也 謂之禽獸亦可
也

禽獸亦有氣質之性 而氣質之性中 惟愛最近仁義故 人見禽獸之相愛也
便謂之曰仁義在是 蓋不思之甚也 夫禽獸知愛母 而不知愛及其子之子
有徒知愛群者 有徒知愛主者 有徒知雌雄相愛者 又 總而言之 則徒知相
愛 而相愛之中 又 不知相敬之道 則有仁義禮智之性者 固如是乎 至於昆
蟲之類 則氣質性中 又 有淸濁偏全 所稟之不同 或有通一路者 或有通二
路三路者 而比諸禽獸 其知覺 尤有多焉 由是而觀之 人物之性 同乎 否
乎

蓋本性氣質兼有者 人也 只有氣質之性者 禽獸也 氣質性中 各纔得一
二者 昆蟲也 只得陰陽五行者氣 而全沒知覺與運動者 草卉木石之類也
此乃人物所稟偏全之等級也 然則 非徒人物之性之不同 物之性亦類萬不

同 先儒曰 萬物各具一太❶ 此指其化生之妙而言之也 非指其所禀之性
而言之也

朱夫子論經浩大 或有似甲乙不相合者 近人有辨其初晚之別 傳錄之誤
亦似遁辭 而或有所不得不然者 此等處十分愼旃看可也

讀書窮理 不可無疑 有疑不可無聞 吾生也晚 程朱已遠 摳衣問質 旣
無其所 則憤悱啓發於何復睹 近日 山齋有讀書之暇 或自疑而自問之 自
解而自得之 竊自比 於當日函席上記疑問 目講討之例 斯覺僭焉 而蓋自
備一說 藏于篋笥 以時乎自考自覽 而亦不敢有自信自多之意 又從而思
之 曰 吾說 安知非程朱當日己辨之論 而程朱棄而不錄者 則此必有未穩
底意故也 每以此意爲主 則畢意歸宿 在於篤信先儒之言而已 又 何有違
經之誚哉 苟或 得一新意 便自謂發前人所未發 則其弊將至於侮聖言無
忌憚之域矣 其人輩罪案 可勝誅哉 渠輩末抄之歸于異端 亦莫非自高好
新之致也 可不戒哉

찾아보기

강세구(姜世求)

　　1943년생
　　대전사범학교 본과 졸업
　　동국대학교 경영학과 졸업
　　연세대학교 교육대학원 졸업(역사교육전공, 교육학석사)
　　홍익대학교 대학원 사학과 졸업(문학석사)
　　서강대학교 대학원 사학과 졸업(문학박사)
　　한성대·서강대·서울 시립대·오산전문대 강사 역임
　　현재 서강대 사학과 강사
　　저서 :『동사강목 연구』, 민족문화사, 1994
　　논문 :「순암 안정복의『동사강목』「지리고」에 관한 일고찰」 외 다수

毋岳實學會叢書第5輯
순암 안정복의 학문과 사상 연구
강세구 지음

초판 1쇄 인쇄·1996년 4월 15일
초판 1쇄 발행·1996년 4월 20일

발행처·도서출판 혜안
발행인·오일주
등록번호·제21 - 471호
등록일자·1993년 7월 30일
137 - 030 서울 서초구 잠원동 43 - 4
전화·511 - 8651, 8652
팩시밀리·511 - 8650

값 12,000원
ISBN 89 - 85905 - 22 - 8 03910